宗教芸能としての能楽

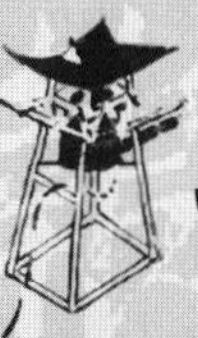

高橋悠介〈編〉

勉誠出版

宗教芸能としての能楽

高橋悠介 編

序言……高橋悠介 4

一……能をめぐる宗教的環境／能に描かれる宗教空間

除魔・結界の呪法と芸能――「翁」の成立環境と、その近隣……大東敬明 12

春日若宮と能楽――若宮臨時祭、法楽能、祈雨立願能をめぐって……天野文雄 23

謡曲《絵馬》管見――長禄三年伊勢斎宮の旅……芳澤元 39

能《巻絹》に描かれた熊野の神仏……高橋悠介 60

二……能作品と仏教説話／唱導／要句

韋駄天説話の源流と変容――唐宋代の諸伝承と律学受講の場を視点に……西谷功 82

能《安字》の説話的考察――文字を買う話と男装の論理……岩崎雅彦 105
能《海士》の構想……中野顕正 118
能《重衡》の表現と思想――「寒林に骨を打つ霊鬼は」の句をめぐって……猪瀬千尋 138
能における宗教関係語句一斑――《放下僧・春日龍神・楊貴妃・草子洗・三輪》について……落合博志 152
【COLUMN】「狂人走れば不狂人も走る」攷――《関寺小町》試注……佐藤嘉惟 168

三……能楽論・能作品と教説の間

世阿弥と如来蔵――「離見の見」の内包するもの……小川豊生 180
能《芭蕉》の構想と草木成仏説……髙尾祐太 198
《求塚》の堕地獄と論理……中嶋謙昌 215
【COLUMN】術婆伽説話の生成と展開――恋は病か、破戒か、神を招くか……平間尚子 228

四……謡曲注釈学の黎明期

【COLUMN】『江口本聞書』――初期の謡曲注釈書とその伝来……高橋悠介 241
吉田兼右・兼見の謡曲註釈と『謡抄』――『謡抄』前史の謡曲註釈と吉田神道……野上潤一 253

序　言

高橋悠介

能楽というジャンルが、寺社文化圏や唱導と関わりつつ、多くの作品を生み出してきたことは言うまでもない。足利将軍家をはじめとした武家との関わりの中で室町文化の前面に躍り出て、武家層の中で享受されたのも事実だが、その武家層にも深く浸透していた宗教文化そのものを考えてみる必要がある。もともと法会や神事に参勤してきた長い歴史があり、翁猿楽のような呪術的芸能を本芸としている面や、幽霊能の枠組なども、寺社圏との関わりなしには考え得ない。これまで能楽における説話や軍記、和歌・漢詩の引用や影響、あるいは演劇としての性格や演出、音楽面の特色などについては、様々な観点から解明されている一方で、宗教的な背景は、まだこれから明らかにできる部分が多いと考えられる。寺院関係の文献資料も続々と公刊されている中で、能・狂言の曲を宗教的な観点から読み込み、作品構想を考えることは、もっとあってよい。詞章に引用される経文や偈句も、唱導の世界や中世の宗教的な知が能楽にどのように流れ込み、作品が形成されたのかを明らかにする糸口になる。また、能楽の中に姿をみせる中世の宗教文化も興味深く、当時の寺社のありようや信仰・学問、寺社圏における様々な動向が、凝縮されて垣間見えることもある。

能楽研究に大きな足跡を残した伊藤正義（一九三〇～二〇〇九）の中世日本紀論は、説話・軍記・謡曲といった文芸と、その拠りどころとなった古今注や日本紀説などの関係を認識させるだけでなく、古典注釈、寺院の学問、唱導、縁起、神道説などが交錯する中世の宗教的な知の世界にも、視界を広げるものであった。また、猿楽の芸能神について考えた服部幸雄（一九三二～二〇〇七）の宿神論が、芸能研究だけでなく、文学・思想史・民俗学・建築史など多くの方面から議論を集めたように、能の宗教的背景という問題は、複数の領域と関わる魅力的なテーマであり続けている。

近年では、二〇一五年の能楽学会大会において、「能の宗教的環境」というシンポジウムがあり（伊藤聡・末木文美士・松岡心平・高橋悠介・［司会］落合博志）、能と中世神道説の関わり、顕と冥の世界の関係性の中での能、能の翁の宗教的性格、幽霊能の基礎にある魂魄思想などが論じられた（内容は翌二〇一六年発行の『能と狂言』十四号に掲載）。その際にも、こうした分野の研究は今後、さらに対象を広げて深めることができるだろうと感じた。

そこで本書では、猿楽が古く参勤していた修正会・修二会や春日若宮といった場の問題を通して、宗教的環境を改めて考えると共に、能楽作品や能楽論の中の宗教的な要素――語句から事象まで――を掘り下げ、宗教芸能としての能楽に焦点を当ててみたい。あわせて、謡曲には多くの注釈が備わっているが、『謡抄』成立以前の謡曲注釈の黎明期に、僧侶や神道家が取り組んだ、謡曲注釈の成立環境について検討する。様々な角度から能の宗教的な要素を考察する論文を一冊にすることで、全体として宗教芸能としての性格を照射することを意図している。なお、本書では取りあげることができなかったが、能と場を同じくして展開した狂言についても、宗教的な観点から分析する意味は充分にあるだろう（「能楽」には能と狂言が含まれる）。

さて、本書は「一、能をめぐる宗教的環境／能に描かれる宗教空間」「二、能作品と仏教説話／唱導／要句」「三、能楽論・能作品と教説の間」「四、謡曲注釈学の黎明期」の四章から構成される。はじめに各章の見取り図を示しておきたい（以下、敬称略）。

第一章　能をめぐる宗教的環境／能に描かれる宗教空間

『風姿花伝』第四神儀に、秦河勝が聖徳太子の命によって「橘の内裏紫宸殿」で「六十六番の物まね」を行ったことを能の起源とする伝承が記されている。ここにいう「橘の内裏」は橘寺を指す（内裏が橘寺に改められたとの橘寺縁起説や太子伝に基づく）。これは伝承上のことで、歴史的には能が聖徳太子の時代まで遡ることはないが、この起源譚は能が寺院を母胎として生まれた芸能であることを示唆している。「六十六番の物まね」は、金春禅竹が『明宿集』で言及する多武峰寺での年始の「六十六番ノ猿楽」とも関わる可能性があり、これは多武峰常行堂修正会の延年を暗示する。多武峰寺の常行堂修正会では、僧侶が翁面を付けて行う所作があり、これは猿楽の本芸たる翁猿楽と関わる、しかし別な寺院儀礼として、翁猿楽の成立を考える上で注目されている。そもそも院政期に猿楽は、法勝寺をはじめとする寺院の修正会に、呪師猿楽と一対になって参勤していた。また、大和猿楽の四座の役者は、元来、興福寺修二会に伴っていた薪猿楽、多武峰の維摩八講会に伴う猿楽、春日若宮御祭には必ず参勤する義務があり、座規には不参の場合の罰則が定められていた。このように、上演の場という点では、能は元来は寺院と関係が深く、時代と共に寺院との関連が薄まっていく一方で、神社での神事能が広がっていった。本章ではまず、「能をめぐる宗教的環境」として演じられた場としての寺院・神社との関わりをみた上で、「能に描かれる宗教空間」として、逆に能作品の中に描かれる神事や神仏の霊地について考察する論文を収める。

まず、大東敬明論文は、翁がもともと呪師による芸能であったというかつての通説が否定されている現状をふまえた上で、修正会・修二会における呪師による除魔・結界の呪法と、能の翁の成立環境の問題を考察する。近年、比叡山根本中堂で行われたと思われる修正会での呪師作法について記した十一世紀成立の儀礼テキストなども発見されており、そうした資料をふまえ、修正会・修二会での除魔・結界の呪法のあり方を、興福寺薪猿楽関係記事とあわせて分析している。

また、天野文雄論文は、春日若宮が芸能と縁深い由来を確認した上で、春日若宮臨時祭における田楽・猿楽の能、春日若宮を中心として室町期に行われた法楽能、若宮の御旅所である馬場院における祈雨立願能、という若宮関係の三種の能の実態や機能などを整理する。春日若宮臨時祭における素人の自演の意味や、寺院でなく神社が演能の舞台となった背景などについても考察しており、また祈雨立願能の背景は、次の芳澤元論文の《絵馬》の問題とも相俟って、祈雨と芸能の関係を考えさせられる。

一方、能作品には、各地の寺社などの宗教空間が舞台となったものも多い。そうした環境において歴史的に形成された宗教文化や、場の宗教的な意味を、能を通して考えることもできよう。芳澤元論文は、能《絵馬》に描かれる節分（大晦日）の伊勢斎宮における天候祈願の絵馬掛けと関わる習俗が、耕雲明魏の『耕雲紀行』にみえることを指摘し、あわせて、『碧山日録』長禄三年（一四五九）三月条に記される東福寺蔵主太極の伊勢参宮と、同書にみえる絵馬掛け習俗を読解し、この習俗が災害や気候不順による大飢饉に包まれていた十五世紀初期から中葉にかけて具体性を伴って発展する過程を捉える。

高橋悠介論文は、能《巻絹》に描かれる熊野の宗教空間・神仏世界について検討する。《巻絹》において、巻絹奉納のため熊野に向かった男が和歌を手向ける熊野の音無天神について奉祭地や祭神を考察しつつ《巻絹》での設定を再考し、《巻絹》における和歌陀羅尼説の機能と、《巻絹》が熊野の本地説や曼荼羅世界観をどのように取り込んでいるかを読み解く。

第二章　能作品と仏教説話／唱導／要句

能と関わる仏教的なモチーフや仏教説話には、漢訳仏典や中国における仏教文献と関連する要素がある一方で、能自体は紛れもなく室町期の日本において成立しており、直接的には日本における説話展開の中に位置づけられる。ただし、中国の仏教文献から照射することで、説話の要素を解きほぐし、歴史的に分節化して能作品の成立を捉えることもできる。

西谷功論文は、能の《舎利》にみえる「韋駄天が速疾鬼から仏牙舎利を奪取する」という説話そのものがインド・中国には存在しないことをおさえた上で、その成立前史として、宋代江南地域に展開した韋駄天の性格や諸伝承、唐僧・道宣が天人と感通し授与されたという仏牙をめぐる諸伝承を考察し、泉涌寺流寺院でこうした説話が成立する過程を考察する。

岩崎雅彦論文は、能《安字》について、中国梁代成立の『経律異相』にみえる類話、さらには室町時代の

『三国伝記』『直談因縁集』『庭訓往来抄』などに載る類話と比較し、説話要素を分析して、智恵の大事さを説く仏教の教訓譚に複数の趣向が加わって「安の字」の説話となり、能が成立するまでの説話展開を追う。

能作品は、仏教の教えを人々に説き広める唱導の場とも関わっている。例えば、能《通小町》は古名を《四位少将》といい、『申楽談儀』に「山徒に唱導の有しが書きて」とあるように、比叡山の唱導僧が書いたものに観阿弥・世阿弥が手を加えた作品と考えられる。あるいは、《自然居士》では、自然居士が京都東山の雲居寺修造勧進の説法をする所に、父母追善供養のために人買いに身を売って得た小袖と諷誦文を持って少女が現われる場面があり、説法自体が舞台で表現される作品といえる。また、能作品中の一部の表現に、唱導や法会と関わりの深い言葉が用いられている例も少なくない。

特に古作の能には、宗教的性格の強い能や、唱導劇ともいうべき能があるが、そうした作品の一つに数えられる能《海士》は、讃州・志度寺の法華八講の起源譚として『讃州志度道場縁起』に描かれる玉取り説話等をもとに作られた曲である。中野顕正論文は、『讃州志度道場縁起』と比較した際の《海士》の特色を確認した上で、《海士》と『法華経』提婆達多品との密接な関係をふまえ、龍宮から宝珠を奪還する場面の詞章における白居易「海漫漫」の摂取について、安居院流の祖で唱導の名手であった澄憲（一一二六〜一二〇三）による法華経釈『花文集』の提婆達多品釈を媒介に考察し、《海士》の構想を論じる。

猪瀬千尋論文も、また別な視角から、澄憲の唱導句と能の関わりに焦点をあてる。《重衡》《山姥》にみえる「寒林に骨を打つ霊鬼」から始まる、天人散花尸上説話を凝縮した句の原拠が、澄憲の『言泉集』にあることを指摘し、『言泉集』に伺える、悪しき事柄がかえって仏縁となる逆即是順の論理、諸法実相論と《重衡》《山姥》との、相違点も含めた関係性を論じている。能に取り込まれている仏教語句を考える際には、語句の原拠の文脈から能における意味が読み直せる場合もあれば、能の中での機能と語句の原拠の文脈が相違する場合もあるが、それらを丁寧に読み込んでいる。

落合博志論文は、能《放下僧・春日龍神・楊貴妃・草子洗・三輪》にみえる、宗教文献に由来する語句について典拠や解釈を検討し、《春日龍神》に明恵作『涅槃講式』、《楊貴妃》に永観作『往生講式』、また《草子洗》に『柿本講式』に拠った箇所があることなどを明らかにしている。これまで《舎利》《敷地物狂》における貞慶作『舎利講式』の摂取なども知られているが、講式という仏教儀礼の言葉がこれほど能の表現に活用されているのは、特に興味深い。謡曲には、今なお漢字の宛て方や解釈が難しい語句も残っているが、典拠の解明により理解が深まる実例が複数示されている。

佐藤嘉惟のコラムは、《関寺小町》にみえる「狂人走れば不狂人も走る」という句について用例を博捜し、「他人の行動に影響されて、そのわけもわからないまま追従することのたとえ」という辞書的な説明に疑問を呈する。この句自体は、直接の仏教語句という訳ではないが、鎌倉・南北朝期の用例が仏家のテクストに集中していることから、仏家の宗学や論議の場でよく用いられた句と推測している。このような、謡曲における広い意味での宗教関係語句は他にもあり、仏教資料等も含めた用例の博捜により意味を再考できるだろう。

第三章　能楽論・能作品と教説の間

第三章には、能楽論及び能作品と仏教教説・仏教思想の間について考える論文を収めた。「間」としたのは、能楽論や能作品には直接的・間接的に仏教の影響があり、それを解きほぐす必要がある一方で、宗教者とはまた異なる立場で活動している能作者の位相を考慮し、寺院と世俗社会の様々なレベルでの交渉の中からこの問題を考える必要があるからである。

小川豊生論文は、世阿弥が能楽論『花鏡』で説いた、舞台上の自己を客観的にみる「離見の見」や「眼まなこを見ぬ所を覚えて」という記事について、如来蔵思想と関わる『大乗起信論』や『首楞厳経』に類似の表現や発想を見出し、そこに内包される思想を検討する。そして、世阿弥が夢窓疎石の『夢中問答集』の影響下にあったと思われることをふまえ、世阿弥が体得した身体技法の妙所を表現する際の、用語の拠り所となった禅的教養の中に、そうした如来蔵系の思想が含まれていた可能性を提示する。

高尾祐太論文は、台密の大成者・安然の草木成仏説やその密教的展開を取りあげて読解した上で、《芭蕉》について考察する。能作品には草木の精をシテにする草木物という分野があり、その多くに「草木国土悉皆成仏」という思想が関わっているが、草木物の中でも無相真如と差別相の関係性を示すなど特異な作品である《芭蕉》を読む試みである。

中嶋謙昌論文は、能《求塚》において、二人の男に求愛され、どちらを撰ぶこともできずに入水した菟名日処女が地獄に堕ちるという設定について、『浄瑠璃十二段草子』にみえる染殿后の堕地獄譚など室町時代物語の例とも比較しながら、その論理を探り、当時としては特異な発想ではなかったとする。そして、存覚や蓮如などが女人救済を説く言説の中にみえる女性罪業観を紹介しながら、女性罪業観の拡大をふまえて《求塚》のような女性の堕地獄譚を位置づける。

平間尚子のコラムは、下賤の男が高貴な女に恋をして叶わなかった恨みを描くという点において、能《恋重荷》と共通する要素を持つ術婆伽説話の展開を追い、病苦としての恋の病を描く面、欲心を戒める文脈で使われる面、術婆伽が火の守護神となる面など多様な展開をした術婆伽説話の諸相を考察する。

第四章　謡曲注釈学の黎明期

最後の第四章では、室町末期から近世初頭における謡曲の学問的享受に、僧侶や神道家がどのように関わったのかをみていく。近世の謡曲注釈書で著名なものに、『謡抄』『諷増抄』『法音抄』『謡曲拾葉抄』『謡俚諺察形子』『謡言粗志』などがある。俳人や和学者によって謡曲注釈が編まれたのは、近世における謡曲享受の一端を物語る一方で、『謡抄』に関わった様々な専門分野の人物中では、僧侶の比重が大きい。仏教関係については五山僧をはじめとした十数名の僧侶、神道関係については吉田兼見（一五三五～一六一〇）の知見が求められた。また、天和三年（一六八三）から翌年にかけて刊行された『法音抄』は、天台僧・恵空による二十二曲分の謡曲注釈書である。

『謡抄』は、文禄四年（一五九五）三月に豊臣秀次の命により編纂が始まり、途中、秀次粛正事件により頓挫するも、烏養道晣や山科言経が原稿を収集・再編して慶長五年（一六〇〇）頃に完成したとされる。本章では、この『謡抄』以前の謡曲注釈として、僧侶による『江口本聞書』と、神道家・吉田兼右（一五一六～七三）による謡曲注釈を取り上げる。

高橋悠介のコラムは、天正十九年（一五九一）八月の奥書を持つ『江口本聞書』を紹介し、《江口》の後半に対する僧侶による注釈を、石見（島根県西部）出身者が書写したものであること、伝来に出雲の妙心寺派寺院が関わっていること、《江口》引用本文の文体の特色や、注釈に啓蒙的な性格、天台系の色合いがみえることなどを指摘する。

野上潤一論文は、『兼見卿記』及びその紙背文書からうかがえる『謡抄』の編纂過程を整理した上で、吉田家雑掌の鈴鹿家の文書中にある吉田兼右の謡曲注釈を検討し、兼見が担当した『謡抄』の注釈に、父・兼右の謡曲注釈の影響が大きいことを指摘する。また、天理図書館吉田文庫蔵『集筆』所収の、兼右及び兼見の謡曲関連注釈を、『謡抄』との関係も含めて検討し、謡曲が新たに古典化していく時期に、吉田神道の教線を拡大する一方で、新しい学問的権威として謡曲注釈に乗り出した吉田兼右の意義を論じる。

おわりに

本書は、法政大学能楽研究所「能楽の国際・学際的研究拠点」共同研究「能作品の仏教関係語句データベース作成と能の宗教的背景に関する研究」（研究代表者・高橋悠介）において企画したもので、共同研究を構成する研究者に加え、能と宗教に相渉る分野に関心をお持ちの方々にも御執筆をお願いして成ったものである。能楽を専門とする研究者だけでなく、隣接分野の様々な研究者にも参画していただくことで、広い視点から能楽と室町の宗教文化を捉え直し、多角的な能楽研究を拓くことを目指した。充実した論文を寄せて下さった皆様に感謝申し上げると共に、この分野の研究の一層の広がり・深まりを願っている。

除魔・結界の呪法と芸能
——「翁」の成立環境と、その近隣

大東敬明

興福寺西金堂修二会に関わる「薪猿楽関連記事」（『衆徒記鑑古今一濫』『興福寺縁起』等）を、現行の修正会・修二会の呪師作法や『中堂呪師作法』（真福寺蔵）等と関連付けながら読み解き、『陀羅尼集経』巻八及び興福寺・薬師寺・法隆寺における太刀を用いた呪師作法と同記事との関連を指摘した。これにより、「翁」の成立環境の近隣にあった呪師（法呪師）による除魔・結界の呪法を想定した。

はじめに

正月から春にかけて、奈良の諸寺では修正会・修二会が行なわれ、天下泰平・五穀豊穣が祈られる。その規模は様々であるが、法隆寺金堂修正会、東大寺二月堂修二会（お水取り）、薬師寺修二会（花会式）が広く知られている。現在、五月に行われている春日大社・興福寺の薪御能・呪師走りの儀も、現在は退転してしまった興福寺西金堂修二会にちなんだ行事であった。

かつて、このような法会には、芸能者として呪師や猿楽が[1]出仕していた。法会の場は猿楽が展開する母胎でもあったのである。

この芸能者の呪師とは別に、修正会・修二会には、①魔を払い、②会場を結界し、③牛玉を授けるなどを担う僧として法呪師（呪師とも）がいた。その作法は「呪師作法」と呼ばれる。芸能者の呪師は、法呪師の行法を視覚的に見せる役割（芸）を担った。

だいとう・たかあき——國學院大學研究開発推進機構准教授。専門は神道史。主な著書・論文に「真福寺大須文庫所蔵『中堂呪師作法』考——法呪師研究の一助として」（『芸能史研究』一九二、二〇一一年）、『中世神道資料集』（阿部泰郎と共編、真福寺善本叢刊第三期四巻、臨川書店、二〇二〇年）などがある。

「翁」の成立については、明らかでない点が多いが、興福寺西金堂修二会や呪師（法呪師・芸能者としての呪師）がその起源に関わる言説に登場しており、研究史の上でも注目されてきた。また、「翁」の淵源を呪師に求める見解は否定されつつあるが、「無関係であった」とされているのではない。むしろ、呪師と「翁」の実態を明らかにした上で、改めて両者の関係を再考することが求められていると考える。このためには芸能者の呪師の芸と関わる呪師作法を理解することも必要であろう。

　そこで本稿では、現行儀礼や中世の呪師作法について記した儀礼テキストなど(2)から、現在は行われていない興福寺西金堂修二会の呪師作法を想定し、この起源に関わる言説にみえる「軍荼利明王の法」「呪師十二天太刀」にも言及する。

一、本稿の目的

　本章では、本稿の目的を述べるため、まず能勢朝次による「翁」の成立についての仮説、それに対する反論、近年の法呪師・呪師研究について確認する。

（一）「翁」の成立論と呪師

「翁」の成立についての定説

　能勢朝次は『能楽源流考』において『衆徒記鑑古今一濫』（奈良市 菊岡三男氏所蔵）の興福寺西金堂修二会に関わる記事にみえる、法会の中で法呪師が行う行法を猿楽が代行したとする点、猿楽が修二会の行法の寄人であるとする点に注目した(3)。この記事から能勢は、僧である法呪師が行う行法を芸能者である「猿楽の呪師」（芸能者としての呪師）が代行したとし、さらに翁猿楽との関連を考えた。そして、「私は、翁猿楽は呪師の芸能が其の基本をなすものであり、発生当時は、呪師の徒によつて演ぜられ、呪師が勢力を失ひ猿楽の徒が勢力を得る時代になつて、猿楽がこれを演ずるに到つたものであらうと考へて居る」とし、「翁」は呪師によって演じられたものとした(4)。以後、これが定説となる。

定説への反論

　このような定説に対し、かつては後藤淑・山路興造氏(5)が慎重になるべきになるべきであるとし、近年では宮本圭造氏が「呪師走りと「翁」―「翁」の成立をめぐる二、三の問題」において反論した。

　宮本氏は①「芸態上の相異から見て、「翁」が呪師の芸能から発展したものとは考えがたい」こと、②「「翁」は呪師の芸能ではなく、当初から猿楽の芸能であったと考えられる」こと、③「猿楽の芸能であった「翁」は、呪師による除魔の呪術的芸能に続いて演じられるのが古い形で、「呪師芸」

と「翁」は一組のペアを構成していた」ことを指摘した。[6]ここで言う、「芸態の相異」とは、芸能者としての呪師の芸は足早な動作を主体とする「走り」の芸であるのに対し、「翁」は基本的に国土安穏・天下泰平を言祝ぐ芸能である点である。[7]

さらに、能勢が呪師と「翁」とを結びつける根拠とした[8]「呪師走り」（呪師走りの儀）の名称についても「興福寺修二会を母体とする薪猿楽において「翁」が「呪師走り」と呼ばれているのは、「翁」がかつて呪師により演じられていたことを示すものと見るのが通説であるが、（中略）「翁」の前段に「呪師走り」に相当する呪師芸が演じられていたことを示すものと見るべきであ」[9]るとする。

（二）法呪師

法呪師と芸能者

法呪師と芸能者の呪師との関係についても明らかになっているとは言い難い。能勢朝次以来の先行研究に依拠すれば、法呪師の結界や鎮護の行法を、芸能者の呪師が視覚的に芸能として表現した、となる。[10]後述するように、「呪師」の名称について吉田一彦氏は、『陀羅尼集経』との関わりで考えており、[11]これを踏まえても僧侶の呪法から芸能へ変化したとする流れが自然であろう。

森末義彰は、「修正会に行なわれる法呪師の鎮法に際して、その鎮法を実際に表現し得るような演伎を持つ原始散楽の系統を引く呪師が採用され、これらの二つのものが、後来においては、いずれも呪師の名によって汎称されるに至ったものであろうと思う」[12]とし、芸能者が法呪師の呪法を受け継ぎ、やがて「呪師」の名で呼ばれるようになったとする。「原始散楽の系統を引く」かどうかは別にして、本稿では法呪師の作法を真似し得る芸を持つ芸能者がそれを行うようになったと考えておく。

呪師の芸は、先述の通り「走る」ことを特徴とするもので、『一宮社法（備前国一宮社法）』（康永元年〈一三四二〉奥書）には、鳥兜をかぶり、矛・大刀・弓・長刀などを脇に挟んで「手足ノいんけう《印形》にてけんはい《反閉》をふみ、あくま《悪魔》をはら《払》い、四方天地ヲちんじ《鎮》申」[13]とある。このような魔を払い、天地四方を結界する呪法・芸能は「方堅（方固）」と称される。[14]

このような方堅の呪法は、芸能者の呪師が退転した後は猿楽が引き継ぎ、代行することもあった。[15]

近年の法呪師研究の成果

次に近年の法呪師・呪師作法研究について述べる。

法呪師の作法（呪師作法）の研究は、東大寺二月堂修二会[16]を中心に南都の諸寺で行われている作法、奥三河・国東半島など各地で行われている行事、かつて京都の大寺院で行われていた修正会・修二会の日記類の分析が中心となっている。

近年、吉田一彦氏により、東大寺修二会の次第、その呪師作法、「呪師」の名称の典拠が『陀羅尼集経』であることが明らかにされた。[17]これは、大きな成果であり、芸能者の「呪師」との関わりについても、今後、この指摘を踏まえて検討する必要があるだろう。

また、『中堂呪師作法』（真福寺大須文庫所蔵）[18]が見出された。これは平安時代後期の作法を記した資料であり、管見の限り、呪師作法の次第を記した古い文献である。さらに『南教令』（青蓮院吉水蔵所蔵）もこれと同内容であることも指摘され、分析が進められている。[19]

能や「翁」研究との関りでは、松岡心平氏が「翁芸の発生」[20]において、『中堂呪師作法』を分析している。

(三) 本稿の目的

『興福寺縁起』（永正十三年〈一五一六〉頃、大谷大学図書館所蔵）は、『衆徒記鑑古今一濫』のうち、能勢が引用した薪猿楽に関係する記事を含む。この資料は大橋直義氏によって紹介され、薪猿楽関連記事は高橋悠介氏により検討された。[21]

『衆徒記鑑古今一濫』『興福寺縁起』及び片岡美智氏所蔵『薪芸能旧記』[22]にみえる「薪猿楽関係記事」のうち、本稿と関わるのは、①興福寺西金堂修二月の行法の呪師法は賢璟（七一三〜七九四）がはじめたもので、「軍荼利明王行法」であるとすること。②大和国四座猿楽は西金堂修二月の寄人であるとすること。③呪師は十二天の大刀によって悪魔を払い、④猿楽はそれを外想（視覚的に見せる）するものとすることである。

このうち、①③は法呪師に、②④は猿楽に関わるものである。本稿では①③の「軍多利明王行法」「呪師十二天太刀」といったキーワードの源を、先述の呪師作法研究の成果である『陀羅尼集経』や『中堂呪師作法』との関係から考える。

このことは、「翁」の成立と直接関わるものではない。しかし、宮本圭造氏の指摘に依拠すれば、「翁」の前には呪師（芸能者）による除魔が行われていた。その呪師の作法は法呪師の作法を真似たものであり、法呪師の作法を明らかにすることは、「翁」の成立環境、或いはその近隣を明らかにすることになると考える。

二、修正会・修二会と法呪師に関する儀礼テキスト

これまで、本稿の目的として、研究史上における「翁」と呪師・法呪師との関わりを概観し、「翁」の成立環境を明らかにする上での法呪師研究の意義を説明してきた。

ここでは、法呪師の作法（呪師作法）の現行例、及び儀礼テキストの諸本について述べる。

（一）南都の修正会・修二会と法呪師

修正会・修二会について

修正会・修二会（古くは修正月・修二月）は、旧暦の一月、あるいは二月に行われた行事である。現在は一月〜四月にかけて、数多くの寺院で行われている。

その成立や現行儀礼に至る過程は明らかであるとはいえないが、仏に罪を懺悔する悔過が、平安時代中後期に現在の形に変化したものと推定されている。本稿で取り上げる呪師作法の一部、牛玉宝印、神祇を招く神名帳といった諸作法は、平安時代中後期以降に加わったとの指摘が山岸常人氏や西瀬英紀氏によってなされている。(23)

東大寺二月堂修二会の呪師作法

東大寺二月堂修二会の本行は、三月一日〜十五日未明（十四日間）にかけて行われ、毎日、日中・日没・初夜・半夜・後夜・晨朝の六時の行が行われる。この中で、大導師作法・呪師作法は初夜と後夜に行われる。

呪師（以下、法呪師のこと）は、自身及び会場を結界（地と四方）し、諸尊・四天王を勧請した後に、上方を結界する。この作法の構造は、後述する『中堂呪師作法』とも共通する。

三月十二日〜十四日には、後夜の呪師作法の間に、「達陀《だったん》」が行われる。これは、『中堂呪師作法』や『四十帖決』「中堂修正軍茶利結界法」にみえる鬼追いの作法（追毘那野迦法）と関連するものであると考える。(24)

法隆寺・薬師寺の呪師作法

法隆寺金堂修正会は一月八日〜十四日にかけて行われ、薬師寺修二会は三月二十五日〜三十一日にかけて行われる。この中で呪師作法がある。前者は秘儀として行われるが『金堂修正会呪師作法』(25)により知ることができる。『金堂修正会呪師作法』には「軍荼利法私」ともあるが、成立年代は不明である。

東大寺と法隆寺・薬師寺の呪師作法は共通点が多い。違いは、後者の終結部に、太刀や鈴を持ち、壇の周囲をめぐる作法がある点である。これは「呪師走り」とも呼ばれ、以下、本稿でも、この作法を「呪師走り」と呼ぶこととする。

この「呪師走り」は『衆徒記鑑古今一濫』『興福寺縁起』の「呪師十二天太刀、払魔」を連想させるものであり、現在も呪師作法の除魔・結界を視覚的にみせるものと説明・理解されている。ただし、この名称や説明がいつから用いられたものなのかについては、明らかにしえなかった。(26)

興福寺の呪師作法

現在、興福寺の呪師作法は退転して、確認することはできない。文献資料により調査を行った佐藤道子氏は、同寺の作法は薬師寺と共通するが「呪師走り」を含まないとする[27]。天野文雄氏は、『興福寺修二会呪師秘法』（昭和十九年〈一九四四〉二月写）と『薬師寺呪師作法旧記』（『能楽源流考』に引用）・『薬師寺修二会呪師作法』（明治三十七年〈一九〇四〉写）とを比較し、佐藤氏の指摘を確認した上で、興福寺の作法にも「呪師走り」があったとするのが自然で、次第に見えないのは、ある時期に脱落したか、『興福寺修二会呪師秘法』が昭和十八年に再興された際の記録であるためだろうとする[28]。興福寺西金堂修二会の次第については今後、検討する必要があるが、現時点では天野氏の説に従い、ここでも「呪師走り」は行われていたと想定する。

（二）法呪師についての儀礼テキスト

真福寺大須文庫所蔵『中堂呪師作法』

『中堂呪師作法』は、永承二年（一〇四七）に長宴（一〇一六〜一〇八一）が安賢より伝授されたものを、天仁元年年（一一〇八）に書き記したものであり、大原（勝林院）丈六堂において、「起立足蹋」を習ったとする。呪師の作法には身体を使った見せる要素も含まれており、伝授に足の動かし方などを伴う点に呪師作法の特徴がある。

本書は、a．加持香水作法、b．初七日（上七日）、c．神供作法、d．下七日作法、e．結願作法（追毘那野迦法・牛玉作法・結願行道）などから構成される。次第が詳細である一方で、呪師が読誦する詞は、全文ではなく部分的に記され、所々に注が付されている。

全体を通して呪師の作法のみを記したものであり、法会の全体構造や、名称・目的は記さない。しかし、次第から、延暦寺根本中堂を前提にしたものであると考える。また、牛玉作法に「白修正御願結願之由」とあるから、修正会の作法であることがわかる。

これが、諸寺の呪師作法と異なるのは、四人も呪師が出る点であり、彼らは連携して四方を結界するなどしている。

青蓮院吉水蔵所蔵『南教令』（法呪師次第口伝）

同内容を持つ資料に青蓮院吉水蔵所蔵『南教令』（延応二年〈一二四〇〉写）がある。同書の外題下及び内題には「法呪師次第口伝」とあり、紙背には作法の口訣などが記される。とりわけ、呪師の詞の全体が示される点、その本説を『陀羅尼集経』巻八（「金剛阿蜜哩多軍荼利菩薩自在神力呪印品」）とする点は重要である[29]。

『中堂呪師作法』『南教令』から復元される呪師の詞は、現行の東大寺をはじめとする各地の修正会・修二会で用いられるものと共通点を見出すことができる。

『四十帖決』「中堂修正軍荼利結界法」

『中堂呪師作法』・『南教令』（法呪師次第口伝）等の要約とも言うべき資料に、『四十帖決』巻十四「中堂修正軍荼利結界法」[30]（永承元年〈一〇四六〉十一月十日）がある。『四十帖決』は、天台僧・皇慶（九七七～一〇四九）の口説を長宴が記したものである。これには、「この法は慈覚大師（円仁）（七九四～八六四）が伝えたものであり、薬叡がこれを修した（由来）。七日間、結護加持して道場を結界し、堂裏を鎮護する（結界作法）。毘那野迦を逐除する（追毘那野迦法）。修正月が終わるときに、諸行者の額に牛玉を捺す（牛玉作法）」などとあって、『中堂呪師作法』や『南教令』と重なり、呪師の作法は除魔・結界・牛玉作法を基本とすることがわかる。

三、「薪猿楽関係記事」と呪師作法

(一)『陀羅尼集経』巻八と[呪師走り]

先述の通り、『中堂呪師作法』と同内容を持つ、青蓮院吉水蔵『南教令』裏書は、その作法の源を『陀羅尼集経』巻八「金剛阿蜜哩多軍荼利菩薩自在神力呪印品」[31]であるとする。また、吉田一彦氏も主に東大寺修二会を分析し、『陀羅尼集経』を「呪師」の典拠の一つとした。

『中堂呪師作法』「下七日」にみえる「金剛軍荼利大身法身鎮壇結法印呪」ほかの作法や、法隆寺『金堂修正会呪師作法』の「金剛軍荼利菩薩四門鎮壇結法印」「金剛軍荼利菩薩大身法身結法印呪」「金剛軍荼利菩薩一脚三眼結法印呪」（以下、「一脚三眼」と表記する）には「軍荼利」「軍荼利菩薩」の名が見える。これは『陀羅尼集経』との関わりを想定する手がかりになるのではなかろうか。

『中堂呪師作法』や法隆寺のこの作法は、薬師寺の「呪師走り」に対応する。

『陀羅尼集経』巻八「軍荼利三眼大法身印第二十三」には、一脚で壇の周りを三周するとあり、『中堂呪師作法』には「一角三面」「一脚三眼」、『金堂修正会呪師作法』には「一脚三眼」とある。松岡心平氏も分析されている通り[32]、「一角三面」法では呪師四人のうち、若い者を走らせ、壇を一周もしくは三周させる。この間、北西（乾）の隅で右足を引き上げ、左の足で跳ねるなどする。他の呪師は壇の後ろ（仏後）にいて、二の呪師が「軍荼利菩薩四角四門鎮壇結法成就」と唱える。「一脚三眼」でも右足を引き上げる所作などをしている。このように壇の周囲をめぐるのは、魔が入らないように結界する意味があるのであろう。「四角四門鎮壇結法成就」の詞は、このことを示していると考える。

今後、作法・次第の検討が必要になるが、『陀羅尼集経』とこれらの作法の間に関連を想定したい。

このようにみてくれば、『興福寺縁起』ほかの「薪猿楽関係記事」に「軍多利明王行法」とあるのは、興福寺西金堂修二会の呪師作法が『陀羅尼集経』巻八と関連としているとする理解があったためと考えられる。

(二) 太刀の作法

『中堂呪師作法』では、「一角三面」の後、両手を剣印にし、左手を高く、右手は地を指して、腰を曲げて壇を周り、内側や外へ跳ねる作法がある。この手は天地を結し、跳ねるのは内を鎮め、外を結する意味があるとする。先に述べた「一角三面」も含め、作法の意味や願意を視覚的に見せる要素を含む。

薬師寺では「持剣天地両道一廻」(薬師寺蔵『呪師作法旧記』[33])とあり、法隆寺の「金剛軍荼利菩薩大降魔王法印呪」では、両手に太刀を持ち、右手を額、左手を横につけ、壇の四隅で〝クルリ〟と回るとする。

薬師寺・興福寺において、太刀を用いるのは、『中堂呪師作法』にみえる「剣印」を視覚化したものであろう。

同書には、散杖を両手に持ったり、右手に散杖、左手に鈴をもったりして行道する作法もみえ、『呪師作法旧記』には鈴を持って三周する作法もみえている。

「薪猿楽関係記事」の「呪師十二天太刀」については、不明とするほかないが、その背後に、興福寺西金堂修二会にも、薬師寺・法隆寺や『中堂呪師作法』から類推できるような太刀を用いた作法があったことを想定することができるだろう。

また、東大寺修二会において、太刀を用いるのは「達陀」においてであり、法隆寺・薬師寺のような「呪師走り」の作法はない。

このような点から、『中堂呪師作法』が示す作法は法隆寺・薬師寺のものに近いといえる。

四、除魔・結界の呪法と芸能

芸能者の呪師は、このような法呪師の呪法を受け継ぎ、芸能として演じたのであろう。山路興造氏は、平安時代後期から中世前期の修正会では、法呪師の除魔の呪法を、さらに視覚的・芸能的に演じて見せる呪師や猿楽の出現、結願に追儺が行われるようになることを挙げ、

> これらの要素は、いずれも直接修正会の法要に参集する人々の眼前に、修正会の効用を視覚的に繰り広げてみせるということころに共通性があり、さらにそれが高じて、

図1　『年中行事絵巻』「祇園御霊会」（岡田本）（國學院大學博物館蔵）

法会自体が呪師や猿楽の芸を賞翫する劇場の感さえある。[34]

とする。先述の山岸・西瀬両氏の指摘もこれと密接に関わるであろう。

本稿では触れなかったが、『中堂呪師作法』に記される鬼追いの作法（「追毘那野迦法」）は、僧侶が中心となって行ったものと推定されるが、蓮華王院や法勝寺のものは、鬼を追う龍天・毘沙門天を芸能者が演じている。[35]

このような変化は、仏教法会の場だけでない。神輿の登場に伴う御旅所祭祀の発生により、一部の神祇祭祀の場が、見られることを前提とした祭礼へと変化する。[36] 先述の天野氏によって猿楽が担った「方堅」とされたイメージは、[37] 植木行宣氏により「王の舞のイメージであり、呪師の芸そのものともみえる」[38] と指摘される。これは『年中行事絵巻』（田中家本）巻九（祇園御霊会）や巻十二（御旅所の場面）にみえる、矛を持ち、鼻高面を掛け、鳥兜をかぶって舞う人物・芸能（王の舞）の理解にも関連するであろう。

芸能者の呪師が行う除魔・結界の芸能は、平安時代中後期から中世前期にかけての宗教儀礼の大きな変化の中で形成されていったものと想像してよいのではなかろうか。

おわりに

以上、本稿では「翁」の成立環境に関する研究として、まず近年の「翁」、芸能者としての呪師・法呪師研究の成果を確認し、修正会・修二会における呪師作法研究の視点から、興福寺西金堂修二会に関わる「薪猿楽関係記事」を読み解いてみた。

「薪猿楽関係記事」にみえる「軍多利明王行法」は『陀羅尼集経』巻八との関係、「呪師十二天太刀」は興福寺・薬師寺・法隆寺に見られる刀を用いた「呪師走り」と呼ばれる作法との関わりを想定した。

さらに、その作法は、平安時代後期の作法を示すと考えられる『中堂呪師作法』ほかの文献資料とも共通点が見出せるものであった。
宮本圭造氏は、呪師の除魔の芸は猿楽の「翁」の前の露払いとした。これらの芸の成立環境あるいはその近隣には、『中堂呪師作法』にみられるような法呪師による除魔・結界の呪法があり、『衆徒記鑑古今一濫』『興福寺縁起』にみえる「薪猿楽関係記事」は、直接的にではないだろうが、このことを示していると考える。

注

（1）呪師は「咒師」とも表記するが、本稿では「呪師」に統一した。
（2）儀礼について記された次第や唱えられることばほかを記した文献を、本稿では儀礼テキストと呼ぶこととする。これについては阿部泰郎「仏教儀礼における宗教テクストの諸位相」「修正会・修二会と儀礼テクスト」（『中世日本の宗教テクスト体系』名古屋大学出版会、二〇一三年）を参照した。
（3）能勢朝次「呪師考」（『能楽源流考』岩波書店、一九三八年）一一九・一二〇頁、一三一・一三二頁。
（4）能勢朝次「翁猿楽考」（注3掲『能楽源流考』）一七六・一七七頁。
（5）後藤淑「翁の原像」（『続 能楽の起源』木耳社、一九八一年）九二―九五頁。山路興造「「翁猿楽」考」（『翁の座 芸能民たちの中世』平凡社、一九九〇年）一六二頁。
（6）宮本圭造「呪師走りと「翁」――「翁」の成立をめぐる二、三の問題」（『日本文学誌要』八四、二〇一一年）三八頁。
（7）宮本圭造「呪師走りと「翁」」（注6掲）三一頁。
（8）能勢朝次「翁猿楽考」（注4掲）一七七頁。
（9）宮本圭造「呪師走りと「翁」」（注6掲）三八頁。
（10）能勢朝次「呪師考」（注3掲）一三一頁。森末義彰「呪師と丹波猿楽」（『中世芸能史論考』東京堂出版、一九七一年）一一頁。山路興造「「翁猿楽」考」（注5掲）一四八頁。
（11）吉田一彦「修二会と『陀羅尼集経』――呪師作法の典拠経典をめぐって」（『芸能史研究』二一二、二〇一六年）。
（12）森末義彰「呪師と丹波猿楽」（注10掲）一一頁。
（13）『一宮社法（備前国一宮社法）』（『吉備津彦神社史料』編集・発行 吉備津彦神社社務所、一九三六年）二三頁。
（14）方堅と「翁」との関連については、天野文雄「翁猿楽の成立と方堅――呪師芸の継承」（『翁猿楽研究』和泉書院、一九九五年）及び『一色の翁舞 調査報告書』（伊勢市教育委員会、二〇〇八年）を参照した。
（15）宮本圭造「呪師走りと「翁」」（注6掲）三七頁。
（16）これは、法会として著名であるとともに、佐藤道子氏によって『東大寺修二会の構成と所作』上・中・下・別巻（東京国立文化財研究所芸能部編、東京国立文化財研究所、一九七五～一九八二年）がまとめられ、所作の細部まで、文献により検討できる点が大きいと考える。
（17）注11に同じ。
（18）松尾恒一・大東敬明「真福寺蔵『中堂呪師作法』」（『中世宗教テクスト体系の復原的研究：真福寺聖教典籍の再構築』〈科学研究費補助金（基盤研究（B））研究成果報告書〉二〇一〇年）。松尾「資料紹介 真福寺蔵『中堂呪師作法』」（『国立歴史民俗博物館研究報告』一八八、二〇一七年）。
（19）阿部泰郎「仏教儀礼における宗教テクストの諸位相」（注

2掲）二七六―二七八頁及び「中世仏教における儀礼テクストの総合的研究」（『国立歴史民俗博物館研究報告』一八八、二〇一七年）三七―三九頁を参照した。
(20) 松岡心平「翁芸の発生」（『能を読む① 翁と観阿弥 能の誕生』角川学芸出版、二〇一三年）。
(21) 大橋直義「大谷大学図書館蔵『興福寺縁起』翻刻・略解題」（『巡礼記研究』四、二〇〇七年）。高橋悠介「大谷大学図書館蔵『興福寺縁起』追記録の薪猿楽関係記事について」（同前）。
(22) 高橋悠介「大谷大学図書館蔵『興福寺縁起』追記録の薪猿楽関係記事について」（注21掲）を参照した。
(23) 山岸常人『中世寺院社会と仏堂』第二部 補章 第三節「悔過会の変容」（塙書房、一九九〇年）四〇一頁。西瀬英紀「春迎えの仏教法会と民俗行事――寺院の修正・修二会と村落のオコナイ」（『奈良県 祭礼・年中行事データベース解説書』奈良県教育委員会、二〇〇五年）三七頁。
(24) 拙稿「真福寺大須文庫所蔵『中堂呪師作法』考――法呪師研究の一助として」（『芸能史研究』一九二、二〇一一年）に詳述した。
(25) 『金堂修正会呪師作法』（『法隆寺要集』法隆寺、一九九六年）。
(26) 能勢の見解が示されてから、八十年以上経過し、その説が定説であったことを考えれば、これが「呪師走り」の名称も含め、同説が法会の理解・解釈・説明に影響を及ぼしているとも考えられる。
(27) 佐藤道子「呪術から芸能へ――能・狂言の母胎」（『悔過会と芸能』法藏館、二〇〇二年）六五頁。
(28) 天野文雄「翁猿楽の成立をめぐる諸問題」（注14掲『翁猿楽研究』）一八・一九頁。
(29) 阿部泰郎「中世仏教における儀礼テクストの総合的研究」（注19掲）三八頁。
(30) 『四十帖決』（『大正新修大蔵経』七五、大正一切経刊行会、一九三一年）。
(31) 『陀羅尼集経』（『大正新修大蔵経』十八、大正一切経刊行会、一九二八年）。
(32) 松岡心平「翁芸の発生」（注20掲）三三四・三三五頁。
(33) 能勢朝次「呪師考」（注3掲）一一六・一一七頁に引用。
(34) 山路興造「修正会の変容と地方伝播」（『中世芸能の底流』岩田書院、二〇一〇年）三三五頁。
(35) この点については、松岡心平「翁芸の発生」（注20掲）で詳しく検討されている。
(36) 柳田國男『日本の祭』（『柳田國男全集』一三、筑摩書房、一九九八年）三八二・三八三頁など。岡田莊司「平安京中の祭礼・御旅所祭祀」（『平安時代の国家と祭祀』続群書類従完成会、一九九四年）。福原敏男「祭りと祭礼」（野村純一ほか編『柳田國男事典』勉誠出版、一九九八年）。笹生衛「平安時代の災害と新たな神まつり――文献史料と気候変動データからみた祭礼の成立」（『古代の祭りと災い――疫病・災害・祟り』國學院大學学術資料センター編集・発行、二〇二一年）を参照した。
(37) 天野文雄「翁猿楽の成立と方堅――呪師芸の継承」（注14掲）。
(38) 植木行宣「翁猿楽研究の現況」（『芸能史研究』一〇九、五七頁）。王の舞については、橋本裕之『王の舞の民俗学的研究』（ひつじ書房、一九九七年）、同『王の舞の演劇学的研究』（臨川書店、二〇一七年）を参照した。

春日若宮と能楽

——若宮臨時祭、法楽能、祈雨立願能をめぐって

天野文雄

あまの・ふみお——京都芸術大学舞台芸術研究センター所長、大阪大学名誉教授。専門は能楽研究。主な著書に『翁猿楽研究』（一九九五年、和泉書院）、『世阿弥がいた場所』（二〇〇七年、ぺりかん社）、『能に憑かれた権力者』（平成九年、講談社選書）などがある。

中世の寺社の祭礼では盛んに能・狂言をはじめとする芸能が演じられたが、その双璧は春日興福寺の薪猿楽と若宮祭である。そのうちでもとりわけ多彩な芸能が演じられたのが春日若宮祭だが、この稿では若宮で催された通常の若宮祭以外の能上演の実態について概観し、能楽史あるいは芸能史における若宮社の位置についても考えてみた。

一、春日若宮と芸能

数あるわが国の祭礼のうち、とりわけ芸能との関係が深かったのは、何といっても興福寺薪猿楽と春日若宮祭であろう。この二大祭礼はその歴史や規模においては優劣をつけがたいが、付随して演じられる芸能が多彩な祭礼といえば、それは若宮祭である。春日若宮社は保延元年（一一三五）の創建とされ、その翌年の保延二年に関白藤原忠通の命によって始まった若宮祭では、当初から田楽、猿楽、巫女舞、東舞、細男、舞楽といった芸能が演じられ、さらに相撲、競馬、流鏑馬といった芸能的な催しも行われていた。それは鎌倉後期頃に田楽や猿楽が「能」を演じるようになってからも変わることがなく、現在の若宮祭にまでほぼ継承されている。これに対して、薪猿楽のほうはその名称のとおり猿楽だけが参勤する祭礼で、猿楽が「能」を演じるようになってからも、やはり猿楽による『翁』と能・狂言が演じられてきた。薪猿楽が猿楽のみの参勤だったのは、その濫觴が平安末期頃の興福寺西金堂の修二会における猿楽芸（法呪師の呪法から派生した

猿楽芸）だったことによるのだろうが、それでは若宮祭に多くの芸能が上演されてきたのはなぜなのであろうか。

この点については、仁平三年（一一五三）の『若宮御根本縁』に若宮が春日社の第三殿に蛇として現われたとされていることから、若宮を水神、農業神ととらえ、それゆえ豊作、収穫を感謝して芸能をささげることになったとする説があり（大東延和「おん祭の歴史」『春日若宮おん祭の神事芸能』奈良市教育委員会、昭和五十七年）、また、長年にわたって、若宮祭の創始を興福寺と春日社の一体化、あるいは興福寺による春日社支配、興福寺による大和一国支配の一環として説き続けた永島福太郎氏の説がある（同氏著『奈良』吉川弘文館、昭和三十八年など）。前者は民俗信仰的視点からの説であり、後者は歴史的視点からの説である。

この両氏の説はたがいに補いあう関係にあると思うが、詳細な永島氏の説をもう少し紹介すると、興福寺と春日社の一体化は康平三年（一〇六〇）の藤原明衡作という興福寺の定文に、「当寺は法施を以て明神の威を増し、彼社は冥助を加へて僧侶の妖気を掃ふべし」（『本朝続文粋』）とあることや、寛治七年（一〇九三）を初見とする興福寺大衆による神木動座による強訴のさいの奏上文に、「春日明神は興福寺を守護し、興福寺は春日明神を守護す」（『扶桑略記』）とみえることなどに認められ、そうした興福寺の姿勢は、春日社の神威をかりて平安時代に萌芽がみえる大和一国の領主的支配をめざしたもので（その帰結の一つが頼朝が大和に守護を置かなかったことという）、それがおりから勃興してきた本地垂迹思想や神国思想の影響もあって、興福寺の主導になる芸能性豊かな若宮祭の創始となった、というものである。

これを要するに、若宮祭は当初から大和一国の祭礼として始まったということになろう。そのことは、若宮祭にはその初期から辰市、柳生、田原、新薬師寺といった郷村の巫女（郷巫女）が参仕していたり、「田楽二村」「細男二村」などと郷民の参加を思わせる記事が散見することでも首肯されるし、流鏑馬も当初から長川、長谷川、平田、葛上、乾脇、散在（国外居住だがもと大和に領地を有していた侍）といった大和の地侍の役だったらしい（『若宮祭礼記』『春日大宮若宮御祭礼図』）。また、十六世紀以後、祭礼当日の松の下渡りには、大和の大名や領主が出す百三十三匹の馬による「乗り込み馬」、郡山城主、高取城主、小泉城主、伊賀藤堂家（大和に領地があった）が出す五十九匹の「将馬」、郡山藩士や伊賀藩士による、南北それぞれ百三十本の槍の行列「長柄」などが加わったのも、若宮祭がもともと大和一国の祭礼という性格をもっていたことによるのであろう。

一方、若宮の親神である春日社の春秋二季の春日祭は祭祀が中心で、芸能との関係はきわめて希薄である。これは八世紀末の平安遷都直後に藤原氏の氏神社として建立された春日社が氏の長者の主催になる勅祭であったこと、それに加えて創建当時には田楽、猿楽のような芸能がいまだ形をなしていなかったことによるのであろう。それに対して、若宮祭が創始された保延二年（一一三六）は田楽の隆盛期であり、猿楽もそれに追随しはじめていた時期である。しかも若宮祭の運営は大和一国の領主的存在をめざしていた興福寺の別会五師が担っていたから、若宮祭は始めから大和一国の祭礼という性格を有していて、そこには大和の地侍（衆徒、国民）や郷民が少なからず参加していた。その結果、若宮祭には賑神のために多くの芸能が演じられることとなったものと思われる。また、若宮祭における多彩な芸能がその背後に親神たる春日明神の神威を感じさせたろうことは、いうまでもあるまい。

このような若宮祭の性格から、春日若宮は若宮祭以外の場でも芸能との関係が深くなったと思われるが、それは多くの巫女や神楽男が所属していた拝殿を中心としていた。そのことは、日本庶民文化史料集成『田楽・猿楽』に、『春日拝殿方諸日記』として収められた室町期の若宮の拝殿方の記録に、手傀儡、獅子舞、鳴振、絵解、盲僧（尊一検校、北一）、あるいは金春大夫（これは禅竹である）、宇治猿楽などが拝殿に参上して、拝殿方から禄物を頂戴していることによく示されている。日本庶民文化史料集成『田楽・猿楽』に若宮拝殿方の記録を紹介した森末義彰氏は、この点に着目して、その解題に、「春日若宮においては、保延の草創以来、神事に際して芸能が盛んに行われており、本書はその中心となった若宮拝殿に勤番する神官の日記だけに、芸能に関する記事は衆目を惹くところであり、芸能史研究上の貴重な史料となっている」と記している。

このように、若宮は田楽、猿楽だけでなく、多くの芸能が演じられる場であり、その場は若宮の拝殿だった。また、若宮拝殿方の記録で目につくのは、惣一殿、宮一殿、左一殿、右一殿、権一殿、八乙女といった組織があった拝殿巫女の存在で、そこには正月の節会や田植のおりの巫女への禄などが記されている（このほか巫女の座として北座、南座もみえる）。また、彼女たちに能を演じる技量があったことは、能楽史上に著名な貞和五年（一三四五）の若宮臨時祭において、巫女たちが藤大夫なる宇治猿楽らしい猿楽を師として『翁』や能を演じたことで広く知られている。また、貞和五年の臨時祭の記録には、神楽男が田楽能を演じたことも記されているが、彼らが十六世紀中頃から江戸中期にかけて、大和猿楽に伍して活動した南都禰宜猿楽の前身であることは、宮本圭造氏「南都禰宜衆の演能活動」(『上方能楽史の研究』、初出は平成九～十年)に説かれるとおりである。若宮社にはこの神楽男の座も存在していた。

この稿では、以上のような春日若宮と芸能との関係をふまえて、春日若宮という宗教空間における能楽――田楽の能と猿楽の能――のありようを、副題にかかげた三つの催しをめぐって考えてみることにする。

二、春日若宮と若宮臨時祭の田楽(能)・猿楽(能)

若宮には臨時祭があった。若宮臨時祭は若宮祭が延期された場合の「追行」ではなく、神木動座による強訴が成功した場合などに催される「追加」だというが(永島福太郎氏『日本庶民文化史料集成(田楽・猿楽)』解題)、その臨時祭の詳細な記録としては、『弘安六年春日臨時祭記』と『貞和五年春日臨時祭記』が知られている。

ここで若宮臨時祭をとりあげるのは、この二つの臨時祭には、毎年の若宮祭とは催行のかたちが異なり、かつまた田楽(能)と猿楽(能)の担い手も禰宜、巫女、興福寺僧という素人であることなど、若宮臨時祭とは言いながら、そこに通常の若宮祭とはかなり異なる独自の芸能空間を現出させているからである。そこで、以下では、この二つの臨時祭が通常の若宮祭とどのように異なっているかを整理し、田楽(能)と猿楽(能)といった芸能が若宮臨時祭という場においていかなる「機能」を負っていたかを考えてみたい。まずその担い手からみてゆくことにする。

貞和五年(一三四五)の臨時祭では、猿楽の能を若宮の巫女が演じている。通常の若宮祭では大和猿楽の四座が勤める猿楽の能を素人の巫女が演じたのである。彼女たちは能だけでなく、父尉と延命冠者がある古態の『翁』も演じているが、周知のように、能は「憲清ガ鳥羽殿ニテ十首ノ歌詠ミテアルトコロ」と「和泉式部ノ病ワリヲ紫式部ノトブライタルコト」という二番だった。また、この二番のあいだに、『翁』の翁役を勤めた巫女の乙鶴御前が乱拍子を披露してもいる。この巫女はもちろん若宮拝殿方の巫女である。

また、この時には田楽の能も専業の田楽法師ではなく禰宜が演じている。その能は、「村上ノ天皇ノソノ臣下ヲ使イニテ入唐ヲシサセテ、琵琶ノ博士廉承武ニ会イテ琵琶ノ三曲ヲ日本ニ伝エタル事」と「斑足太子ノ猿楽」の二番だったが、これも清種、春康、春忠といった禰宜の所演だった。この禰宜も若宮の禰宜である。この二番の能の間に、清吉なる禰宜が白拍子を舞っている（この部分の記述はやや読み取りにくいが、そう解しておく）。なお、春日の禰宜には本社に属する北郷禰宜、南郷禰宜と若宮所属の禰宜がいたことは、前掲の宮本圭造氏の論考がそれまでの諸氏の研究をもとに述べているところである。

なお、この貞和五年の臨時祭は二月十日の一日だけの催しで、巫女の猿楽能と禰宜の田楽能が演じられた場所は若宮拝殿だった。この臨時祭では若宮祭で中心になる御旅所（馬場院）に代わって若宮拝殿が中心になったのである。

猿楽や田楽が素人の所演だったのは、弘安六年（一二八三）の臨時祭も同様である。この臨時祭では弘安六年の五月二十五日に「松の下渡り」と、御旅所での諸芸能の奉納があり、さらに降雨で延びた御旅所での「後日（ごにち）」が二十九日に行われているが、この時に猿楽と田楽を演じたのは興福寺の大衆だった。すなわち、この時も大衆によって古態の『翁』が演じられたが、それは延覚房（翁）、太輔公（三番猿楽）、美乃公（冠者）、善永房（父允）の担当だった。また、田楽の担当は、蔵人公、忍真房、勤連房、下野公、若狭公、助公（以上、佐々良）、上総公、順勝房、太輔公、蔵人公、越後公、縁長房、源章房（以上、懸鼓）、顕信房（高足持）だった。「公」と呼ばれている者も大衆である。懸鼓の太輔公はあるいは『翁』の三番猿楽の太輔公と同一人であろうか。

また、この弘安の臨時祭では、後日の御旅所で「一口猿楽」と「群猿楽」なる猿楽が演じられている。前者は賢長房、後者は舜舜房、賢長房、了仏房、順賢房、尾張公の五人の所演だが、彼らも大衆である。なお、「一口猿楽」は延年で行われていた答弁のような滑稽な言い立てであろうが、五人の大衆による「群猿楽」のほうはごく初期の能の上演を伝える貴重な例でもある。弘安頃は劇としての能の揺籃期だった。一方、田楽のほうはとくに劇的なものが演じられた形跡はないから、旧来の田楽芸が演じられたものと思われる。専業の田楽もこの頃にはまだ能を演じるには至っていなかったのであろう。ちなみに、能を演じはじめたのは田楽ではなく猿楽というのが定説である。

このように、弘安、貞和の両度の臨時祭では、猿楽（能）も田楽（能）も巫女、禰宜、大衆という素人によって演じられているのだが、じつはそれは猿楽（能）、田楽（能）のみにとどまらない。

すなわち、通常の若宮祭のハイライトである「渡り物」の諸役を貞和の臨時祭記でみてみると、白杖、幣持、細男、一物、練法師、張替持、松持、流鏑馬、流鏑馬の随兵、猿楽、馬長は巫女が勤めている。演者は加賀御前、乙鶴御前、尊菊御前などとで、彼女たちは『翁』の役と同様、「御前」と呼ばれている。一方、通常の若宮祭では田楽の役である楽頭を清久なる者が勤めているが、この清久は禰宜である。また、常の若宮祭なら田楽の役である幣持を「中ノ者彦太郎」が勤めているが、これは禰宜の配下らしい。要するに、貞和の臨時祭では、とりわけ巫女が猿楽以外にも多くの芸能や芸能的なものを担当しているのであって、この点でも通常の若宮祭とは大きく異なっている。

一方、弘安の臨時祭の「渡り物」には、祝、御幣、日使、細男、馬長、巫女、猿楽、馬長、競馬、流鏑馬、田楽がみえるが、これらは基本的に猿楽や田楽を演じた大衆が担当している。「巫女」として出ている三人のうち、一人は若宮拝殿の巫女（惣一）だが、あとの二人は春学房、助公で大衆の担当である。貞和の臨時祭が巫女と禰宜、とりわけ巫女が中心だったのに対して、以下にも述べるように弘安の臨時祭では大衆が中心なのであり、これも通常の若宮祭とは異なっていることになる。そして、弘安の臨時祭にはもうひとつ大きな特色がある。それは稚児による童舞が大々的に演じられたことである。

弘安の臨時祭記によれば、この臨時祭は弘安三年（一二八〇）の春日社と石清水八幡宮の南山城の境相論に発して、興福寺が神木を動座して入洛の挙に出た。于余曲折ののち、強訴が成就し、弘安五年の十二月に神木は奈良に帰座した。そこで春日明神の神威への感謝として臨時祭が執り行われることになったのだが、できることなら童舞を催したいという意見もあったが、それには準備が容易ではないという意見もあったが、最終的に大衆の意見はまとまって、舞楽の伶人を招請して左右六人ずつの稚児に「習礼」させることとなったという。臨時祭記には舞楽役以外の稚児も少なからずみえていて、その数は三十人以上だったようだが、どうやらこの臨時祭の最大のイベントは童舞だったらしい。弘安の臨時祭記には童舞や稚児についての記事がすこぶる多いのである。

たとえば、童舞の稽古中、行観房という高潔な学侶が稚児の竹夜叉と千寿に酒肴に和歌をそえて送ったところ、二人の稚児から返歌があった。臨時祭記にはその艶冶な内容の贈答歌がそのまま記されているし、まだ習礼だというのに、「見物僧綱以下已講成業堂上堂下充満、一会之緇素老若接膝争肩」というありさまだった。さらに臨時祭当日の御旅所での田楽、猿楽のあと、稚児による童舞があり、それが終わって入舞になる前には、大衆たちの熱狂ぶりを伝える次のような記事がある。少し長いが、論の都合上必要なので、読み下しにして引いておく。

これらの式、先代未聞、況んや末代においてをや。そもそも舞童、廻雪の袖を翻す面、天人の庭を視るがごとし。随兵秋霜の形を構へ、さながら善神守護の砌に臨むに似たり。しかのみならず、青蛾行黛の容顔幽玄なり。人目を悦ばしめざるものなし。声美亀の艶姿長命を窮むなり。誰か志緒を通ずるを求めざらんや。およそ今の厳重時の美景においては、絵師の短毫をもっても、さらに写し留むべからず。況んや言詞の何万、たやすく述べ尽くすべからざるものなり。その上、一人二人の垂髪に謁しても、なほもって庶幾余りあり。何ぞ況んや、三十余人の童形同時に面拝の珍事をや。

このあと、入舞に稚児の『古鳥蘇』『狛鉾』が舞われ、御旅所での童舞も終わろうとする頃、尾張公が、「榊葉や立ち舞ふ袖の恋風になびかぬ神はあらじとぞ思ふ」と稚児との別れを惜しむ和歌をあげ、乱拍子を舞った。

稚児の童舞に対するこのような記事は、二十九日の「後日」の記録にも詳しくみえている。それは省略に従うが、稚児たちは童舞を披露しただけでなく、二十五日には大衆にまじって舞楽の笙や篳篥を担当していることも付け加えておく。

さて、弘安、貞和両度の臨時祭はその構成についても、通常の若宮祭とは大きく異なっている。まず、なによりも通常の若宮祭の劈頭を飾る別当坊での「装束賜り」がこれらの臨時祭ではなかったらしい。また、貞和の臨時祭は一日だけの催しで、巫女によって『翁』や猿楽の能、禰宜によって田楽の能が演じられた場所は御旅所ではなく若宮拝殿だった。通常の若宮祭では拝殿で猿楽能や田楽能が演じられることはないから、これは大きな違いである。「渡り物」も一の鳥居近くの影向の松の前は通らず、春日社近くの車宿りに集合し、二の鳥居から大宮に立ち寄って若宮拝殿までのごく短い距離の渡り（行列）だった。この時は御旅所での「後日」もなく、貞和の臨時祭は形のうえでは若宮祭の超縮約版だった。

一方、弘安の臨時祭は、「渡り物」も一の鳥居から御旅所まであり、「後日」もあったから、その構成は通常の若宮祭とさほど変わりはない。しかしこちらはすでに述べたように、童舞が大きな比重をしめていて、稚児の童舞への大衆の熱狂ぶりなどは、たとえば『東大寺続要録』が伝える建暦二年（一二一二）の華厳会後に催された延年を思わせる（この記事の大略は『能楽源流考』に引かれている）。そういえば、弘安の臨時祭には鎌倉時代以後の寺院で盛んだった延年にみえる「遊僧」「狂僧」も参加している。

また、貞和の臨時祭では御旅所での催しがないから、若宮の遷幸がなかったことが確実だが、弘安の臨時祭では御旅所に仮殿が作られているから、遷幸があったと考えるのが自然かもしれない。しかし、詳細な弘安六年の臨時祭の記録には、天候不順のため二度も御旅所での催しが延期されているのに、遷幸についての記述がまったくない。仮殿が作られているるのに遷幸がなかったと考えるのは正しくないかもしれないが、かりにそう考えてよければ、これも弘安の臨時祭が通常の若宮祭とは異なる形で行われたことの例となろう。それはともあれ、このようにみてくると、弘安、貞和両度の臨時祭は、通常の若宮祭をふまえつつも、延年的、遊宴的な色彩をもった、かなり自由なかたちで催されたことになる。

このような両度の臨時祭の特色は、その目的が神木動座による訴訟が叶ったことへの春日明神と若宮への感謝にあったためと解してよいであろう。その感謝の対象は究極的には春日明神だったと思われる。そのことは貞和の臨時祭の行列が二の鳥居から若宮に向かう途中、春日社（大宮）に立ち寄っていることや（前述）、弘安の臨時祭記には神木が帰座したときの大衆の僉議では、「誠是日本一之霊神、海内無双之潜衛也。悦哉、権現大明神普耀威光於一天、再帰垂迹於三笠、惟偏非為寺内徒衆之立願、神明納受之霊験哉」と春日明神の神威が賛美されていることに窺える。そのような臨時祭において、通常の若宮祭なら玄人が演じている猿楽（能）や田楽（能）を、素人の巫女や禰宜や寺僧、そして稚児が演じたのである。臨時祭を主催した興福寺の大衆たちは、自分たちの感謝がそうした「自演」によってより直接に神に伝えられると考えたのであろう。そのような場として利用されたのが若宮での臨時祭であり、また多くの芸能との関わりが深い若宮にはそれに応えうる下地があったわけである。要するに、若宮臨時祭は若宮祭という神事祭礼から独立した祭礼だったということであり、性格という点では延年に近い催しととらえるのが妥当かと思う。

三、春日若宮と法楽能

法楽とは原義としては衆生が神仏の恵みを楽しんで享受するという意だが、そこから芸能などによって神仏を楽しませ、それによって神仏に祈願し感謝を捧げる意が派生したようである。捧げられるものが和歌であれば法楽和歌となり、連歌なら法楽連歌となり、能の場合は法楽能となる。それは神仏だけに捧げられるのではなく、多くの場合、捧げられた芸能はそれを観たいと願う人々にも提供される。そしてその芸能には対価が支払われない。その点が「興行」とは異なる「法楽」の法楽たるゆえんでもある。

その法楽能が能の長い歴史においては少なくなかった。観阿弥の最後の舞台が駿河の浅間社神前での法楽能だったことは、世阿弥が亡父への敬慕の念とともに『風姿花伝』年来稽古条々に記しているとおりであり、その舞台は見物の諸人に大いなる感銘を与えたという。

その法楽能についてはいまだまとまった研究は出ていないが、その「場」は現在知られる範囲では、春日若宮がとりわけ多かったように思う。以下にかかげたのは、比較的史料に恵まれている慶長以前の春日興福寺を中心に作成した奈良中心の法楽能の一覧で、この二百年ほどのあいだに七十例の法楽能を拾い得た。依拠史料名は省略に従ったが、多くは『大乗院寺社雑事記』で、能勢朝次『能楽源流考』、鈴木正人『能楽史年表』なども参考にした。これには東大寺八幡や法隆寺での法楽能も含めたが、その多くは春日若宮での法楽能であり、それは七十例中、実に六十例にのぼっている。平均すると若宮では三年に一回ていどの頻度で法楽能が行われていることになる。法楽能はこれ以前からあったし、奈良や大和だけのものでもないが、これによって中世の大和における法楽能のおおよそは把握できると思う。ここではこの一覧をもとに春日若宮と法楽能の関係について考えてみる。

応永3年（一三九六）2月18日、十二五郎、若宮社

文安4年（一四四七）6月24日、観世十郎、東大寺八幡 ※元服祝能

長禄3年（一四五九）5月3日、金春大夫（禅竹）、東大寺八幡

寛正2年（一四六一）11月30日、観世大夫（音阿弥）、若宮社

応仁元年（一四六七）5月10日、金剛大夫、若宮社 ※修学者等見物

応仁2年（一四六八）閏10月5日、金春禅竹、若宮社

応仁2年（一四六八）4月1日、宝生大夫、若宮社

文明2年（一四六八）5月20日、金剛大夫、若宮社

文明2年（一四六八）5月21日、金剛大夫、東大寺八幡

文明2年（一四七〇）7月25日、金春大夫（宗筠）、若宮社

文明3年（一四七一）2月28日、黒石大夫、若宮社

文明4年（一四七二）11月28日、観世大夫（祐賢）、若宮社

文明5年（一四七三）11月29日、金春大夫（宗筠）、若宮社

文明6年（一四七四）6月21日、金剛大夫、若宮社

文明10年（一四七八）2月14日、金春大夫（宗筠）、若宮社

文明10年（一四七八）6月15日、大蔵大夫、若宮社

文明10年（一四七八）6月16日、観世大夫（祐賢）、若宮社 ※翌日に中院能

文明11年（一四七九）6月6日、金春大夫（宗筠）、若宮社 ※唱門師の居宅焼失供養

文明12年（一四八〇）12月1日、金春大夫（禅鳳）、若宮社
文明13年（一四八一）10月19日、観世大夫（祐賢）、東大寺八幡　※多武峰参勤の途次
文明13年（一四八一）10月20日、観世大夫（祐賢）、若宮社
文明13年（一四八一）12月1日、金春大夫（禅鳳）、若宮社　※宗筠三回忌
文明15年（一四八三）2月23日、大蔵大夫、若宮社　※東国上下祈祷
文明15年（一四八三）4月6日、金剛大夫、若宮社
文明15年（一四八三）11月29日、金春大夫（禅鳳）、若宮社
文明16年（一四八四）12月6日、観世大夫（祐賢）、若宮社
文明17年（一四八五）11月29日、金春大夫（禅鳳）、若宮社
文明18年（一四八六）11月29日、金春大夫（禅鳳）、若宮社
文明18年（一四八六）12月1日、宝生大夫、若宮社
文明18年（一四八六）12月1日、金春大夫、東大寺八幡
延徳元年（一四八九）10月30日、宝生大夫、若宮社
延徳元年（一四八九）11月29日、宝生大夫、若宮社
延徳元年（一四八九）12月1日、金春大夫（禅鳳）、若宮社
延徳2年（一四九〇）3月19日、大蔵大夫、若宮社
延徳2年（一四九〇）5月27日、金剛大夫、若宮社
延徳2年（一四九〇）11月19日、観世大夫（祐賢）、若宮社
明応2年（一四九三）9月7日、手猿楽、若宮社、東大寺八幡
明応3年（一四九四）10月20日、観世大夫（祐賢）、若宮社　※多武峰参勤の帰路
明応3年（一四九四）11月29日、宝生大夫、若宮社
明応5年（一四九六）10月18日、観世大夫、若宮社　※多武峰参勤の帰路
明応6年（一四九七）4月18日、宝生大夫、若宮社　※前日に中院能
明応7年（一四九八）10月21日、金春大夫（禅鳳）、若宮社
明応8年（一四九九）2月13日、宝生大夫、若宮社　※多武峰参勤の帰路
明応9年（一五〇〇）4月2日、金春大夫（禅鳳）、若宮社
文亀3年（一五〇三）6月8日、金剛大夫、若宮社
永正2年（一五〇五）2月14日、観世大夫（道見）、若宮社
永正2年（一五〇五）10月24日、金剛大夫、若宮社
永正7年（一五一〇）2月17日、宮王大夫、南大門　※薪猿楽参勤後
永正11年（一五一四）1月、座不明、東大寺八幡
永正13年（一五一六）2月16日、金春大夫（宗瑞）、東大寺八幡
永正14年（一五一七）2月26日、金春大夫（宗瑞）、若宮社
永正15年（一五一八）5月7日、金剛大夫、若宮社

大永元年（一五二一）2月14日、金春大夫（宗瑞）、若宮社
大永2年（一五二二）2月14日、観世大夫（道見）、若宮社
大永2年（一五二二）11月29日、宮王大夫、若宮社
大永5年（一五二五）2月12日、観世大夫（宗節）、若宮社
天文11年（一五四二）2月13日、金剛大夫、若宮社
天文18年10月4日、5日、金剛大夫（鼻金剛）、法隆寺
天文19年（一五五〇）3月4日、手猿楽、若宮社
天文19年（一五五〇）3月15日、江州手猿楽、若宮社
天文23年（一五五四）4月20日、手猿楽、若宮社
永禄2年（一五五九）2月16日、大蔵道入、春日大夫、若宮社
天正4年（一五六七）2月15日、金剛大夫、若宮社
天正4年（一五六七）2月16日、観世大夫（宗金）、若宮社
天正4年（一五六七）2月17日、宝生大夫、若宮社 ※金剛大夫弟の宝生家継嗣祝
天正6年（一五六九）4月15日、金剛大夫、若宮社
天正16年（一五八八）2月13日、金春大夫（安照）、大蔵道智、幸五郎次郎、若宮社
天正18年（一五九〇）2月13日、金春大夫（安照）、大蔵道智、幸五郎次郎、若宮社 ※秀吉の病気平癒祈願
文禄4年（一五九五）11月30日、金春大夫（安照）、金剛大夫、宝生大夫、若宮社 ※秀吉の病気平癒祈願
慶長元年（一五九六）2月14日、観世大夫（黒雪）、若宮社

まず、この二百年ほどのあいだに、いかなる役者（大夫）が法楽能を演じているのかをみておく。それを多い順に記すと、金春大夫二十一回、観世大夫十四回、金剛大夫十四回、宝生大夫九回となる。このほか、大蔵大夫四回、手猿楽四回、宮王大夫二回、観世十郎、黒石大夫、十二大夫各一回、それに演者不明が一回ある。金春、観世など四座の大夫が多いのは、四座が薪猿楽と若宮祭に参勤の義務を負っていたことによるのであろう。事実、四座の大夫は二月の薪猿楽と十一月の若宮祭が終わったあとに法楽能を演じていることが多い。これらはいわば「ついで」に日頃の加護に対して感謝の意を示したものであろう。とすれば、薪猿楽や若宮祭の時期でない時に法楽能を勤めているのは、何らかの事情があったことになるが、その事情が分かる場合にはそれを付記しておいた（※参照）。

このうち、長禄三年の金春大夫（禅竹）の東大寺八幡での法楽は、前年十一月の若宮祭の後日の能で田楽が面を用いたことが原因で、猿楽と田楽のあいだで喧嘩となり、大和猿楽四座が大乗院門跡から大和への立ち入りを禁じられたときのことである。その処分は半年後に解かれたようで、これはそ

の感謝のための法楽能だったらしい。この法楽能が東大寺で行われたのは、あるいは東大寺のとりなしがあったのであろうか。禅竹は金春座の大夫としてそういう体験もしているのである。

また、文安四年の観世十郎（世阿弥の嫡孫、元雅嗣子）の能は、これを伝える『東大寺雑集録』には「元服祝罷（能）在」之」とあって法楽とはされていないが、「元服祝」とあるから、これが法楽能であったことは疑問の余地はあるまい。法楽能であってもそれと明記されていない事例もあるわけである。『中臣祐賢記』文永十年（一二七三）十月九日条には田楽法師其駒が「宿願」祈念のために「若宮御前ニテ種々遊之」とあるのも法楽だったと思われる。若宮では早くから法楽として芸能が奉納されていたのである。

また、一覧には、多武峰の維摩八講会参勤の途次やその帰路における法楽能もあるが（※参照）、これも「ついで」とみてよいだろう。その場も若宮社が多い。なお、若宮社以外では東大寺八幡での法楽能が八例あり、そのうちの三回が金春大夫で、観世大夫、観世十郎、金剛大夫が各一回、手猿楽、座不明も一回ある（明応二年の手猿楽は東大寺八幡と若宮社で法楽の能を演じている）。なお、これら東大寺での法楽能は、応永以降の約二百年のあいだに同寺で行われた法楽能をほぼ網羅しているように思われるが、そう考えてよければ、大和における法楽能はやはり若宮のものが群を抜いて多かったことになろう。

さて、若宮拝殿では室町時代から戦国時代にかけて、このように多くの法楽能が演じられていたのだが、なぜそうなったのであろうか。もちろんそれは若宮に対する信仰の現われであろうし、とりわけ春日興福寺の庇護のもとに発展してきた大和猿楽四座にとっては、若宮祭はもとより、薪猿楽でも若宮拝殿での演能（御社上り）が義務であって、若宮とは深い縁を有していた。しかし、ここで考えてみなければならないのは、法楽能奉納の場がなぜ興福寺ではなく若宮だったのかということである。換言すれば、なぜ興福寺という寺院ではなく、若宮という神社なのかということである。

筆者には、この問いに十分に答える用意はないが、現時点においては鎌倉時代の二度の元寇をきっかけに急速に高まったとされる神国思想が背景にあるのではないかと考えている。神国思想の勃興を示すものとしては、南北朝初期の北畠親房の『神皇正統記』冒頭の「我大日本者神国也」が著名だが、能の世界にもそうした思想の反映は少なからず認められる。たとえば、脇能のシテはほとんどが神であり、永享四年（一四三二）の上演記録がある『逆矛』の後ジテ滝祭の神は

『神皇正統記』冒頭の言葉とともに現われている。また、『逆矛』のように、現行曲で「神国」の語が用いられている曲も比較的多く、それには『弓八幡』『富士山』『大江山』『田村』『春栄』『九世戸』『善界』『草子洗小町』『葛城天狗』『土蜘蛛』がある。さらに、神国思想という点では、明に対するわが国の優越意識が認められる『白楽天』『春日龍神』『善界』も注意されるし、『采女』『春日龍神』など春日賛仰を主題とする曲の存在も若宮拝殿での法楽能が多いこととかかわるように思う。さらに、『翁』においても、「翁」「三番猿楽」「父尉」を如来の三身（法身、報身、応身）とする理解（『風姿花伝』神儀）がまずあり、その後、「翁」を仏菩薩や伊勢、八幡、春日神などの神の化身とする理解（『明宿集』）が生まれ、やがてそこから仏菩薩が消え、「翁」を神の化身とする理解（室町後期伝書）へという変化があった。そういえば、『風姿花伝』の「神儀」も最初は「聞書」と題されていたのが、世阿弥自身によって「神儀」と改められたのであった。

要するに、このような能の世界における現象と法楽能の多くが神社の社頭で奉納されていることとは呼応しているのではないかと思うのである。そういう時代状況のなか、薪猿楽や若宮祭において若宮との結びつきを強くしていた大和猿楽の法楽能が、応永頃から頻繁に若宮で行われるようになったのではないだろうか。

最後に、『大乗院寺社雑事記』文明十年六月十五日条には、猿楽が若宮社頭で法楽能を演じる場合の手続きが記されているので、その記事を紹介しておこう。

社頭法楽之次第ハ、前日拝殿ニ可沙汰芸能之由申入案内云々。自拝殿社中并五ケ屋に相触之計也。三輩等ハ聞伝ニ参申至見物云々。三輩ハ於経殿拝見之。以神人加下知者也。着座之外ハ経殿之北方ニ烈立云々。衆中ハ細殿ニ烈立ス。

すなわち、法楽能を希望する役者は前日に拝殿方に申し入れ、拝殿方はそれを社中に伝える。拝殿方の連絡はそこまでで、三輩等（所司、五師、衆徒）には連絡はせず、三輩等は法楽能があることを伝え聞いて見物に出向くことになっていた。その三輩等の見物場所は経殿で、席は神人（社頭の警護役）の指示に従うことになっているが、座れなかった者は経殿の北方で立ったまま見物し、衆徒も細殿でやはり立って見物する、という決まりだった。若宮社の法楽能には、このような規則が定められていたのだが、見物場所についての決まりが詳細なのは、法楽能が神と人とがともに楽しむものであったことをよく物語っていよう。修学者が見物したという寛正二年（一四六一）の音阿弥の法楽能の時も、見物席はたぶんこのように決められたのであろう。

四、春日若宮と祈雨立願能

春日若宮と能楽との関係という点では、若宮の御旅所である馬場院における祈雨立願能がある。農耕社会の大敵が旱魃だったことはいうまでもない。古来、人間の意のままにならない旱魃という自然現象に対して、人々が取ったのが雨乞い、つまり祈雨祈願だったが、それには祈祷などとともに芸能が用いられることが多かった。その雨乞いと芸能の関係については、石黒吉次郎氏の「祈雨と中世の芸能」(『論集中世の文学〔散文篇〕』明治書院、平成五年)があり、同稿には、鎌倉末期から室町中期までの法隆寺における祈雨立願能が、『法隆寺嘉元記』『法隆寺寺要日記』『古今一陽集』『請雨日記』などによって数多く紹介されている。また、中世興福寺においては、祈雨立願として、『大般若経』『金光明最勝王経』などの頓写とその本尊の図絵の製作と供養が行われていたことについては森末義彰氏の『中世の社寺と芸術』(目黒書店、昭和二十五年)所収の「祈雨祈祷とその本尊図絵の問題」(初出は昭和十二年)があるが、春日若宮と雨乞いについてのまとまった論はいまのところないようである。

そうしたなかにあって、大東延和氏が前引の「おん祭の歴史」において、春日若宮はとくに中世以降、農業神として農家の信仰を集めていて、「春日山上の小神群とともに雨乞いの神とされ」ていたとしているのは注意される。大東氏は若宮が農業神であることを示すものとして、春日のお田植祭において、若宮の八乙女(巫女)が、若宮を出発後、春日大宮、榎本社で儀式を行ったあと、最後は若宮で儀式を行っていることをあげているが、若宮が農業神であり雨乞いの神であったというのは、若宮御旅所の祈雨立願能について考える場合、きわめて重要な指摘かと思う。その若宮御旅所(馬場院)における祈雨立願能は管見では次の六例で、時期は収穫に大きな影響がある七月~十月である。

文安元年(一四四四)
詳細不明。この年に祈雨立願能があったことは次の『大乗院寺社雑事記』文明二年(一四七〇)条にみえる。

文明2年(一四七〇)8月24日
四座の予定だったが、宝生が「下国」で不参。脇能は金春大夫(宗筠)。見物のための仮屋も建てられる。官符衆徒の筒井も見物。文安2年(一四四五)以来の祈雨立願能だった。(『大乗院寺社雑事記』『経覚私要鈔』)

延徳3年(一四九一)7月13日

この時には六十七日ぶりに本格的な降雨があったらしい。（『大乗院寺社雑事記』）

明応2年（一四九三）10月29日
四座参勤の予定だったが、観世は細川氏の催しと重なって不参。金春は大蔵大夫の代勤、宝生は大夫の子、金剛だけが大夫の参勤。能は15番。仮屋には床が敷かれたが、これは「凡新儀歟」という。徴収した四座分の郷銭は参勤の三座に配分された。（『大乗院寺社雑事記』『大乗院日記目録』）

永正11年（一五一四）10月28日
「衆中之沙汰」で四座によって『翁』と17番の能が演じられたが、そのうちの6番は水に縁がある能である。脇能は籤で外山（宝生大夫）が勤めた。録物は二千疋。仮設の舞台も建てられた。翌日は予備日だったが、降雨だったので舞台は解体されている。史料によって「祈雨願能」（『権官中雑々記』）、「雨悦びの能」（『申楽談儀』後人追記）と二通りに呼ばれている。

天文14年（一五四五）8月2日
本来、四座の所演のところ、前年の「松の下」の席次争いの余波で金剛一座だけが出仕。場所は御旅所。能は7番。（『天文年間旧記抜書』）

七十年にこの六例というのはいかにも少ないように思われるかもしれないが、文明二年の祈雨立願能は二十四年前の文安元年以来のものだったというから、御旅所での祈雨立願能はこのくらいだったのであろう。また、七十年に六例という頻度については、これらが若宮の御旅所という特別な（神聖な）場所における祈雨立願能であることにもよっていよう。なお、大和における祈雨立願能はこれ以外にも諸所で催されていたし（前述の法隆寺など）、能以外の芸能が演じられる雨乞いも多かった。ちなみに、若宮の御旅所における雨乞いとしては、長禄四年（一四六〇）と文明十七年（一四八五）の郷民による相撲の奉納があるが、後者では都合百二十番もの相撲が奉納されている（『大乗院寺社雑事記』）。

　ところで、これらの記録では祈雨の能は、「祈雨立願能」「願猿楽」「雨悦びの能」などと呼ばれているが、実際は、まず祈雨があって、その結果、降雨があった場合に、その感謝として能が催されるということだったらしい。その点、「雨悦びの能」という呼称が最も実態に即した呼称ということになる。

　さて、これらの御旅所での祈雨立願能でまず注意されるのは、六例中四例が確実に大和猿楽四座による演能であることである。もっとも、四座が揃ったのは永正十一年だけで、大夫が不参でも代参が立てられている年もあるが、これらから御旅所における祈雨立願能は四座の出演が原則で、すでに宮本圭造氏「能と天災地災」（『銕仙』二〇一六年六月）が言うように、それは興福寺の主催だったとしてよいだろう。明応の時は興福寺が南北郷民から四座分の郷銭を徴収しているし、永正の時は衆中の沙汰であることが明記されている（『権官中雑々記』）。また、明応の立願能では、観世座が細川邸での公私の催しのために不参だったことが寺家で問題になったが、結局は不問となった。その決定に大乗院門跡尋尊が不満を表明しているのも、それが寺家の主催だったことを示唆している。四座にとっては御旅所の祈雨立願能は基本的に薪猿楽や若宮祭と同じような義務としての「参勤」だったとしてよく、だからこそ、その場所に若宮御旅所が選ばれたということなのだろう。

なお、永正十一年の祈雨立願能では、当時、名誉とされていた脇能の担当が籤で決められている。他の立願能もそうだったのであろう。春日興福寺では薪猿楽の南大門前の能の脇能は金春座の役と決まっていたが、薪猿楽期間中の別当坊猿楽や若宮祭の後日の能の脇能は籤で決められていた。この点、御旅所での祈雨立願能は別当坊猿楽や後日の能などと同じになる。

また、御旅所の祈雨立願能における仮屋（見物席）や舞台については、一覧のコメントを参照されたい。このうち、永正十一年の脇能は宝生大夫の『矢立賀茂（賀茂）』だったが、同曲はこの立願能にあわせて、終曲部が現在の「風雨随時の、み空の雲居、〳〵」「鳴る雷の、雨を起こして、降りくる足音は、ほろほろ、ほろほろ、とどろ、とどろと、踏みとどろかす」と改変されたらしい。

以上、求められるままに本書の企画に沿って成稿してみたが、「宗教芸能としての能」という視点は、能楽がおかれていた環境という点で、今後も能楽研究には不可欠の視点であり続けると思う。

謡曲《絵馬》管見——長禄三年伊勢斎宮の旅

芳澤　元

よしざわ・はじめ——明星大学人文学部准教授。専門は日本中世史、仏教文化史。主な著書・論文に『日本中世社会と禅林文芸』（吉川弘文館、二〇一七年）「足利将軍と中世仏教」（相国寺教化活動委員会、二〇一九年）『栂尾茶・醍醐茶の評判——十四世紀高山寺の喫茶文化」（永井晋編『中世日本の茶と文化——生産・流通・消費をとおして』アジア遊学252、勉誠出版、二〇二〇年）、『室町文化の座標軸——遣明船時代の列島と文事』（編著、勉誠出版、二〇二一年）などがある。

内乱後の平和と大飢饉の間に揺れた十五世紀初頭以降、謡曲《絵馬》に関わる伊勢の斎宮絵馬習俗が現われる。元来局在性の高いこの歳晩除夜の習俗が流布し、謡曲となる過程はいかなるものだったか。参宮記録から斎宮跡の語り部、隠れ里の仙人、伊勢参詣の隆盛に接し、謡曲が詠う「万民快楽」の意味に思いを致す。

はじめに

明徳四年（一三九三）九月の足利義満の参宮を契機として、十五世紀には貴顕の伊勢参宮が活発化したことはよく知られ、(1)とくに応永・永享期を境に、公武あげての伊勢参宮が隆盛した。八幡神や北野天神と共に伊勢を特別に篤信した当時の室町殿・足利義持の存在も無視できないが、加えて病平癒祈願の参宮が社会的に活発化することで、「日本の鎮守伊勢天照大神」という認識が各所に弘通することになった。(2)

それに反して、災害に呼応して中世前期に続き実施されていた式年遷宮は、内宮では永享三年（一四三一）十二月十八日、外宮では永享六年に行われて以降、資金不足で数十年もの間隔を空けた。寛正三年（一四六二）には室町期最後となる内宮の第四十回式年遷宮が執り行われ、以後百二十年も断絶した。(3)同じ伊勢でも、斎宮が十四世紀前半以降廃絶の一途を辿ったのに対し、十五世紀中葉までの神宮の盛衰は若干異なる道筋にもみえる。

室町文化を考えるうえで興味を引くのは、社会が災害や気候不順による大飢饉、世情不安に包まれた十五世紀初頭以降、謡曲《絵馬》に関わる斎宮絵馬習俗が確認されるようになる点である。謡曲《絵馬》の成立については現在も詳細不明な点が多く、本稿もその解明に迫るものではないが、以下では同曲の諸本比較を試みると共に、斎宮絵馬習俗について記した早期の古記録を読解することとし、細やかながら能楽研究の一助としたい。

一、謡曲《絵馬》について

（一）謡曲《絵馬》の研究状況

まずは『謡曲大観』[4]から謡曲《絵馬》の梗概を引用する。

時の帝（刊行会本及び宝生・金剛・喜多の諸流では淳仁天皇）に仕え奉る臣下が勅命を奉じて伊勢参宮に旅立ち、やがて斎宮に着いた。折しも今夜は節分で、この所で絵馬を掛ける行事があるので、その様を見ようと逗留していると、老人夫婦が出て来て、雨の占方を示す黒絵馬と、日照りの占方を示す白絵馬と、互に掛け争ったが、結局万民快楽の世にしようといって、二つの絵馬を掛け並べ、自分達は伊勢二柱の神が夫婦と現れ来たのであるといって消え失せる。やがて夜になると、月光が輝いて、天照大神が天鈿女命・手力雄命を随えて影向して、自ら舞を奏し給い、又かの天岩戸の故事、――天鈿女命が神楽を奏して大神の御輿を誘い奉り、手力雄命が大神の御袂に縋って引き連れ奉って、天地は二度明らかにのどかな春となった趣を示し給う。

謡曲《絵馬》について、本曲の構成の分析に徹した金井清光氏[5]は、前半は絵馬奉納による豊作祈願を描いており、これとは無関係に天岩戸舞を再現する場面が演能される後半とでは断絶がみられると指摘している。

その後、金井清光氏の前後断絶説に対して、批判的検証が進展する。米田真理氏[6]は、伊勢神道書や番外曲『宮川』との関係を念頭に検証した結果、本曲が、室町期当時の伊勢内宮・外宮の対立と、その後和解に至る顛末を背景にもった「ご当地もの」の謡曲と評価している。また樹下文隆氏[7]は、前半と齟齬すると金井氏が指摘した後半の天岩戸舞に注意を向け、神楽の起源として天岩戸舞の披露に主眼を置いた本曲の構成はごく自然だと解釈する。本曲と天岩戸神話を結びつけた中西裕氏[8]も、日神（アマテラス）と雨神（スサノオ）が調和する謂れとして、後半の舞によって天岩戸神話が再現されたものと説く。

つぎに、謡曲《絵馬》に関わりの深い斎宮絵馬習俗について、桜井治男氏[9]は、本曲の前提となる斎宮絵馬習俗の史料一六点を分析し、絵馬殿の所在も考証する。その初見記事は東福寺蔵主太極の日記『碧山日録』であると示しており、これによれば室町期の例は『碧山日録』を入れて二点のみで、他は近世史料が大半を占める。また、観世企画の《絵馬》をめぐる座談会でも、斎宮絵馬や絵馬堂の所在などが話題となっており、[10] 十五世紀の斎宮をめぐる周辺環境が、能楽作品研究にとっても重要な意味が見出されていることが窺える。謡曲《絵馬》に関係する研究史としては、座談会の企画や研究論文が掲載された『観世』三五—一号が重要な一歩だったように思われる。

（二）謡曲《絵馬》本文校異

ただし、謡曲《絵馬》の活字版は『謡曲大観』や『観世流謡曲集』（檜書店、一九三九年、再版一九九一年）以外に見当たらない。論者は成稿に際し各自で対校しているようだが、古態を伝える良質な活字の提供という問題は、ここでは解決されていないようである。

謡曲《絵馬》には良質の活字本がみあたらない。そこで、法政大学能楽研究所の写真帳を中心に諸本を閲覧し、さしあたり一番綴松井本の『絵馬』の本文と校異を掲出する。

【史料1】『絵馬』一番綴松井本

〔凡例〕

一、上掛り系の一番綴松井本を底本として、下段に本文、上段に下掛り古本・現行本との異同を示した。

一、下掛り系の古本として野坂家蔵金春禅鳳本八郎本転写三番綴本（厳島本）を用い、㊦と略号した。

一、現行本として観世流大成版（『観世流謡曲全集』檜書店、一九三九年、再版一九九一年）を用い、㊫と略称した。

一、本文右傍に圏点（・）を打ち、底本との詞章の異同を示した。

一、本文中の挿入符（○）は、底本にない詞章のある箇所を示した。

一、句読点、濁点を便宜補った。また、現行本に従って役名・舞事等を補ったが、第三段の掛合いは原本の役名を尊重した。

一、小段番号は墨付き括弧（【 】）をもって便宜補った。

【1】 ワキ ワキツレ おさめしまゝによをまもる、〳〵（おさめしまゝによをまもる）、伊勢のみやゐにまいらん。

ワキ 抑これは大炊御門の左大臣公能とは我事也(1)。さてもわが君伊勢太神宮を信じたまひ(2)、かず〳〵の御

（1）㊦一条の院に仕へ奉る大炊御門の右大臣公能とは我事也㊫当今に仕へ奉る臣下なり。（2）㊫両宮へ。

(3) (文)勅使として。
(4) (下)ナシ。(5) (下)にとりても。(6) (文)着。(7) (下)ナシ。(8) (下)候ひて。(9) (下)思る。
(10) (下)を。
(11) (下)是。
(12) (下)されハ。
(13) (下)諸方。

たからを捧給ふ。その勅をかぶり(3)、たゞ今いせ参宮仕候。
ワキ ワキツレ 風はうへなる松もとや、〳〵(風はうへなる松もとや)。ひばりおちくる粟津のゝ、草のしげみを分こえて、勢田の長橋うちわたり、野路しのはらの草まくら、夢も一夜のたびねかな、〳〵(夢も一夜のたびねかな)。
ワキ 急候程に、是はゝや(4)勢州。(5)斎宮に付(6)て候。今夜は節分にて、此所に絵馬をかくると申間(7)、今夜はこの所に逗留し(8)絵馬を懸る者を見ばやと存(9)候。
【2】あら玉の、春に心は(10)わか草の、神も久しき、めぐみかな。ツレ かすみも雲もたつ春を シテツレ こぞとやいはむ。としのくれ、それ馬を華山のやにはなち、牛を桃林につなぐ事、シテツレ みな。(11)せいじんのことわざかな。それは(12)かしこき世のならひ、ときにひかれてよも(13)の海の、浜の真砂を

(14) (下)国。
(15) (文)ナシ。(16) (下)げに人音に付て申(文)いかにこれなる人々に尋ぬべき。(17) (下)是は都の道者にて候が。(18) (下)おいて。(19) (文)真。(20) (文)即ち。(21) (文)絵馬。
(22) (下)扨も。
(23) (下)(文)ナシ。(24) (下)(文)られ。

かぞへても、君がちとせの有かずを、たとへても猶有がたや。
ちはやぶる神代をきけば久かたの、あまつひつぎの代々ふりて、〳〵(あまつひつぎの代々ふりて)、人王まつだいのしそんまで有しめぐみをうけつぎて、おさまる御代(14)のわれらまで、をよばぬ君をあふぎつゝ、よるひるつかへたてまつる、〳〵(よるひる仕へたてまつる)。
【3】ワキ ふしぎやな、夜はゝや夜半に過て候が、人音のきこえ候(15)。いかに人音につきて申べき(16)事の候。
シテ こなたの事候か。何事にて候ぞ。
ワキ 今夜(17)此所に。(18)絵馬を懸ると申は、誠(19)にて候か。
シテ さん候、。(20)われらがゑむま(21)をかけ候よ。
ワキ 。(22)それは何のいはれによつて御(23)かけ。(24)候ぞ。
シテ 是はたゞ一切の衆生の愚痴無智なるをかたどり、馬の毛により明年の日をさうじ、又雨

しげき年を心うべきため㉕にて候よ。㉖。ワキ さて〳〵今夜㉗は如何なる絵馬をかけ、明年の日をさうじ給ふ㉘。ツレ ちかひはいつれもひとしけれども、まづ雨露のめぐみをうけ、民の心もいさみある、よみぢのくろの絵馬をかけ、国土ゆたかになすべき也。シテ しばらく候。㉙かうさくの道のすぐなるをこそ、神慮。㉚もよろこび給ふべけれ㉛。○㉜尉がゑむま㉝をかけて、民をよろこばせばやと思ひ候。ツレ さ様にいはれをの給はゞ、こなたもさらにをとるまじ。シテ ちからをも入ずして、天地をうごかし、めに見えぬをにがみのたけき心をやはらぐる。ツレ 哥は八雲をさきとして、あまぎる雪のなべてふる、これらはいかできらふべき。シテ かくしもたがひにあらそはゞ、ひまゆくこまの道ゆかじ。いざやふたつの絵馬をかけて、万民たのしむ世となさん。ツレ げにいはれた

(25) ㊦ナシ。(26) ㊦(文)ナシ。(27) ㊦ナシ。
(28) ㊦す哉。
(29) ㊦凡。
(30) ㊦に。
(31) ㊦叶べけれ。(32) (文)まづこの。(33) (文)絵馬。

りこのほどは、ひとつかけたる絵馬なれども、シテ ことしはじめてふたつかけて、雨をも降らし、ツレ 日をも待ちて、シテ 人民快楽の、ツレ 御めぐみを、地 かけまくもかたじけなや、これをぞたのむ神がきに、絵馬はかけたりや。こくどゆたかになさうよ。

【4】かものみあれのひをりの日、〳〵（かものみあれのひをりの日）、これを物㉞見にごずひじん、色めく神㉟のしで付てかけならべたるこまくらべ。かけてやさしくきこえしはまつかぜのうへの藤なみ、をのへの花にさききそへて、たな引しら雲又かけて色を増すなり。

僧正へんぜうは、哥の様はえたれども、誠すくなし。たとへば、絵にかけるゆふちよ㊱のすがたにめで〻いたづらにこゝろをうごかすは、あさみどりいとよりかけてつなぐ駒はふたみちかけて中〳〵うらみしは、恋路の空な

(34) ㊦ナシ。(35) (文)紙（誤植か）。
(36) ㊦遊女(文)優女。

(37) ㊦大御神㊮天照太神。

さけ、あふさへ夢の手まくら、シテ しのぶこよひのあらはれて、地 ことばをかはすこのうへは、何をかつゝむべき。われらはいせのふたはしら、ふうふとげんじ立いづる。しんずべし信ぜばうたがひなみの河竹の、夜もあけゆかば、内外にてまちえてまみえ申さんと、夜半にまぎれてうせにけり、〳〵(夜半にまぎれてうせにけり)。(中入)

【5】(間)

【6】地 雲はばん里におさまりて、月よみの明神の、御影のそんようをてらし、いでたまふ、われは日本秋津しまの大とうりやう、地神五代のそん、あまてるおほん神(37)。地 和光りもつはみもすそ川の、〳〵(和光りもつはみもすそ川の)、水をけたつるなみのごとし。されどもちかひはこくうにみちくる五色の雲も、かゞやき出る、日神の御かたち、ありがたや。シテ 所はさいくうの名にふりし、地 〳〵(所は斎宮の名

(38) ㊦手力雄の明神㊮手力雄の命。(39) ㊦㊮は。

に古りし)、神がきしどろにゆふしでの、あらはにしんたいあらはれたまふ。有がたや。[中之舞]

【7】シテ むかし、あまの岩戸にとぢこもりて、〳〵(あまの岩戸にとぢこもりて)、悪神をこらしめたてまつらんとて、日月ふたつの御かげをかくし、とこやみのよのさていつまでか。あらぶる神〳〵、これをなげきて、いかにも御心、とるやさかきばのあをにぎて、しらにぎて、いろ〳〵さま〳〵にうたふかぐらのからかみさいばら、ちはやぶる、[神楽][神楽]

【8】シテ おもしろや、地 おもてしろやとおぼえず、岩戸をすこしひらきてかんじ給へば、いつまでいはとを立がらをの明神(38)。(39)、ひきあけ御衣の袂にすがり、ひきつれあらはれ出給ふありさま、又めづらしき神あそびのをもしろかりしをおぼしめし忘れず、たかまのはらに神とゞまつて、あめつ

ちふたたびひらけおさまり、国土もゆたかに日月の光ののどけき春こそ久しけれ[40]〳〵（のどけき春こそ久しけれ）。

（40）㊦おさまる候こそめでたけれ。

松井本については宮本圭造氏の解説に詳しい。[11]松井文庫蔵『淵田虎頼等節付一番綴謡本』は、三番曲など種々の謡本を集めた元二〇〇冊だった本で、現在一九七冊一九六番を収め（『国書総目録』第六巻「能の本」項）、大永二年（一五二二）観世弥次郎長俊奥書『忠度』をはじめ十六世紀古本を伝える。全一九七冊中半数近くは細川幽斎筆とされる。そのうち『姥捨・咸陽宮・俊成忠度・反魂香』『紅葉狩』など数冊には、永禄期に活躍した室町幕府政所執事伊勢氏被官で武家役者の淵田氏の奥書があり、山城西岡の国人衆物集女氏に相伝されたものが占める。謡の家としての淵田氏の活躍は天文期からみえる。[12]天正元年（一五七三）物集女氏を滅ぼした細川氏が獲得したとみえ、昭和初期までは肥後細川家旧蔵、筆頭家老の家柄で出水神社宮司・金春流能楽師でもあった松井閑花（祥之）の文庫が現蔵する。

なお、この下掛り系の古写本については、三番綴じの奥書に「此内絵馬、本金剛家の本にて節写者也」とある。室町末期成立の『自家伝抄』にも「斎宮ゑんま金剛」とみえるが、金剛作とするには問題があるとの声も聞く。[13]

現行の大成版と松井本・厳島本とでは、延べ四〇箇所の異同がみられる。漢字と平仮名の相違など細かなものが目立つ。その他、松井本【1】冒頭ワキ勅使の台詞「大炊御門の左大臣公能」は、大成版では「当今に仕へ奉る臣下」と略される。この該当人物は、実際に伊勢勅使を務めた徳大寺公能（一一一五～六一）だが、大成版を用いた『謡曲大観』では大炊帝（淳仁天皇）の臣下に誤っており、その非は詞章分析に徹した前掲米田論文・樹下論文に指摘されるとおりである。下掛り系古本の厳島本では「一条の院に仕へ奉る」となっているが、併せて注意が要る。また、松井本【1】斎宮に到着したワキの台詞「今夜は節分にて、此所に絵馬を掛くると申間」が厳島本では抜けている。斎宮絵馬習俗の時期を明示するこの台詞は、後段【3】「馬の毛により明年の日をさうじ」というシテの台詞などから歳晩を彷彿させるから、厳島本では省いても問題ないとの判断かと推測される。

二、長禄三年伊勢への旅

さて、謡曲《絵馬》の前半（松井本【1】～【3】）にかけて登場する斎宮絵馬習俗については、十五世紀中葉に東福寺の太極蔵主が見聞して記録した『碧山日録』の記事が初見とされ、『謡曲大観』をはじめ、かねてより知られている。そうしたなかで能楽研究でも、十五世紀の斎宮周辺の環境に注意が向けられてきたことは前章でふれたが、他方、近年刊行された『三重県史』『伊勢市史』の室町期の叙述では、『碧山日録』の参宮記事は充分に触れておらず、斎宮通行前後の記事も読解しておかなくてはなるまい。また、じつは初見とされた『碧山日録』よりも四十年前、応永二十五年（一四一八）九月二十日、足利義持の伊勢参宮に随行した耕雲明魏（花山院長親）が記し、翌春義持に進上した『耕雲紀行』でも、斎宮絵馬習俗への言及が確認できる。前掲桜井論文が発表された頃の学界では、『耕雲紀行』はまだ十分認知されていなかったためと思われる。(14) そこで、先行研究をふまえつつ、とくに室町期の参宮記事を読み込むとともに、太極が参詣した同時期の伊勢をめぐる情勢もみることで、細やかながら謡曲《絵馬》の時代性を捉える一助としたい。

（二）参宮の動機と出京・行程

太極が参宮を思い立った動機は明確ではないが、『碧山日録』には、「太容の子の幸蔵主・龍子の兄光俊至る。共に九日に伊勢神祠に詣づる行有り。予と龍子また此の行有り。為に其の途を同くし来会するなり」（同三月六日条）とある。光俊・幸蔵主・龍子（系字不詳）は兄弟という続柄で、兄の光俊が伊勢に詣でるというので、かねて伊勢参詣を企てたらしい太極と龍子も同道を約した。果たして太極の一行は鷲蔵主・幸蔵主・光俊・龍子の全五名となった。寅の刻（午前四時頃）に出立し、往路二泊、復路二泊する行程は、『耕雲紀行』のそれと一致する。

出発前日、「春公、明日、中書令勝秀公と伊勢神宮に詣《けい》す。余の余徒と此の行あり。往きて途中相《あ》い従うを告ぐ。（中略）鷲蔵主来り、明日、予と勢州に赴くべしと云々」（同八日条）とあるように、太極は、近江国守護の京極勝秀（持清嫡子）やその一族で幕府直臣の鞍智高春らと伊勢参宮の時を同じくしている。鞍智高春は、立花の池坊専慶と交流し、京極氏被官で侍所所司代多賀高忠の被官だった金春与四郎に能猿楽の演能を依頼するほどの文化人でもあった。太極の出自は、鞍智氏と同族の佐々木氏庶流ともいわれ、(15) 今回の伊勢参宮もその俗縁から同日に示し合わせたものと思われる。

太極が参宮の旅に出た期間は、三月九日から十四日まで五泊六日である。京都から琵琶湖を経由し、従来の伊勢参詣路を経て外宮・内宮に到達している（**【地図】**参照）。その全行程は以下のとおり。京都―近江松本津―矢橋村―草津旅亭―水口駅泊（三月九日）―鈴鹿峠―伊勢坂下―窪田旅亭泊（十日）

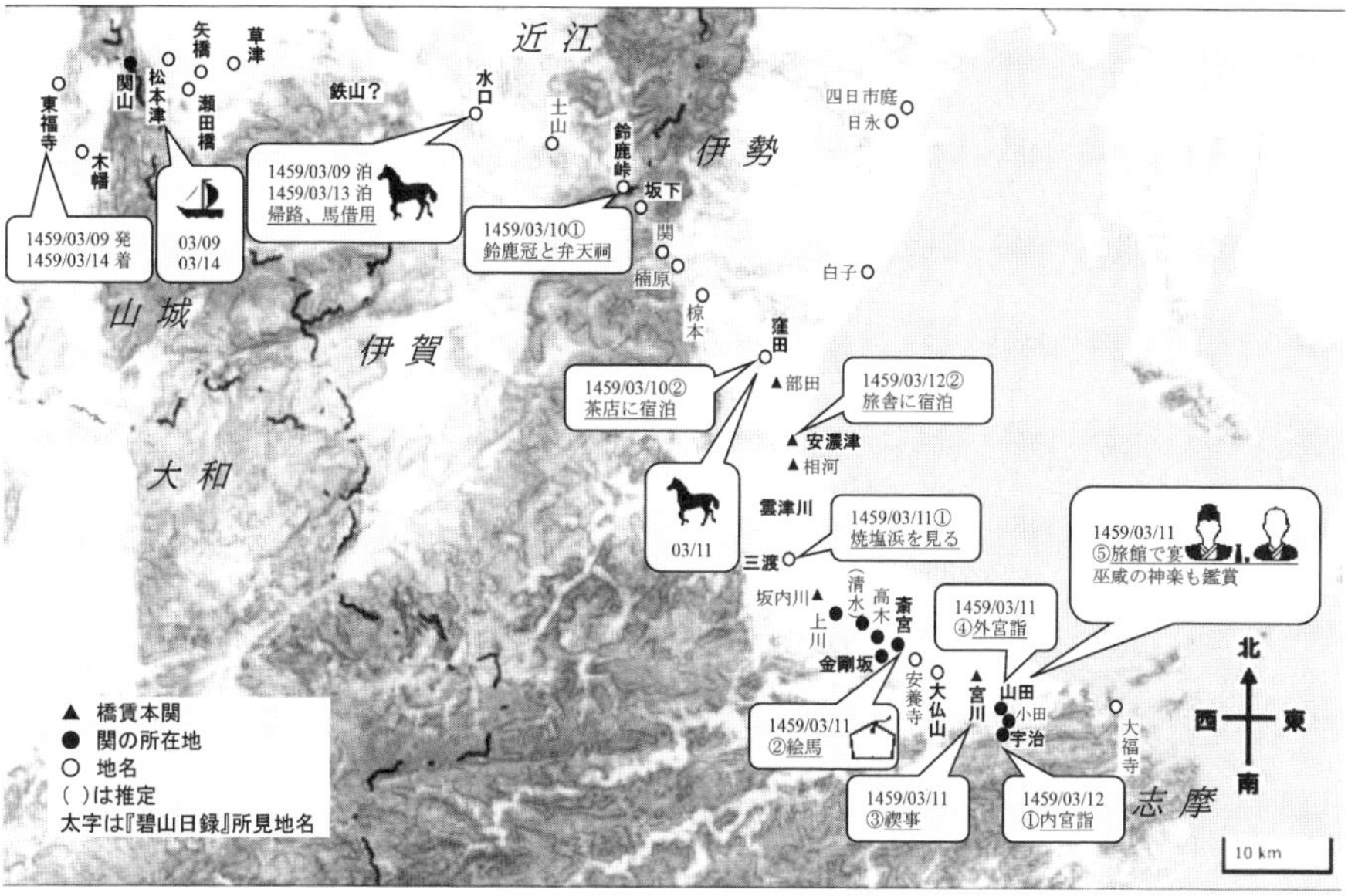

地図　『碧山日録』の伊勢参宮路（国土地理院［白地図・傾斜量図］により作成。『三重県史 通史編 中世』第8章第2節も参照）

—三渡浜—斎宮—金剛坂—大仏山—山田—外宮（十一日）—宇治—御裳裾川—内宮—山田—安濃津旅亭泊（十二日）—近江水口泊（十三日）—鉄山河原（鉄炉）—山田—松本津—近江関山—東福寺（十四日）。

（二）京都から近江草津・水口へ

【史料2】『碧山日録』長禄三年（一四五九）三月九日条

九日、辛卯。寅而飯。与㆓鷲・幸・俊・龍㆒偕発足。三里而抵㆓松本津㆒。棹㆓湖舟㆒而到㆓山漱（瀬カ）村㆒（矢橋）。一里而歴㆓草津㆒、与㆓春公㆒飯㆓於旅亭㆒。勝公（京極勝秀）過㆓勢多橋㆒而至。家臣之相従者十五騎、而称㆓其属㆒者五千余人。蓋大人貴公詣㆓神祠㆒、則関譏而不㆑征。庶首借㆓其余勢㆒透関也。自㆓草津㆒東折、七里而投暮、宿㆓於皆口駅㆒。

旅の初日の三月九日、出京した太極の一行は、近江国滋賀郡松本津から琵琶湖を船で通行し栗太郡矢橋村に着岸、草津の旅亭で昼食休憩後、陸路を七里ほど進んで水口駅（滋賀県甲賀市）に投宿した。太極一行は、瀬田橋方面から騎馬の家臣十五騎以下を率いる京極勝秀よりも一足早く草津の旅亭に到り、その到着を待っているが、『孟子』公孫丑上をふまえ、「蓋し大人貴公の神祠に詣づる則んばすなわち、関、譏して征せず。庶首は其の余勢を借り透関す」（**史料2**）と述べている。貴紳が参宮する際に関所での通行税が免除され、衆庶もその余勢に預かり難なく通行することを期待したのだろう。[16]

(三)鈴鹿姫の伝承と謡曲

【史料3】『碧山日録』長禄三年三月十日条

壬辰、鶏鳴而飯。卯而雨下。出レ駅五里而出二坂下一。其道歴二鈴麓山一。々頭有二一大石一。嵂崒如二峩冠一。俗名之鈴麓〔鹿〕冠也。渓水溢二漲於山趾一遶二高岩一。々上有二弁天之祠一、枉レ道以拝謁也。時雨愈下、遍身冷湿、出レ山有二大野一、其縦広二里余。泥濘滑々、失レ歩者多矣。五里而憩二久保田茶店一、而予不レ得レ進而宿止。店主温厚而恵出二枯柴・爆炭一、曝二乾湿衣一、加二慰言一甚深矣。

三月十日は卯刻から悪天候のため、近江水口駅から鈴鹿越えをめざす太極一行は雨中行軍となった。東海道の関所を擁する鈴鹿山頭には「一大石」が冠の如く高く聳え、鈴麓冠《れいろくかん》(ママ)と呼ばれていたと太極は記す。雨脚は弱まることなく峠の険難はいや増しだが、太極は、「渓水」(鈴鹿川か)の流れが溢れ、その激流中に立つ巨岩の上に祀られた「弁天之祠」を見つけ、わざわざ足を延ばし参拝している。

その後、峠を越えて伊勢側の裾野に出た太極一行は、五里ほど歩を進めた久保田(三重県津市大里窪田町)の茶店で休憩をとった。義持参宮時に、鈴鹿―坂下―豊久野(津市芸濃町椋本)―窪田―部田浜(津市一身田)―安濃津に到達しているように(『耕雲紀行』)、近江から難所鈴鹿山を越えて伊勢に入ると坂下や新所(共に三重県亀山市関町)を経ることになる。足利義教らも鈴鹿から坂下を通過している。[17]『耕雲紀行』では平野部の経路は安濃川ではなく志登茂川沿いに進んでいる。『碧山日録』では鈴鹿峠から平野部への詳細が筆録されないが、志登茂川に沿った窪田に到っているから、同様の経路だと思われる。

太極にはこの経路を細かに記録する余裕がなかったのだろう。窪田に到るまで泥濘に苦心しながらの道程だった。疲労困憊のあまり足が動かない太極のために、茶店の主が枯柴・爆炭を提供し、濡れた衣服を乾かすなど懇切丁寧に応接したという。結局この日は雨が止まず、この窪田の茶店(旅舎とも記す)に宿泊した。

本題から少し寄り道になるが、この悪条件のなか太極が立ち寄った「弁天之祠」は、物語・軍記・説話・能楽・御伽草子で知られた、鈴鹿峠の女神伝説に因んだ遺跡である。[18]朝廷より鈴鹿山に派遣された坂上田村麻呂が、天女とも鬼女とも伝える鈴鹿御前(鈴鹿姫、立烏帽子)の神通力を得て当地の鬼を退治し、御前と夫婦になったという説話は室町後期には存在した。

この立烏帽子を女盗賊とする伝承は古く(一巻本『宝物集』、

『古今著聞集』巻一二偸盗、『保元物語』中「白河殿へ義朝夜討に寄せらるる事」）、南北朝期成立の『異制庭訓往来』五月往信条にも、諸々の悪党盗賊の筆頭に「鈴鹿山之立烏帽子」が挙がる。

十五世紀前期には、賊徒の女から海道の女神へと転生した鈴鹿姫伝説とその遺跡が筆録され、『耕雲紀行』では、田村麻呂に討たれた鈴鹿姫着用の立烏帽子が鈴鹿山上で岩と化し、現在では山麓の祠堂で巫女が祀っていると伝えている。応永三十一年の義持参宮を記録した『室町殿伊勢参宮記』でも、「鈴鹿姫と申す小社」の祓の光景が描かれ、「彼たてえぼしの名石の根元」を想念して心中に法楽を捧げ、「すずかひめ、おもき罪をばあらためて、かたみの石も神となるめり」と詠まれる。義持一行も立ち寄っており、禅僧である太極一行も例外ではなく、雨中に拘わらず祈りを捧げた。鈴鹿山の巫女は不詳だが、『臥雲日件録抜尤』第五十五冊表紙[19]にも、三魔落書事や『元史』口語文に続き「鈴御前《（鈴鹿御前）》、女巫聖事」と書き入れがある。鈴鹿関の新所周辺では熊野道者などもみえており[20]、伊勢参詣の途次にある鈴鹿峠は、芸能にも所縁ある鈴鹿姫伝承が流布し、民間宗教者も活動する環境にあったらしい。

なお、永享五年（一四三三）の大地震で鈴鹿山の大石が「ユリ抜」けたことを満済は伊勢守護土岐持頼から聞いている（『満済准后日記』同年二月二十八日条）。ただし、その約四十年後の【史料3】では、鈴鹿姫の祠「弁天之祠」と共に、「鈴麓冠」と俗称された岩は山上にあったと証言されている。双方とも立烏帽子伝承の巨石のことなのだろうか。

伊勢参詣路に跋扈した鈴鹿山の山賊は古くから悪評高く、十五世紀になっても、山中為久・氏範らが退治したという前原加太被官人ら鈴鹿山賊の交名が作成されている[21]。それと同時に当時は室町殿を筆頭に参宮が活発化したこともあり、室町幕府は伊勢神宮をしばしば保護した。永享二年（一四三〇）には山中六郎左衛門入道が鈴鹿路において、官幣使と参宮者の警固[22]、四年後の外宮遷宮の際にも、神宝の運送警固を請け負っている[23]。

太極らの参宮と重なる長禄三年二月から三月にかけては、伊勢・伊賀国境で大和の五ヶ所法師が、北伊勢の関一族白木氏に奪われた質物を取り返すなどの動きもあった[24]。このときの北伊勢地域は、決して安定した情勢というわけではなかった。

三、斎宮絵馬異聞

(一) 窪田旅亭から斎宮跡へ

三月十一日、太極一行は伊勢窪田の旅宿を出発し、本稿で問題とする斎宮に到る。

【史料4】『碧山日録』長禄三年三月十一日条（丸記号・傍線は私注）

十一日、癸巳、丑而雨歇。Ⓐ借二旅舎之痩馬一乗レ焉。三里而過二三渡浜一時、紅日出而海潮退、小蟹横二行於沙觜一、斥レ鹵焼レ塩、白煙鎖二浦松一。驢上之興、不レ知二其発一也。Ⓑ掲レ衣渡二雲津河一、而詣二西宮(斎)一。々前有二画馬一、路人相伝曰、年々分二歳夜一、除二旧画一置二新画一、而不レ識二誰某掛レ之也。玄黄白黒不レ定也。白則大旱、黒則大水、一歳豊倹、皆以レ此為レ識也。今之画馬駮毛也。不レ雨不レ日、豊登之瑞也。Ⓒ歴二西宮一、出二金剛坂(伊勢多気郡)一。此々下有二細路一、而其前頭不レ開、草莱荒蕪。里人曰、此路、自二隠里一掛二西宮之画馬一者歴レ之。蓋地仙之徒為レ焉也。Ⓓ下レ坂而瞻二土大仏一、山腹有二三仏之相一、其長一十六丈也。未レ鋳二東大寺之銅像一之時、先於二此地一作二此模一也。Ⓔ晩浴二於宮河一、以去二途中之垢穢一。俗皆至レ此為二禊事一。Ⓕ既而投二楊(山)田(伊勢度合郡)之館一、整レ衣以詣二太神之廟一。Ⓖ入レ夜、与二春公一過二勝公之館一。公召二巫咸一、俾レ奏二神楽一。勝公出二柳家之物一、以相勧。挙レ杯共為レ寿矣。

降雨が落ち着いた深夜丑の刻、悪路を予想したのだろう、太極は旅店で「痩馬」を借り受け出発した。三里進んで伊勢国一志郡の三渡浜《みわたり》（三重県松阪市）に到る頃には「紅日」が輝き、馬上の太極にとって、焼塩浜を眺めながら悠々と進む雨後の海岸道は詩情を催す爽やかな光景だったらしい（**史料4Ⓐ**）。「斥レ鹵焼レ塩」というのは、鹹水を塩釜で煮沸し塩を得る情景であろう。[25]

そして雲津川を越えたところから、話題は問題の斎宮に飛んでいる。**史料4**を詳解する前に、応永二十五年九月に斎宮跡に立ち寄った際の『耕雲紀行』をみておこう。

【史料5】『耕雲紀行』応永二十五年九月二十四日条（丸数字・傍線は私注）

廿四日、卯のおハり程ニ、やう田をいつ。宮川をわたりて、はるかにかへり申するとて、（中略）こゝかしこゆきすきて、斎宮のつしといふ所あり。むかしの斎宮のあとなり。木竹しけりあひて、いつくともミえぬやふのうちなり。❶あれてひさしけれとも、いまもそのしるしに、空より絵馬をかくることたえす。これニよりて、土俗あるひはゑむまのつしともいふとかや。❷さき〳〵ハきかす、このたひの下向ニ、案内者ありてかたりしかハ、昔の事とも思いつる中ニ、亀山院の御代かとよ、斎宮群行の時、高祖父内大臣(花山院師継)のおひ長雅(花山院)大納言長奉送使つとめたりしそかし。ちか比ハ、このやふのうちをたつねとふ人もあらしかしと、あはれにて、ミやこ人こゝにいつきの宮あれてゐニかく馬のいさミなの世や。

斎宮は建武政権期に廃絶したが、遅くとも応永二十五年までに斎宮跡で絵馬を掛ける習俗が成立していた（**史料5❶**）。その参考に、『耕雲紀行』より八十年近く前の康永元年（一三四二）に坂十仏が著わした『太神宮参詣記』(26)をみると、斎宮跡にはかつての築地の跡があり、朽ちた鳥居が道に横たわる有様だった。この頃は「斎宮と申はたえてひさしき跡なりしを、近比再興あるべしとて花やかなる風情などありしかども」という動きもあったらしいが、斎王下向はなく野宮も名ばかりだった。これは斎宮廃絶後まもない頃の光景であり、斎宮絵馬習俗が確認できるのも、やはりこの段階よりもかなり降った時期とみざるをえない。

謡曲《絵馬》との関連では三点に注意したい。第一に、斎宮絵馬習俗の時期や時間帯の描写である。斎宮絵馬について**史料4Ⓑ**が、「年々歳を分かつ夜、旧画を除き、新画を置く。而るに誰某が之を掛くるかを識《し》らず。玄黄白黒、定まらず。白き則《とき》んばすなわち大旱、黒き則んばすなわち大水。一歳の豊倹《ほうけん》、皆《み》な此を以て識りたり。今の画馬は駮毛《かくもう》なり。雨ふらず日らず、豊登《ほうと》の瑞なり」と書き留めるとおり、斎宮絵馬習俗は旧冬と新春を分かつ十二月晦日の夜に行われた。厳島本『絵馬』では、その時間帯を示す一文は省かれるが、松井本『絵馬』【1】の「今夜は節分にて此所に絵馬を掛くると申間」も右の史料と一致する。

第二に、絵馬の毛色の描写である。松井本『絵馬』【3】では「是はたゞ一切の衆生の愚痴無智なるを象り、馬の毛により明年の日を相じ、又雨しげき年を心うべきためにて候よ」と謡われる。白絵馬と黒絵馬を二つながら掛け合わせ万民快楽を寿ぐ趣向だが、**史料4Ⓑ**では「駮毛」だったから、絵馬一枚でも旱魃や長雨のない「豊登の瑞」を示す、誠にめでたい毛色と判じられたという。応永二十五年の**史料5❶**の段階では「空より絵馬を掛くること絶えず」と記されるだけの斎宮絵馬習俗が、長禄三年の太極の段階までに、歳晩に絵馬の毛色で新年の豊凶を卜占するという具体性を伴っているのである。その二年後、興福寺大乗院別当経覚の『経覚私要鈔』寛正二年（一四六一）正月条にも、「伊勢斎宮辻絵馬黒シ《当年》テ稲ヲ負云々。吉凶如何」とあり、この年は稲穂を積む黒絵馬が掛けられたという。斎宮絵馬の情報が京都や南都へと伝達する展開を想わせる。

第三に、斎宮絵馬習俗の情報源や流伝についてである。松井本『絵馬』では「今夜はこの所に逗留し絵馬を懸る者を見ばや」【1】というワキの勅使に、【3】絵馬を掛けに斎宮に現われた伊勢二柱の化身たる老夫婦が、自ら絵馬を語るが、耕雲明魏は、以前の参宮時には斎宮絵馬伝承のことは聞かず、今回初めて「案内者」から聞いたと述べている（史料5❷）。太極の場合は斎宮到着後、「路人」から斎宮の絵馬習俗伝承のことを聞かされた（史料4Ⓑ）。「案内者」といい「路人」といい、斎宮地域には伊勢参詣者に対して斎宮絵馬習俗を伝える在地社会の語り部的存在が応永二十年代にはいたことが見逃せない。

斎宮跡には絵馬を掛けることが可能な構造物が立地したのだろう。耕雲明魏が「斎宮辻子・絵馬辻子」と述べ、太極が「宮の前に画馬有り」と記し、経覚が「伊勢斎宮辻絵馬」と表記したように、斎宮跡地の絵馬堂（絵馬殿）が、伊勢街道が通う辻子に面した場所にあった情景が浮かんでくる。もっとも、街道沿いとはいえ、「木竹繁り合いて、いづくとも見えぬ薮の内」（史料5）にある斎宮辻は通行の難しい有様だった。

位置関係を確認しておこう。[27] 中世の参宮街道のうち、斎宮の西側の道は、近世とは異なり伊勢湾沿岸部に寄った経路を通り、斎宮東側の道は近世とほぼ同様の道筋を辿ったという。実際にこの想定経路は、三渡浜―御塩浜―雲津川―斎宮という史料4Ⓐの経路とも合致する。なお、斎宮地内にある竹神社は当時「野々宮」とよばれたところに立地した。野々宮は、伊勢国司北畠氏の拠点田丸城（三重県度会郡玉城町田丸）へと通じる南方の田丸道と、東西に伸びる伊勢街道の交差点であったらしい。この野々宮のやや東方に「絵馬殿」が配されている。

（二）斎宮跡から金剛坂へ

そして斎宮絵馬習俗の関係で注目されることに、太極は、斎宮辻絵馬堂から伊勢街道をそのまま東方の伊勢山田方面には進まず、西方の祓川方面に引き返して少し進んだ地区にある金剛坂（多気郡明和町）に向かった（史料4Ⓒ）。義持や耕雲明魏の一行が復路で通行したのとは異なっている（『耕雲紀行』）。『観世』座談会の面々も眉を顰めるように、[28] たしかに参宮路の順路でいえば斎宮から東進するのが自然ではある。

付言すれば、斎宮地域や伊勢海（伊勢湾）沿岸部には鎌倉後期以降、東福寺ゆかりの禅院が点在していた。斎宮地域から古代伊勢街道を東に進んだ約一・五キロ地点（現在の済生会明和病院付近）には、京都東福寺末寺の諸山で、伊勢国司北畠氏の祈願所となる伊勢安養寺（多気郡明和町、廃寺）があった。永仁五年（一二九七）、癡兀大慧により創建され、近年では尾張国真福寺や東密小野流の金剛王院流（三宝院流覚智方）との密教聖教を介した宗教的交流網の中核寺院の一つとして少しく注目を浴びた。[29] 伊勢安養寺跡には現在、寺屋敷の小字が残っている。当地では、「愛染堂」と墨書された庚辰六月銘（該当年は暦応三年〔一三四〇〕以降、永正十七年〔一五二〇〕）の土器片など、織田信長に焼却される以前の遺物も発見され、南北一八〇×東西一七〇メートルに及ぶ堀の発掘報告から大伽藍であったと推測されている。[30]

また、志摩国守護所に近い鳥羽泊浦に存した大福寺でも、道智上人（癡兀大慧）が鳥羽泊浦の寺院造営を祈願したとみえ、[31] 嘉暦二年（一三二六）大福寺の癡兀大慧自筆聖教を真福寺開山の能信が相承した。[32] 中世の伊勢海を囲繞する交通網の中心地に立地し、尾張国とも結ばれた伊勢安養寺・志摩大福寺の宗教的交流網が、地勢的な面で支えられていたことを示す。

太極も東福寺蔵主であるから、東福寺末の諸山に列した伊勢安養寺に対しては、門流の親しさから立ち寄りそうなものだが、彼の日録にその痕跡はまるでない。太極の伊勢参宮は、東福寺の本末関係を念頭におく任務を帯びた行動というよりは、やはり佐々木氏庶流の俗縁的結束の濃い旅だったと思われる。斎宮辻で「路人」より絵馬習俗を聞きつけ、関心のままに歩みを西に逆行して往路の途次に金剛坂に立ち寄る気ままも許された。

ちなみに、金剛坂を下った太極一行は、山腹に「土大仏」といって、十六丈になる東大寺大仏の模像三体を見た後（**史料4Ⓓ**）、晩に宮川で禊として水垢離を行い、伊勢山田の宿館で衣服を正した後、外宮に参詣した（**史料4Ⓔ**）。天保四年（一八三三）の伊勢国地誌『勢陽五鈴遺響』では、天平神護二年（七六六）聖武天皇の大仏造立時に鋳造されたと伝承されたが、[33] 俊乗房重源が東大寺再建を起請した伊勢参詣の折に蒙った夢告をうけ造立したと語る永享五年（一四三三）の尭孝『伊勢参宮紀行』の伝が早い。現在、斎宮より伊勢参宮街道を五キロ以上東進した新村《しむら》（度会郡小俣町）付近に「大仏山」の字が残る。県営大仏山公園は小高い丘陵地にあり、**史料4Ⓓ**「坂を下り土大仏を瞻《み》る」という叙述と現在の立地関係には些かズレがある。

(三) 隠れ里の「地仙の徒」

さて、この**史料4Ⓒ**の見聞は、謡曲《絵馬》とは異なる独自の伝承を含んでいる。「西宮を歴《へ》て、金剛坂に出づ。坂の下に細路あり。而るに其の前頭開かず、草莱荒蕪。里人曰く、此の路、隠里より西宮の画馬を掛くる者、之を歴《ふ》。蓋し地仙の徒、焉を為すなり」。新年の吉凶を示す絵馬を誰が掛け替えるのか分からず仕舞いだった太極は、金剛坂の下に草叢が生い茂り荒涼とした細い路を見つけたが、この細道が、新年の吉凶を占う絵馬を掛けに行く「地仙の徒」つまり仙人の仲間が、「隠れ里」から斎宮に到る道だろう、と「里人」より聴取している。ここでも斎宮の「案内人」「路人」と同様、現地住民の情報を頼りとしており、斎宮絵馬伝承の局在性・在地性の高さと、それが伊勢参宮を機に中央の都人へと流伝する過程を物語る。

この金剛坂は伊勢参宮街道の南側に所在し、櫛田川の支流をなす祓川の東岸にある洪積台地の一角に現在も金剛坂の地名が残っている。昭和四十六年（一九七一）に台地の削平工事が行われ、現在は田畑や住宅・竹林が広がる丘陵地となったため、坂の名残を発見するのは容易ではない。

ただ、当時の斎宮地域には商人の居住が確認される。神三郡（飯野・多気・度会）地域を統括した神宮側による十五世紀中葉の記録『道後政所職事』[34]によれば、嘉吉元年（一四四一）頃には橋屋・大黒屋などの商人が内宮の年貢徴収を請け負っている。[35]南北朝期以降、南都・山陽道や御師の活躍をみる伊勢参詣路を中心に屋号をもつ旅館も登場し、宿泊業に加えて飲食物や馬の提供、遊女の接客業などが行われていた。[36]鈴鹿峠でも巫女の活動が見いだせたが、伊勢では太神宮の先達と号する巫等が、参宮の路次で新儀の規式を行ったといわれ、[37]伊勢地下人御師の源流となる集団が鎌倉後期以降活動していた。してみれば、太極と鞍智高春が京極勝秀の宿所で相伴した際には、京都柳酒屋の酒膳が据えられ、アルキ巫女・巫覡の一類とおぼしき「巫咸」[38]の神楽が演能されていた（**史料4**Ⓖ）。勝秀の宿所も、当時、度会・荒木田姓をもつ旧来の神人層に対抗し勃興しつつあった異姓地下人（伊勢御師）の宿所であったろう。

室町期の斎宮は跡地のまま荒廃したが、斎宮地域周辺は参宮路沿線だったため、むしろ関所が複数設けられるほど繁昌していた。長禄二年（一四五八）三月八日には田宮寺造営料所として「斎宮関」があり、伊勢国司北畠教具被官の丹生寺西実宗が代官を派遣している。[39]この斎宮関はもと柳原宮邦満王料所だったが断絶し、嘉吉二年（一四四二）広橋綱光の父兼郷が朝廷より拝領し、四年後の兼郷没後には日野宗子・重子料所と変遷を辿り、応仁元年（一四六七）に綱光の手に戻った。[40]

『氏経卿引付』[41]によれば、太極や京極勝秀らが参宮した長禄三年当時、幕府は神宮側に配慮を示し、八月に両宮造替費用調達を目的とした関銭徴収のため、近江大津関と伊勢山田の小田関（伊勢市岡本）が共に設置が認定された。このとき、参宮の妨げとなる諸国関所の破却も命じられたにも拘わらず、伊勢国内では宮川や安濃津などの関所は破却されず、宇治郷民たちが小田関役人に反発して神宮側を悩ませ[42]、関銭徴収は滞った。経営不振の小田関は寛正三年五月に一度停止し不調に終わった（ただし翌年に外宮造営のため再設置された[43]）。

斎宮地域でも関所は健在で、『氏経卿神事記』寛正五年（一四六四）五月二十六日条[44]によれば、斎宮柳原殿御関二ケ所で人別十二文が押し取られ、内宮一禰宜荒木田氏経は祭主大中臣秀忠に対し幕府へ訴え出るよう指示した。太極は先の『孟子』を引いた一文のほか、帰路の近江関山より帰山したことを筆録する程度で（『碧山日録』長禄三年三月十四日条）、伊勢の関所については書き残していない。

また、金剛坂関所では、『古和文書』明応五年（一四九六）二月一二日付「奉行人山室勝兼書状[45]」には「於二金剛之坂関一、壱銭被二宛行一候」とみえ、伊勢北畠氏が古和借屋氏に関銭徴収権を宛行っている。加えて、金剛坂里中遺跡からは古代中世の土師器が発掘され、渥美半島産とみられる中世期の山茶碗が出土するなど生活の跡も残っており[46]、金剛坂地区が参宮路の要衝にあったことがわかる。ただ、太極には金剛坂関所を通過した形跡もなく、歳晩除夜に隠れ里の「地仙の徒」が斎宮に通ったという薮の細道は、神宮領の関所が置かれた往還の脇にあったということになろうか。

太極の見聞した現地伝承では、隠れ里に棲む「地仙の徒」ただ一人の登場であり、絵馬の柄も、白でも黒でもなく駮毛（まだら毛）のため、大雨も旱魃もなく平穏無事の祥瑞を示すとされた（**史料4©**）。**史料5❶**『耕雲紀行』の「空より絵馬を掛くること絶えず」という記述よりも具体化されている。これに対して松井本『絵馬』【3】の設定では、尉と姥の老夫婦が番《つがい》となって出演し[47]、斎宮絵馬のことを「一切衆生の愚痴無智」の象徴と称している。そして「雨をも降らし」「日をも待ちて」とあるように、一枚掛ける絵馬を、二つながらに掛け合わせ、「万民快楽」の恩恵を祈願するという筋立てになっていた。応永二十五年の「虚空からの絵馬出現」と伝承される段階から、長禄三年の「地仙の徒」伝承が登場するようになり、謡曲《絵馬》では陰陽和合の象徴となる伊勢二柱の神の化身「尉と姥の老夫婦」という設定が生み出されている。新春豊凶を保証する神が、「日本秋津島の大棟梁、地神五代の孫、天照太神」（松井本『絵馬』【5】）に集約される筋書きも、室町期に全国化していた伊勢信仰の趨勢を想えば、至当自然なことといえよう。

以上、室町期の参宮記録に窺えるように、絵馬習俗の時期、絵馬の種類、語り部の存在などの諸条件が応永二十年代から長禄期までには揃っていたことは、《絵馬》成立を考える上で重要な事実である。

また、太極が参宮路の道順から金剛坂地区に戻って「地仙の徒」の足跡を探し当てようとしたように、松井本『絵馬』【3】「絵馬を懸る者を見ばや」というワキの勅使の台詞は、歳晩除夜にひっそり現われる、この不思議な斎宮絵馬習俗の謎めいた人物に対する当時の関心が下敷きとなった表現と評せるのではないだろうか。

おわりに

寄り道が多かったが、謡曲《絵馬》について、所縁の斎宮絵馬習俗の確実な初見が『耕雲紀行』であることを確認のうえ、より詳細な『碧山日録』記事と併せ読み、この習俗が十五世紀初期から中葉にかけて次第に具体性を伴って発展する過程を捉えた。まさに応永二十七年の旱魃と長雨、寛正二年の大雨水害による大飢饉を迎え、種々の祈祷と同様、斎宮絵馬習俗の豊凶卜占は殊更に切実な祈願だったろう。また斎宮・金剛坂地域に絵馬習俗の語り部的な現地住民が存在したことにもふれ、地域社会での浸透ぶり、伊勢参宮の都人への流伝の様相を垣間見た。

冒頭に述べたように、当時は式年遷宮の停滞が懸案となっていた。太極らが参宮した長禄三年は、室町期最後となる寛正三年の式年遷宮に向けて幕府や神宮が動き始める時期に当たる。この内宮正遷宮が辛くも実施された後、参詣者を獲得したい内宮と、関所の収益を堅持したい在地勢力との攻防が続いた。斎宮関所も例外ではなく、内宮一禰宜の荒木田氏経を悩ませており、太極ら参宮当時の斎宮地域は、式年遷宮をめぐる関所問題などのゴタゴタで、無縁かにみえるが謡曲《絵馬》が詠う「万民快楽」を欲する状況にはあった。

米田真理氏は謡曲《絵馬》の背景に内宮と外宮の対立と和解の過程を読み取っており、それ自体妥当な見解と思われるが、「なぜ斎宮が舞台なのか」に拘ってみると、他ならぬ斎宮地域もその渦中にあったことに気づく。当時の伊勢では、宿館経営・接客業・祈祷を展開して伊勢御師の先蹤となる異姓地下人が登場して内宮の神人らと角逐していた。斎宮地域でも、斎王廃絶後とはいえ参宮路に恵まれて、内宮と対峙する関所、屋号をもつ商人など、新興勢力の活動が見出せるが、絵馬掛けの「地仙の徒」が、旧来の神人層か新興地下人のいずれに属したかは謎といわざるをえない。ただ、このような伊勢の繁栄と衝突に加え、大飢饉の社会情勢を想うとき、除夜に新春の日照と慈雨を願う斎宮絵馬習俗が現地住民の間で密かに行われていたとすれば、絵馬を「一切衆生の愚痴無智」の象徴とする演出の背景も、一段と明瞭になるのではあるまいか。

注

（1）萩原龍夫『中世祭祀組織の研究』（吉川弘文館、一九六二年）補論一―七。
（2）瀬田勝哉「伊勢の神をめぐる病と信仰」（『増補洛中洛外の群像』平凡社、二〇〇九年、初出一九八〇年）、西山克『道者と地下人――中世末期の伊勢』（吉川弘文館、一九八七年）。
（3）神宮司庁編『神宮史年表』（戎光祥出版、二〇〇五年）、山田雄司「室町時代伊勢神宮の怪異」・同「室町時代の災害と伊勢神宮」（共に同『怨霊・怪異・伊勢神宮』思文閣出版、二〇一四年収録、初出二〇〇六・二〇一三年）。
（4）佐成謙太郎『謡曲大観』五（明治書院、一九三一年、三四四一―二頁）。
（5）金井清光「絵馬」（『能の研究』桜楓社、一九六九年、初出一九六八年）。
（6）米田真理「能《絵馬》の構想」（『名古屋大学国語国文学』八四号、一九九九年）。
（7）樹下文隆「作品研究《絵馬》」（『観世』七四―二号、二〇〇七年）。
（8）中西裕「天岩屋神話と謡曲「絵馬」」（『学苑』八一七号、昭和女子大学、二〇〇八年）。
（9）桜井治男「斎宮の絵馬堂と謡曲「絵馬」」（『皇学館論叢』一〇―三号、一九七七年）。絵馬堂については、大西源一「伊勢斎宮の絵馬」（『集古』丙寅三号、一九二六年）、岩井宏実『ものと人間の文化史12絵馬』（法政大学出版局、一九七四年）ほか。
（10）北岡四良・薮田嘉一郎・木村敬一・杉浦義朗・竹内喜三男・渡会恵介「座談会『絵馬』をめぐって」（『観世』三五―一号、一九六八年）。
（11）宮本圭造「淵田虎頼等節付一番綴謡本」（特別展図録『松井文庫創立三十周年記念 松井家の能』国立能楽堂、二〇一五年）。
（12）淵田氏については、宮本圭造「武家手猿楽の系譜――能が武士の芸能になるまで」（『能楽研究』三六号、二〇一二年）。
（13）注10座談会「『絵馬』をめぐって」薮田嘉一郎氏コメント。
（14）新城常三校注『神道大系 文学編五参詣記』（神道大系編纂会、一九八四年）、稲田利徳「『耕雲紀行』注釈」（『岡山大学教育学部研究集録』一〇五～一〇九号、一九九七～一九九九年）。
（15）清水克行「ある室町幕府直臣の都市生活」（『室町社会の騒擾と秩序』吉川弘文館、二〇〇四年、初出二〇〇二年）。
（16）『三重県史 通史編 中世』（三重県、二〇一一年、七〇一頁）、『小俣町史 通史編』（小俣町、一九八八年、六九頁）。
（17）『賢俊僧正日記』貞和二年（一三四六）十月二十五日～十一月八日条、『耕雲紀行』、『看聞日記』応永二十五年（一四一八）九月二十一日条、『義持公参宮記』（『神道大系』文学編五参詣記）、『看聞日記』応永三十年三月二十四日条、『伊勢参宮紀行』普広院御参宮之時（『大神宮叢書』神宮参拝記大成）、『満済准后日記』永享五年三月十五日～十七日条。
（18）山田雄司「鈴鹿峠と坂上田村麻呂」（『三重大史学』八号、二〇〇八年）、金子恵理子「鈴鹿御前・立烏帽子を巡る伝承世界」（『伝承』二号、二〇〇六年）、同「歴史民俗博物館蔵『田村の草紙』翻刻と解題」（『専修国文』八二号、二〇〇八年）。
（19）『大日本古記録 臥雲日件録抜尤』（岩波書店、一九六一年、一四九頁）。
（20）『米良文書』応永二十五年八月「道者譲状案」（『熊野那智

大社文書』一）。
(21)『山中文書』応永三十一年九月「山中為久・氏範申状」・「山賊交名注文」。
(22)『山中文書』永享二年十二月「室町幕府神宮奉行人連署奉書」。
(23)永享六年八月「室町幕府神宮奉行人連署奉書」（『三重県史資料編中世二下』）。
(24)『経覚私要鈔』長禄三年二月七日条・三月十九日・二十一日・二十六日条。
(25)中世伊勢の塩業については、『日本塩業大系 史料編 古代中世二』（日本専売公社、一九七七年）、永原慶二・山口敬二編『講座日本技術の社会史 第二巻 塩業・漁業』（日本評論社、一九八五年）、『伊勢市史 第二巻 中世編』第三章第二節（伊勢市、二〇一一年、四〇八頁）ほか。
(26)『群書類従』二神祇部（三八〇―三八一頁）。
(27)伊藤裕偉「斎宮の中世的展開」（『明和町史 斎宮編』明和町史、二〇〇五年、三一三頁）。
(28)注10座談会「『絵馬』をめぐって」薮田嘉一郎氏・北岡四良氏コメント。
薮田「私には、この路順がどうしても解せないのです。金剛坂は斎宮の西にあり、太極蔵主は参宮の途中ですから斎宮から東へ行かねばならず、右の路順では逆戻りすることになる（下略）」。

北岡「今の街道は江戸時代に出来たので、室町時代にはもっと北方の海岸寄りの道を斎宮の森の西に出たということですか、それにしても路が逆になり、おかしいですね」。
(29)安養寺流聖教『菩提心論随文正決』、菊地大樹「『安養寺流印信』解題」（『中世禅籍叢刊十一巻 聖一派 続』臨川書店、二〇一七年）。むろん禅密交渉そのものは安養寺流だけでなく、鎌倉末期には東福寺や備中国宝福寺で天台教理や東密を相承する者がいた。拙稿「鎌倉後期の禅林と文芸活動の展開」（『日本中世社会と禅林文芸』吉川弘文館、二〇一七年、初出二〇〇八年、五〇―五一頁）、同「碧潭周皎の周辺と中世仏教」（早島大祐編『中近世武家菩提寺の研究』小さ子社、二〇一九年）。
(30)『明和町史 史料編 第一巻 自然・考古』（明和町、二〇〇四年）、明和町斎宮跡文化観光課『安養寺跡を探る――安養寺跡発掘調査概要』（三重県明和町、二〇一六年）。
(31)藤原重雄「泊浦道智上人周辺の夢語り――市屋道場金光寺蔵『仏説目連救母経』紙背の起請文」（『年報中世史研究』四四号、二〇一七年）。
(32)末木文美士・阿部泰郎「『聖一派 続』総説」（『中世禅籍叢刊十一巻聖一派続』臨川書店、二〇一七年）。
(33)『日本歴史地名大系24三重県の地名』（平凡社、一九八三年、六一〇頁）。なお『元亨釈書』行基伝には、聖武天皇が行基に仏舎利一粒を託し、伊勢の天照大神に奉納するよう命じたところ、天照大神が仏舎利を飯高の地に埋納するよう告げたという話がある。
(34)『三重県史 資料編 中世一下』六三九―六四一頁。
(35)注27伊藤裕偉三一二頁、同『中世伊勢湾岸の湊津と地域構造』（岩田書院、二〇〇七年）。
(36)注2西山著書五〇頁、榎原雅治「むすびあう地域」（坂田聡・榎原雅治・稲葉継陽『日本の中世12村の戦争と平和』中央公論新社、二〇〇二年）、同『中世の東海道をゆく』（吉川弘文館、二〇一九年、初版二〇〇八年）。
(37)『文保記』文保二年（一三一八）外宮庁宣（『三重県史 通史編 中世』八七八頁）。

（38）萩原龍夫『巫女と仏教史 熊野比丘尼の使命と展開』（吉川弘文館、一九八三年）、細川涼一『逸脱の日本中世』（ちくま学芸文庫、二〇〇〇年、初版一九九六年）ほか。

（39）『明和町史 文書史料編』一―二二三号。

（40）『綱光公記』同年十一月二十七日条、『三重県史 通史編 中世』六九五頁。

（41）『氏経卿引付』長禄三年九月「大宮司大中臣氏長書状写」・「内宮一□宜書状写」。『三重県史 資料編 中世一下』六〇八～六一五頁。

（42）『三重県史 通史編 中世』六九〇頁。

（43）『三重県史 通史編 中世』六八四頁、『明和町史 斎宮編』二九三頁。

（44）野村朋弘・比企貴之校訂『史料纂集 古記録編 氏経卿神事記二』（八木書店、二〇一六・二〇二〇年）、『氏経卿引付』四冊二〇四号（『三重県史 資料編 中世一上』）。

（45）『明和町史 斎宮編』二九三・三一三頁。

（46）三重県埋蔵文化財センター編『金剛坂里中遺跡発掘調査報告』（三重県埋蔵文化財調査報告二五一号、二〇〇四年、一〇頁）。

（47）尉と姥の取り合わせは、春日社の若宮おん祭りの風流装束にもみえる。頭にのせる田楽笠（島台）の中心部には朱の鳥居を置き、一面には牡丹の下に尉姥とワキ大臣を、もう一面には、猩々の木彫りの人形を置いたという。涌井美夏「中世寺院の史料にみる人形」（『かたち・あそび』一〇号、日本人形玩具学会、一九九九年）。

附記 本稿はＪＳＰＳ科研費（JP14J11350）による研究成果の一部である。また謡本については高橋悠介氏のご教示を得た。記して謝意を表したい。なお謡本本文校異の文責は筆者にある。

能《巻絹》に描かれた熊野の神仏

高橋悠介

《巻絹》は、宣旨に基づく熊野への巻絹奉納に遅参したため縄で縛られていた男が、熊野の音無天神に和歌を手向けていたことで、神の感応を得て、助けられるという内容の能である。音無天神の奉祭地や祭神を考証しつつ《巻絹》での設定を再考し、《巻絹》における和歌陀羅尼説の機能と、《巻絹》が熊野の本地説や曼荼羅世界観をどのように取り込んでいるかを読み解く。

一、はじめに

能《巻絹》は、熊野を舞台とした歌徳説話を素材とした能で、熊野への巻絹奉納に遅参した都の男を助けるシテの巫女には、最初、熊野の音無天神が宿っており、終曲部では、巫女が神楽を舞った後に、熊野の諸神が憑依する激しい神がかりをみせる。その構成と梗概は、次のようなものである。[1]

1、臣下（ワキ）が従者（アイ）を従え登場、熊野への巻絹奉納の宣旨について述べる。

2、臣下と従者の問答があり、臣下は都からの巻絹が到着次第、報告するように従者に言い付けて着座する。

3、都の男（ツレ）が巻絹を挟んだ竹を肩に登場、都から山路を越え熊野に着き、音無天神へ参ろうという。

4、都の男は、音無天神で梅の匂いを聞き、「南無天満天神」と合掌し、神に対し心中に和歌を手向ける。

5、案内をこう男を、従者が臣下に取り次ぐが、男が巻絹を献上すると、臣下は遅参を責め、男を縛らせる。

たかはし・ゆうすけ――慶應義塾大学附属研究所斯道文庫准教授。専門は日本中世文学・寺院資料研究。主な著書・論文に『禅竹能楽論の世界』（慶應義塾大学出版会、二〇一四年）、『諸社口決』と密教的社参作法の展開」（『中世に架ける橋』森話社、二〇二〇年）、「身体生成をめぐる思想と中世仏教――五蔵観・魂魄・胎内説」（『日本宗教史3　宗教の融合と分離・衝突』吉川弘文館、二〇二〇年）などがある。

6、幣を持った巫女（シテ）が臣下に呼びかけながら登場、天神に歌を手向けた男の縄を解くようにいう。

7、臣下は男が歌を手向けたことを信じないが、男が「音無にかつ咲き初むる梅の花」と上の句を詠むと、巫女は「匂はざりせば誰か知るべき」と下の句を継いだので、疑いが晴れ、巫女は縄を解いて投げる。

8、和歌の徳が謡われ、和歌は仏教の総持（陀羅尼）にも相当するという。歌の徳を示す中で、東大寺大仏開眼供養の導師となった婆羅門僧正（菩提僊那、普賢の化身）が行基（文殊の化身）と和歌を交わすことでお互い仏であることを明かした話や、素戔嗚尊・住吉明神の御詠などが紹介される。

9、臣下は巫女に祝詞をあげるようにいうと、巫女は幣を手に熊野を讃え、神楽を舞う。

10、巫女はイロエを舞い、熊野の証誠殿・中の御前等の本地の利生を示しつつ、熊野の神々が憑依した神がかり状態で激しく舞うが、やがてさめて本性に戻る。

《巻絹》については、小山弘志・松本雍・田口和夫・細川涼一・小田幸子・山木ユリなどの各氏の研究が備わる。(2) 小田氏が手際よくまとめているように、上演記録の初出は、『證如上人日記』天文六年（一五三七）二月二十五日条で、石山本願寺での金剛大夫所演だが、それ以前に永正十三年（一五一六）成立の作者付『自家伝抄』にも記載されている。室町期の上演記録は稀だが、稀曲好みの綱吉・家宣時代には人気曲になり、宝永・正徳期だけで三十九回の上演記録が残るという。松本氏は、主に舞事としての［神楽］の形態分析から《巻絹》の成立の古さを考察し、本来、能の［神楽］は巫女の神降ろしの舞であったのが女神の遊楽の舞へと変化したと位置づけ、成立としては、《巻絹》、《室君》、《龍田》という順番を想定している。また、山木ユリ氏は、《巻絹》の手向けの歌のみならずサシ・クセも含めた『沙石集』享受を分析すると共に、同じく『沙石集』を享受した能を演じていたことが知られる喜阿弥か、その周辺を、作者として推測する（『申楽談儀』の南都法雲院装束賜りの能の記事に喜阿弥が「昔は京洛の、花やか成し身なれ共」という『沙石集』巻第五の白拍子の鼓打の説話と関わるかとも思われる能を演じていた記事がある）。ただし、能の素材から作者を喜阿弥周辺に絞るというのは推定の一案であって、他の可能性も充分に想定し得るのであり、私は現状では作者不明とせざるを得ないと考えている。また、これまで、熊野の宗教的環境からみて《巻絹》がどのような作品と言えるのかという点については研究が不充分なように思われ、本稿ではその点を掘り下げてみたい。

なお、以下、《巻絹》の詞章については、法政大学鴻山文庫蔵・室町末期筆下掛無章句本を底本とし、現行の役名等を補って示した。(3) 他伝本との異同がある場合は、必要に応じて、下掛では龍谷大学蔵・整版車屋本混綴三番綴本（元和頃写、龍と略称）、京都大学蔵・江戸初期節付十三冊本（寛永〜寛文頃写、京）、鴻山文庫蔵・慶安承応了随本転写本（延宝頃写、了）、上掛では元禄三年六月山本長兵衛刊本（元）や現行観世流謡本（大成版。現）との異同を示した。山木氏も言及するように、現行詞章と大きく違うのは、最初のワキの名乗りが、

抑是は後白河の院につかへ奉る臣下也、扨も吾君御熊野を信じ賜、数の寶をさゝげたび候、此度は千疋の巻絹をまいらせよとの宣旨を蒙り、唯今紀州へ下向仕候、

となっている点である。龍・京・了・元・現、いずれも當今に仕へ奉る臣下とするところを、多数の熊野詣で知られる後白河院に仕える臣下という設定にしており、これが古い形なのであろう。また、第四段で鴻山文庫本は「南無天満天神、心中のねがひかなへて給り候へ」のみで終わるところを、龍・京・了・元は「南無天満天神、心中の願ひ（を）かなへて給り候へと、いひもあへねは言の葉を心のうちに手向つゝ、急参りて先君につかへ申さん」等とし、現では後半「いひもあへねは」の部分を「神に祈りの」とする。また、続いて男が「いかに案内申候、都より巻絹を持て参りて候」（元）という部分は、アイとの問答があり、鴻山文庫本は省略してそのまま臣下が遅参を責める詞に続いている。

二、音無天神の奉祭地と《巻絹》

（一）《巻絹》における『沙石集』摂取の様相

男が音無天神に手向けた歌「音無にかつ咲き初むる梅の花匂はざりせば誰か知るべき」については、『沙石集』巻第五末「人の感有る和歌の事」と西教寺蔵『因縁抄』(4) の説話に、同様の歌があることが知られている。院（前者では後嵯峨法皇、ただし後者では単に王とする）の熊野詣に奉仕した伊勢の人夫が、音無川で詠んだ歌によって御感を蒙り、公事を免除されるという説話である。『沙石集』米沢本では第二句を「咲き始めける」（梵舜本「サキハジメケム」）、第五句を「いかで知らまし」とし、『因縁抄』は第五句を「誰カシラマシ」とする違いがあるが、《巻絹》はこの和歌をめぐる伊勢の夫人の説話の設定を変える形で作られたと考えられる。山木氏が明らかにしたように、音無の梅の歌だけでなく、和歌陀羅尼観を説く《巻絹》第八段サシ・クセの詞章も、多くを『沙石集』巻第五本「和歌の徳甚深なる事」・同巻第五末「哀傷

之歌の事」「権化の和歌翫び給ふ事」に拠っていることから、能作者が『沙石集』を見ていたことはほぼ確実とみられる。

『沙石集』では、「本宮の音無河と云ふ所に、梅の花の盛りなりけるを見てよみける」としてこの歌が示されている。その話の末尾は、「百姓が子なりけれども、児だちにて、和歌の道心得たりけるとぞ、人申し侍りし」と締め括られている一方、『因縁抄』では、伊勢国の新兵衛という貧者の子が、山寺で児として学問を修めた後、七十歳を越える老父に代わって人夫を務めた経緯が、より詳しく記されている。両話に相違点はあるものの、いずれも和歌を詠んだことで後嵯峨院もしくは王の御感と勧賞を得た点では共通しており、音無天神は登場しない。もし能作者が『沙石集』だけに基づいているとするならば、梅の縁で天神の感応を設定したところに創意工夫がありそうで、山木氏が和歌について「人の感ある事」を「神の感ある事」に置き換えたというのも首肯される。ただし、神の感応と擁護だけでなく、和歌が神仏の本地垂跡関係を媒介に、仏教の論理で意義づけられる面がこの曲には強く出ており、その点を追って確認しておきたい。

なお、同じ『沙石集』巻第五末には、太宰府安楽寺の飛梅の枝を知らずに折った武士に、夢告で天神と思しき上臈の歌が示される説話も含まれており、特に米沢本では、音無の梅の和歌説話の直後に、この天神の和歌説話が続いている点も注意される。米沢本に注意を払うのは、《巻絹》第八段で婆羅門僧正が詠む「迦毘羅衛に」歌の第二句が、『沙石集』の米沢本や元応本（北野本）では《巻絹》と同じく「契し事の」だが、梵舜本・内閣文庫本第一類本などは「ともにちぎりし」としているからである。この和歌贈答譚を記す諸書、『三宝絵』、『日本往生極楽記』、『拾遺集』、『今昔物語集』、『袋草紙』、『古事談』、『帝王編年記』、また『七大寺巡礼私記』、『建久御巡礼記』、『諸寺建立次第』、菅家本『諸寺建立次第』の東大寺条なども、手元の活字本を見る限り、いずれも「ともに契りし」であり、『沙石集』の一部の伝本に特徴的な表現のようだ。これは能作者が依拠した『沙石集』の本文系統を考える上での、材料の一つになるだろう。

（二）江戸時代の音無天神

その前にまず、《巻絹》においてシテの男が参詣して歌を手向ける音無天神の実態については、これまで未詳とされてきた。小山弘志氏は、《巻絹》の作品研究の中で、次のように書いている。

「実は私は「音無の天神」の存在に疑いを持っている。十分に確めてはいないのだが、『謡曲大観』には「音無川の辺にあったのであらう。今所在確かでない」とあり、

図1　『西国三十三所名所図会』巻之二（国文学研究資料館蔵・嘉永六年刊本）

『解注謡曲全集』は「音無川の沿岸にあった社と想定して置く」と記す。これは架空のものではなかろうか。もしそうだとすれば、天神が詩歌の神であり、「梅の花」とも縁があるところから、能作者によってこれは作られた神だ、とすることができよう。[5]」

また、山木ユリ氏も、

「音無川は今もあり、熊野川に注ぐ小さな川である。しかし、音無天神の所在はわからない。土地の古老も知らない。「梅の花から、詩歌の神である天神が想起され、音無から心中の歌奉納という発想が生まれて、作者が創作した神」とみる説も肯かれる。[6]」

として、小山氏の見解を踏襲している。

しかし、『延喜式』神名帳に記載される式内社を全国調査した『式内社調査報告』（皇學館大学出版部、一九八七年）では、熊野本宮の境内摂末社として音無天神社を挙げており、少なくとも江戸時代、熊野本宮の周辺に音無天神が祀られていたことを示す絵図や記録は、複数、見出すことができる。熊野本宮は、かつて熊野川の中州の大斎原と呼ばれる地にあり、明治二十二年（一八八九）の洪水で流された後、現在地に移っているが（音無天神は他の末社と合祀）、洪水以前の本宮の様子を示す「熊野本宮并諸末社図絵」（熊野本宮大社蔵、江戸末期頃か）では、本宮の北側のそばの東寄りに、音無天神の社殿が地主社と並んで描かれている。また、嘉永六年（一八五三）三月に刊行された『西国三十三所名所図会』（大坂河内屋政七等三都十一肆）巻之二の熊野本宮の絵図（松川半山画、図1）でも、本宮の東御門を出てすぐ北側に、音無社と地主社が並んで描かれており、同書の本文には「音無天神社 少彦名命〈地主の社の右に並ぶ〉」とある。その近くには、神官の「詰所」や「後白河院塔」「泉式部塔」なども描かれている。これらの成立年代は未詳だが、同書の本文では、「後白河院御幸之塔」に、「天神の社前右の傍に有／石の塔婆也」と注されている。

　この音無天神の位置は、少なくとも江戸前期から変わっていないようだ。延宝八年（一六八〇）に、熊野三山の社家・本願が幕府への堂舎の修復願のために作成した絵図の扣えと推測される「熊野三山図」（熊野那智大社蔵）[7]では、画面上方に本宮が描かれている。その本宮の主要社殿を取り囲む回廊の北側に、「地主明神社」「拝殿」と注記された社殿が描かれており、その横の四角で囲われた区域に「音無天神」という注記がある（図2）。この「熊野三山図」の上方には「修理ハ朱ノ柱ニ朱墨ノ屋根／造替ハ朱ノ礎／連々造營奉願ハ白」と書かれており、音無天神は四角の四角に朱点が打たれているので、造替を願い出たものと考えられる。

　この「熊野三山図」に対応する熊野新宮本願庵主文書「熊野山絵図添目録控」にも、造替対象の一連の記事の中に「音無天神」が挙げられている。

「熊野三山本宮　修理ニテカ、ハリ可申分　…（中略）…造替之分　一本社之惣門　一祓所王子幷拝殿　一本社四方玉垣幷理門　一同廻廊不開門…（中略）…一宝蔵　一文庫　一御戸開社　一舞台　一楽屋　一高橋　一東鳥居　一西鳥居　一下馬札　一音無天神　一八咫烏社　一牛頭天王　一岩田川橋　一祓所王子幷〈拝殿／鳥居〉…（中略）…都合三拾九ヶ所　内〈十九ヶ所ハ修理／二十ヶ所ハ造替〉　右者只今御造営奉候、何恒例年祭祀年中行事、天下泰平之御祈禱事相勤候堂社等也、…延宝八年庚申六月廿八日、本宮惣社家中」[8]

　さらに遡って、正保四年（一六四七）以前の熊野三山の社堂や景観が描かれていると推定されている[9]「熊野三山絵図」（熊野那智大社蔵）[10]には、本宮の北側、地主明神の社殿の横に「矢神」と注記された社殿が見えるが（図3）、先述の「熊野三山図」と同様の位置であることから考えて「天神」の誤記かと思われる。「熊野三山絵図」の画面右上には「青キ丸ハ社只今御座候へ共破損仕候／朱ノ丸ハ頽轉仕石居斗御座候」とあり、地主明神には青丸、その拝殿と脇の「矢神」（天神）には朱丸が打たれている。この注記と丸点については、延宝元年（一六七三）に新宮庵主が修復願のため江戸に参勤していることと関連する後補のものという推測もあるが(11)、前掲の「熊野山絵図添目録控」では「地主社并拝殿」は「修理ニテカ、ハリ可申分」十九ヶ所の中に挙げられており、拝殿の位置付けは少し異なっている。ともあれ、江戸前期に音無天神社の社殿は退転していた時期もあるようだが、地主権現と並

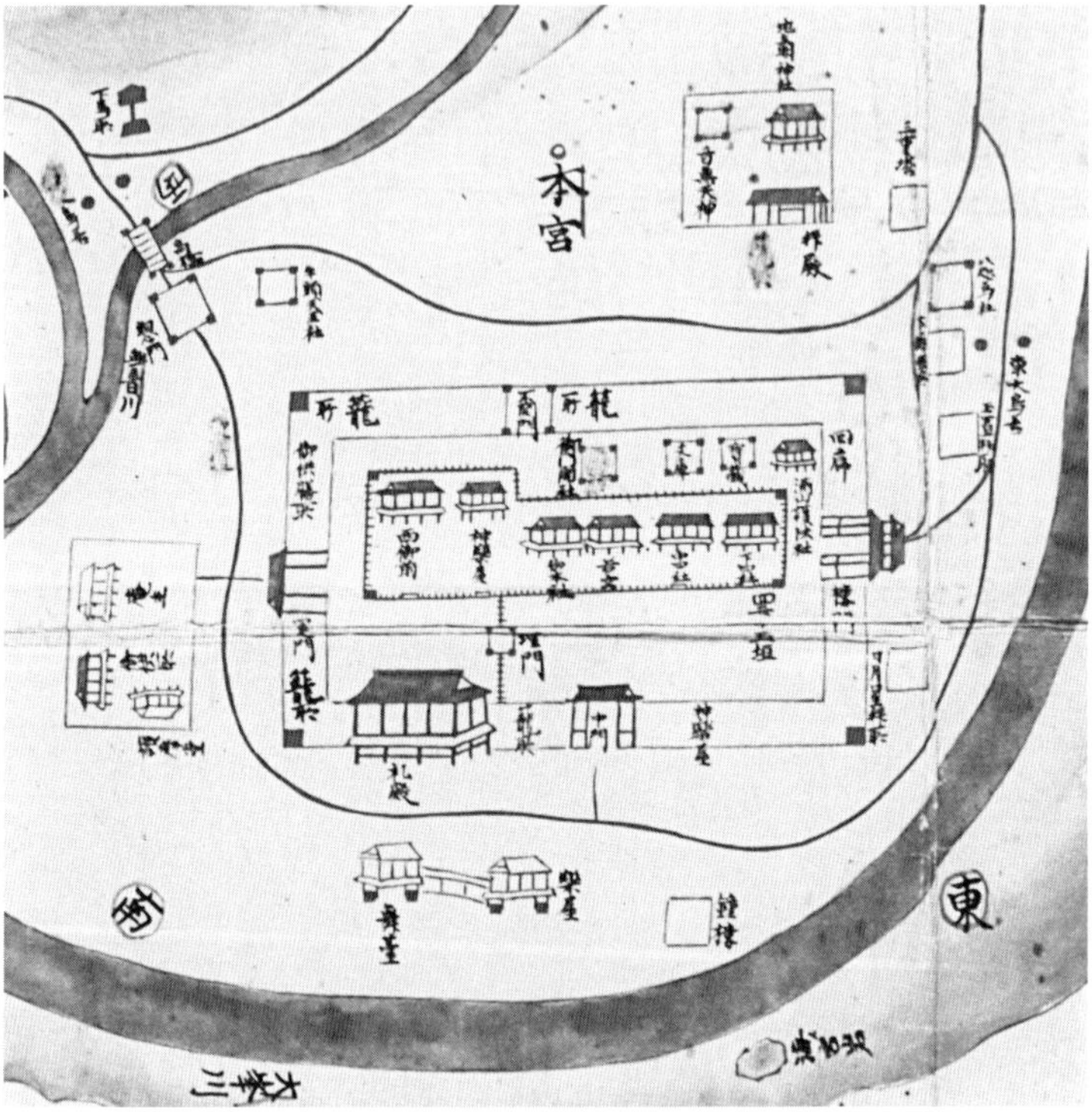

図2　「熊野三山図」（部分、熊野那智大社蔵）延宝八年頃（画像提供：和歌山県立博物館）

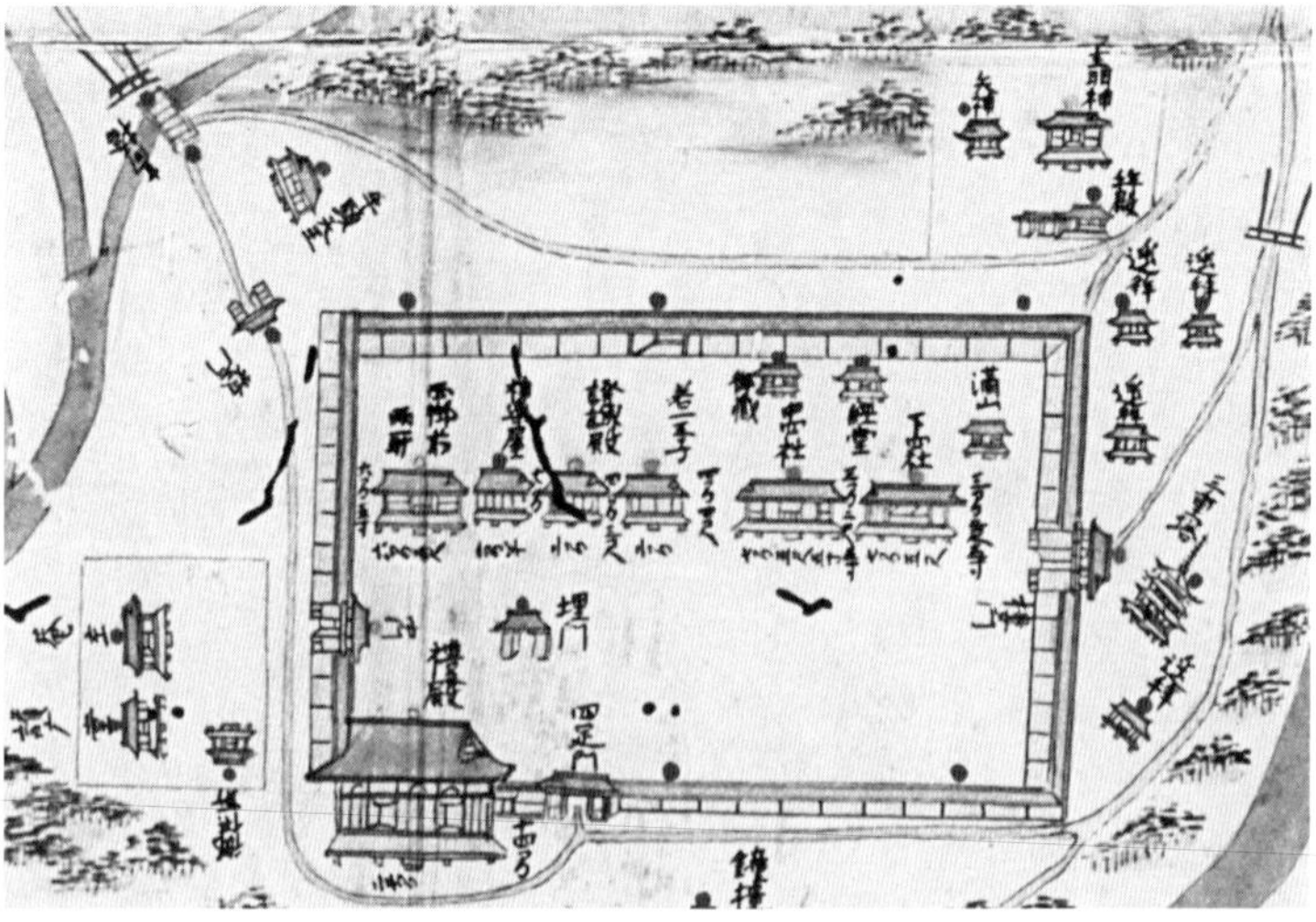

図3　「熊野三山絵図」（部分、熊野那智大社蔵）江戸初期（画像提供：和歌山県立博物館）

んであるべき社としては認識されていた。

ただ、これらの絵図を遡る中世の様態については、残念ながら未詳である。「一遍聖絵」巻第三の熊野本宮の描写では、回廊の外側の奥に鳥居と屋根の一部が見えているが、それが何の殿舎かは明らかでない。

(三)《巻絹》での詠歌と遅参の時系列

このように江戸時代における音無天神の位置を確認した上で、改めて《巻絹》を見ると、都の男が音無天神で歌を手向けた翌日に臣下のもとに至り、巻絹奉納の遅参を責められるという展開は、不自然なようにみえる。もし本宮のすぐそばに音無天神が祀られているならば、男が音無天神で歌を詠んでいる時点で、すでに本宮に着いていることになる。仮に音無天神の奉祭地が中世から近世にかけて変わっていたとしても、「音なしの天神」という以上、本宮付近、音無川付近にあると考えるのが自然である。しかし、臣下が遅参した男を叱責して縛るのに対して、熊野の神が宿った巫女が

「其者は昨日音なしの天神にて、一首の歌を読、われに手向しものなれば」

と告げていることとからすると、音無天神を過ぎて臣下のいる場所まで辿り着くのに一日かかっていることになる。《巻絹》の設定では、本宮と音無天神の位置が離れているようにみえるのである。臣下が巻絹を熊野に奉納するために来た場所も、本宮付近であろうし、仮に臣下が本宮から少し離れた発心門王子や近露に宿していたとしても、男が本宮の音無明神に至る前に通過しているはずである。以上からすると、能作者は熊野での音無天神の位置を知らずに、この曲を書いたようにも考えられる。小山氏がいう音無天神自体を作者が創作したという説も検討しなければならない。

(四)少彦名命を祀る音無天神

そこで改めて考えてみたいのは、音無天神社の祭神である。《巻絹》では、都の男が匂いから梅の木に気づき、

「此梅を見て何となく思ひつらねて候、南無天満天神、心中のねがひかなへて給り候へ」

(観世流大成版は後半「心中のねがひをかなへて給り候へと」)

と祈る詞があるので、音無天神は天満天神とされている。一方、幕末の『西国三十三所名所図会』では、先述のように少彦名命とされており、近世を通してこの祭神説が有力だったようだ。『熊野神廟記』の「紀州牟婁郡本宮御鎮座年号由来附神名」では、本宮・中御前・西御前・若宮の上四宮、禅師宮・聖宮・兒宮・小守宮の中四宮、一萬宮・十萬宮・勧請十五所・飛行夜叉宮の下四社を挙げた後、周辺の摂末社・小社や遙拝所などを挙げるが、その中に、

「〇音無天神　少彦名命　日本紀曰《ニク》、少彦名命《スクナヒコナノ》、行《ユイテ》至《ル》二
熊野之《ノ》御碕《サキニ》一、遂適《ニイテマシヌ》二於常世郷《トコヨノクニ、》一矣」(12)

という記事がある。当該部分の本奥書は延宝七年（一六七九）二月で、その頃の祭神伝承を示していると見てよいだろう。ここに『日本書紀』巻第一第八段一書第六にみえる、少彦名命が大己貴命と天下を治めた後、熊野の御碕に至ったという記事が引かれているように、熊野で少彦名命が祀られるのには相応の由来がある。

また、紀州藩で天保十年（一八三九）に成った『紀伊続風土記』巻之八十六・牟婁郡第十八・本宮部の音無天神社の記事にも、「音無天神社〈祀神少彦名命／門籠所あり〉」とある。(13)少彦名命ということは、菅原道真が神格化された天満天神ではなくて、天津神としての天神の称であることを示している。確かに、天神といっても天満天神に限られる訳ではなく、同じく少彦名命を祭神とする京都の五条天神なども想起される。少なくとも江戸時代に音無天神社は少彦名命を祀るとされており、この点は《巻絹》の作意とずれがあるとも言える。もし、《巻絹》の影響下に音無天神の社が造られたとすれば、天満天神を祀るはずだが、そうでなく祭神を少彦名命としているのは、音無天神社が能の影響下に造られたものではないことを伺わせる。

《巻絹》は『沙石集』のような音無天神が出てこない、梅を詠んだ歌の歌徳説話を元にして作っている面が大きいので、梅から発想して音無天神が描かれている面が強いのは確かである。しかし、全く何もないところから熊野に天神が祀られているという設定を創作できるかというと、疑問は残る。中世における確証がないだけに、はっきりしたことは言えないが、音無天神社の存在が室町時代まで遡るとしたら、能作者が音無天神社の存在のみ知っていて、そこに天満天神が祀られていると考えて《巻絹》を作った可能性もあろうか。ただ、音無天神は熊野の十二所権現（三所権現・五所王子・四所明神）の中には入らない小社である。金峰山では末社に天満天神を祀っていることから、吉野曼荼羅には天神が描かれるが、通例の熊野曼荼羅では音無天神は描かれない。熊野の地理に詳しくないと思われる能作者が、音無天神の存在をどのように知ったのかという点だけは少し引っかかる点である。

三、和歌陀羅尼説と権者／垂跡

（一）「神は人の敬によつて威を増し、人は神の加護に依れり」

第八段は『沙石集』に拠る部分が多いが、クリの「夫神は人の敬によつて威を増《ま》し、人は神の加護に依れり」については『沙石集』と関係がない。この句は、『御成敗式目』（貞永

元年）の第一条「可下修二理神社一専中祭祀上事」にみえる「右、神者依二人之敬一増レ威、人者依二神之徳一添レ運」の関連句であることが指摘されているが、後半は少し異なる。類似句は、《吉野静》《白鬚》《三輪》等の曲にもみえる。《白鬚》が引くのはこの句の前半のみで、《三輪》後場のサシに「中にもこの敷島は人敬つて神力増す」（光悦謡本）とあるのも、前半に相当する類似句である。一方、《吉野静》の静御前が舞う場面のクリでは《巻絹》と同様の形であり、《吉野静》の影響を受けた可能性もあろう。『白山禅頂私記』（永正五年（一五〇八））に、夷国の襲来の前兆が神殿に顕われることに関連して、

「神ハ人ノ敬ヒニヨテ威ヲマシ、人ハ亦神ノ加護ニヨテ運ヲ添ト云ハ、先賢ノ金言ゾカシ」(14)

というのも、これらに似た用例である。『御成敗式目』の当該句については、牟禮仁氏が類句を分類し、思想上の系譜を分析している。(15) その中で、『本朝文粋』巻十三所収の源兼明（醍醐天皇第十一皇子）の「祭亀山神文」（天延三年（九七五）八月十三日）に

「神若有レ所レ怒者、早宥二其過一。神若可レ成レ喜者、弥加二擁護一。神不二自貴一、以二人之敬一則貴。人不二自安一、依二神之助一則安。」

（神若し怒る所有らば、早くその過ちを宥せ。神若し喜びを成すべくは、弥擁護を加へよ。神自ら貴からず、人の敬するを以て則ち貴し。人自ら安からず、神の助に依りて則ち安し）(16)

とみえる一節の傍線部の対句を、神人相依論の系譜の初例として指摘し、ここから派生した複数の用例も挙げている。その中には、人が神の「加護」あるいは「擁護」によって寿福を保つ等の形もみられる。

・源義経外題「祇園社感神院所司等解」（神田孝平氏旧蔵文書、寿永三年（一一八四）三月）

「神明者依二人之帰依一増二其威光一、人倫者依二神之加護一保二其寿福一」(17)

・空海仮託「神祇通用之祭文」（成立年代不明だが、室町期以前か）

「神独《リ》不レ尊《カラ》、待《テ》二人《ノ》法施《ヲ》一増《シ》二威光《ヲ》一、人独《リ》不レ楽《カラ》、蒙《テ》二神《ノ》擁護《ヲ》一成《ス》二悉地《ヲ》一」(18)

《巻絹》で「人の敬によつて威を増《ま》し」とする部分も含めてみると、全体としては『御成敗式目』以降の表現と言えるかもしれない。ただし、「祭亀山神文」の対句の「神之助」は直前にある「弥擁護を加へよ」を受けたものであり、こうした記事に淵源を持ちつつ、人が神から受けるものを「加護」とする例もあったことが、《吉野静》《巻絹》の句のよう

な形につながったと推測される。

（二）和歌陀羅尼説と権者の和歌

このクリに続くサシ・クセの部分については、江戸後期に金沢で成立した謡曲注釈書『謡言粗志』に、「此サシヨリ曲マデ、皆沙石集ヲ以テ作ルト見ヘタリ」と指摘されている。(19)その具体相にふれる山木氏の論文を参照しつつ、『沙石集』に同文や類似記事がある箇所に傍線を引いて示しておく（傍線は引かなかったが、「一首を詠ずれば」以下も、『沙石集』巻第五末の「静かに詠ずる時、万縁悉く忘れ」とか、「これを詠ずれば、名利を忘る」などの記事を言い換えたものであろう。）。

［サシ］シテされば楽しむ世にあふ事、是又総持《さうじ》の儀によれり、地言葉すくなふして理を含、三難耳《さんなむみヽ》たへて寂念《じやくねん》＊閑静《かむしやう》の床の上《うへ》には、眠＊を〔遥〕かに眼《まなこ》をさる、

（校異）閑静―龍閑情京元かんちやう了かんじやう、を―龍京了元現ナシ

［クセ］地是によつて、本有の霊光《れいくはう》、忽に照し、＊利生の月、漸雲おさまれり、一首を詠ずれば、萬の悪念を遠ざかり、天を得れば清く、地を得ればやすし、あらかじめ、＊ゆ（唯有カ）ふいふ一実相、唯一《ゆいいち》金剛とは＊是とかや、シテされば天竺の、地婆羅門＊尊者は、行基菩薩の御手をとり、霊山の釈迦のみもとに契りて＊し、真如朽せず＊逢みつと、詠哥あれば御返哥に、迦毘羅衛に契しことのかひ有て、文殊の＊御顔おかむなりと互にほとけ仏をあらはすも、和哥の徳にあらずや、又神は出雲八重垣、片削《かたそぎ》の＊旧き世の＊ためし、謂ずとも伝きヽつべし、神《かみ》のしめ結《ゆ》ふ糸《いと》桜の、風のとけとぞ＊おほゆる、

（校異）利生―龍京了元現自性、ゆふいふ―京ゆいゐち了唯有現唯有、是とかや―龍京了元現とかすや、尊者―龍京了元現僧正、し―龍京元現ナシ、逢―龍京了元あひ現相ひ、御顔―龍京了元現みかほを、旧き―龍京了元現さむき、ためし―元はしめ、おほゆる―龍京了元おもはする現思はるヽ

東大寺供養における行基と婆羅門僧正（菩提僊那）の和歌贈答譚は、『三宝絵』を初見として諸書にみえ、贈答歌のうち「霊山の」歌の方を行基が詠んだとされているが、《巻絹》の形では、それがややわかりにくい。また、『沙石集』巻五末では、「権化の和歌翫び給ふ事」という標題のもと、この和歌贈答譚を載せており、東大寺供養に大きな役割を果たした、婆羅門僧正、行基を含む四人を仏菩薩の化身たる東大寺の四聖とする次の記事がすぐに続いている(20)（以下、興譲館旧蔵米沢本）。

「さて、婆羅門僧正供養し給ふ。東大寺を四聖同心の寺

と云ふは、婆羅門僧正は普賢、行基菩薩は文殊、聖武天皇は観音、朗弁僧正は弥勒。天竺の菩薩も、我が国の大聖も、和歌を翫び給へり。」

一方、《巻絹》では、「迦毘羅衛に」歌で行基が文殊の化身であることは明示されているが、婆羅門僧正が普賢であることは明示されずに、それを前提として「ほとけ仏をあらはすも」と位置づけることで和歌の徳を称揚しており、これも現代の能の観客にはわかりにくい点であろう。しかし、行基が文殊の化身であることを婆羅門僧正が知るという類似の説話は、すでに長承三年（一一三四）に再編された『東大寺要録』本願章第一・天平勝宝元年二月二日条にみえており、こうした本地説が共有されていた世界での、詞の切り詰め方と言えるかもしれない。

『扶桑略記』天平十八年（七四六）七月条では、行基と婆羅門僧正が両者がまず梵語で敬礼した後、和歌の贈答をしたことになっており、これは「霊山の釈迦の御もとに契りてし」という二人が、梵語で会話する権者という風に想像されていたことになる。霊山で縁のあった権者二人の和歌贈答譚であったからこそ、《巻絹》のような和歌を総持（陀羅尼）と説く文脈の中で活きてくる。『沙石集』では、和歌陀羅尼説を論じる記事と、東大寺供養時の和歌贈答譚は離れているが、前者の巻第五本「和歌の徳甚深なる事」の記事中に「大聖、我が国に現れて、既に和歌を誦し給ふ」として、清水観音の御詠歌「ただ頼め」を挙げて陀羅尼としており、《巻絹》の作者は、和歌陀羅尼説の文脈に東大寺供養時の和歌贈答譚を接続することが効果的だと考えたのだろう。そこで、サシで和歌を「総持」（陀羅尼）と位置づけた後、『沙石集』の記事を継ぎ合わせつつ、和歌を詠むことが仏教の教えにも適うことを述べ、「されば」として、普賢・文殊の化身二人の和歌贈答譚が引かれることになる。

（三）和歌陀羅尼説と神祇

加えて、『沙石集』の和歌陀羅尼説に神祇が深く関わっていた点も《巻絹》は汲んでいる。『沙石集』では、

「和歌の徳を思ふに、散乱麁動の心をやめ、寂然静閑なる徳あり。また詞少くして心を含めり。惣持の徳あり。惣持は即ち陀羅尼なり。我が朝の神には、仏菩薩の垂跡、応身の随一なり。素盞雄尊、すでに出雲八重垣の三拾一字の詠をはじめ給へり。仏の詞に異なるべからず。」

として、神が仏菩薩の垂跡であることから、素盞雄尊に始まる和歌を陀羅尼と位置づけている。こうした発想が前提となって、和歌の手向けが感応を得て神の擁護を受ける話が、権者が和歌を通して「ほとけ仏をあらはは」した話に接続され

ている。熊野の宗教環境を舞台とした能を作る際に、和歌が神の感応を得ただけでは不充分で、和歌を仏教を通して意義づける向きがあったということである。

婆羅門僧正は、東大寺だけでなく、熊野の伝承においても本地仏に関わって登場する一面がある。鎌倉初期成立の九条家本『諸山縁起』に、「熊野の御山の権現の本地を顕はし給ふ人々」として、「証誠大菩薩は婆羅門僧正の般若寺を咨ひ顕はし御坐す」という一節がある。続いて中宮(中御前)は最澄が、西宮(西御前)は空海が本地を顕わしたとされており、いずれも仮託ながら、本宮に他の宮より古い時代に属する婆羅門僧正を宛てており、次章でふれる熊野の印度起源説とも連関する設定になっている。『神道集』巻二「熊野権現事」も、役行者と婆羅門僧正が熊野の本地を信仰したとの記事から始まるように、この説は熊野の伝承上、少なからぬ位置を与えられており、『修験指南鈔』等の修験関連書にも継承される。行基と婆羅門僧正の和歌贈答譚は、『沙石集』の一連の記事の中にあったことが《巻絹》に取りあげられた大きな要因であろうが、婆羅門僧正が他ならぬ熊野の主神の本地顕現にも関係づけられていた点にも注意しておきたい。

四、熊野の神仏世界と《巻絹》

(一)法性国／仏生国の巽の金剛崛

臣下に促されて巫女が祝詞をあげる第九段では、「謹上再拝」として祝詞が始まるが、続いて「抑當山は、ほつしやう国の巽、金剛界のれいさう、此地に飛て霊地となる、今の大峰これなりき」(鴻山文庫本)という。「ほつしやう国の巽」は、下掛系では、了随三百番本が「法性極の辰巳」と表記だけ変わっているが、龍大本や京大本でも「ほつしやうこくのたつみ」で動かない。上掛系でも、元禄三年六月刊本も大成版も同様である。一方、「金剛界のれいさう」の方は、下掛の江戸初期写本では、「金剛山のれいくわう」(了随本)が有力で(龍大本・京大本でも用字の相違のみ)、上掛の元禄三年六月刊本でも「こんかうせんのれいくわう」とし、現行の観世流大成版では「金剛山の霊光」という字を宛てている。クセの最初の「是によつて、本有のれいくはう、忽に照し」に引きずられたものであろうか。

『謡曲大観』の頭注では、「法性國は佛性を備へた國で印度を指したものか、他に用例は見當らない」とするが、おそらくは「ふつしやう国」の誤伝、または変形であろう。江戸後期の謡曲注釈書『謡言粗志』が、『袖中抄』所引「日蔵伝」

に、吉野は天竺仏生国の巽が闕けて飛来した、とあることを紹介しているが、『諸山縁起』に

「大峯はこれ仏生国の巽、金剛巘の坤の方の一の分れなり」[21]

とあるのも近い表現である。[22] この記事から類推するに、「ほつしやう国の巽、金剛界のれいさう」は、本来「仏生国の巽、金剛崛の霊場（もしくは「金剛崛の霊峯」「金剛界の霊崛」）」などであった可能性も考えられる。比叡山にも、霊鷲山・天台山・比叡山と三国にわたり、山の一部の峰が飛来してきた「飛来峰縁起」（『渓嵐拾葉集』）があるが、大峰についてもこのような仏教東漸の源流と霊山を関係づける説があった。仏生国を法性国と考えても不思議はないので、当初から「法性国の巽」だとしてもおかしくはない。ただ、『諸山縁起』には、

「一、大峯はこれ本、仏生国の山なり。かの山、空中より我が朝に飛び来たり、落ち留る所なり。但し熊野権現は本、仏生国の鎮守なり。これを熊野山と云ふ。役行者、生を更へてこの峯に勤行す。」

「かの山を思ふに、両所権現は仏生土の鎮守に御し、この国に始めて来たる珍神なり。」

というように、「仏生国」「仏生土」という表現が他の箇所にもみえる。また、正嘉元年（一二五七）成立の『私聚百因縁集』巻八に、

「彼ノ峯本《モトハ》非《ス》二日本国ノ山《ヤマニ》一。即チ仏ノ生《シヤウ》国ノ山也。従《リ》二空《クウ》中一飛《トヒ》二来《テ》我朝《カーニ》一、所《ロ》二落留《ヲチトヽマル》一也。垂跡《スイシヤク》神明仏《モノ》生国鎮守《チンシュ》也云々。」

「熊野三所権現《シヨゴンゲン》一月証誠《セウジヤウ》大菩薩地主《シュ》也。昔《ムカシ》西海西方仏生国鎮守《ノチンシュ》也。[23]」

とあり、親鸞の曾孫にあたる存覚の『諸神本懐集』（元亨四年＝一三二四）でも、猟師の前に現われた熊野権現の託宣の中に、

「東土ノ衆生ヲスクハンガタメニ西天仏生国ヨリハルカニコノ朝ニキタレリ。スナハチ熊野三所権現トアラハレントオモフ。[24]」

とある。真福寺蔵『熊野三所権現金峯山金剛蔵王縁起』（鎌倉後期）でも「大峯者、是仏生国、従空中飛来、此土所落留也」[25] とあり、『熊野山略記』で、「天竺霊鷲山頂金剛崛」の辰巳の角が飛来したのが大峯であるという記事の中でも、やはり「仏生国」である。[26] 大峰や熊野の印度起源としては「仏生国」という表現がよく使われているので、「ふつしやう国」の誤伝または変形という読み方を、有力案として提案しておく。

(二) 御嶽と熊野の曼荼羅世界

《巻絹》では、こうした大峰の起源説に続けて

「地されば三嶽は金剛界の曼荼羅、シテ花蔵世界、熊野は胎蔵界、地密厳浄土、有難や。」

と謡われて、［神楽］の舞事となる。「三嶽」は古写本では「みたけ」と仮名表記が多く、現行観世では「御嶽」とする。『梁塵秘抄』の今様に「金の御嶽」と歌われる金峯山を指すと考えてよいだろう。ここでは、御嶽と熊野を一対で捉え、金剛界／胎蔵界曼荼羅、花蔵世界／密厳浄土を配当している。

このうち胎金両部の配当については、『諸山縁起』に、

「一、熊野山〈胎蔵界、因曼陀羅なり〉。金峯山〈金剛界、果曼陀羅なり〉。」

とあり、『私聚百因縁集』巻八に、

「亦大峯《ヲホミネ》胎金《ハタイコン》両峯《ホウ》也。所謂《イハユル》熊野《クマノ》山胎蔵界因曼荼羅《インマンダラ》、十二所権現垂《シヨゴンゲンタレ》レ跡《アトヲ》給ヘリ。金峯《キンプ》山金剛界ノ果《クワ》曼荼羅、三十八所和《ヤワラク》レ光《リヲ》。」

とみえる。ここでいう大峯は、熊野山から金峰山までを包括する形で使われている。こうした両部配当説は熊野の曼荼羅世界観の基本として広範に確認でき、山岳修行における順峰／逆峰の思想的位置付けに関わっていることも知られている。熊野曼荼羅の中にも、胎蔵曼荼羅の中台八葉院を描き、その中に主要神の本地仏を描く類型があり、また金胎両部曼荼羅を上部に表す聖護院蔵本（鎌倉時代、十四世紀）も、こうした世界観に基づくものである。(27)

一方、花（華）蔵世界は『華厳経』が説く毘盧舎那仏の蓮華蔵世界のことで、密厳浄土は大日如来の世界だが、密教では両者の一致を説く面もある。『渓嵐拾葉集』巻第六の次の記事は、大峯が「密厳花蔵の荘厳」とされている例である。

「凡ッ大峯ト者神仙ノ屈宅賢屈ノ所居也。故ニ彼峯結縁スル者ハ植ル不知不覚ニ大善根也。仍ナ峯ノ行者ハ入壇灌頂ノ功徳具足スル也。其ノ故ニ所所ノ霊崛諸ノ秘所悉ク是両部ノ曼荼羅ノ相貌也。此ヲ拝見スル時不知不覚ニ曼荼羅ニ結縁スル也。又云。大峯ト者密厳花蔵ノ荘厳也。大日応現ノ峯者真言秘蔵也云云」(28)

正中二年（一三二五）の『塵滴問答』には、「大峰葛木ハ両部曼陀羅ノ縁道ナリ。入峰ノ客僧ハ即身ニ花蔵世界ヲ見ト云リ」(29)という記事もある。一方、天正本『太平記』巻第五「大塔宮南都御隠居後十津川御栖ひの事」では、大塔宮が大峰山を行く場面で、大峰山を金剛童子化現の霊地、両部大日の秘所とし、この峰に登る修行者は「この身を換へずして仏果に叶ひ、この所を動かずして密厳浄刹に至らん事、何ぞ難からん」としている。(30)

逆に、熊野を花蔵世界に擬える見方も確認できる。応永三十四年（一四二七）に足利義満女の南御所・今御所と側室の北野殿が住心院実意を先達として熊野詣をした際の記録『熊野詣日記』の本宮参詣の場面に、

「かつ〱御社の躰たく（ら脱カ）をおかみたてまつるに、いまさら心もこと葉におよはす、この土はこれ花蔵の世界なり、證誠大菩薩の御本にいたりぬるは、すみやかに九品のうてなにむまれたり、十万億土をほかに求へからす」(31)

という記事がある。本宮の證誠殿の本地が阿弥陀如来であることから、本宮を阿弥陀の浄土に擬える見方の方が一般的ではあるが、(32)『熊野詣日記』では同時に熊野の地を花蔵世界とみる、重層的な浄土観もあったことがうかがえる。

室町時代、金峰山から熊野山に至る大峯の浄土観には、このように複数の説があったようだが、《巻絹》では、御嶽（金峰山）が花蔵世界に、熊野山が密厳浄土に配当されている。こうした宗教的な観念は能作者が容易に考案するような次元ではなく、制作当時に存在した熊野浄土観の一端を反映している可能性が高い。

（三）飛行を出して神がたりする

第十段「さもあらたなる、飛行をいだし、神がたりすることそ、おそろしけれ」について、『謡曲大観』頭注は「刊行会本には秘行の文字を充てている。疑を残して後考を俟つ」としている。現行の観世流は「飛行を出して」、宝生流は「出だして」と謡う一方、喜多流では「飛行をなして」、金剛流では「飛行をいたし」と澄んで謡うが、元来は飛びながら神語りする描写とは考えにくい。熊野の四所明神（一万十万・勧請十五所・飛行夜叉・米持金剛童子）のうちの「飛行夜叉」が憑依・顕現していることを指すと考えるのが自然であろう。

こうした飛行夜叉の性格を考える上で、『神道集』巻第二「熊野権現事」の縁起説が参考になる。同書には、牟婁郡の摩那期（田辺市中辺路町真砂）に住む千代包という猟師が八咫烏に導かれて進むうち、光り物を鏑矢で射たところ、三枚の鏡が現われ、この熊野三所を示す鏡を庵で祀る話がみえる。この縁起自体は様々な変形を伴いつつ諸書にみえるが、『神道集』では、ここで千代包が宣旨を賜るために都に上ると、熊野権現が藤代から飛行夜叉を遣わして夢告をしたとされている。

「宣旨《ヲ》申《サントテ》都上、権現、亦藤代《ヨリ》先《ニ》飛行夜叉差遣《シ》、夢想《ノ》告《ヲ》以申《ケルニ》、千代包《ハ》参《テ》、此《ノ》由《ヲ》申《ケレハ》、早《ク》御宝殿《ヲ》奉行《シテ》造《リ奉ヘキ》由、仰付《ラレケリ》」(33)

それで孝霊天皇から御宝殿を造るよう仰せが下ることにな

るが、これは飛行夜叉が熊野の神々の中でも託宣に関わる神格であったことを物語っており、「神がたりするこそ、おそろしけれ」という詞ともつながってくる。

五、《巻絹》キリに示される本地説

(一) 神明は本地を顕し奉る時、威光いよいよ増進す

第十段（キリ）は、熊野の神々の本地仏などをうたい、巫女に神々が憑いた状態の激しい動きをみせた後、憑依が解けて終わる。

シテ證誠殿は、阿弥陀如来、地十悪を導く㊡「導き」）、シテ五逆をあはれむ、地中のこむせん《御前》は、シテ薬師如来、地薬となつて、シテ二世を助く、地一万文殊、シテ三世の覚母たり、地十万普賢、シテ満山護法、地かずく〳〵の神く〳〵、かのかんなぎに、つくもかみの、御幣もみだれて、空にとぶ鳥の、かけりく〳〵て、地に又くだり㊡「躍り」）、珠数をもみそでをふり、こそくげそく《挙足下足》の、舞の手をつくし、是までなりや、神はあがらせ給ふといひすつる、声の内より、くるひさめて、又本性にぞ成にける、

熊野本宮の主神、證誠殿（家都美御子大神）の本地仏と十悪・五逆の救済を説く詞から始まるが、延慶本『平家物語』第一末廿九「康頼油黄嶋ニ熊野ヲ祝奉事」には、油黄嶋に勧請された熊野権現の証誠殿の本地阿弥陀如来について「十悪五逆ヲモ捨給ハヌ御誓アムナレハ」といい、同書第五末十七「熊野権現霊威無双事」に、証誠殿の本地・阿弥陀にふれた後、「特限《コトニ》リ一称名号之徳一ニ、来迎引接之願、忽ニ不嫌十悪五逆之人ヲ一」というように、これらは熊野の利生を説く定型的な表現をふんだものと考えられる。(34)《巻絹》で本地仏を通して利生が謡われるのも、延慶本『平家物語』第一末卅「康頼本宮ニテ祭文読事」の祭文の中、「夫レ神明者、奉レル顕本地ヲ一之時、威光弥増進ス、感応之光厳重也」として熊野の本地仏を順に挙げるような、本地仏を通して利生を説く祭文が参考になろう。

中御前（本地薬師如来）は二世を助くとされているが、『諸神本懐集』には、「ナカノ御前ハ薬師如来ナリ。（中略）出離解脱ノ良薬ヲアタヘテ、无明ノ重病ヲイヤス」ともある。出離解脱という以上、現世での病気平癒だけでなく、来世への導きも利益に含まれているとみられる。また同書では「一万ノ宮ハ大聖文殊師利菩薩ナリ。三世諸仏ノ覚母、釈尊九代ノ祖師ナリ」とあり、これも《巻絹》の「一万文殊、三世の覚母たり」という表現に類似する。

(二) 謡われる神名と、一萬・十萬の本地説

ここで改めて《巻絹》キリに示される神々と本地説をまと

めると、以下のようになる。

證誠殿　――阿弥陀如来
中御前　――薬師如来
一万　――文殊
十万　――普賢
満山護法　――（本地説の言及なし。通常は弥勒。）

熊野の中枢的な神々、いわゆる十二所権現は、三所権現・五所王子・四所明神から構成される。一方、《巻絹》では、三所権現のうち西御前を除く證誠殿と中御前に言及し、五所王子（若宮・禅師宮・聖宮・児宮・子守）には言及しない。そして、四所明神のうち、対になっている一万・十万、それから十二所権現には含まれない満山護法に言及する。

一万と十万は、『中右記』天仁二年（一一〇九）十月二十六日条に「一万眷属、十万金剛童子」とみえるように、熊野権現の多くの眷属・童子を総称するような神名でもある。能の演出上、キリが長くなるのは不適切なので、熊野の諸神の神名を一部に絞るのは当然のことで、その際、主神である證誠殿と中御前以外に一万・十万と満山護法を挙げるのは、熊野の「数々の神々」を象徴的に示す上でも効果的な選択と考えられる。加えて参考になるのが、やはり延慶本『平家物語』で、油黄嶋に流された康頼らが、勧請された熊野権現に対して読み上げる先述の祭文中、熊野の諸神を列挙する次の記事である。

「庶幾《コイネカハクハ》、三所権現、若一王子、一万ノ眷属、十万金剛童子、四所明神、五体王子、満山ノ護法天等、禅師、聖、児、子守、勧請十五所、飛行夜叉、八大金剛童子、新宮、飛鳥、神倉等、部類眷属、廻シ急難之中ニ能施無畏之方便ヲ、為ニ入道大相国ノ、令メ給ヘト発サ免除慈悲之心ヲ也」

若一王子は五所王子の若宮に相当し、また一万・十万は四所明神の一つなので、「四所明神、五体王子」と続くのと重複し、その後にも「五体王子」「四所明神」の中の個別の神名が続く。しかし、五所王子の中でも若宮は独立した社殿で三所権現の隣に祀られており、若宮以外は四所同殿なので、[35]「三所権現、若一王子」と続くのは殿舎構成を反映している。これらの主要神に対して、眷属類を代表する形で四所明神の最初の「一万ノ眷属、十万金剛童子」にまず言及しているのだろう。その後、「四所明神、五体王子」と総称を挙げ、続いて、その中で既出の若一王子・一万・十万以外の個別の神名を挙げているように読める。『宴曲抄』上・熊野参詣に「三所権現、若王子、五体四所の玉の枢、満山の護法に至るまで」[36]と歌われる「若王子」も若一王子のことで、五体王子の筆頭ながら「三所権現」と「五体四所」の間に重複して歌われているのも、同様な例であろう。とすれば、康頼の祭文では三所権現と若一王子と一万・十万で、ひとまず端的に熊野の諸神を代表しているようにも考えられ、《巻絹》はこれをさらに絞った表現と捉えることもできよう。

熊野権現の本地説を挙げる平安後期の基準的な記事として、しばしば取りあげられる『長秋記』長承三年（一一三四）二月一日条でも、「五所王子」の最初に「若宮」が挙げられ、五所王子に続いて、

「一万普賢、十万文殊、勧請十五所、釈迦、飛行薬叉、不動尊、米持金剛童子、毘沙門天、礼殿守護金剛童子〻〻〻也」(37)

としている。この『長秋記』の記事や、『転法輪鈔』所収「熊野御幸御八講初座」(38)などでは、一万の本地が普賢、十万の本地が文殊で、《巻絹》と逆である。

しかし、真福寺蔵『熊野三所権現王子眷属金剛蔵王本位』（鎌倉後期写）、『諸神本懐集』、『修験指南鈔』巻八、『元要記』第十九など、《巻絹》と同じく一万の本地を文殊、十万の本地を普賢とする文献もある。また、『転法輪鈔』所収「二品准后（修明門院）熊野御経供養」では「一萬十萬、文殊普賢也」とした上で、一萬・十萬の神名に関して清涼山の一萬菩薩にふれる一節があり、これは六十巻本『華厳経』巻第二十九に、

「東北方有㆓菩薩住処㆒。名㆓清涼山㆒。過去諸菩薩常於㆑中住。彼現有㆓菩薩㆒。名㆓文殊師利㆒。有㆓一萬菩薩眷属㆒。」(39)

とある記事などをふまえたものともみられる。ここでは文殊の一万の眷属ということであろうが、一萬という神名は文殊と結び付く面もあったことがうかがえる。一万と十万は一所に共に祀られる神であり、社殿の中に神を描く形式の聖護院蔵・熊野曼荼羅（鎌倉時代）では、一万・十万が同一社殿の中に描かれている。また文殊と普賢も釈迦の脇侍などで一対になる組み合わせであったために、両者の本地説の入れ替わりが容易に起こり得たという面もあったのだろう。

『宴曲抄』で「満山の護法に至るまで」と言及される満山護法は、米国クリーブランド美術館蔵・熊野曼荼羅のような社頭の実景を描く宮曼荼羅において、本宮の四所明神の隣に小さな御殿で祀られており、《巻絹》で一万・十万に続くのにふさわしい本宮の摂社である。熊野曼荼羅では、三所権現・五所王子・四所明神を各一段ずつ計三段で描く定型もあるが、滋賀・錦織寺蔵や和歌山県立博物館蔵の熊野曼荼羅（いずれも鎌倉時代、十四世紀）(40)静嘉堂文庫美術館蔵の熊野曼荼羅（南北朝時代）(41)のように、満山護法を四所明神と同じ段に描く類型もある。また「満山護法」の語義も、一万・十万と同じく、《巻絹》にいう熊野の「数々の神々」を象徴的に示

すのに適しており、主神の證誠殿の後に、熊野の神々の体系の中では裾野に属する神を挙げることで、熊野の神仏世界の全体を象徴させようとしたものであろう。

おわりに

以上、まず近世における音無天神の実態を確認した上で、《巻絹》での地理的な設定に不自然な点があることも含めて、この曲に『沙石集』等を飛び飛びに摂取して作られた面が強いことを確認した。また、第八段を、和歌陀羅尼説が東大寺供養時の和歌贈答譚に接続される論理や、神が仏菩薩の垂跡であることから和歌を陀羅尼と位置づける論理から読み込んでみた。さらに、第九段以下に、熊野の神仏世界や曼荼羅世界観がどのように反映しているかを考察した。音無の梅の和歌をめぐる説話が、単に神の感応を得る設定で使われただけでなく、和歌陀羅尼説によって意義づけられるのは、現代の観客には回りくどいようにみえる。しかし、それは神々の利生がその本地仏を通して語られる第十段と同じく、神仏が深く結合していた宗教環境をよく物語っているとも言えるだろう。

注

(1)《巻絹》の本文は、古く『謡曲大観』に所収され、頭注が施されている。
(2) 小山弘志「作品研究『巻絹』」(『観世』三三・一一、一九六六年十一月)、松本雍「能における神楽の研究――「巻絹」から「竜田」まで」(『芸能の科学3芸能論考I』一九七二年三月)、田口和夫「汲水閑話七十三〈巻絹〉と稚児の孝行――『沙石集』と『因縁集』」(『能楽タイムズ』五〇二、一九九四年一月)、細川涼一「作品研究〈巻絹〉」(『観世』六六・一二、一九九九年十二月)、小田幸子「『巻絹』演出とその歴史」(『観世』六七・二、二〇〇〇年二月)、山木ユリ「作品研究 巻絹」(『芸能史研究』一五六、二〇〇二年一月)。
(3) 私に読点、濁点、振漢字等を追加した他、一部の平仮名を漢字に改め、当該箇所にもとの平仮名を傍記した。
(4)『因縁抄』(古典文庫、一九八八年)。同書では梅を「桜」と翻刻するが、崩しの類似性から「梅」と解釈する。
(5) 前掲注2小山弘志論文。
(6) 前掲注2山木ユリ論文。
(7) 図録『熊野那智山の歴史と文化――那智大滝と信仰のかたち』(和歌山県立博物館、二〇〇六年)No.193。
(8) 熊野本願文書研究会編『熊野本願所史料』(清文堂出版、二〇〇三年)。
(9) 山本殖生「那智山古絵図の世界――那智参詣曼荼羅の読図に向けて」(『熊野歴史研究』三、一九九六年五月)は、妙法山阿弥陀寺の位置を手がかりに、熊野三山絵図が正保四年以前に描かれたと推測する。
(10) 注7前掲『熊野那智山の歴史と文化』No.192。
(11) 注7前掲『熊野那智山の歴史と文化』解説。

(12)『神道大系 神社編 熊野三山』(神道大系編纂会、一九八九年)。
(13)『紀伊続風土記』(帝国地方行政会出版部、一九一〇〜一一年)に拠る。
(14)『加能史料 戦国V』(石川県、二〇〇六年)。
(15)牟禮仁『中世神道説形成論考』(皇學館大學出版部、二〇〇〇年)第一篇第三「神人相依論の系譜――「神者依人之敬増威」考」。
(16)新日本古典文学大系『本朝文粋』(岩波書店、一九九二年)。
(17)『平安遺文』八・四一四五号。
(18)『弘法大師全集』(吉川弘文館、一九一〇年)第五輯。
(19)『金沢市立図書館蔵謡言粗志――翻刻と校異』(金沢市教育委員会・金沢古典文学研究会、一九九〇年)。
(20)この和歌贈答譚や東大寺四聖本地説の形成過程については、米山孝子「婆羅門僧正との和歌贈答譚の生成」(『行基説話の生成と展開』勉誠社、一九九六年)、藤巻和宏「東大寺四聖本地説の成立」(『伝承文学研究』五十四、二〇〇四年十二月)に詳しい。
(21)日本思想大系『寺社縁起』(岩波書店、一九七五年)
(22)金峯山飛来説については、李育娟「金峯山飛来説と大江匡房」(『国語国文』七七―二、二〇〇八年二月)に詳しい。
(23)『私聚百因縁集』(古典文庫、一九七〇年)の承応二年四月刊本影印に拠る。
(24)日本思想大系『中世神道論』岩波書店、一九七七年)。
(25)真福寺善本叢刊第十巻『熊野金峯大峯縁起集』(臨川書店、年)。
(26)注12前掲『神道大系 神社編 熊野三山』。解題によれば、熊野那智大社所蔵の、戦国時代末期、桃山時代に至る間の写本という。
(27)『日本の美術』四六五「山岳信仰の美術　熊野」(至文堂、二〇〇五年)では、中世の八葉式の本地仏曼荼羅を九例挙げ、また八葉式の垂迹曼荼羅も二例挙げている。
(28)大正蔵第七十六巻五二〇a。
(29)続群書類従第三十二輯上。
(30)新編日本古典文学全集『太平記』(小学館、一九九四年)。
(31)『神道大系 文学編五 参詣記』(神道大系編纂会、一九八四年)。
(32)熊野の社頭浄土観については、山本ひろ子『変成譜』(春秋社、一九九三年)「中世熊野詣の宗教世界――浄土としての熊野へ」、小番達「延慶本平家物語における熊野信仰関連記事――その浄土観をめぐって」(千葉大学社会文化科学研究科研究プロジェクト報告書『平家物語の成立』、一九九七年三月)などの論考がある。
(33)『赤木文庫本神道集』(角川書店、一九六八年)。
(34)『延慶本平家物語』(大東急記念文庫、一九八三年)。慶長古活字本『源平盛衰記』巻第四十・維盛入道熊野詣附熊野大峰事でも、「證誠殿ト申ハ本地ハ阿弥陀如来(中略)一念十念ヲモ不嫌、五逆十悪猶助給ヘリ」とある(国立公文書館デジタル・アーカイブに拠る)。
(35)鈴木昭英「金峰・熊野の霊山曼荼羅」(『修験道の美術・芸能・文学2』名著出版、一九八一年)には、社殿諸神配置図も示されている。
(36)『早歌全詞集』(三弥井書店、一九九三年)。
(37)増補史料大成『長秋記』(臨川書店、一九六五年)。
(38)『安居院唱導集 上巻』(角川書店、一九七二年)二七一頁。
(39)大正蔵第九巻五九〇a。

（40）『山の神仏――吉野・熊野・高野』（大阪市立美術館・毎日新聞社・MBS、二〇一四年）作品番号90・91。

（41）注27前掲『日本の美術』四六五第17図。

附記　本稿は、第六回紀州地域学共同研究会研究集会のシンポジウム「熊野・紀伊路と能楽」（二〇一九年三月十日、於・和歌山県立博物館）における報告をもとにしたものである。熊野の絵図二種については、和歌山県立博物館より画像提供を受け、その際にも大河内智之氏からご教示を賜ったこと、御礼申し上げる。

韋駄天説話の源流と変容
——唐宋代の諸伝承と律学受講の場を視点に

西谷 功

鎌倉時代に入宋僧によりもたらされた韋駄天の言説と信仰。遠くインドに起源をもつとされる韋駄天ではあるが、今日知られる言説や信仰の多くは、インドにまでさかのぼらせることがむずかしい。本稿では、我々がイメージする韋駄天の淵源を中国唐宋時代に求め、また中世日本において訛伝ともいうべき〈解釈〉がなされていくさまを儀礼や語られる「場」から推察したい。

にしたに・いさお——宗教法人泉涌寺宝物館学芸員。龍谷大学・花園大学非常勤講師。専門は仏教文化史、仏教美術史、寺院史。主な著書・論文に『南宋・鎌倉仏教文化史論』（勉誠出版、二〇一八年）、「南宋仏教からみた鎌倉期戒律復興運動の諸相」（律宗戒学院編『唐招提寺の伝統と戒律』法藏館、二〇一九年）、「唐宋代における仏牙舎利の〈発見〉」（板倉聖哲・塚本麿充編『アジア仏教美術論集 東アジアIII（五代・北宋・遼・西夏）』中央公論美術出版、二〇二一年）などがある。

はじめに

能《舎利》は、泉涌寺舎利殿に伝来する仏牙舎利（釈迦の遺歯）と韋駄天にまつわる物語である。この仏牙は中国南宋・臨安（現・杭州市）の白蓮寺に安置されたもので、安貞二年（一二二八）に同寺僧湛海により請来された、(1) 釈迦の「荼毘以前御牙」「速疾鬼之所取也」（『後深心院関白記』応安二年〈一三六九〉八月十九日条）として知られた聖遺物である。寛正五年（一四六四）十一月九日に仙洞御所で行われた音阿弥（一三九八〜一四六七）による演能記録（『蔭涼軒日録』同月十日条）が初出である。(2)

そのあらすじは、出雲国より参詣した僧が泉涌寺で仏牙を拝見していると、里人に化けた速疾鬼（足疾鬼、捷疾鬼）がその仏牙を奪って逃げ去る。これを泉涌寺僧が聞きつけ、昔、釈迦の入滅時にも同様のことがあり、韋駄天が仏牙を奪い返したことを語り、ならばこのたびもと韋駄天に起請する。すると、泉涌寺を守護する韋駄天が速疾鬼を打ち伏せて仏牙を奪い返した、というものである。

従来から指摘されるように、[3]《舎利》の本説（プロット）は『太平記』巻八「谷堂炎上事」で語られる葉室浄住寺の仏牙説話、「釈尊御入滅ノ刻、金棺未レ閉時、捷疾鬼ト云鬼神、潜ニ雙林ノ下ニ近付テ、御牙ヲ一引欠テ是ヲ取ル。四衆ノ仏弟子驚見テ、是ヲ留メントシ給ヒケルニ、片時ガ間ニ四萬由旬ヲ飛越テ、須弥ノ半四王天へ逃上ル。韋駄天追攻奪取、是ヲ得テ其後漢土ノ道宣律師ニ被レ与（後略）」（日本古典文学大系本）と考えられる。これらの説話から韋駄天には「足が速い」イメージ（韋駄天走り）があることでも知られる。「谷堂炎上事」のプロットも『大般涅槃経後分』（六六四〜五年訳出）の言説にもとづき、さらに唐僧・道宣（五九六〜六六七）周辺の「天人」（天神・鬼神）との感通説話を交えつつ成立したものと推定されている。

しかし、後述するように「韋駄天が捷疾鬼から仏牙を奪取する」説話そのものはインド・中国に存在せず、また本来道宣に仏牙を与える天は韋駄天ではない。

では、訛伝ともいうべき上記説話は、いかなる環境によって成立したのか。本稿では、その解明の一助として、まず、関連する言説の断片を唐宋代仏教文献や仏牙信仰に求め、宋代江南地域に展開した韋駄天などの尊格の存在を検討する。そして、それらを請来した泉涌寺開山俊芿（一一六六〜一二二七）およびその門下僧、泉涌寺流諸寺院を中心として上記説話成立の「前史」を模索してみたい。

一、宋代における韋駄天＝韋琨・韋将軍・韋天イメージと信仰の成立

そもそも、韋駄天とはどのような尊格なのか。仏典（『金光明経』）や仏教事典（『一切経音義』巻二十五）にそれを求めれば、ヒンドゥー教のスカンダ（Skanda）が起源という。[4]ただし、唐代までの仏教典籍において諸天が列挙される一神として語られる程度で、その性格はつまびらかでなく、ましてや「仏牙」や「捷疾鬼」と関連付けられる記載もない。

一方で、宋代に入ると江南地域で「道宣」を媒介として韋駄天がある尊格と習合、または同一視されるようになる。南宋天台の金光明懺法儀礼において道場空間に招請する諸天の序列をあきらかにするために制作された『重編諸天伝』（行霆撰述、乾道九年〈一一七三〉成立）[5]「韋天将軍伝」によれば、「韋琨」という尊格が韋駄天――同書では「韋将軍」「韋天」とも称される――に同定されている。[6]

『重編諸天伝』中の韋将軍・韋琨という天人は、宋代に「南山律宗」（『宋高僧伝』巻十四「道宣伝」）の祖と仰がれる道

宣が感通した天人として、道宣撰述典籍や同時代資料に姿をみせる。すなわち、この尊格は、「王璠」「費氏」を配下とする「南天韋将軍」のことで、「四天王に属す三十二将軍中でもっとも仏法を弘護し（三十二将之中、最存弘護）」、「沙弥（出家したばかりの若手僧）のように戒律を守り、天の貪欲を受けない（童真梵行、不受天欲）」ために、魔子や魔女に惑乱される比丘がいれば「悲しんで急ぎ赴いて、それぞれに応じて害を取り除く（悽惶奔赴、應機除剪）」天人という。(7) 仏教の世界観では、我々は須弥山南方の島「閻浮提（南贍部洲）」に住すため、南天王＝増長天に守護――つまり韋将軍は増長天配下の天の一人――されていることになる。「南天王之大将八之一也」とも称される韋将軍は道宣にインドの祇園精舎（祇園寺）の詳細を伝えた天人で、(8) 道宣――加えて正統的なインド式の伽藍造営を試みる人物――にとってきわめて重要な尊格と考えられる。韋将軍は別に「韋琨」（道世撰『法苑珠林』巻十、六六八年成立）と称され、玄奘（六〇二～六四）門流でも韋将軍は「鬼神を司り、釈迦が涅槃時に閻浮提で遺法を護持することを勅した」こと、道宣が示す律抄などの誤謬を指摘して皆改正させたことが認識されていた（『大唐大慈恩寺三蔵法師伝』巻十、六八八年成立）。つまり、かかる説話は、閻浮提の仏法を護持する韋将軍を介して、当時道宣の提唱した律学や儀礼などが釈迦の正統的な教説と儀礼であることを証明するものといえよう。

なお、「韋将軍」「韋琨」を「韋天」と言い換えたのは、北宋江南地域で活動した道宣律学を復興する元照（一〇四八～一一一六）の可能性がたかく（『四分律行事鈔資持記』巻三）、この前後に江南地域で活動した天台僧有厳（一〇一九～一一〇二）も「韋将軍」を「韋駄将軍」（宗暁撰『楽邦文類』〈一二〇〇年〉巻四「浄土魔仏或対」）と認識している。唐代の道宣周辺で「韋将軍」「韋琨」が韋駄天と同一視されていたとは考えにくいが、宋代において金光明懺法儀礼がひろがり、(9) 江南地域の天台宗や律宗を中心に名称の変化や性格に解釈が加えられることで、韋駄天と韋将軍（＝韋琨＝韋天＝韋駄将軍）が習合していったといえ、かかる言説が『重編諸天伝』において集約されたと考えられる。(10)

注目すべきは、『重編諸天伝』に「自唐高宗已来。諸處伽藍及建立熏修。皆設像崇敬。彰護法之功」とあることで、「唐高宗期已来」は検討する必要はあるが、乾道九年（一一七三）以前の江南諸寺院で「韋天将軍」像が安置されていたと考えてよかろう。以降、同地域において韋駄天像を安置する寺院が確認される。たとえば、禅院の天童寺（寧波）、霊隠寺（杭州）の伽藍図（『五山十刹図』、石川・大乗寺蔵、十三世紀）では庫院に韋駄天（韋陀天）が祀られている。こうした状況は、十三世紀初頭に入宋し、江南地域の禅教律諸寺院に参学した俊芿[11]が承久二年（一二二〇）に作成した、泉涌寺伽藍造営計画書『殿堂房寮色目』に、

一、韋天

右四天王各有八将軍、合三十二将軍也。其中南方天之第一将軍謂之韋天。此天殊有護法律範之願。大宋諸寺安置此天、以為擁護仏法之大将者也。毎月初二日十六日、衆集此所持諷消災陀羅尼等、而祈除障安寧也。[12]

とあることからも傍証可能である。俊芿が述べる仏法擁護の大将で護法律範の願いがある「韋天」の性格や「南方之第一将軍」という言説は『重編諸天伝』および宋地諸寺院安置の

図1　韋駄天立像、13世紀（南宋）、京都・泉涌寺蔵

韋駄天像の見聞と儀礼実践にもとづく知見といえよう。じっさい、泉涌寺では一二三〇年頃には韋駄天像（**図1**）が宋地からもたらされ[13]、その像に対して毎月二回の「韋駄天諷経」儀礼に加え、結夏などの年課儀礼でも衆僧の護持と安寧が祈られた。[14]かかる月課年課の儀礼が鎌倉時代において泉涌寺流の飯山寺（厚木市）や覚園寺（鎌倉市）で実践されていたことにも留意しておきたい。[15]

韋駄天の図像的特徴は、『重編諸天伝』に「頭頂金兜横寶杵、合十指掌兒童年」とあり、泉涌寺像（**図1**）はかかる図像的特徴を備える。南宋禅僧の偃渓広聞（一一八九〜一二六三）も「横両腕中杵」と認識（『偃渓広聞禅師語録』巻二、偈頌「韋駄天変相」）しており、宝杵（棒）を横たえて合掌する像が南宋代に定着していたことになる。南宋江南地域で描かれた羅漢図中（**図2**）に（一部ヒゲを生やすものの）同図像で記される神将形の多くは韋駄天と考えてよかろう。

このように、韋駄天の具体的な性格や地位、図像は宋代江南地域で確立したと考えられ、かかる宋最新の護法神韋駄天の文化や儀礼が入南宋僧により請来されたと考えられる。また一見するだけでは韋駄天には仏牙との関係性が認められないことも留意されよう。

二、那吒、天神捷疾所持の仏牙と道宣

伝承や説話上、泉涌寺や浄住寺に伝来する仏牙は、中国の伝承でも唐僧・道宣が天人と感通し授与されたものである。ただし、その天人は韋駄天ではなく、「那吒《なた》」または「捷《しょう》疾《しっ》」と語られる。

（一）「那吒」と仏牙

那吒は唐代密教儀軌類で毘沙門天の第三子などとして知られる、インドに起源をもつ神である。[16] 道宣の伝記を収載する贊寧『宋高僧伝』には「少年」の姿である「毘沙門天王之子那吒」が「護法」のために道宣を守護し、仏牙を与えたとある。[17] 北方神・毘沙門天（多聞天）による仏牙管理伝承は、当時、帝釈天が統治し、四天王も住す忉利天（三十三天）の東南西には仏髪、仏衣、仏鉢を安置する各塔があり、その北域、すなわち毘沙門天が管轄する北鴦園の塔に釈迦入滅直後にもたらされた仏牙が奉安されていたと語られていたためである（僧祐『釈迦譜』巻三、道宣『釈迦氏譜』巻一）。

図2　五百羅漢図のうち「経蔵」、12世紀（南宋）、京都・大徳寺蔵

那吒から仏牙を授かる伝承は道宣撰述書には認められないが、李邕《りよう》（六七五／八～七四七）による道宣「頌徳」碑（天宝元年〈七四二〉成立。以下、「道宣碑」）に記されていた。[18] この仏牙は長安・崇聖寺に安置され、入唐僧・円仁（七九四～八六四）も、「是那吒太子天上将来、与終南山宣律師」（『入唐求法巡礼行記』会昌元年〈八四一〉二月八日条）として「仏牙会」が行われていることを報告するように、唐代長安周辺で信仰を集め、以後、天上（北天）請来の仏牙は「天人《てんじん》相関説」と結

びつき歴代王権の正統性を示す聖遺物のひとつ「天上仏牙」(『護法論』)、「北天仏牙」(宋版『仏祖統紀』巻三十八)として定着する。[19]

宋代でも上記説話が基本的に継承されるが、北宋・遼代に伝来したインド仏教——密教、それらに内包されるヒンドゥー文化——の影響もあってか、唐代には認められない那吒説話も存在する。その一例として注目されるのが、遼寧省朝陽・北塔出土の石函に刻された「和州吉龍王」を退治する「大聖那乇太子」の図像(**図3**)である。雲に坐し、左手に宝塔を持ち、鬼神を使役する毘沙門天形の神将を「那乇太子」とする。かかる図像は伝・不空『毘沙門天儀軌』「那吒捧塔」などにもとづくのであろうが、那吒の龍退治説話は唐代漢訳仏典類には確認できていない。一方で、この説話は、通俗小説(『封神演義』)で語られる那吒が東海龍王との争いを起こす「那吒鬧海」説話の源流とも考えられている。[20]

また、那吒は毘沙門天の「狂子」で「仏を拝すが、父(毘沙門天)を拝せず」(蘇轍『欒城集』第三集巻一「那吒」)[21]と語られ、禅僧語録でも「忿怒那吒」「八臂那吒」(『円悟仏果禅師語録』巻七)、「現三頭六臂」(『碧巌録』巻九)という、やはり十世紀以前では語られない性格や図像——図像的には多臂忿怒形の明王・神将イメージか——が展開するため、仏教尊格の那吒が宋代以降に「道教神祇」的性格をまとうとも指摘される。[22]この点は、那吒の父毘沙門天が「退敵の功徳」をもつため仏寺以外の城の「門楼」「門閣」や皇帝周辺にも安置されることで、唐宋代に独自の毘沙門天信仰とその図像を形成し[23]ていくこととも関連するかもしれない(後述)。なお、多臂

図3　地宮石函、11世紀（遼）、中国・朝陽

図4　毘沙門天像、12世紀（西夏）、ロシア・エルミタージュ美術館

図5　多聞天王以薬叉羅刹為眷属、13世紀（鎌倉）、京都・醍醐寺

忿怒形となれば、内モンゴル自治区・ハラホト出土の「毘沙門天像」（西夏、十二世紀）の騎馬上毘沙門天の後方（向かって右）で追走する三面六臂の青色鬼神形（**図4**）、「八臂那吒」は平安後期に筆写されたものを再筆写した「仁王経五方諸尊図」（鎌倉〈十三世紀〉、醍醐寺蔵）の一紙（北図）「多聞天王以薬叉羅刹為眷属」にみえる五面八臂の天人形（**図5**）が関連図像といえるかもしれない。

宋国を地理的文化的な「中央」とみなした場合、その「周辺」にあたる西夏・日本で毘沙門天図像が近似することは興味深いが、那吒は毘沙門天に随時し多面多臂的図像を付与していくことに連動するかのように、本来、道宣に仏牙を授けた仏教の護法神的イメージを消失していく。その一方で、我々が住まう閻浮提を守護する南天王配下の韋将軍（韋駄天）は護国を祈る金光明儀礼で重用され、護法神的役割を強めていく点は注目しておきたい。

（二）「天神捷疾」と仏牙

那吒の変容を考えるうえで留意すべき尊格が「捷疾」である。元照が「按二スルニ李邕カ行状ヲ一、佛牙ハ乃天神捷疾ノ所レ獻スル、那吒ハ但タ随侍スル而已。亦有リ下它文指ス二那吒ヲ一者ノ上、故ニ且ク存ス焉。」（『集南山礼讃』序、元符三年〈一一〇〇〉）と指摘するように、李邕「道宣碑」には「那吒が仏牙を道宣に与える」ときに「天神捷疾」も登場する。[24]どうやら、那吒主体の言説――円仁や賛寧はこちらの言説を採用したか――もあるようだが、元照は「失スルカレ考ルコトヲ二行状ヲ一故ナリ也」と述べる。『集南山礼讃』中の礼讃文や元照の跋文から「道宣碑」を復元すると、西明寺で夜間行道中の道宣がからあしを踏みそうになったが、「天神捷疾」が現れて足を捧げ持ったので難を逃れた。捷疾の横には勅を受けた「毘沙門天王之子」那吒が随侍し、（捷疾もしくは那吒と道宣が問答をし、道宣を守護する旨を述べた後、）捷疾が道宣に仏牙を与えた、ということになる。[25]つまり、捷疾は、中世日本で語られる「（韋駄天に）退治される対象」ではなく、本来は「那吒の眷属」として認識されていたのである。

この説話を踏まえると、南宋～元代（十二～十三世紀）江南地域の羅漢図中に興味深い場面が確認できる。一部の羅漢図は高僧の行状を取り込んで図様の参考にしており、上述の道宣と那吒・捷疾伝承を踏まえた羅漢図も創出されている。たとえば、大徳寺伝来五百羅漢図中の「仏堂」（**図6**）は、からあしを踏んだ道宣（羅漢）を捧げもつ那吒（後述）を取り入れた図である。また、とりわけ「道宣碑」を忠実に再現した羅漢図の一つが愛知・妙興寺蔵「迦哩迦尊者」（**図7**）で、合掌する羅漢の前には那吒と思わしい天部形と、「鳥かご」のような舎利容器をかつぐ有翼鬼神形の捷疾が描かれている。[26]

「捷疾伝持の仏牙」伝承は、七世紀ジャワ島で南天竺僧ジュニャーナバドラ（若那跋陀羅）と唐僧会寧が共訳した『大般涅槃経後分』巻二にある、釈迦涅槃時に帝釈天にしたがい身を隠していた「二捷疾羅刹」が「一双仏牙」を「盗取」伝承（大正一二、九一〇a）に由来する。『後分』はジャワ島で訳出後、儀鳳三年（六七八）までには長安・大慈恩寺にもたらされ、天冊万歳元年（六九五）には大蔵経に入蔵されており（『大周刊定衆経目録』第二。大正五五、三八五b）、道宣門下や玄奘門下周辺で『後分』説話が知られていた可能性が高い。おそらく道宣没後の七世紀後半～八世紀前半には、かかる「三十三天の仏牙塔」伝承（『釈迦譜』ほか）と「捷疾羅刹伝持の仏牙」伝承（『後分』）に関連づけられた道宣伝持と称される仏牙が、長安・崇聖寺にひそかに安置されていたのであろう。

では、かかる説話に「毘沙門天王之子那吒」を登場させる必然性はどこにあるのか。この背景には、「道宣碑」が制作された天宝元年（七四二）玄宗による毘沙門信仰の影響を想定したい。すなわち、同年二月、安西城（現、新疆ウイグル自治区・クチャ）が唐と敵対する吐蕃兵に包囲された際、インド僧不空（七〇五～七四）の修法により、毘沙門天とその第

図6　五百羅漢図のうち「仏堂」、12世紀（南宋）、京都・大徳寺

図7　十六羅漢図のうち「迦哩迦尊者」、13世紀（南宋～元）、愛知・妙興寺

二子「獨揵」が現れて救ったという、後世「安西城説話」として知られる出来事が起こっている。同年四月二十三日玄宗に献上された毘沙門天図には「常時獨揵が国の境界を守護し、那吒が宝塔を捧げて毘沙門天にしたがう（後略）」（伝・不空『毘沙門天儀軌』）姿が記されていたという。[27]

玄宗の毘沙門天信仰を目の当たりにした道宣門下僧は、道宣が多くの天人たちと感通した伝承（『感通伝』ほか）を援用して、管理する道宣仏牙の伝来（由緒）に毘沙門天信仰を加え、唐の危機を救った毘沙門天の加護をすでに道宣は受けていたことを内外に示すことで、道宣四分律学の正統性を強調するために李邕に伝えた可能性が高い。[28] 李邕「道宣碑」は、かかる時事性を交えつつ成立したと考えられ、円仁の記す道宣仏牙は長安で盛り上がった毘沙門天信仰の一環としても語られたのであろう。

このように、唐代において、道宣仏牙は北方守護毘沙門天の子・那吒とその従者天神捷疾との関連で語られていた。かかる説話は、宋代江南地域の元照流律院でも支持されたようで、道宣の遺徳を偲ぶ道宣忌で読誦される礼讃文や羅漢図の一場面として受容されている。他方、那吒は宋代に独立した仏教の護法神的性格を消失していくことも認められ、また図像面においても多面多臂、忿怒、少年、神将などとして図像が多様化して一定しない。このことは、宋代で那吒の表象が揺らいでいたことを意味する。

三、変奏する伝承 ――もう一つの韋将軍イメージの萌芽?

(一)『阿育王経』の「夜叉神守護仏牙」

時事性を含む重層性のある伝承は、時代とともにその部分が希薄化し、また講筵の場で伝統教学的解釈が加えられることで、新たな言説を生み出すこともある。道宣仏牙伝承の場合、「捷疾」の解釈を媒介にして異説が語られることになる。

十世紀江南地域呉越国において、本来、北天王と関係した捷疾を「南天王下使者捷疾」と解釈する僧が現れる。初王銭鏐(在位九〇七~三二)が帰依し、杭州・北塔寺や真身宝塔寺(南塔寺、宋代に梵天寺と改称)などを歴任した「呉越国長講律臨壇賜紫清涼大師」景霄《けいしょう》(生卒不詳)である。九三〇年代頃までに成立した同僧『四分律鈔簡正記』巻十六には長安城内安置の四仏牙のうち、

三、崇聖寺一牙。澄照大師。顯慶五年。於京西明寺本院行道。趺足墜階。神人扶接。問之云。是南天王下使者捷疾。師曰。恨生居像季。止在邊方。不覩如來真身舍利。因從請佛牙。非人令建道場。七日之間果得。後付文剛律師。(卍新続蔵四三、四三八b)

とある。「道宣碑」にもとづく仏牙伝承とみられるが、道宣(澄照大師)の像法・辺土意識や具体的な仏牙感得法を記すなど、興味深い記述もある。

景霄は、長安・西明寺で南山律を学び、黄巣の乱を避けて八八〇年頃江南に戻った元表(生卒不詳)の門下であるため、(29)上記説話は「道宣碑」や西明寺周辺で語られていたものであろう。しかし、後代の元照が「道宣碑」で仏牙授与者として北天王子那吒と捷疾の関係を強調するように、「南天王下使者捷疾」が道宣に仏牙を授与するとの解釈は異説といわねばならない。

景霄が住した真身宝塔寺は、銭鏐が後梁貞明二年（九一六）四明・阿育王寺の釈迦舎利を杭州に迎えた際に造営された塔（北宋・銭儼撰『呉越備史』巻一）を管理する寺院と考えられる（『咸淳臨安志』巻七十六「梵天寺」）。阿育王寺の舎利と宝塔は、インド・マウリヤ朝の阿育（アショーカ）王が釈迦の遺骨（舎利）を八万四千にして諸地域に分配して仏塔を造立した事績を指す聖遺物で、呉越国領内の阿育王寺はそれを伝持すると信じられ、道宣『集神州三宝感通録』でも「西晋会稽鄮県塔縁起一」として、その劈頭を飾る寺院として知られていた。「真王」を称した呉国王銭鏐は崇仏家で、自身に阿育王イメージを重ねていたとの指摘もあり、また第五代王銭弘俶（在位、九四八～七八）も阿育王の事績にならい八万四千の塔（いわゆる、銭弘俶塔）を制作している。(30) つまり、景霄活動時期の呉越王周辺や真身宝塔寺では阿育王に関連する舎利（とその容器）や伝承などが収集されていたことになり、景霄『簡正記』も成立まもなく同寺に架蔵されていた（卍新続蔵四三、四七三c）。

この阿育王の諸説話のひとつに拘瑟他歌国の「夜叉神守護仏牙」（『阿育王経』巻五。大正五〇、一四九b）が登場する。繁栄をきわめた阿育王最期の布施が半分の果実であり、王の子孫である弗沙跋摩の暴挙で王朝が滅亡する、いわゆる仏教的「無常」観を基調とする説話（半菴摩勒施僧因縁品）である。この夜叉は「受戒」し不殺生を守る「護仏牙神」で仏法守護神であるといい、仏法を滅ぼそうとする弗沙跋摩軍に策を巡らして――不殺生戒を守る「夜叉神守護仏牙」は弗沙跋摩を守護する「大力夜叉」を「南海」に連れ去り、その隙に別の夜叉が同軍を撃退する――同国の仏法を守護したと語られる。

注目すべきは、『阿育王経』梵本にあたる『ディヴィヤ・アヴァダーナ』収載「アショーカ・アヴァダーナ」では、夜叉「daṃṣṭrānivāsin（ダムシュトラーニヴァーシン）」すなわち「牙歯」(31)という名であり、本来「仏牙」とはまったく関係のない夜叉であることで、この点は梁武帝（在位五〇二～四九）周辺で活動した扶南出身で同経を漢訳した僧伽婆羅（四六〇～五二四）による意図的な改変と思われる。

じっさい、仏牙は閻浮提でも管理されていた。古代インド文化圏で仏牙を含む「仏舎利」は王権の正統性や繁栄と密接に関わる聖遺物として重宝され、とりわけ、スリランカ（師子国）では王が小乗『涅槃経』でも言及される仏牙を管理し、盛大な仏教儀礼が行われていた（『法顕伝』）。法顕などの入竺僧や外国僧は南朝の帝都でかかる仏舎利と王権の関係や仏牙儀礼の情報を伝え、僧伽婆羅が活動した揚都（建康、金陵。現・南京）には、法献（?～四九八頃）請来の仏牙が上定林寺仏牙閣に奉安されていた。(32)「梁室の家僧」たる僧伽婆羅は、阿育王の事績中にインドの仏牙崇拝を暗示的に取り込み語ることで、梁国の仏教の繁栄と武帝の治世の正統性を顕彰する意図があったのであろう。周知のとおり、武帝は阿育王の事績にならい、八万四千塔の造営や「捨身」を行ったことが知られるが、これらは『阿育王経』や僧伽婆羅などによるスリランカ諸王の先例情報にもとづいている。(33)

このように、武帝の仏教実践や聖遺物信仰において僧伽婆羅と『阿育王経』の果たした役割はきわめて重要であるが、本稿では、ひとまず呉越王銭鏐周辺に集積された阿育王伝説に閻浮提――それも「南海」に接する国――で戒律を護る「夜叉神守護仏牙」という鬼神が創作されていたことを重視したい。

(二)「南天王下使者捷疾」言説の成立と展開

僧伽婆羅により「牙歯」から「護仏牙神」として意識的に改変された夜叉が、さらに後代に再解釈されることで新たな表象や言説が成立する。

その遠因となったのが、天台大師智顗(五三八~九八)と弟子灌頂(五六一~六三二)周辺で語られた「夜叉」の解釈である。『妙法蓮華経』の注釈書である、智顗説『妙法蓮華経文句』巻十に「夜叉羅刹」の解釈として「夜叉は捷疾鬼と翻す、羅刹は食人鬼と翻す、二部はこれ北方所領者なり」(大正三四、一四七a)とあるのがそれで、以後天台教学を学んだ僧を中心にかかる解釈が引用・踏襲され、慧琳(七三七~八二〇)『一切経音義』巻二十三(大正五四、四五四b)などにも記されるようになる。

八世紀以降、この解釈を通して「夜叉」と「捷疾」が同類の尊格(鬼神)として認識され、さらには経典中の単語レベルで「夜叉」と「捷疾(鬼)」が交換可能となることで、両神の役割が交差し、その性格や活動の場を増広させていく。天台僧湛然(七一一~八二)が「捷疾鬼」を「飛行鬼」と解釈(『法華文句記』)することで、後世に有翼の捷疾図像イメージ(図7)が定着するのはその一例である。(34)

「南天王下使者捷疾」が仏牙を道宣に授ける言説は、閻浮提を中心に鬼神(王璠、費氏など)を司り、仏法と戒律を護持してそれを道宣に伝授する「南天韋将軍」(『律相感通伝』、説話①)、道宣を守護して天上安置の仏牙を手渡す「毘沙門天王之子那吒」と「天神捷疾」(「道宣碑」、説話②)、さらには閻浮提で護法する「夜叉神守護仏牙」(『阿育王経』、説話③)、という個別に伝承された尊格と仏牙説話を、「夜叉」と「捷疾」を同類とする天台教学を媒介にすることで成立したと考えられる。すなわち、「二捷疾羅刹」=夜叉と羅刹が「盗取」っ

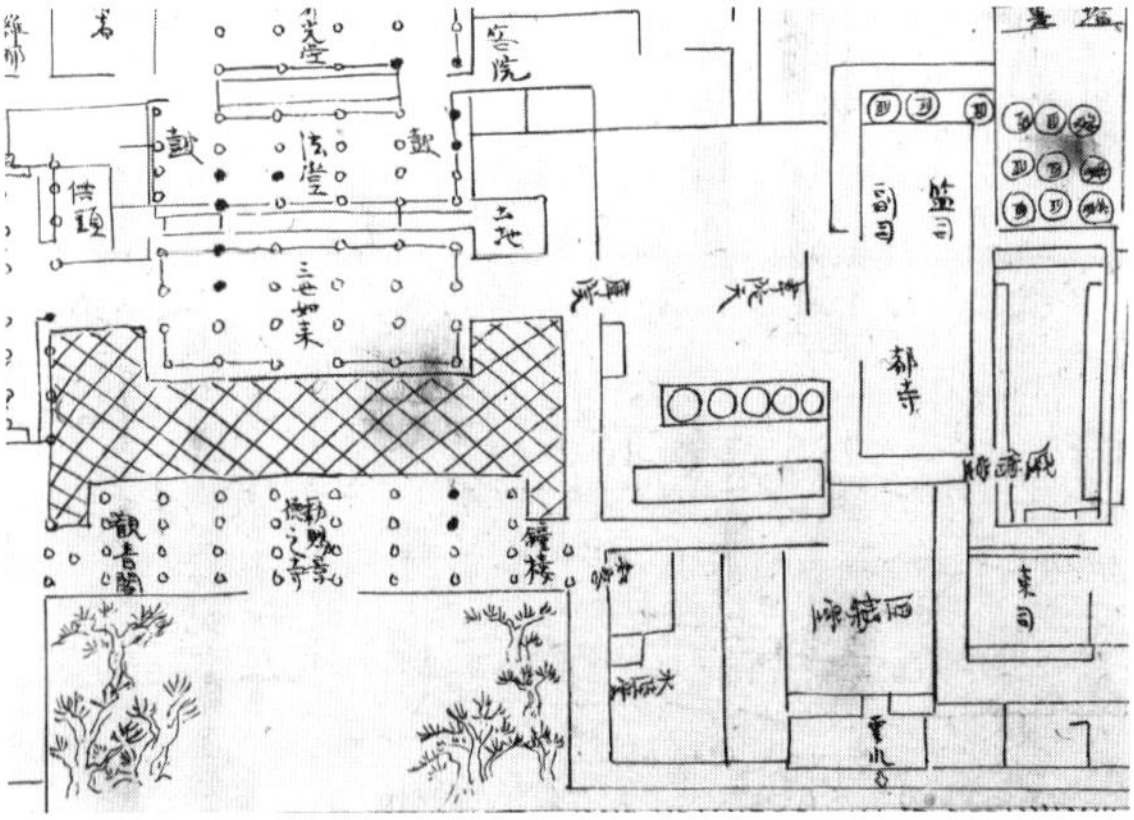

図8　五山十刹図、天童寺（部分）

た「一双仏牙」（『涅槃経後分』）伝承を踏まえて、閻浮提に住す「夜叉神」（③）がその一牙を護持していたと解釈し、「那吒—捷疾」（②）のもつ「守護仏法」「護持戒律」「受持仏牙」を、同性格で同類の「夜叉神守護仏牙」（③）に重ね合わせることで成立した説話ということになる（説話④）。この言説の前提には、［南天（増長天）—韋将軍—鬼神］（①）と［北天（毘沙門天）—那吒—捷疾］（②）という相対的階層伝承の存在も重要となろう。

牽強付会ともいうべき「南天王下使者捷疾」（④）も時事性（呉越王の阿育王思慕）をもって成立したと考えられるが、かかる言説が記録されることで、新たな韋将軍＝韋駄天イメージが成立する。説話④には「南天韋将軍」（①）は登場しないが、[35] 宋代以降では、「道宣」の解説に「有時行道失跌、感韋將軍捧足」（戒環『法華経要解』、靖康二年〈一一二七〉序、説話⑤）とあるように、説話④の影響によるものか、説話②の「那吒」の行為までも「韋将軍」の行為として解釈する事例も認められる。当時の韋駄天信仰の隆盛と道宣の法華経受持——韋駄天の指示で道宣は法華経「序」を記したという[36]——の視点から［南天（増長天）—韋将軍—夜叉／捷疾］として理解したものであろう。前掲**図6**の神将形が図像学的に「韋駄天」であることに留意すれば、同図は説話⑤の影響も想定されようか。この理解が宋地でどれほどまで受容されたか不明——少なくとも説話①②と同位相のものではない——であるが、ここに説話②とは異なる、［南天—韋将軍—夜叉／捷疾］が「（閻浮提の）仏牙」を道宣に授ける言説の成立を認めることも可能であろう。

この付会の延長線上にあるのが、江戸時代から「未レ知二何拠一」（無著道忠『禅林象器箋』）とされる南宋江南禅院における韋駄天の「庫裏」「庫院」安置例（**図8**）[37]で、上記③の舞台「拘瑟他歌」国を解釈したことで成立する禅宗中心の韋駄天理解とみなされる。「拘瑟他歌」はサンスクリット語Koṣṭhaka＝「庫」を意味し、宋版『阿育王経』にも「拘瑟他歌〈翻庫蔵〉」[38]と割注がある。つまり、「拘瑟他歌」国を守護した夜叉（捷疾）を眷属（配下・使者）とする「南天韋将軍」は閻浮提中の「庫蔵」国を中心に活動すると解釈されたことで、十三世紀諸禅院での韋駄天庫裏安置例や韋駄天の給仕言説（如浄『如浄和尚語録』巻二「南山律師」、説話⑥）が成立すると考えられる。

付会言説に付会を重ねる行為は、それぞれの立場（集団）で急速に韋駄天が重視されるようになったからにほかならない。その時期は、おそらくは江南の天台教院や律院で重視され、韋将軍（韋駄天）の習合がまとめられる『重編諸天伝』成立（一一七三年）前後に求められよう。本書成立に前後して、皇帝周辺で金光明懺法儀礼が護国儀礼として実践されており[39]、当時烏墩（現、浙江省烏鎮〈南宋秀州と湖州の間〉）の福田西華厳蘭若に住していた行霆は、かかる儀礼実践にともなう天台内での諸天配列の議論に対して本書を編纂したのであろう。同書では、先行する神煥『諸天伝』（散逸）中の訛伝や韋天などの諸神に関する偽書「総聖録」の存在を述べるように、当時行霆の立場から認めがたい「韋天」伝承が存在したようで、④⑤⑥などの付会説話がそれらの一部の可能性もある。

四、韋駄天が語られる「場」

では、南宋代に新たに成立する「韋将軍」「韋駄天」の言説は鎌倉時代でどのように受容されるのか。従来、中世日本の縁起、唱導、軍記物、芸能における仏牙、韋駄天、道宣に関連する伝承は『涅槃経後分』『律相感通伝』『宋高僧伝』などの影響で語られることが多い[40]が、それらを直接参考にしたとは考えにくい上記の付会伝承と近しい言説も存在する。

たとえば、延慶本『平家物語』第二本の「韋荼天ト申ハ毘沙門天王ノ太子ナリ」（説話⑦）[41]は説話⑤などの請来典籍からの影響も想定可能であるが、毘沙門天「太子」が那吒ではなく韋駄天と語られる言説は宋代では確認できない。

留意したいのが、上記同箇所で「道宣大慈恩寺ノ長老ニ被任一タリケルニ」として、道宣を慈恩寺「長老」と表現する点である。南宋仏教の僧制、伽藍、文化の忠実な移入を企図した俊芿が、弟子思宣を「付二住持長老人一（日本謂二之別当一）」（『泉涌寺遺属誥文』、一二二七年）として次期泉涌寺「長老」に指名するように、「長老」は南宋仏教の役職名――当時の日本では

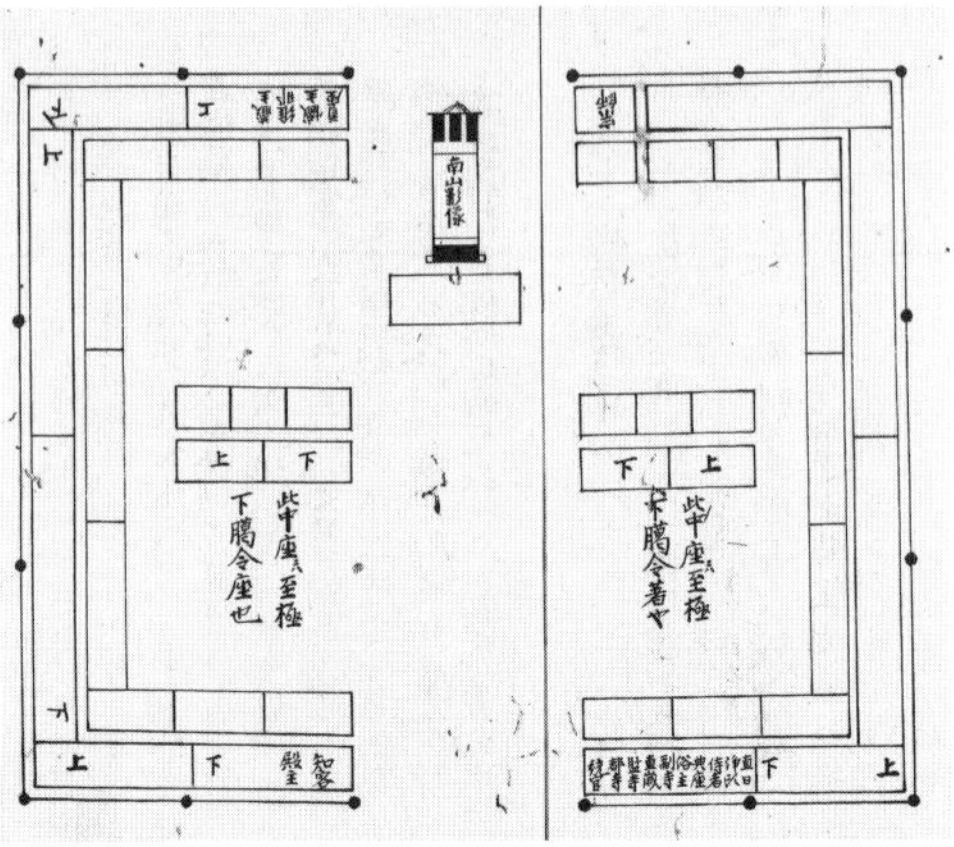

図9　方丈での開講、『南山北義見聞私記』、奈良・唐招提寺

「別当」――である。[42] つまり、本箇所は南宋仏教僧制の知見を有したものの言説と想定されよう。韋駄天像の現存例に即せば、[43] 中世では泉涌寺とその関連寺院および禅宗寺院でのみ信仰された尊格といえ、とすれば、言説や文化の発信源もこの周辺と考えなければならない。加えて、鎌倉時代の禅宗の韋駄天文化は説話⑥程度しか認められない点を考慮すれば、まずは泉涌寺流を基点としたい。

　泉涌寺および同流の諸寺院では、韋駄天像を「護法律範」の願いを持つ「仏法擁護」の大将として安置し「韋駄天諷経」を諷誦して守護を求め、護国・安寧などを祈祷する金光明懺法儀礼（正月修懺）も実践した。また説話②の道宣に対する「礼讃文」を諷誦する忌日儀礼も行われている。[44] つまり、泉涌寺では、韋駄天、道宣、那吒、仏牙の信仰と関連儀礼が付会伝承ではなく、『重編諸天伝』や説話①②にもとづいて実践されていたことを意味する。

　では、鎌倉時代において説話⑦はどのような環境で成立するのか。注目すべきは、泉涌寺では宋仏教式の講義形態で道宣や元照の律書を講義し、衆僧が議論し合う「打集」が行われていたことで、[45] 道宣著作律書の講義空間では「南山影像」すなわち道宣律師画像も懸用していた（**図9**）。このような講義形式は、泉涌寺僧が招かれた海龍王寺講堂、東大寺戒壇院でも開講され、以後それにもとづく律書の講義が諸寺院で行われることで鎌倉中期以降に広がっていったと考えられる。[46] 宋本にもとづく道宣律師像の模本制作も宋式仏教の儀礼や開講に連動したものといえ、宋様式（宋風）の道宣像が講義空間に懸用されていたとみられる。

　講義実態としてもう一点注目したいのは、いわゆる「泉涌寺版」とよばれる覆宋版律典の開版で、それらの多くが戒律儀礼や講義の次第書・読本として使用されたと考えられる。[47] 文永十年（一二七三）泉涌寺五世長老思允（一二一一～八七）が開板した道宣『教誡新学比丘行護律儀』もその一書で、出家したばかりの僧が律制に準じて心得るべき日常作法を記したものである。神奈川・称名寺聖教『教誡儀鈔』（正和元年〈一三一二〉「名越竹鼻清涼寺」で書写）は、『律儀』の随文解釈の形式による抄物で、思允の弟子である本理房源智（?〜一三三二以前）の著作である。[48] その識語には、本書は弘安八年（一二八五）律儀を聴講した際の講義録を、源智が泉涌寺で講義をするため永仁五年（一二九七）に添削したものとある。源智『儀鈔』には開山俊芿、三世定舜、四世智鏡、思允、浄因などの教説を引用することから、歴代泉涌寺長老が若手僧のために定期的に開講していたのであろう。『儀鈔』は歴代長老の教説を引き継いだ講義ノートであり、源智も若手僧を教導する際に使用したと考えてよい。その講義で受講僧が使用したテキストは、泉涌寺覆宋版の『律儀』であった可能性が高い。

源智『儀鈔』には、「道宣」の註釈として諸天との「感通」の事績が示されている。[49]

凢生前没後ノ奇特不遑委云一（A）南天王ノ使者ハ講莚ニ持甘呂一献シ（B）北方天ノ太子ハ蒙父ノ勅一ヲ常致守護一ヲ（C）井夕将軍ハ語律相一ヲ告命期一ヲ（D）天人ハ送二棘《コク》林ノ香一ヲ（E）多聞天ハ労疾《シツ》之《ノ》剋《キサ》ミ棒補レフ心ノ薬術一（F）捷《セツ》疾《シツ》鬼ハ忄忄《（懺悔）》之場ニ奉如来ノ牙一ヲ（G）或ハ又終山ノ洞ニ出泉一ヲ者アリ（H）或ハ送花一神アリ

この典拠は、（A）李邕行状カ（釈門正統〈巻八〉）、[50]（B）釈門正統、（C）法苑珠林（巻十）、（D）宋高僧伝・道宣礼讃文・人天宝鑑、[51]（E）人天宝鑑・釈門正統、（F）不明、（G）宋高僧伝、（H）人天宝鑑、となる。ここでは（B）で「那吒」を明示しない点も留意したい。

（F）は詳細不明ながらも、泉涌寺流では、捷疾が仏牙を奪取することはない――つまり捷疾から仏牙を儀礼空間にもたらす――と認識され、じっさいに懺悔儀礼（布薩・自恣）や宋式涅槃会で[52]仏牙を安置していた可能性を示す。また、『人天宝鑑』『釈門正統』（嘉熙元年〈一二三七〉序）はともに泉涌寺僧請来の可能性が高く、[53]俊芿没後に入手した最新の類書・史伝書も用いて解釈・講義されていたことがわかる。『教誡義鈔』では景霄『簡正記』も引用――つまり、講義でも使用――されるが、説話④などの付会伝承は採用されていない。

この点からも、泉涌寺の伝統的・公的な解釈から説話④⑤⑥⑦が成立することはない。ただし、それらを聴講した他門僧たち、あるいは「客僧」として聴聞した他門僧たちが議論を交わす「打集」の場では、講義内容の誤読や『簡正記』の修学による独自の見解などによって、泉涌寺の伝統的な解釈とは異なる韋駄天や仏牙の付会・訛伝言説（＝〈解釈〉）も生まれる可能性は否定できない。[54]さらには、本書が後年書写されて、泉涌寺以外の「談講」に使用されたことに留意すれば、本来、別個の感通として認識されていたものが、書写段階で不分明となり、（B）と（C）が同一の感通伝承として認識され、その〈解釈〉が南都や関東周辺の講義で受容された可能性もある。

　とくに、泉涌寺ほど厳格な韋駄天信仰と儀礼をもたない寺院——西大寺流・唐招提寺流・東大寺戒壇院流など——の講義で、南宋由来の韋駄天説話がどのように語られ、伝持されたのか再考する必要もあろう。たとえば、近年発見の西大寺流に伝来した聖徳太子二歳像（米・ハーバード美術館蔵・鎌倉後期）の胎内納入文書の一書に「感通伝者、イタ天来タリテ、南山ニ法ヲツケタマイシコトヲ、シルシヲクナリ」[55]とあるのも、「韋将軍」（『感通伝』）を「韋駄将軍」「韋駄天」と認識する南宋の解釈——すなわち泉涌寺僧による解釈——が西大寺流で受容（孫引）されていたことの証左といえよう。とすれば、延慶本の説話⑦は、泉涌寺流での受講後の「打集」空間や『教誡義鈔』（B）（C）などの〈解釈〉を前提にして成立するのかもしれない。[56]ここに、説話④⑤とは異なる、「南天王」将軍の韋駄天を「毘沙門天王ノ太子」と〈解釈〉する、中世日本独自の説話成立を見いだすことは可能であろう。

　この〈解釈〉が行われた「場」で新たな韋駄天イメージが生成されると、高階隆兼一門の制作による『玄奘三蔵絵』巻第十二第六段中にみえる道宣と対話する「韋将軍」「韋陀天」の姿などのように、仏画中にも認められるようになる。する

図10　高僧像、14-15世紀（南北朝～室町）、奈良国立博物館

と、宋本（図7）にもとづく奈良博蔵・伝「高僧像」（図10）などのような、「諸天が侍す道宣画像」（道宣行状にもとづく羅漢図も含む）に韋駄天をあらわす作例が十四世紀以降に成立する。奈良博本の天部形は那吒ではなく、明らかに南宋江南地域の韋駄天図像を前提とする図像で、「鳥かご」を持つ捷疾が黒衣羅漢（道宣カ）に仏牙を授ける場面を描いたものであろう。[57] 本図制作の前提には「韋駄天が仏牙を道宣に与える」という〈解釈〉が存在したことになる。

おわりにかえて

このように、韋駄天は、南宋江南地域で新たな信仰を集めた護法神の一人で、鎌倉初期入宋の俊芿や泉涌寺僧がその信仰や儀礼を請来したとみてよい。そして、上述『太平記』や《舎利》説話の「前史」に位置づけられる鎌倉中後期以降の韋駄天に関する訛伝や付会の一部は、（付会説話掲載の）宋地最新の請来典籍からの直接引用ではなく、泉涌寺流の韋駄天儀礼を目の当たりにしつつ、講義や「打集」に参集して宋代戒律を学んだ南都系を中心とする「他門僧」周辺の〈解釈〉によって生成され、広がっていったものと考えられる。

『太平記』の舞台、浄住寺は西大寺流の寺院である。[58] であればこの説話も西大寺流の言説といえるが、鎌倉時代に「韋駄天が捷疾鬼から仏牙を奪取する」言説は確認できず、[59] 太平記説話とは距離がある。

近年の中世文学研究では、『太平記』成立に宋元文化や禅僧の影響が指摘され、「韋駄天が捷疾鬼から仏牙を奪取する」説話も、南北朝時代の禅僧手沢の宋代仏教史書や漢籍の影響が指摘される。[60] その一つが、仮託資料とみられる[61]円覚寺仏牙縁起を記した伝・春屋妙葩「仏牙舎利記」である。同記では北宋の類書「太平廣記云」として「我聞。捷迅鬼於涅槃會上抜佛牙走。北天王追落之」（大正八〇、七二四b）と引用するが、現行の『太平広記』には存在しない。[62] 唐宋元代の仏教典籍・史書・類書において「捷疾（鬼）からの奪取」言説は認められないならば、文献学的には日本独自の言説として中世後期の禅僧の漢籍講義空間における〈解釈〉の可能性も考慮しなければならない。

現段階でこれ以上の考察はむずかしいが、展望として、太平記説話成立の前提に「毘沙門（北天王）奪取」説話の存在の可能性を別視点から提示しておきたい。

中世日本では法華経やその経疏類の修学もあって、「北方所領者」毘沙門天が「捷疾羅刹」などの鬼神類を支配する認識があり（『妙法蓮華経文句』や図5）、その毘沙門天が配下（眷属）の「鬼神」を退治する説話も知られていた。こうし

図11　毘沙門天図（辟邪絵）、12-13世紀（平安〜鎌倉時代）、奈良国立博物館

たなかで、奈良国立博物館蔵「辟邪絵」中の「毘沙門天図」幅（**図11**）の「鬼神」が、図像的に「捷疾」と類似することは注目される。(63)この図像は鎌倉時代に「天狗」と解釈される図像で、宋代で定着する有翼鬼神の「夜叉」＝「捷疾」図像は、中世日本の一部で「天狗」図像として認識されていた。また、『今昔物語集』や『七天狗絵（天狗草紙）』（十三世紀後半）『沙石集』などにより、鎌倉後期の仏教界を中心に、天狗には「善」「悪」があり、仏教的社会秩序を乱す「魔」的尊格としても認識されている。

上述の禅律僧やその周辺（天台記家ほか）では、かかる「捷疾」＝「天狗」イメージを踏まえて、仏牙を「盗取」る「捷疾」（『涅槃経後分』）を退治すべき反仏教的「天狗」、すなわち仏法護持の毘沙門（那吒、韋駄天）と敵対するものと〈解釈〉し、「毘沙門が捷疾（＝天狗）から仏牙を奪取する」説話を案出した可能性もあり、かかる理解を前提に、「毘沙門天王太子」と〈解釈〉された韋駄天の奪取伝承が成立するのではないか。この点は言説と絵画資料の関係性をより慎重に検討しなければならないため、今後の課題としたい。

【図版出典】

図1　泉涌寺提供

図2・6　『大徳寺伝来五百羅漢図』（思文閣出版、二〇一四年）

五一、一二三頁
図3『朝陽北塔』（文物出版社、二〇〇七年）図版七三、4
図4『絲路上消失的王国』（国立歴史博物館、一九九六年）二一九頁
図5『清雅なる仏画』（大和文華館、二〇一二年）四〇頁
図7『ブッダのお弟子さん　教えをつなぐ物語』（龍谷大学龍谷ミュージアム、二〇二〇年）九七頁
図8『五山十刹図巻』、龍谷大学図書館蔵（大乗寺本の複製）
図9 注14拙稿（二〇二二）四一八頁
図10 注63『天狗推参！』一九頁
図11『源信　地獄極楽への扉』（奈良国立博物館、二〇一七年）一〇〇頁

注

（1）拙稿「泉涌寺創建と仏牙舎利」（『南宋・鎌倉仏教文化史論』勉誠出版、二〇一八年）。

（2）拙稿「〈舎利〉——泉涌寺との関わり」（『観世』八五—一〇、二〇一八年）。

（3）天野文雄「《舎利》をめぐる諸問題」（『能苑逍遥』中、大阪大学出版会、二〇〇九年、初出一九八二年）、樹下文隆「〈舎利〉と〈韋駄天〉」（『芸能史研究』一〇五、一九八九年）。ただし、樹下氏が「『仏祖統紀』や『宋高僧伝』などに見られる道宣伝には、韋駄天からの牙舎利付与の話は載っている」（三三頁）と述べるのは、明らかな間違いである。

（4）『望月仏教大辞典』第一巻「韋駄天」項、彌永信美「護法神・韋駄天の神話空間」（『観音変容譚　仏教神話学Ⅱ』法藏館、二〇〇二年）。

（5）林鳴宇「『重編諸天伝』訳注記（一）」（『駒澤大学仏教学部論集』三八、二〇〇七年）。

（6）『卍新纂大日本続蔵経』（以下、卍新続蔵）八八、四三〇b。

（7）『律相感通伝』（大正四五、八七四c—七五a）。大内文雄『律相感通伝』（『唐・南山道宣著作序文訳註』法藏館、二〇一九年、二一五—二一七頁）も参照。なお「奔赴」は「韋駄天走り」の源流の一つかもしれない。

（8）『中天竺舎衛国祇園図経』序（大正四五、八八三a）、前掲注7大内書、一七六頁。

（9）拙稿「宋式「金光明懺法」儀礼の請来と展開」（前掲注1書）。

（10）紹興十一年（一一四一）に大慧宗杲（一〇八九〜一一六三）が普説で「宣律師問韋駄天神」（『大慧普覚年譜』）と述べたとあるが、他書では「天」「天人」とする。年譜成立が淳熙十年（一一八三）のため、『重編諸天伝』成立後に改変されたものと判断しておく。

（11）俊芿および泉涌寺僧の宋地諸寺院への参学や人的交流の実態については、前掲注1拙著「第一部　日宋間の人的交流とその場」の諸論を参照されたい。

（12）石田充之編『鎌倉仏教成立の研究　俊芿律師』（法藏館、一九七二年）三九六頁。

（13）拙稿「南宋時代における普陀山観音信仰の展開とその造形」（前掲注1書）、藤岡穣「韋駄天立像」（『國華』一四五八、二〇一七年）。

（14）「南山北義見聞私記」二時食章第二、年中行事章第二十（拙稿「唐招提寺蔵『南山北義見聞私記』の諸問題——附・翻刻」『凝然教学の形成と展開』法藏館、二〇二一年、四一〇、四三三頁）。「南山北義見聞私記」結夏章第八（前掲注1書、六六一頁）。

（15）拙稿「南宋律院請来の威儀・法式・法会次第の受容と泉涌寺流の展開」（前掲注1書）、「覚園寺月課年課記」（『鎌倉市史資料編二』鎌倉市、一九五八年）。

（16）『望月仏教大辞典』第四巻「那吒天王」項、二階堂善弘「哪吒太子考」（『明清期における武神と神仙の発展』関西大学出版部、二〇〇九年、初出一九九八年）、蕭登福「哪吒遡源」（『第一届哪吒学術研討会論文集』新文豊出版、二〇〇三年）など。

（17）大正五〇、七九一ab。北宋・張商英（一〇四三～一一二一）『護法論』には「毘沙門天王之子為二護戒神一」（大正五二、六四五a）とある。

（18）賛寧「道宣伝」はこれらの碑にもとづく。李邕「道宣碑」は現存しないが、北宋江南地域で同碑にもとづく礼讃文儀礼が制作されている。拙稿「祖師像と宋代仏教儀礼」（『アジア仏教美術論集 東アジアⅣ（南宋・大理・金）』中央公論美術出版、二〇二〇年）を参照。

（19）拙稿「唐宋代における仏牙舎利の〈発見〉」（『アジア仏教美術論集 東アジアⅢ（五代・北宋・遼・西夏）』中央公論美術出版、二〇二一年）。

（20）藤原崇人「北塔発現文物に見る十一世紀遼西の仏教的諸相」（『関西大学東西学術研究所紀要』四四、二〇一一年）。二階堂善弘「哪吒太子與和修吉龍王」（『地方戯曲和皮影戯』博揚文化公司、二〇一八年）ではヒンドゥー教のクリシュナ神との習合を指摘する。

（21）『蘇轍集』三（中華書局、一九九〇年）一一六一頁。

（22）前掲注16蕭論文。

（23）宮崎市定「毘沙門天信仰の東漸に就て」（『宮崎市定全集』一九、岩波書店、一九九二年、初出一九五九年）、大島幸代「唐代中期の毘沙門天信仰と造像活動」（『美術史研究』四五、二〇〇七年）、同「退敵の毘沙門天像と土地の霊験説話」（『仏教文明と世俗秩序』勉誠出版、二〇一五年）、佐藤有希子「唐宋時代の毘沙門天」（『毘沙門天』奈良国立博物館、二〇二〇年）。

（24）前掲注18拙稿。

（25）允堪「南山礼讃文」一心頂礼西明行道天神捧足時身（卍新続蔵七四、一〇八二a）。

（26）前掲注18拙稿。なお、上述のハラホト出土の「毘沙門天像」（図4）にも朱盆上に宝塔を掲げ持つ鬼神形（毘沙門天の左上方）が並走しており注目される。

（27）前掲注23大島論文。

（28）八世紀長安の四分律（宗）と仏牙の関係は、前掲注19、拙稿を参照。

（29）『宋高僧伝』巻十六「後唐杭州真身宝塔寺景霄伝」（大正五〇、八一〇a）。佐藤成順「呉越末宋初の杭州の仏教」（『続宋代仏教史の研究』山喜房佛書林、二〇一九年）。

（30）小野英二「呉越国における鄮県阿育王塔信仰の諸相」（『奈良美術研究』七、二〇〇八年）、瀧朝子「呉越国の文化と東アジア」（『呉越国』大和文華館、二〇一六年）。

（31）平岡聡『ブッダが謎解く三世の物語 『ディヴィヤ・アヴァダーナ』全訳』下（大蔵出版、二〇〇七年）、二〇〇、二〇七頁注（33）。

（32）前掲注19拙稿。

（33）船山徹「捨身の思想」（『六朝隋唐仏教展開史』法藏館、二〇一九年）。

（34）鎌倉時代の真言僧による『覚禅鈔』でもかかる教説が認識されている（梅沢恵「矢を矧ぐ毘沙門天と『辟邪絵』の主題」

『中世絵画のマトリックスII』青簡舎、二〇一四年)。また、宋版『仏祖統紀』巻三十二「世界名體志第一」にも「北方多聞天王領夜叉〈此云捷疾今法會傳送符書使者是此類〉」(四庫全書存目叢書・子二五四、二四七頁)とある。京都・廣誠院「十八羅漢図」(南北朝時代、十四世紀)にも捷疾と思わしい尊格が僧に符書を提出する図像も知られる(『ブッダのお弟子さん』龍谷ミュージアム、二〇二〇年、一三九頁)。

(35) 同書の別箇所では仏牙授与の言及はないが、「顯慶舉中仲春月。在本院行道。有王瓊張歟等。彼云。某本是南天王。韋将軍使者。親蒙付屬。擁護三天下佛法」(卍新続蔵四三、四〇〇b)とあり、韋将軍の使者は「王瓊張歟」(張瓊カ)とする。『法苑珠林』にもとづく言説である。

(36) 「法華経要解」巻一(卍新続蔵三〇、二七八a)。

(37) 入宋僧円爾(一二〇二~八〇)の東福寺でも庫裏に韋駄天を安置する(「沙弥行恵家領処分状案」『大日本古文書 家わけ第二十 東福寺文書之二』東京大学出版会、一九五六年、二四頁)。

(38) 延聖院大蔵経局編『宋版磧砂大蔵経』八二(新文豊出版公司、一九八七年)三五〇頁。

(39) 前掲注9拙稿、四一四—四一五頁。

(40) 熱田公「中世の泉涌寺」(『泉涌寺史 本文篇』法藏館、一九八四年)、牧野淳司「延慶本『平家物語』「法皇御灌頂事」の論理」(『軍記と語り物』三四、一九九八年)ほか。

(41) 以下の引用は、延慶本註釈の会編『延慶本平家物語全註釈第二本(巻三)』(汲古書院、二〇〇七年)七二—八〇頁による。

(42) 鎌倉時代において東大寺戒壇院、西大寺、唐招提寺でも「長老」職が認められ、それらは泉涌寺流の影響と考えられる(前掲注15拙稿)。

(43) 清水真澄「長滝寺の宋代木造韋駄天立像と善財童子立像」(『佛教藝術』二六三、二〇〇二年)、浅見龍介『禅宗の彫刻』(日本の美術五〇七、至文堂、二〇〇八年)ほか。

(44) 前掲注14拙稿(二〇二二)四三三頁、前掲注9、18拙稿。

(45) 『南山北義見聞私記』「開講章第四」(前掲注14拙稿二〇二一、四一三—二〇頁)。

(46) 拙稿「南宋仏教からみた鎌倉期戒律復興運動の諸相」(『唐招提寺の伝統と戒律』法藏館、二〇一九年)。

(47) 平春生「泉涌寺版と俊芿律師」(前掲注12書)、大塚紀弘「中世律家の出版事業と律法興行」(『佛教史学研究』五四、二〇一六年)。

(48) 源智に関しては、前掲注15拙稿を参照。「教誡義鈔」は『金沢文庫資料全書 仏典 第五巻 戒律篇(一)』(金沢文庫、一九八一年)所収の翻刻を用いた。なお、納冨常天氏の解題も参照。

(49) 前掲注48書、七頁下段。便宜的に(A)~(H)を付した。

(50) 南宋・宗鑑集『釈門正統』巻八「道宣」に「或非人獻甘露名香〈行状〉」(卍新続蔵七五、三六一c)とあり、後段からこの行状は「李邕撰行状宋傳」とみなされる。

(51) 四明・曇秀集(紹定三年〈一二三〇〉自序)『人天宝鑑』「終南山宣律師」(卍新続蔵八七、九c—一〇a)。

(52) 拙稿「泉涌寺旧蔵「涅槃変相図」とその儀礼の復元的考察」(前掲注1書)。

(53) 『人天宝鑑』は序跋と同年の杭州・霊隠寺妙堪の識語を有す。一二三〇年前後の霊隠寺や隣接する下天竺寺に滞在していたのが泉涌寺僧(湛海・思順ほか)である。安貞二年(一二二八)請来の泉涌寺仏牙には下天竺寺僧・古雲元粋「宋地伝来之次第」(散逸)も付されていたが、次第内容は『人天宝鑑』「終南山宣律師」に近いものと推察される。『釈門正統』は俊芿の伝記『不可棄法師伝』（寛元二年〈一二四四〉成立）に引用されており、智鏡請来の可能性が高い（拙稿「泉涌寺と南宋仏教の人的交流」、前掲注1書）。

（54）永仁五年（一二九七）下州龍角寺で談義された天台文献の抄物『十不二門指要鈔』には、俊芿の訛伝行状が記されており、講義・談義の「場」で訛伝や付会言説が成立する可能性は高い。同書に関しては、高橋秀榮「関東天台と十不二門指要鈔」（『金沢文庫研究紀要』一三、一九七六年）を参照。なお、成立年未詳（註3樹下論文では鎌倉後期と想定）の「葉室山浄住寺仏牙舎利宋伝次第」には道宣の足を捧げ持つ者として「南天王下捷疾使者」が登場する。『簡正記』（説話④）にもとづく可能性もある。

（55）近本謙介「北京・南都における律の展開と交差をめぐる史料と言説」（『説話文学研究』五五、二〇二〇年）、七六頁。延慶本『平家物語』でも「道宣与韋茶天ト物語ヲ注セル一巻ノ伝記是アリ感通伝ト名タリ」とある。

（56）延慶本『平家物語』成立には（泉涌寺流を含む）律僧の関与もすでに指摘され（牧野和夫「「思融――良含」周辺のこと・杭州出自の宋人のこと」『実践国文学』八〇、二〇一一年、宇都宮啓吾「智積院聖教における「東山」関係資料について」『智山学報』六五、二〇一六年）、また同書が書写された根来寺でも「打集」が行われていたようである（永村眞「「東草集」と根来寺」『根来寺と延慶本『平家物語』』勉誠出版、二〇一七年）。

（57）前掲注18拙稿。

（58）追塩千尋「叡尊と葉室定嗣および浄住寺」（『中世南都の僧侶と寺院』吉川弘文館、二〇〇六年）。浄住寺仏牙伝承は、前掲注3樹下論文を参照。

（59）「葉室山浄住寺仏牙舎利宋伝次第」（前掲注3樹下論文）には韋駄天はあらわれず、「南天王下捷疾使者」と「北方毘沙門天之子那吒」が同時に現れ、「捷疾」が仏牙を道宣に与えたとする。

（60）前掲注3樹下論文。関連する研究史は、小秋元段『太平記』における禅的要素、序説」（『平和の世は来るのか――太平記』花鳥社、二〇一九年）を参照。

（61）中村翼「源実朝の舎利将来伝説の基礎的研究」（『源実朝虚実を越えて』勉誠出版、二〇一九年）。

（62）前掲注3樹下論文、三三頁。なお、本論で述べた「韋駄天」に関する言説が南宋代成立であるならば、北宋初期成立の『太平広記』、つまり唐代説話にかかる伝承が収載されることはなかろう。ちなみに、「飛天夜叉」の用例（巻三五七「薛淙」）は存在するが、本論の説話とは関連しない。また、別の「舎利縁起」（内閣文庫蔵、江戸書写）に南宋・祖琇編『隆興編年通論』を引用して、捷疾鬼が「抜出」した仏牙を「毘沙門天王追逐撲落」する説話に言及するも、現行本『通論』にはない（前掲注3樹下論文、三四頁）。

（63）梅沢恵「毘沙門天と有翼鬼神」（『天狗推参！』神奈川県立歴史博物館、二〇一〇年）、前掲注34梅沢論文。以下の展望は、若林晴子「『天狗草紙』に見る鎌倉仏教の魔と天狗」（『絵巻に中世を読む』吉川弘文館、一九九五年）、『天狗推参！』などから着想を得ている。近年の研究としては、阿部泰郎「中世の魔界と絵巻」（『中世日本の世界像』名古屋大学出版会、二〇一八年、伊藤聡「変貌する冥界」（同氏ほか編『日本宗教史5　日本宗教の信仰世界』吉川弘文館、二〇二〇年）を参照。

能《安字》の説話的考察——文字を買う話と男装の論理

岩崎雅彦

いわさき・まさひこ——國學院大學非常勤講師。専門は中世文学（能・狂言）。主な著書・論文に『能楽演出の歴史的研究』（三弥井書店、二〇〇九年）、「狂言『附子』の題材——笑話と教訓譚」（『伝承文学研究』六十六号、二〇一七年）、「『直談因縁集』と狂言——『磁石』の場合」（『中世文学』六十三号、二〇一八年）などがある。

能《安字》の類話として中国梁代の仏書『経律異相』や室町時代の仏教説話集『三国伝記』『直談因縁集』、往来物の『庭訓往来抄』所載の説話が指摘できる。智恵の大事さを説く仏教の教訓譚に「安」の字の字解きと女の男装の趣向が加わって「安の字説話」となり、それが演劇化されて夫婦愛の能《安字》が成立した。

はじめに

能《安字《あんのじ》》（別名「字売」、廃曲）は室町後期の作者付『自家伝抄』に金春系の作者、佐阿弥作として曲名が載る。また同時期の下掛り系装束付『舞芸六輪次第』にも記載があり、室町後期には上演されていたことが確実な曲である。『閑吟集』（三十四番）にも謡の一節が引かれており、当時はよく知られた曲であったと思われる。松井閑花氏蔵下懸り五番綴謡本は曲名を「あんし」と表記する。法政大学能楽研究所蔵上杉家旧蔵下懸り番外謡本は曲名を「字売」とし、その下に注記の形で「安ノ字共」と別名を挙げている。

この曲は曲名が示す通り、冠に女と書く「安」という字の字解きが主題となっていて、文字を売り買いする設定や女が男の姿になる趣向に特徴がある。作能の歴史の中でも重要な曲であり、説話・文化史研究の点からもきわめて魅力的な作品と言ってよいだろう。

《安字》の先行研究は、管見では堂本正樹氏「番外曲水脈（八）機智の能1『安の字』」（『能楽タイムズ』昭和五十五年一月）と、稲田秀雄氏「番外曲『安字』の背景」（京都観世会館『能』平成七年二月）の二点のみである。《安字》と同じ構想の話は和漢の諸文献に見える。本稿では、これらの類話を比較検討し、《安字》の特色について考察する。

一、能《安字》の構成

（一）人物と構成

《安字》の登場人物は、オモアイ（字売り）、ワキ（ゆうしん）、シテ（妻）、アドアイ（侍女）の四人である。

次に《安字》の構成を番号を付して示す。

【1】（オモアイの登場）市で文字を売ろうと述べる。【2】（ワキの登場）文字を買いに蜀の国へ行くことを述べる。【3】（シテの登場）【4】（シテ・ワキの応対）妻は夫との別れを悲しむ。【5】（シテの中入）夫は蜀の国に着く。【6】（オモアイ・ワキの応対）夫は「安」の字を買い取り、帰路に就く。【7】（シテの独語）一人寝の寂しさ。【8】（ワキの独語）夫が帰宅し、内の様子を窺う。【9】（シテの独語）妻は琴を弾き、夫は笛を吹く。【10】（アドアイ・シテの応対）侍女は妻に男の姿になるよう勧める。【11】（シテの独語）妻は男の姿になる。【12】（シテの舞事）【13】（シテ・ワキの対面）夫が切り掛かるも、妻であることに気づく。【14】結末。文字の徳。

（二）文字を売る市

以下に上杉本によって段ごとに主な本文を示し、考察を記す（引用に際し適宜傍線を付す。以下同様）。

【1】狂言　是はもろこし蜀の国のかたはらに文字をつくりてうるものにて候。此間文字を売て候。又此当にもしをうる市の候。近き間に此市立候程に、罷出文字をうらはやと思ひ候。

【2】わき「是は唐かうほの里に、ゆうしんと申ものにて候。是より西に当て蜀の国と云所有。かの国にもしうる市の候。昔蒼頡と云しもの、鳥の跡を見て作りたるもし也。是末代のたから也。急き彼国にわたり、もしをかいとり、家のたからとなさはやと存候。又つまにて候者に此事を申さはやと存候。

狂言口開は、《西王母》《咸陽宮》《皇帝》など、中国の宮廷を舞台とする曲に多い。これらの曲ではアイは官人だが、庶民の役としては《邯鄲》（金春禅竹『歌舞髄脳記』に曲名記載）の宿主がある。《邯鄲》では蜀の国に住む盧生（シテ）が羊飛山へ向かう途中、邯鄲の里に着き宿で眠る。蜀の国という設定の一致に加え、旅に出た男が珍しい体験をする点も共通する。冒頭におけるアイのシテに対する行為が曲の展開に不可欠であるところもよく似ている。《安字》の作者は《邯鄲》を意識していたと考えてよいだろう。「かうほの里」の場所は不明だが、《昭君》が同じく、かうほの里を舞台としており、これを利用したものかと思われる。

(三)「安」の字の意味

【6】狂言「文字召れ候へ。わき「いかに申候。もしをかい申さうするにて候。何にても候へ、然るへきもしをかはせて給候へ。「何と然へきもしをうれと候や「中〳〵の事「さらは是に安の字の候を売申さう。惣して何事を一切案してもなすわさかやすう候。去程に此安の字を安しともよみ候。此もしをかふりの下に女と云字を書候。是は一字千金にうるもしにて候。「あらうれしやさらは故郷に帰らはやと思ひ候。

字売りは、ゆうしんに字を売る際、何事においても案じること、「安」の字を「やすし」と読むこと、「安」の字は冠の下に女と書くことの三点を教える。

(四)《砧》《小督》との類似

【8】わき「あらうれしや急候ほとに、故郷に着て候。急わか屋に帰らはやと思ひ候。や、吃と物を案し出したる事の候。吾かの国に往還へき日員は三年にて候。夫たのみても憑なきは女の心にて候。今夜は此屋かけに候て、内の躰を聞はやと存候。

【9】して「実々頃日は我妻の、頼めし三年の秋なれは、(中略)砧のひゝき、軒の松風(中略)同「きりのつま琴かきならし、こよひの月を詠めて、すこし思ひを慰まむ。わき「吾はかく共しら露の、同「〳〵、たま〳〵帰る故郷の、そのつまことの音を添て、なをも心を見るやとて、此よこふえを吹ならす、〳〵。

夫が三年間家を留守にするのは説話に多く見られる定型的な設定である。この曲の構想と詞章には世阿弥作《砧》の影響が指摘されている(堂本氏前掲論文)。《安字》には《砧》同様、留守の夫を想う妻の心情が砧や松風の音によって表現される。また金春禅竹作《小督》では、小督(ツレ)が夜、帝を想って琴で「想夫恋」の曲を弾き、源仲国(シテ)が殿上の御遊で笛を吹いたことが述べられる。《安字》で妻の琴にゆうしんが笛を合わせるのは、これを念頭に置いている。《小督》には嵯峨野の宿主の女(アイ)と小督の侍女(トモ)が出る。《安字》の侍女(アドアイ)は、これにヒントを得たもので、女と侍女が夜間に男の来訪を警戒して対策を案じるという場面も《小督》を参考にしたものだろう。

(五)侍女の提言

【10】ツレ女「あら怖しや、今の笛の音はいつくにて候そ。是は正しく盗人の吹笛にて候。あら怖しや候。して「実

うたかひもなき盗人のふく笛にて候。さていかゝ有へきそ。ツレ「是はゆうしん御留守を存て、かやうに人のあたりへ立よると思ひ候。扨いかゝなさるへきそ。所詮是にゆうしんのめされたるかふりの候。是を召れ、又ほこを御もち候ひて、此屋かけを御まはり候はゝ、よそよりはたゝ男とならては見申ましく候程に、是をめして屋かけを御めくり候へ。

上杉本では侍女の役をツレとするが、元禄二年刊林和泉掾本では狂言としており、松井本はアイが登場する【1】【6】【10】段の記載を欠く。謡本にはアイのセリフを記さないことが多く、侍女の役は本来アイであったと考えられる。能にはシテの窮地に際しアイが何か提案をし、それに従ってシテが行動して難曲を切り抜けるという型がある。たとえば世阿弥自筆本《多度津《ただつ》の左衛門》では、姫（子方）と乳母（シテ）が女人禁制を理由に父の左衛門（ワキ）に追い返されそうになる場面で、アイの男が機転を利かし二人に高野山の女人禁制を難じる内容の曲舞を舞うように勧める。アイの提言がシテの運命を左右するという重要な役である。

(六) 冠と鉾

【11】して「いさ〳〵さらは今よりは、（中略）女すかたを改めて、冠をいたゝき鉾をよこたへて、（中略）さゝらへおとこ吾也と、名乗すかたは男なれと、女心のよはきより、すゝむや泪成らん。

【12】「身をしれは 「身をしれはおもひあまりてうつゝなや、うつゝなや。舞 うつゝなや、月人男に身をなして、同「風冷しく更行よもすから、かうろうにのほり「らんかんにたちわたり「人を諌め「こゑをたてゝ、同「男のけしきをまなへ共、誠は女の心弱き、いとのすゝきの草むらの、かけにも人や有らん、怖しや。

シテとワキの出立について『舞芸六輪次第』には

一、あんの字。して、つねの女の出立。のち、かふり・きよひ・小袖。ほこをもつ。わき、男。大口・袖なし。

と記す。冠は唐人役の男がかぶる唐冠を着けるのだろう。《巴》や廃曲の《安犬》《愛寿忠信》では女が長刀を持ち、《西王母》や《杜若》では太刀を着けるが、鉾を持つのは珍しい。唐人の男装という趣向が、この曲の眼目と言えるだろう。男女夫婦の道について語る［クリ］［サシ］［クセ］の後、舞へと続く（元禄二年刊本には舞の記載はない）。この舞は曲柄と場面から考えて［立廻リ］であろう。

(七) 夫婦の再会

【13】わき「ふしきやな、月の夜陰にみれは、冠を着、鉾をよこたへ、誠にやうあるすかた也。かねて期したる事な

れは、鈒を抜てはしりより、あますましとて追懸たり。して「すは盗人の来れるはと、鈒をすて丶走いれは、「ふしきやな、かのもの一防も防かすして、鈒を捨て逃て行、すかたをみれは髪長し。女と見れはかふりをきたり。ふしんあらは案せよとの、教の詞にまかせつ丶、暫イみ案しけり。「其とき童はかふりをぬきて、心もまとひ倒れふせは。
「すは今みれはかふりを脱たり。よく〳〵みれはわかつま也。こはそもいかなる事やらんと、鈒を棄て走寄、なふゆうしんこそまいりたれ。「ゆうしんときくは夢かと て、驚きさはき立あかれは「さて男と見えしは「わらはか姿よ「いはれはいかなる事やらん「ゆうしん他行のあとなれは、さはなきものそよそ人の、若も心をかけひの竹の、夜半の男と成たるなり「かほとせつなる御心を、しらさりけるこそはかなけれ。「さて男と見ては何とてか、いのちを助給ふらん。
「此たひかいし安の字の、一あん二せいの徳により、御いのちをは助たり。「扨安の字は何と書きたる。「かふりの下に女をかく。かふりはきたれとをんな丶れは、おとこになしとて助たり。「けにありかたや此もしの、あんしてみれはかふりをきても「女としるは安けれは「やすしと読もことはり也。「実千顆にも「万顆にも「かふへきものは「文字なりけりや。

【14】 同「安すれは文字よりも、わかつまの命を買たるうれしさよ。（中略）只此もしのとくなりと、思ふに付てかく斗、文字こそたからなりけれ、〳〵。

ゆうしんが剣を持って走り寄り、髪の長さで女と気づく急展開には現在能らしい緊迫感がある。ここでは「安」の字は冠の下に女と書くこと、案じてみて女と分かったこと、「安」の字を「やすし」とも読むことの三点を述べるが、これは字売りの説明に対応する形になっている。最後は文字の徳を称えて終わる。

二、智恵を買う話と母の男装

（一）『経律異相』――妻の隣に寝る母

《安字》の類話が室町時代の仏教説話集『三国伝記』にあることが稲田秀雄氏により指摘されている（前掲論文）。この話は、もとは梁代（五一六年）の仏書『経律異相』巻四十四・十八話「有人買智慧得免大罪」（『大正新脩大蔵経』第五十三巻）から出たものである（池上洵一氏校注、中世の文学『三国伝記』上、三弥井書店、昭和五十一年、百四頁頭注）。次にそれを示す。

昔有一人。貧窮無用。治生入海採宝還国。遇善知識言。我素貧窮今得此物。足以自諧。若母不可。我意当捨母居去。若婦不可。我意我当更索。知識答曰。近此間大智慧人満城中。可往就買智慧。不過千両金。自当語卿智慧之法。其人如其言。入事仏聚落。具以問人。答曰。夫所疑事。前行七歩。却行七歩。如是至三。智慧自生。

其人夜帰家。見母伴婦眠。謂是他男。抜刀欲殺。意中不掩。然大燈火遥照思惟。朝買智慧。如是前却三反。母便覚悟。此人歎言。真為智慧。何但堪千両金。即復与三千両金。出十巻譬喩経第四巻。

ある貧しい男が善知識に遭い、智恵のある人から智恵を買うように勧められる。男は教えられた通り智恵のある人を訪ねる。その人は男に、疑いを持った時には前後に七歩ずつ歩き、これを三度繰り返せば智恵は自ずと生じるということを四句の文の形で教える。男が夜帰宅して見ると、母が妻の隣に寝ている。男は母を男だと思い込んで刀を抜き殺そうとする。男は朝に買った智恵のことを思い出し、前後に三遍歩くと母が目を覚ます。母を殺さずに済んだ男は智恵の価格が千両では少ないとして、さらに三千両を与えた。

大まかな展開は「安字」と共通する部分が多く、両者は類話とみなすことができる。男が宝を求めるため妻を残して旅に出、旅先で智恵（文字）を買い帰国する。帰宅した男は母（妻）を男と思い込み殺そうとするが、買い取った智恵（文字）のために殺さずに済んだという展開が一致する。逆に両者で異なる点もある。『経律異相』では人を訪ねて智恵を買い、《安字》では市で文字を買う。ただし、本来売買の対象にはならない無形物を高額で買うという非現実的設定には共通する要素もある。

次に夫が男と見誤ったのが『経律異相』では母で《安字》では妻である点が大きく異なる。『経律異相』には妻と母が登場するが《安字》には母は登場せず、夫婦の関係に話の焦点が絞られている。また『経律異相』では母も妻も男の姿にはなっていない。母は妻の横に寝ていただけであり、夫はこれを間男と勘違いする。母がどのような意図で妻の隣に寝ていたのかについては何も記述がないが、妻が一人で寝ることを心配して一緒に寝ていたと考えるのが自然だろう。『孝子伝』下の東帰節女の話（『今昔物語集』巻十・二十一等にも）や、袈裟御前と遠藤盛遠の話として知られる文覚発心譚（『源平盛衰記』巻十九等）では、男が寝ている女の夫を殺そうとして、誤って女を殺してしまう。『経律異相』は、そうした悲劇を直前で回避した話と言うことができる。

（二）『三国伝記』――冠をかぶる母

中国の仏教説話に源を持つこの話は日本にも伝わる。『三国伝記』巻一・二十九話「或ル人智恵ヲ買フ事」（中世の文学『三国伝記』上）がそれである（『榻鴫暁筆』巻十・九話にも）。次にこれを引く（会話文・心内文に「　」を付した。以下同様）。

　漢言、昔、一人ノ俗有。「大聖文殊三世ノ覚母ト成、劬賓大臣七分閻浮ノ功、皆是智恵ノ高徳也」ト思テ、五百両ノ金ヲ用意シテ買ニ行キケルガ、深ク山路ニ迷テ、（中略）窮死セントス。或人行合テ、「智恵ヲ売ン」ト曰フ。喜テ金ヲ渡ス。即四句ノ文ヲ授。所謂ル「前行七歩、後行七歩、思惟観察、智恵自生」ト教テ、「何事ヲモ時ニ望ンデ案ジ思惟スベシ」トゾ示シケル。

　此ノ俗、彼ノ文ヲ得テ家ニ帰ル。夜深テ我家ニ入テ見レバ、婦人ノアタリニ衣冠タイセル男有リ。イモリノシルシイモトヌル、人カト思ヘバスキ間ナク、劔ヲ抜テゾ進ミケル。女ハ（中略）屏風ノ陰ニ立忍。男ノ猶モヌグ沓ノ、重ナル妻ヲ遁サジト、冠ニ目ヲカケ懸リケルガ、劔ヲ胸ニサシアテテ、買タル智恵ヲ思ヒツツ、「殺ンヤ、殺ザランヤ」ト思案シテ立タリケルニ、彼ノ男ト思者ハ、我母ノ冠ヲ頂ケルニテ有リ。「是ハ如何ン」ト曰ニ、母ノ曰ク、「夫ト無キ若キ女ヲバ人アナヅル故ニ、汝ガ去シ日ヨリ男ノマネシタル也」ト曰ケレバ、「母ノ恩徳誠ニ有難ク、又我智恵ヲ買ズハ空ク母ヲ殺テマシ。カク思ヒ深キ母ヲ若シ害シタラバ今生後生如何セン。前行七歩ノ其ノ内ニ、思惟ノ智恵コソ有難ケレ」ト、弥々智恵ヲ貴ミケリ。

　「安」ト曰字ヲ、女ニ冠ヲ載セテ作モ此ノ謂レ也。

一人の男が五百両を持ち智恵を買いに行くが、山路に迷う。そこへある人が行き合い智恵を売ろうと言う。男は金を渡し四句の文を教えてもらう。男が夜帰宅すると衣冠姿の男がおり、これを間男と思った男は、剣を抜き相手の胸に当て思案するうち、それが母であることに気づく。母は妻を守るため男の姿になっていた。男はありがたく思い、ますます智恵を尊んだ。

　男が智恵を買うために旅に出、四句の文を買い取るという展開は『経律異相』と同じである。異なる点は、母が冠を着けて男の姿になっていることである。この話にはもともと女が男装するという要素はなかったと考えられる。男装の趣向がない『経律異相』の形は、智恵を金で買うという意外な行動と、それによって母の命が助かるという展開に主眼がある。男装の趣向は、『経律異相』以降に加わったものであろう。智恵によって助かるという話の本筋に、女の男装という別の要素が入り込んできたのである。《安字》では、妻は冠を着、鉾を持ち、家の周りを巡って警戒する様子を見せる。『三国伝記』では母は冠だけを着け屋内にいる。こちらは男装の道具が冠という一点に集約されている。話末に注記の形で「『安』ト日字ヲ、女ニ冠ヲ載セテ作モ此ノ謂レ也」と記しているが、話中には「安」の字についての言及がなく、やや取って付けたような感がある。

(三) 如是至三と思惟観察

『経律異相』では文の第三句が「如是至三」であるのに対し『三国伝記』では「思惟観察」となっている。『経律異相』では前後に七歩ずつ歩くことによって自ずと智恵が生じると説く。不測の事態に遭遇して動転した場合、落ち着いて同じ動作をゆっくり繰り返すことによって時間的・心理的余裕が生まれ、それが正確な事実確認と的確な状況判断につながって最適な行動の選択が可能になるということを示している。『経律異相』では無心で体を動かすことによって、よい考えがひらめくと説くのに対して、『三国伝記』では自らよく考え、状況を観察することによってよい智恵が浮かぶとする。『三国伝記』の方が主体的な思考・行動に重点を置いていると言えるだろう。

また『三国伝記』では四句の文を売る際、売り主が「何事ヲモ時ニ望ンデ案ジ思惟スベシ」と教える。夫が男の姿を見付けてから、母だと気づくまでの間に「思案シテ立タリケル」との記述がある。また「思惟ノ智恵」とも記しており、『三国伝記』では、「案ジ」「思案」「思惟」の語を重視していると言えるだろう。

三、『直談因縁集』の演劇的手法

(一) 智恵の文を買う

これまで指摘されていないが、『直談因縁集』「方便品」巻一・五十六話（廣田哲通・阿部泰郎・田中貴子・小林直樹・近本謙介氏編著『日光天海蔵 直談因縁集 翻刻と索引』和泉書院、平成十年）も、これらの類話と見ることができる。『直談因縁集』は天正十三年（一五八五）に常陸の最勝寺で天台僧の舜雄が書写した説話集形態の『法華経』注釈書である。本話は『法華経』「方便品」に登場する釈迦十大弟子の一人で智恵第一とされる舎利弗に関する注釈という形で引かれる。

一、世・出世共ニ智恵肝要ト云ニ付。

大唐ニ有者、「万事、智恵肝要」ト云時、言語道断、愚痴モンモウ人也。而、「智恵ヲ買ン」トテ、女房ニ此由ヲ語、都へ出、智恵買、ト云云。一人沙門アリ。「シレ者カナ。乍去、心ヲ見ン」トテ、「智恵メサレ候へ」

ト云云。「見ン」ト申。「智恵ハ目ニハ不見物」ト云々。「且ク見申ン」ト云云。此時、「且ク待候ヘ」ト云テ、硯ヲ取出テ、「前行七歩、後行七歩、思惟観察、智恵自生」ト書テ出ス。喜悦シテ、代十貫奉ル。

　或時、「智恵買テ有ル」云テ、是ヲ其ノ所ニ滞留シテ習。其ノ後、本国ニ帰ルニ、吾家ニ入ントスルガ、「後行七歩」ト云テ、後ヘ去時、人言ク、「貴方留主ニハ、此、然人、通候。定、女房、心ヤ有」ト云云。此時、「是、智恵ノ徳也」ト云云。而、傍忍、其ノ夜、体ヲ見ルニ、誡、男ガ、太刀・長柄ナドヲ持、行ク時「打殺ン」ト思ガ、「且ク思惟セン」云テ、能々見レバ、「我ガ母ニ似タリ」ト。而、近ニヨリ、「誰ソ」ト問ニ、「吾母也。是ハ、男ノ留主ナレバ、人ナド何トナク批判モ有ン。サレバ其ノ為ニ、吾、用心シテ、此間、如此」云云。「是モ智恵ノ徳也」云云。

　大唐で愚痴文盲の男が「智恵肝要」ということを聞き、都へ出て智恵を買おうとする。一人の沙門が男に声を掛け、紙に「前行七歩、後行七歩、思惟観察、智恵自生」と書いて売る。男はしばらく都に滞在してこの文を習い帰国する。男は帰宅し家に入ろうとするが、その前に「後行七歩」と唱え後方へ歩く。すると、ある人が男に「あなたの留守の間に、ここに人が通っている。きっと妻が浮気をしているのだろう」と教える。男は「これは知恵の徳だ」と思い、隠れて様子を窺っていると、その夜、太刀・長柄を持ってやって来る者がいる。男はこれを見て打ち殺そうと思うが、「しばらく思惟しよう」と思い、よく見ると母であった。男は「これも智恵の徳だ」と思う。

(二) 隣人の忠告

　この話では夫に妻の浮気を教える人が登場する。この人は『直談因縁集』独自の登場人物で他の類話には出ない。男はすぐ家に入らず、「後行七歩」と唱えて退く。男がここでなぜ間を置こうと思ったのか、その理由は記されていない。《安字》では帰宅したゆうしんが長く留守にしたため妻の浮気を疑って様子を窺う。『直談因縁集』の男も妻を疑う心を持ったと考えてよいだろう。案の定そこに人が現れ、妻の浮気を教える。男はすぐに家に入らなかったため情報を聞けたことを「是、智恵ノ徳也」と考える。

　『直談因縁集』では、帰宅した際に「後行七歩」、そして間男を見付けた際に「思惟観察」と、男が知恵の文によって行動を思いとどまる場面が二段階になっている。これは他の類話には見られない設定であるが、同様の趣向が二回繰り返されるのはやや重複感がある。他の類話のように知恵の文によって一度だけ思いとどまるのが、本来の形であろう。妻の浮気を夫に教える人物も本来は出なかったと考えられる。知恵の文によらず自ら妻の浮気を疑う《安字》の設定は『直談因縁集』に比べると自然である。

(三) 演劇的手法

母が男装する設定がない『経律異相』では「其人夜帰家。見母伴婦眠。謂是他男」と記しており、妻の隣に寝ている者が母であることは、あらかじめ読者・聞き手に提示されている。読者はその事実を知った上で夫の誤解から生じる話の展開を客観的に見ることになる。これに対し、『三国伝記』では「婦人ノアタリニ衣冠タイセル男有リ」と記し、読者に間男が通っていると思わせる。そして「彼ノ男ト思者ハ、我母ノ冠ヲ頂ケルニテ有リ」と種明かしがされ、読者は驚きを夫と共有することになる。これが『直談因縁集』になると、さらに手の込んだ方法が取られる。近隣の人が夫に人が通っていると教えて妻の浮気を示唆し、夫はそれを信じる。周囲からの情報を信じやすい人間の習性をうまく利用した構想である。夫と同じく読者も隣人の言葉を信じてしまう。そして「其ノ夜、体ヲ見ルニ、誠、男ガ、太刀・長柄ナドヲ持、行ク」と記す。この記述によって読者はすっかりだまされてしまう。編者によって仕組まれた巧みなミスリードと言えるだろう。男装した母であると分かった時の驚きと面白さは、この周到な伏線によって一層引き立つことになる。

隣人という脇役が話の展開に重要な役割を果たすこの場面は演劇的な手法に通じるものがある。この後、男が「能々見レバ、『我ガ母ニ似タリ』ト。而、近ニヨリ、『誰ソ』ト問ニ」と、母に問いかける記述がある。これも他の類話にはない。『直談因縁集』のこの話は類話に比べ会話による記述が多く、演劇的な方法が取られていると言える。なお、別稿で智恵を売る沙門と男の関係が狂言の「末広がり」等の構想に似ることを論じた。(岩崎「室町期の説話と狂言」『能と狂言』十七号、令和二年十二月)。

(四) 武器を持つ母

『経律異相』の話は、短絡的・直情的な行動を戒め、智恵の大事さを説く譬喩因縁譚・教訓譚である。危うく母を殺しそうになるが寸前にそれを回避するという劇的な展開は、読者や聞き手に強い印象を与え、教訓の提示に大きな効果を果たす。

『三国伝記』では、母が「夫ト無キ若キ女ヲバ人アナヅル故ニ、汝ガ去シ日ヨリ男ノマネシタル也」と、男の姿になった理由を述べる(『直談因縁集』も同様)。『経律異相』では、主人公である男の行動と心理の描写に主点が置かれており、母の側の記述は簡略である。また「母ノ恩徳誠ニ有難ク」「カク思ヒ深キ母ヲ若シ害シタラバ今生後生如何セン」と母の恩を強調しているのが『三国伝記』の特徴で、『経律異相』『直談因縁集』にはこうした記述はない。

『三国伝記』では、母は冠を着て「男ノマネ」をするが、武器は持っていない。逆に『直談因縁集』では太刀・長柄を持つが、冠については記述がない。『直談因縁集』では武器を持って警戒するということに主眼があり、母には《安字》や『三国伝記』のように男装するという意図はなかったと考えられる。

四、「案」の字の意味と妻の男装

(一) 案内の説話

《安字》の類話が『庭訓往来抄』四月状・往にあることが、稲田秀雄氏によって報告されている(前掲論文)。この話は、「案内」の語に関するものとして引かれている。以下に、話の場面ごとに番号を付して、これを引用する。

久不啓案内候之間、ト云事、兼テ人ニ知セヌ事ヲ俄ニ謂知スルヲアンナイト云也。案内ト書テウチヲウカガフト読也。是ニ深キ喩アリ。

【1】昔、太唐ニ王範ト云シ者アリ。学問ノ為ニ他国へ出ヅ。或時女房ニ謂合テ曰、「我ハ学文セントテ他ノ国へ罷出ヅ。汝此家ニ有ツベクハ、三年セガ程居ヨ。其内ニ皈ルベシ」トテ出ニケリ。

【2】角テ女房ハ、王範ガ在シ如ク厳《イツク》シクシテ栖ニケリ。昼ハ掃巾《ハキヌゴ》ヒ家ヲ拵ヘ、夜ハ鎧ヲ著シテ冠ヲキ、打物ヲ脇ニ捕《ハサン》デ四壁ヲ廻ル也。

【3】サテ王範ハ楊州国ト云国ニ行テ学問シケル程ニ、七年マデ居タリ。学文窮テ皈ラントスル時、又百日ガ程「思案」ト云二字ヲ学問シケリ。

【4】カクテ七年ト云ニ本国へ皈リケリ。(中略)

【5】カカル処ニ、内ヨリヨロヒ著テ冠ヲ帯シタル者ノ、打物ノサヤヲハヅシ、月ノ指タル屋カゲヲ忍ビ忍ビニ廻リケリ。王範是ヲミテ「(中略)尤《トガ》メン」ト思シガ、中ニテ心ヲ引返シ、「コココソ学問ノ奇特ノナス所ヨ。我帰国セント申セシ際ニ、百日シアント云二字ヲ学文サセラレタリ。シアンセヨ」トテ尤《トガ》メザリケリ。(中略)

【6】王範(中略)、突タリシ杖ヲ彼甲冑帯シタル武士ニナゲ懸タリシ。武者周章《アハテ》騒ギテ云ク、「何ニナニ者ゾ。妻ガナカリシ跡ニ家ヲ守ル者ナリ。誤テ誑ストモ已ニ寄テ我レ恨ムナヱイ」トテ、持タリシ打物ヲヒラメカシケリ。其声ヲ聞バ古ヘチギリシ妻ノ声也。王範竊カニ思ケルハ、

「穴賢能社シアンシタレ。楚忽ニ誤モアラバ、我学文シタル甲斐有ベカラズ。サラバ名乗ニコソ」ト思ヒ、「我ハコレ古ヘ学文ニ出シ王範ゾ」ト云ケレバ、(中略)。其後様々語ラヒヨツテ、本ノ元委王範トチギリケリ。他国ノ師匠カカル事ヲ兼テ知テ思案ト云二字ヲ習ハセケリトテ、シアント云事モ其時ヨリ始レリ。

【7】アンナイノ案ノ字ハ冠シテ女ヲ書テ、ヒラギスルコト、冠キタル女ニ杖ヲ投懸シヨリ案内トハ是ナリ。去レバ社、内ヲウカガフト読ケレ。又安ノ字カフリニ女書モ此時ヨリ始マレリ。

太唐の王範が学問のため他国へ行くことを妻に告げ、三年の内に帰ると約束して出発する。妻は夫の留守中、夜になると鎧を着、冠を着け、打物を持ち、家の周りを廻って警戒する。七年が過ぎ、王範は帰国するに当たり「思案」の二字について百日学ぶ。帰国した夫は妻の姿を見て男だと思うが、思案して妻であることに気づく。

(二) 妻の鎧・夫の杖

《安字》では男が文字を買いに他国に行くのに対し、この話では学問をしに行くという設定になっている。智恵や文字を買いに行くという珍しい設定に対し、こちらはごく現実的な設定と言える。男が旅立ちに際し、妻に対して三年で帰ると言うのは《安字》と共通する。妻は冠・打物に加え鎧まで着けている。鎧を着けるのは類話の中で『庭訓往来抄』だけである。男の姿を見た王範は、相手の反応を窺うため持っていた杖を投げ懸ける。これもこの話独自の記述である。話末に字解きがあり、「案」の字は「冠」と「女」と「木」の組み合わせで、木は王範が投げた杖を表すと説く。このように「案」の字について説明するのは『庭訓往来抄』のみである。またこれと並べて「安」の字についての説も記している。「思案」の語に対応する「案」の字解きは「安」の字解きを発展させたもので、杖を投げる設定も後に加わったものであろう。

《安字》と『庭訓往来抄』には、母が登場せずに妻が冠をかぶる点など、この二者のみに共通する部分もあるが、人名を始め異なる部分も多く、両者に直接の関係はないと考えられる。『庭訓往来抄』は室町時代の成立とされるが、《安字》との成立の前後も不明である。

むすび

室町時代の『三国伝記』『直談因縁集』『庭訓往来抄』に類話があることから考えて「安字」には題材となった説話があったはずだが、その話はまだ見つかっていない。能には

《柏崎》《松風》《松浦》《井筒》《富士太鼓》等、女が夫や恋人の形見である烏帽子や冠を着けて舞う曲が多くある。もともとそうした類型があり、女が冠をかぶる「安の字説話」に作者が注目して能に脚色したのは、ごく自然な成り行きであった。女が男装をする趣向自体、きわめて芸能的な発想と言える。『経律異相』になかった男装の趣向が、いつ加わったのかは不明だが、能に女が男装する曲が非常に多いことから考えて、これが室町時代に非常に好まれた趣向であったことは間違いない。

『経律異相』以下の類話は、いずれも智恵や思案の大事さを説く教訓譚である。『三国伝記』以降の作品では、そこに母や妻の冠や武器による男装の趣向が加わる。もともと譬喩因縁譚は読者・聞き手の興味を引きやすいように工夫がされるが、この話ではそうした要素が増幅していったと言える。ただし、これらがあくまで教訓譚であり、話は教訓を説くための方便であることには変わりがない。それに対して《安字》では、文字の徳が構想の基盤になってはいるが、字解きの面白さの方に主眼があり、教訓性は稀薄である。

説話の主人公は夫であるが、《安字》は妻をシテとし、孤閨をかこつ妻の心情が丁寧に描かれる。説話では母や妻は自分の発案で男装するが、《安字》では侍女が妻に男装を勧める。類話では母や妻は、すでに夫の留守中から毎夜男装をしていたのに対し、《安字》が盗人を警戒して咄嗟に男装を思いつくという展開にしたのは巧みである。そしてこの後［クセ］から舞にかけて、たっぷりと妻の男姿を見せる。能ではここが大きな見せ場になっている。この後、夫婦のやり取りが詳細に描かれるのも演劇ならではの手法と言える。

演劇である能には上演時間と登場人物の数という制約がある。能は物語や説話を題材とする場合、原話をそのままの形で作品化するのではなく、原話を凝縮・再構成する形で作られる。《葵上》も《羽衣》も《道成寺》も原話と能とでは展開が大きく違う。これらに対し《安字》は説話の展開をほぼそのままの形で踏襲している。これは能の作り方としては非常に珍しい方法であり、この曲の大きな特徴と言える。

智恵の大事さを説く仏教の教訓譚に字解きと男装の趣向が加わって「安の字説話」となり、それが演劇化されて能《安字》が成立した。この曲は文字の徳を主題とするが、それに加え夫婦愛も重要な要素になっている。そして本来の教訓性は後退し、唐人の女が男姿になる珍しさと芸能的面白さが、その中心的趣向となったのである。

能《海士》の構想

中野顕正

古作の能《海士》は、『讃州志度道場縁起』の物語を母子恩愛の劇として再構築しつつ、そこに『法華経』提婆達多品の世界を重ね合わせることで成立した作品である。本稿では、こうした縁起や経典の世界に基づいて能作品が創出されるに至った構想の過程を明らかにし、古作能のもつ唱導劇としての志向性の一端を明らかにしたい。また併せて、世阿弥による改作の中で【天女舞】が増補されたことの意図を考察したい。

本稿の目的

黎明期の能楽が宗教劇としての性格を濃厚に有していたことは、広く知られている。こうした古作能のもつ宗教劇としての志向性を検討することは、能楽の発生、すなわち日本における演劇の発生という問題を考える上で、重要な視座を提供するものと言えよう。本稿はかかる問題意識のもと、古作の能《海士《あま》（海人）》の構想を検討するものである。

《海士》の概要および構成は次の通りである。

1：藤原房前〔子方〕は、幼少期に死別した母の終焉地が讃岐国志度浦であると聞き及び、追善供養のため従者〔ワキ・ワキツレ〕を伴って同地へ下向する。

2：到着した一行の前に、一人の海人〔前シテ〕が現れる。

3：一行は海人に、水面の月を妨げる水底の海藻を刈るよう命じる。海人は、この浦の海人が龍宮から宝珠を

なかの・あきまさ――弘前大学助教。専門は日本中世文学・芸能、能楽、仏教文学。主な論文に「能《当麻》における宗教的奇蹟の空間造形」（『国語国文』八六―八、二〇一七年八月）、「一休宗純が能に求めたもの」（松岡心平編『中世に架ける橋』森話社、二〇二〇年三月）、「當麻曼荼羅縁起成立考」（『古代中世文学論考』四三、二〇二一年四月）などがある。

取り戻した昔物語を呟きつつ、海に潜ろうとする。

4：その物語を尋ねる一行へ、海人は、唐土から贈られた宝珠がこの浦で龍宮に奪われ、奪還のため淡海公（藤原不比等）が浦の海人との間に子を儲けたことを語り、その子こそ房前だと明かす。房前は自らの出生の秘密に驚き、かつて家臣に母のことを尋ねたが逸《はぐ》らかされてしまったと述べ、亡母を慕って涙する。

5：海人は、その宝珠奪還の様子を再現して見せる。それによれば、房前の母は、宝珠を奪還した暁にはわが子を嫡子とするよう淡海公に願うと、計略を巡らして海中へ潜り、自らの命と引き換えに宝珠を奪還したのだった。（［玉之段］）

6：海人は、自分こそ房前の母の幽霊だと明かすと、自らの思いを綴った手紙を渡し、供養を願いつつ海底に消えてゆく。

7：一行は土地の男［アイ］を呼び出し、この地に伝わる宝珠奪還の物語を語らせる。

8：房前は渡された手紙を読み、『法華経』を手向けて亡母を供養する。

9：龍の姿となった母の霊［後シテ］が現れ、『法華経』の法味に浴して舞い戯れる。（【盤渉早舞】。世阿弥時代には【天女舞】）

10：経の功徳によって房前の母が成仏したこと、これが志度寺における法華八講の起源であることが語られる。

この宝珠奪還の説話は『讃州志度道場縁起』（『志度寺縁起』第二。十四世紀前半頃成立。以下『縁起』と略称）[1]に由来し、後に幸若舞曲《大織冠》、近松門左衛門作の浄瑠璃《大職冠》等に継承されたものである。[2]同話は、興福寺を中心とする南都の宗教圏で伝承され、その成立・伝播には南都律宗の徒が関与していたことが指摘されている。[3]もっとも能《海士》は、亡母の手紙の文言「魂黄壌に去つて一十三年……わが冥闇を助けよ」（8・□）が『縁起』と基本的に一致することや、宝珠奪還の再現場面（5・段哥。通称「玉之段」）の描写の一部が『縁起』に極めて近似すること（後掲）等から、『縁起』の直接的影響下に成立したものと考えられている。[4]本稿は、この『縁起』から能《海士》が構築されるに当たっての作品構想を明らかにすることで、古作期の能の作劇法の一端を考察するものである。

なお、この説話の淵源には龍と珠をめぐる民俗学的問題などが広がっており、そういった観点も《海士》を考察する上で有用ではあるが、本稿ではひとまず作品成立に直接関与したと思しい領域に限定し、議論を進めることとした。

一、先行研究と問題の所在

《海士》成立の上では、南北朝期の大和猿楽の役者・金春権守が関与していたことが、以下の記述から知られている。

○世阿弥芸談書『申楽談儀』二十一条

「あらなつかしのあま人やと、御涙を流し給へば」（引用者注：《海士》4・上ゲ哥の一節）、此「御涙」の節、金春が節也。

○金春禅竹伝書『歌舞髄脳記』

海松布刈りの海士（引用者注：《海士》前シテ）の風体、猶俗に似て又秀でたる処ある哉。祖父（引用者注：金春権守）骨風の妙所あれども、今は、深淵に臨みて水底の玉を取らんがごとし。

但し、金春権守は「舞をばえ舞はざりし者」（『申楽談儀』二十一条）であったことから、9段で舞われる舞については後補と考えられており、舞を増補したのは世阿弥であること、世阿弥改作当初の舞は【天女舞】（元来は近江猿楽系の舞で、世阿弥によって大和猿楽に取り入れられたもの。物まね芸中心の大和猿楽とは芸風の異なる、優美な舞であったらしい。現在の呂中干舞の祖型）であったことが既に指摘されている。(5) この【天女舞】は、舞の直前にシテが経巻を広げてこれを読誦し、それを巻き上げてワキへ手渡すという定型演出を伴うものであったが、これに相当する演技が《海士》でも9段で行われており（但し手渡す相手は子方）、この場面については世阿弥の改作によるものと考えるのが妥当である。(6)

ところで、この【天女舞】は室町後期頃に解体され、現在に継承される様々な舞へと質的変化を遂げたが、それに伴い、【天女舞】を含んでいた能作品のうち幾つかは大幅な改作を受けたことが知られている。(7) その議論を踏まえ、《海士》についても世阿弥改作以後の再改作を想定するのが、次に挙げる伊藤正義の説である。(8)

《海士》は金春権守所演、世阿弥改作、現行形態と少なくとも三段階を経ていると推測されるが、たとえば、房前の従者に設定されているワキは、もとは志度寺縁起（一三）（引用者注：房前が行基を伴って志度浦へ下向する場面）のように行基（僧ワキ）であったかも知れず、1〜3段あたりが改作されている可能性は高い。

ここでワキが行基であった可能性を指摘するのは、『縁起』において行基が房前の志度浦下向に随行していることに加え、同じく【天女舞】を含んでいた能《鵜羽》が室町後期頃の改作時にワキを恵心僧都から帝の臣下へ改めたこと(9)を念頭に置くものであろう。但し、《鵜羽》のワキが僧から臣下へと改められたのは、同作が祝言を本旨とする脇能であるゆえ、僧ワキではそうした祝言性に相応しくないと判断されたためと考えられる[10]から、脇能ではない《海士》において同様の操作を想定すべきかは疑わしい。また、《鵜羽》の場合には詞章に「聖人の御法をえ《(得)》んとなり」(8・サシ、下掛リ系本文)とあることや、古伝書『舞芸六輪次第』に「(引用者注:《鵜羽》のワキは)本は大臣にはあらず、ゑしん《(恵心)》の僧都也」と見えることなど、ワキが僧であったと推定すべき積極的根拠があるのに対し、《海士》の場合にはそうした根拠は無い。これらの点から、《海士》の本来のワキが行基であったか否かについては、なお慎重に検討すべき問題と言えよう。

ところで、《海士》と『縁起』とを比較してゆくと、この行基の有無以外にも複数の点で細部に相違が認められる。それゆえ、このワキの役柄をめぐる問題を検討するためには、前提として、そうした両者間の相違の意図を考察する必要があるだろう。この点につき、はじめに検討してゆきたい。

二、《海士》と縁起

物語内容上の『縁起』と《海士》との相違点としては、行基の有無以外にも、以下の点が挙げられる。

A:物語全体の構成

【縁起】物語を時系列順に記す。房前の志度浦下向は後日譚扱いで、あくまで淡海公と海人との物語が主。

【能】房前の志度浦下向が主。淡海公と海人との物語は昔語りとして挿入される形。

B:海人と淡海公との関係性

【縁起】海人と淡海公との夫婦間における愛情の描写あり。

(引用者注:海人との婚姻の後、淡海公は)即雖㆑還㆓奈郎《(良)》都㆒、猶憶㆓房前浦㆒。

(引用者注:珠を取り返して欲しいとの淡海公の頼みに対して)海人宣云。貴賤雖㆑異、男女之礼惟同、尊卑雖㆑分、夫婦之儀相似。日来雖㆓目想心遊㆒、未㆔口出㆓詞述㆒、是併恥㆓卑賤之身㆒也。合㆑体之法、任㆑身之習、妾雖㆓微質㆒、非㆓敢不㆑存。何況、已送㆓三廻之春秋㆒、忝及㆓一子之生育㆒。灰㆑身不㆑可㆑痛、粉㆑骨不㆑可㆑乖。先世之契也、豈惜㆓身命㆒乎。不㆑顧㆑失㆓身命㆒、克可㆑運㆓思慮㆒。

(引用者注:海人が自らの命と引き換えに珠を取り返そうと約束したことに対して)其時相公宣。生々之契無㆑腐、綿々之思寔深。世々生々争可㆑忘哉。

【能】夫婦恩愛については殆ど言及なし。海人が海中で故郷を思慕する場面にも「あの波のあなたにぞ、わが子はあるらん、父大臣もおはすらん」（5・段哥）とあり、わが子を介して夫に思いを馳せるという語り口。

C：海人が海中に潜る回数

【縁起】海人は一度海中へ潜って龍宮を偵察し、その様子を淡海公へ報告した後、宝珠奪還のため再度海中へ潜る。

【能】海人が海中へ潜るのは宝珠奪還の一度のみ。

D：海中の描写

【縁起】海中の描写は殆ど無く、海人の帰還を待つ人々の視点で物語が語られる。

【能】海中に潜る海人の心の葛藤、胸を掻き切る海人の覚悟など、海中の様子を詳細に描く。

E：海人の帰還

【縁起】海人は龍王に襲われ、海中で死亡。

※『志度寺縁起』の第四『当願暮当之縁起』に収められた類話では、珠を奪還した遊女は瀕死の状態で帰還。《海士》と類似の形。

【能】海人は瀕死の状態で帰還。

F：亡母についての房前の知識

【縁起】志度浦下向以前に、房前は亡母のことを父淡海公から詳細に聞かされる。

房前卿生長之後、奉レ問二母堂之事於父相府一之間、委細被二示伝一。

【能】房前は志度浦下向まで亡母の正体を知らなかった。

［クドキグリ］　子方　自《みづか》ら大臣の御子と生まれ、恵み開けし藤の門、されども心に掛かることは、この身残りて母知らず。

［クドキ］　子方　ある時傍臣語りていはく、忝なくも御母は、讃州志度の浦、房前のあまり（余り・海人）申せば恐れありとて言葉を残す、さては卑しき海人の子、賤の女の腹に宿りけるぞや

G：房前と亡母との邂逅

【縁起】房前は地底から聞こえてくる亡母の声を聞いたのみ。

【能】房前は母の霊と対面する。

H：亡母供養の結末

【縁起】供養によって母が成仏したかまでは明示されていない。

【能】房前一行は、供養によって母の成仏を見届ける。

このうちC—Eについては後述する（第四節）として、それ

以外の点につき検討してゆく。

まずA・Bから、『縁起』は夫婦恩愛の物語としての性格を有していると言える。『縁起』には、淡海公と海人との夫婦の他にも、唐の高宗皇帝と淡海公の妹との夫婦の愛情が描かれており、この二組の夫婦の相似性について既に指摘がある[11]ように、『縁起』の基底にはこうした夫婦恩愛という主題が一貫していると言えよう。これに対し、能では淡海公と海人との夫婦恩愛には殆ど言及されず、むしろ海人と房前との母子恩愛が強調されている。それは4段［上ゲ哥・（クセ）］、6段［哥］等からも窺われる所だが、特に10段（終曲部）に次のように見え、志度寺法華八講の創始を房前の孝養ゆえと称揚する形で一曲を締めくくっている点が注意される。法華八講の創始じたいは『縁起』中にも言及のあるものだが、それを作品の結末に位置づけつつ房前の孝養を強調・称揚した点に、《海士》の志向性が窺われるのである。

［ノリ地］ 後シテ 今この経の、徳用にて、 地謡 今この経の、徳用にて、天龍八部、人与非人、皆遥見彼、龍女成仏、さてこそ讃州、志度寺と号し、毎年八講、朝暮の勤行、仏法繁昌の、霊地となるも、この孝養と、承る。

ここで、法華八講という法会そのものに着目するとき、次に掲げるように、本朝における法華八講の創始は亡母追善を契機としていた、との伝承が見える点は注意されよう。

大安寺の栄好は、日頃自らの食事の一部を老母へ与えていたが、俄かに死んでしまった。親友の勤操は、栄好の母へは彼の死を知らせず、栄好に成り代わって食事を与えることとした。しかしある日、酒宴ゆえに勤操は栄好の母への食事を忘れてしまう。それがもとで母は栄好の死を知ることとなり、悲しみのあまり絶命した。その跡を弔うために始められたのが法華八講である。

以上は『三宝絵』中―十八に拠ったが、他に『護国寺本 諸寺縁起集』法華八講縁起、『発心集』五―十四、『元亨釈書』二、『私聚百因縁集』九―十二、『三国伝記』九―三等にも同話が見えており、法華八講の起源譚として著名なものであったらしい。特に『私聚百因縁集』で同話の標題が「大安寺栄好《エイカウ》事〈付親子ト与二孝養法華八講事〉」とされている点からは、同話が唱導の場において親子恩愛の文脈で語られていたことが知られる。《海士》は、こうした法華八講起源譚のもつ親子恩愛的性格を利用することで、『縁起』を海人と房前との母子恩愛の物語として再構築したものと考えられるのである。

この点を考慮するとき、Fについても、能では亡母について知ることのできなかった房前の孤独を描き、房前の亡母思慕をより強調する形で物語内容を改変したものと考えられる。

またG・Hにおいて、能では房前が母の霊と対面し、母の救済という房前の願いが作中で実現されていることも、房前の亡母追慕に焦点を当てる作品構想と一連のものと言えよう。

これらの点から、《海士》には、亡母を追慕する房前の孤独を描こうとする志向性が存在していたと言える。そう考えるとき、『縁起』において房前の志度浦下向に随行し、いわば房前の庇護者的存在として描かれていた行基は、房前の孤独を描く上で不要な存在と判断され、排除されたのではないだろうか。それゆえ、改作の事実を示す積極的根拠の無い現状では、ワキの役柄改変を強いて想定する必要は無いように思われるのである。

以上より、世阿弥改作以降の変化としては【天女舞】が現在の【盤渉早舞】に置き換わってゆくという実技面での変更が主であったと考えられ、物語内容・場面展開については世阿弥改作時から（すなわち9段以外については金春権守初演時から）さほど変化していないと考えるのが自然であろう。こうした前提のもと、以下では作品内容について更に検討を加えてゆく。

三、《海士》と『法華経』

前節で論じたように、《海士》では、母子恩愛という性格を強調し、房前の手向けた経の力で救済される亡母の姿を描くことで、『縁起』の物語を志度寺法華八講の起源譚として描き直していたと考えられる。

ところでこの法華八講とは、『法華経』八巻を八座に分け、一日二座ずつ四日間で講じるという法会だが、その際、巻五の講じられる第三日朝座は「五巻日」と呼ばれて特に重要視され、そこでは提婆達多品（巻五所収）をめぐる講説が中心となる。すなわち法華八講では、『法華経』の中でも提婆達多品が特に重要な位置を占めていると言える。

こうした法華八講における提婆達多品の重要性は《海士》の作品構想とも無縁ではなく、《海士》では法華八講による亡母の救済を描く上で提婆達多品のイメージが利用されていると考えられる。はじめに、提婆達多品のうち龍女成仏を説いた後半部の内容を確認する。

釈尊が霊鷲山の上空で『法華経』を弘める者の功徳を説いていると、海中から文殊菩薩が帰還し、龍宮の衆生に経を弘めてきたと言う。文殊は、八歳になる龍王の娘（龍女）が教えを聞いて忽ち開悟したと明かすが、智積菩薩はその言葉を疑う。そこへ、海中から龍女が出現する。舎利弗尊者は龍女に対して疑いの言葉を述べるが、龍女は釈尊へ宝珠を捧げると、その場で女人の身を変じ、

　南方無垢世界に赴いて仏の姿となった。大衆はこの奇蹟を目の当たりにし、歓喜の心を起こした。

このうち、大衆が龍女の成仏を目の当たりにする場面の「爾時、娑婆世界菩薩・声聞・天・龍・八部・人与二非人一、皆遥見下彼龍女成仏普為二時会人天一説法上」の一節が、《海士》終曲部に描かれた亡母の成仏場面（10段。前掲）には引用されている。それによって、母の霊が龍女に擬えられ、また亡母成仏を見届ける房前一行が霊鷲山の大衆に擬えられているのである。《海士》後場において亡母が龍の姿で現れるのは、直接には『縁起』の「海人心巧悟深、遂得二此玉一。所レ為匪二直也人一、可レ謂二龍女再誕一」との記述に着想を得たものだが、そこへ更に『法華経』提婆達多品の龍女のイメージを重ねることで、後シテは造形されていると言えよう。この点から、《海士》が〈房前の亡母追慕によって母の霊が救済される〉という母子恩愛の物語として構築される上では、法華八講とも関わりの深い提婆達多品の世界が翻案投影され、それによって亡母成仏の奇蹟が描き出されたと考えられるのである。いわば《海士》後場は、『法華経』提婆達多品の奇蹟が繰り返される物語として、構想されていたのであった。

　この〈繰り返される奇蹟〉を描くという構想は、一つには舞台芸術としての長所を活かしたものと言えようが、それとともに、提婆達多品じたいがそうした性格をもつ章として理解されていた点は注意されよう。すなわち、日本での『法華経』理解の基盤となった注釈書である智顗『法華文句』では、法師品第十・見宝塔品第十一・提婆達多品第十二・勧持品第十三・安楽行品第十四の五品を『法華経』迹門《しゃくもん》（前半部）の流通分《るつうぶん》（釈尊が大衆に対して経の弘通を勧める段）に配当した上で、五品それぞれの意義を次のように説明しているのである。

　法師・宝塔両品、明下弘経功深福重、流二通未聞一利益巨大上。達多一品、引二往弘経一彼我兼益、以証二功徳深重一。持品、八万大士忍力成者此土弘レ経、新得レ記者他土弘レ経。安楽行一品、……外凡初心欣二斯勝福一、見二声聞畏憚一、聞二菩薩擯辱一、顧三己力弱無レ益二自他一、便生二退没一。仏為二此人一説二安楽行一、依レ之法弘不レ慮二危苦一。

（巻八上・釈法師品）

ここでは、法師品・見宝塔品は『法華経』を弘めることの功徳が莫大であることを明かす場面、提婆達多品は昔の弘経の例を挙げてその利益の莫大なることを証明する場面、勧持品はそれを受けて大衆が弘経を誓う場面、安楽行品は弘経初心者の困難を除く場面、と説明されている。すなわち提婆達多品は、昔の因縁を明かすことで時を超えた経の功徳を示し、法師品・見宝塔品の所説を補強する章として理解されていたのである。さらに同書では、提婆達多品を次のように前後二段に分けるべきことが説かれている。

文為レ二。一訖二「生仏前蓮花化生」一、明二昔日達多通経釈迦成道一。二従二「於時下方多宝所従菩薩」一下、明二今日文殊通経龍女作仏一。

（巻八下・釈提婆達多品）

これによれば、提婆達多品のうち「生（在）仏前蓮花（華）化生」までは、昔日に提婆達多が『法華経』を弘めたことで釈尊が仏と成るに至った因縁を明かす段であり、続く「於時下方多宝（世尊）所従菩薩」以降は、今日に文殊菩薩が『法華経』を弘めたことで龍女が仏と成るに至る因縁を明かす段であるという。すなわちこの理解に拠るとき、提婆達多品とは、昔日の釈尊成道と今日の龍女作仏とを並置することで、『法華経』の功徳が時を超えて繰り返されることを明かす場面であったと言える。(12)

それゆえ、《海士》後場における〈提婆達多品の奇蹟が繰り返される〉という構想は、提婆達多品じたいのもつ主題とも親和性の高いものであったと言えよう。いわば、提婆達多品に説かれた〈繰り返される奇蹟〉という主題が、そうした〈繰り返される物語〉を描くことを得意とする演劇という媒体《メディア》を得たところに、《海士》の物語は生まれたのであった。

四、《海士》と唱導

以上より、《海士》の物語は、『法華経』および法華八講の功徳を称揚し、それらを作品構想上の重要な位置に置くことで構築されたものと言える。こうした《海士》における『法華経』利用の背景を考える際に参考となるのが、次に掲げる『申楽談儀』十六条の記述である。

四位の少将（引用者注：《通小町》の古名）は、根本、山徒に唱導の有しが書きて、今春（金）権の守、多武嶺にてせしを、後書き直されしと也。

ここでは、《海士》と同じく金春権守周辺で成立した能《通小町》において、作品成立に「山徒」すなわち天台系の唱導僧が関与していたことが述べられている。(13) こうした金春権守周辺での能作品成立における天台系唱導の影響を考慮するとき、《海士》においても、『法華経』を根本聖典として重視する天台宗の影響が想定されよう。典拠たる『縁起』の成立・流布そのものは興福寺や律宗の周辺でなされたにせよ、その物語が能作品として構築される上では、むしろ天台系唱導が重要な基盤となったと推測されるのである。(14)

そう考えるとき、天台系唱導を確立した安居院流祖・澄憲（一一二六―一二〇三）による法華経釈『花文集』に、《海士》

最大の見せ場である宝珠奪還の再現場面（「玉之段」）[15]と類似の表現が見られる点が注目される。以下、この点につき検討を行いたい。

本稿第二節で確認したように（C—E）、海人による龍宮からの宝珠奪還は『縁起』では詳述されず、《海士》5段において大幅に増補された場面である。『縁起』では、海人は龍宮偵察と宝珠奪還の二度にわたって海中に潜るとされており、また海中の描写は

a：（引用者注：海人による龍宮偵察の後、淡海公への報告の言葉）龍宮楼閣重々、門戸千々。其中有㆓水精十三重塔㆒。高三十丈、安㆓‐置彼玉於其塔㆒。龍女昼夜不断備㆓香花㆒、龍玉(王)前後左右囲繞。以㆓少隙㆒非㆑可㆑窺〈云云〉。

b：（引用者注：宝珠奪還の場面の描写）時龍王惜㆑玉成㆑嗔、追㆓海人㆒切㆓四支㆒。海人忽死。

の二箇所のみという簡潔な形であったが、《海士》では海中に潜る場面を一つに統合することで劇的効果を高めるとともに、海中を分け入ってゆく海人の心の葛藤、胸を掻き切る海人の覚悟などの描写を大幅に増補することで、一つの劇的達成を見ているのである。[16]その場面の本文は次の通り。

［段哥］地謡かの海底に飛び入れば、①空は一つに雲の波、煙の波を凌ぎつつ、海漫々と分け入りて、直下と見れども底もなく、辺《ほとり》も知らぬ海底に、そも神変はいさ知らず、取り得んことは不定なり。[a]かくて龍宮に至りて、宮中を見れば その高さ、三十丈の玉塔に、かの玉を籠め置き、香花を供へ守護神は、八龍並み居たり、そのほか悪魚鰐の口、②逃れ難しやわが命、さすが恩愛の、古里の方《かた》ぞ恋しき。あの波のあなたにぞ、わが子はあるらん、父大臣もおはすらん、さるにてもこのままに、別れ果てなん悲しさよと、涙ぐみて立ちしが、また思ひ切りて手を合はせ、南無や志度寺の観音薩埵の、力を合はせて賜び給へとて、※1大悲の利剣を額に当て、龍宮の中に飛び入れば、左右へばつとぞ退《の》いたりける、その隙に[b]宝珠を盗み取つて、逃げんとすれば守護神追つかく、※2かねて企みしことなれば、持ちたる剣を取り直し、乳の下を掻き切り玉を押し籠め、剣を捨ててぞ伏したりける、龍宮の習ひに死人を忌めば、辺《あた》りに近づく悪龍なし、※3約束の縄を動かせば、人々喜び引き上げたりけり、玉は知らず海人人《びと》は、海上に浮かみ出でたり

※1：大悲の利剣＝『縁起』では、海人が龍宮へ向かう場面に「帯㆑剣入㆓海底㆒」と見える。

※2：かねて企みしことなれば……＝『縁起』では、引き上

げられた海人の死骸について「(引用者注：淡海公が）泣見二処所之疵一、当二乳下一横有二大疵一。其疵深広、切目押二籠彼玉一」と見える。

※3：約束の縄を動かせば……＝『縁起』では、海人が宝珠奪還のための計略を語る場面に「但以二数丈布縄一付二我腰一、入二海底一至二龍闕一。号レ得レ玉者、此縄可レ動。々時知二取得一、急可二引上一」と見える。

このうち、単傍線部は『縁起』(前掲a・b）に記された海中の描写を利用した箇所であり、また破線部は『縁起』に対応する記述の見える箇所である。それゆえ、『縁起』に見えない《海士》独自の描写として重要なのは、二重傍線部①・②の二箇所であると言える。このうち①は、白居易「海漫漫」(「新楽府」のうち。『白氏文集』所収）の「海漫漫、直下無レ底旁無レ辺、雲濤烟浪最深処、人伝中有二三神山一、……海漫漫、風浩浩、……」を踏まえる形で、海中へと分け入ってゆく場面を描写したもの。また②は、海中で逡巡し、やがて覚悟を決めるに至る海人の心理を描いたものである。この白居易「海漫漫」は、本来は徒らに神仙世界を求めることを誡めた諷諭詩だが、日本ではそうした諷諭の文脈ではなく、神仙世界の描写や風光明媚な海辺の描写など、ひろびろと広がる海原のさまを描く際に多用されるものであった。(17)

この白居易「海漫漫」を踏まえた表現が、澄憲『花文集』の提婆達多品釈にも見えるのである。それは、海中教化に赴く文殊菩薩を描写した、次の場面である。(便宜的に段落番号を付した。）

〔1〕次、文殊通経龍女作仏者、為二一大事因縁一三周正説事已終、大聖文殊趣二海中一、流二通妙経一教二化衆生一給。然「極厭(感)非悪趣、(極)欣非上二、唯欲人天(界人天カ)衆、仏出世現感」云、三悪道罪重根鈍処、極悪不善境也。実従レ非二大聖文殊利生方便、如来(在)世流通利益一者、海中衆生、争見仏聞法、開悟得脱哉。故、平等一子慈悲深徹二八万由旬底一、普賢(現)三昧利益普及二三百万重城(里)一。凡、内海(外海)尽無レ非二済度砌一。

〔2〕所以、蓬莱方丈外仙棲、毘(崑)崙瀛州延齢砌、服二不死薬一徒招二千秋遐齢一、敢(噉)二長生方□一虚遊二万年寿域一。増需(寿)変易事、□(敢)出離生死思無。海満々(漫)直下見下無レ□(底)、雲波煙波、最心細処也。

〔3〕乃至、我朝有二□(布)陀落浜和歌浦云処一。天下無双地、日域奇異処也。蒼波路遠雲懸二千里一、往還客見レ之養レ眼、遊宴輩聞レ之動レ心。所以、海満々(漫)至二雲(路)境一、風皎々(浩)トシテ(催)二波動静一。青羅(蘿)懸二巌肩一嘲二唐画屏風一、白雲廻二山腰一嫉二広隆山水一。依レ之、作文家鳴レ硯

費二二四不同句心一、風月輩染レ筆詠二三十一字和歌一。
〔4〕此等海際皆、如来在世往、一乗流通当初、大聖文殊、于填大王一二善巧方便心一、同二済度有情思一、張二八教網一下二生死海一、済二龍畜輩一置二菩薩(提)岸一給処也。

〔1〕次に、文殊の通経・龍女の作仏とは、一大事の因縁たる三周正説、事已《すで》に終へて、大聖文殊、海中に趣きて、妙経を流通し衆生を教化し給ひき。然るに「極感非悪趣、極欣非上二、唯欲界人天、仏出世現感」と云ひて、三悪道は罪重根鈍の処、極悪不善の境なり。実に大聖文殊の利生方便、如来在世の流通利益に非ざるよりは、海中の衆生、争《いか》でか見仏聞法し、開悟得脱せんや。故に、平等一子の慈悲は深く八万由旬の底に徹《とほ》り、普現三昧の利益は普ねく三百万里の城に及べり。凡そ、内海外海尽《ことごと》く済度の砌に非ざるや無かりき。
〔2〕所以《ゆゑ》に、蓬莱方丈は外仙の棲《すみか》、崑崙瀛州は延齢の砌、不死の薬を服して徒らに千秋の遐齢を招き、長生の方□(虫損)を啜《あぢは》ひて虚しく万年の寿域に遊ぶ。増寿変易をのみ事として、敢へて出離生死の思ひは無し。海漫々として直下と見下ろせば底も無く、雲の波煙の波、いと心細き処なり。
〔3〕乃至、我が朝には布陀落の浜・和歌の浦なんど云ふ処有り。天下無双の地、日域奇異の処なり。蒼波路《みち》遠くして雲千里に懸かり、往還の客は之を見て眼を養ひ、遊宴の輩は之を聞きて心を動かす。所以《ゆゑ》に、海漫々として雲路の境に至り、風浩々として波の動静を催す。青蘿巌の肩に懸かりて唐画の屏風を嘲《あざけ》り、白雲山の腰に廻りて広隆の山水を嫉む。之に依りて、作文の家は硯を鳴らして二四不同の句に心を費やし、風月の輩は筆を染めて三十一字の和歌を詠ず。
〔4〕此等の海際も皆、如来在世の往《いにしへ》、一乗流通の当初《そのかみ》には、大聖文殊、于填大王と善巧方便の心を一つにし、済度有情の思ひを同じくして、八教の網を張りて生死の海に下ろし、龍畜の輩を済《すく》ひて菩提の岸に置き給ふ処なり。

この中では、〔1〕文殊菩薩の利生方便によって「内海外海」があまねく済度の砌となることが述べられている。そのうち〔2〕「外海」の例としては唐土の三神山（蓬莱・方丈・瀛洲。白居易「海漫漫」にも登場する）などの著名な仙境が挙げられ、これらの地に棲む神仙たちは不老長寿のみを願って輪廻からの解脱を願わないのだとし、その証句として白居易「海漫漫」の一節が示されている。また〔3〕「内海」の例としては本朝の布陀落浜（伊勢房本「吹上浜」、良真本傍訓「フキアケノ」とあり、吹上浜をさすらしい）や和歌浦といった著名な歌枕が挙げられ、これらの地は多くの人々が詩歌に興じる地だとし、その証句として白居易「海漫漫」や白居易仮託「青蘿懸巌肩……」の詩（能《白楽天》等に見え著名）が示されている。その上で、〔4〕これらの海も『法華経』が説かれた昔には文殊菩薩が衆生済度に赴いた地だとするのである。この中で唐土・本朝双方の例に白居易の詩句（仮託作を含む）が引かれるのは、白居易を文殊菩薩の化身とする理解に基づき、白詩の内容を文殊の海中教化と結びつける意図によるらしい。[18] 白居易「海漫漫」は、天台系唱導において『法華経』提婆達多品と結びつけられる形で利用されていたのである。

ここで注目すべきは、このうち〔2〕において海中世界が「最心細処也」と描写されている点である。この中では、白居易「海漫漫」は分け入ってゆくことの心細く感じられる異界の描写として利用されているのであり、その点で、《海士》が前掲①で「海漫漫」を引用した後に②で「逃れ難しやわが命、……別れ果てなん悲しさよ」と述べ、海人の逡巡を描き出していることに類似する。それゆえ、《海士》の基盤に天台系唱導が存在していたと推定される点を考慮するとき、《海士》5段にはこうした天台系唱導における提婆達多品釈の表現が利用されていたと考えられるのである。

そもそも典拠たる『縁起』の段階で、海中世界は仏法の利益を受けなければ救われ得ない苦しみの地として捉えられていた。それは、藤原房前が法華八講を修して追善供養を執り行った後の場面に

当二道場後面海浜之前頭一、建二一千基石塔一。是則奉二為母儀海人一也。塔婆之影移二波浪一、地脈之鱗得二利益一〈文〉。是以助二龍神之苦一、宥二忿怒之心一〈云云〉。

と見えている通りである。《海士》では、そうした苦しみの異界へと分け入ってゆく海人の心理を描く上で、天台系唱導における提婆達多品釈の中で語られていた〈仏法の及ばない海中の異界〉のイメージ、およびそこへと分け入ってゆく心細さのイメージが利用され、それによって海人の逡巡と覚悟とが表現されていたと言えよう。《海士》一曲中の白眉というべき5段の劇的場面はこのようにして構築されたものと考えられ、その点において、唱導劇としての《海士》の劇的達成を評価することが出来るのである。

五、世阿弥改作の意図

最後に、世阿弥による《海士》改作の意図について付言しておきたい。前述のように、世阿弥による改作の主眼は【天女舞】を増補することにあったと考えられるが、この【天女舞】が《海士》に取り入れられたのは、いかなる意図に基づくものだったのだろうか。

そもそも、竹本幹夫の指摘するように、[19]【天女舞】は仏菩薩を表現するための舞であった。しかし《海士》の後シテは

龍の姿で登場するのであり、《当麻》のように仏菩薩の姿で描かれているわけではない。そして、『縁起』において龍宮が苦しみの世界とされていた以上、龍の姿とは苦しみの象徴であったと考えられる。こうした龍を苦しみの姿と見る理解は、天台系唱導の提婆達多品釈においても同様であり、例えば澄憲『花文集』では龍女が龍の姿から仏の姿へ変じたことを次のように表現している。

変㆓龍畜五障身㆒、具㆓分証三身功徳㆒、……被㆑仰㆓沙竭龍王子㆒昔、雖㆑懐㆓迦楼羅鳥恐㆒、作㆓無垢世界教主㆒今、備㆓鷲王自在徳㆒。

龍畜五障の身を変じ、分証三身の功徳を具し、……沙竭龍王の子と仰がれし昔は、迦楼羅鳥の恐れを懐《おも》へりと雖も、無垢世界の教主となる今は、鷲王の自在の徳を備へり。

※迦楼羅鳥＝インド神話に登場する、龍を好んで喰らうという巨鳥。

また、同書において提婆達多品の功徳を讃歎した箇所では、次のように述べられている。

所以、五逆調達乍㆑在㆓那落底㆒、忽預㆓天王如来記莂㆒、八才龍女不㆑捨㆓戒緩イロクツヲ㆒、速唱㆓無垢世□□(界成)道㆒。浄心信敬輩者免㆓三途悪難㆒、不生疑或(惑)者□㆓□(生十)方仏前㆒〈云々〉。

所以《ゆゑ》に、五逆の調達は那落の底に在り乍ら、忽ちに天王如来の記莂に預り、八才の龍女は戒緩の鱗《いろくづ》を捨てずして、速やかに無垢世界の成道を唱ふ。浄心信敬の輩は三途の悪難を免れ、不生疑惑の者は十方の仏前に生ぜん〈云々〉。

※戒緩＝前世において持戒に怠惰であったこと。智顗『法華文句』巻二下（釈序品）によれば、六道のいずれに生じるかは前世における持戒の勤怠により、また見仏の可否は前世における教えを学ぶことの勤怠によるという。その理解に基づき、龍女が畜生道に生まれたのは前世において持戒に怠惰であったこと（戒緩《かいかん》）の報いであり、龍女が『法華経』の教えを聴き得たのは前世において教えを学ぶことに熱心であったこと（乗急《じょうきゅう》）のおかげだとする理解が、天台教学ではなされていた。参考、湛然『法華文句記』巻六上「龍女雖㆑畜、以㆓乗急㆒故、先習㆓方便㆒」（T34.257b04）。

こうした龍をめぐる理解を踏まえるとき、後シテが龍の姿のまま【天女舞】を舞うことは、一見矛盾したものと言えるだろう。（なお、後シテが龍の姿で登場するのは成仏の過程を示したものだとする俗説があるが、その理解は右の例から否定される。）

ここで想起されるのが《江口》の事例である。《江口》では、遊女が普賢菩薩の化身であったとする説話（『古事談』三

―九十五等）が作品構想に利用されており、山中玲子[20]によれば、作品成立時においてはそうした構想は演出面にも及ぶものであったという。すなわち、はじめ遊女の舞（【乱拍子】の類）を舞っていた江口遊女（後シテ）が、そのまま【天女舞】を舞いはじめることで、遊女が現身にして菩薩の姿へ変じることを表現していたのである。こうした、遊女の姿で【天女舞】を舞うことにより遊女と菩薩とを重ね合わせるという《江口》の構想を念頭に置くとき、《海士》において後シテが龍畜の姿のまま優雅に【天女舞】を舞うことも、それと同様の意図によるものと考えられよう。《海士》世阿弥改作における【天女舞】の増補は、龍女が現身にして仏に変じるという提婆達多品の世界の舞台化だったのである。

そう考えるとき、次に示す【天女舞】直前の経典読誦場面（9段）もまた、これと同様の意図に基づくものと言えよう。

［サシ］後シテ あら有難の御弔ひやな、この御経に引かれて、五逆の達多は天王記莂を蒙り、八歳の龍女は南方無垢世界に生を受くる、なほなほ転読し給ふべし。
［□］地謡 深達罪福相、遍照於十方、後シテ 微妙浄法身、具相三十二。
［ノリ地］地謡 以―八十種好、後シテ 用荘厳法身、地謡 天人所戴仰、龍神咸恭敬、あら有難の、おん経やな。
【盤渉早舞】（世阿弥時代には【天女舞】）

この中で読誦される偈文（傍線部）は、『法華経』提婆達多品において海中から出現した龍女がその直後に唱えるもので、その全文は以下の通りである。

深達罪福相　遍照於十方　微妙浄法身　具相三十二
以八十種好　用荘厳法身　天人所戴仰　龍神咸恭敬
一切衆生類　無不宗奉者　又聞成菩提　唯仏当証知
我闡大乗教　度脱苦衆生

この中では、三十二相八十種好（仏のみが具えるとされる身体的特徴）を具えた「微妙浄法身」が讃歎されている。この讃歎の対象をめぐっては、釈尊を讃歎したとする説と龍女自身を讃歎したとする説とがあり、しばしば議論の対象となっていた[21]が、次に挙げるように、天台系唱導ではこの偈は龍女の自歎とされていた（澄憲『花文集』提婆達多品釈）。

爰以㆓五言偈㆒、自讃㆓我身内証功徳美妙由㆒様、「深達罪福相、遍照於十方、微妙浄法身、具相三十二」乃至「又聞成菩提、唯仏当証知」〈文〉。

爰に、五言偈を以て、自ら我が身の内証の功徳美《めで》たう妙なる由を讃ずる様は、「深達罪福相、遍照於十方、微妙浄法身、具相三十二」乃至「又聞成菩提、唯仏当証知」〈文〉。

すなわちこの偈文は、龍畜の姿でありながらも実は仏の身体を具えていることを、龍女が自ら宣言する場面として、理解されていたのである。

この点を踏まえるとき、《海士》世阿弥改作において【天女舞】の直前にこの経文が置かれたこともまた、龍の姿と仏の姿とを重ね合わせる意図に基づくものと考えられよう。舞の直前に経典読誦の場面が置かれるのは【天女舞】の定型演出だが、《海士》ではその中で「深達罪福相……」の偈文が唱えられることにより、自らが仏身を成就していることをシテ自身が高らかに宣言する場面として、物語世界内での意味を与えられていたのである。(22)

結論

本稿で得た結論は以下の通りである。

能《海士》は、『讃州志度道場縁起』を典拠としつつも、それを〈母親の不在ゆえの孤独を嘆いていた藤原房前が、亡母と対面し、母の成仏を見届ける〉という母子恩愛の物語として描き直すことで、志度寺法華八講の起源譚として再構築したものと言える。この亡母の救済が描かれる上では『法華経』提婆達多品の所説が翻案投影され、それによって、時を超えて繰り返される『法華経』の奇蹟が称揚されていた。こうした作品構想の際には天台系唱導における法華経釈が利用されたと考えられ、一曲中の白眉というべき宝珠奪還の再現場面（「玉之段」）は、法華経釈の中で語られていた〈苦しみ多き海中世界へと分け入ってゆく心細さ〉のモチーフを利用することで成立したと考えられる。この点に、唱導劇としての《海士》の劇的達成を評価することが出来るだろう。

なお、世阿弥改作における【天女舞】の増補は、亡母が龍畜の姿のまま即身成仏を遂げることの演劇的表現と考えられ、舞の直前における経文引用もそうした構想と一体のものであったと考えられる。

注

(1)『縁起』が十四世紀前半頃の成立であることは、梅津次郎「志度寺絵縁起に就いて」（『絵巻物叢考』中央公論美術出版、一九六八年。初出一九五五年）、友久武文「志度寺縁起解説」（和田茂樹・友久武文・竹本宏夫編『瀬戸内寺社縁起集』中世文芸叢書九、広島中世文芸研究会、一九六七年）によって考証されている。

(2) 当該説話の近世演劇への継承関係を整理した研究に、原道生「『大職冠』論（一）」（『近松浄瑠璃の作劇法』八木書店、二〇一三年。初出一九七二年）がある。

(3) 当該説話が興福寺をめぐる縁起言説の一環であることを解明した研究に阿部泰郎「海人と王権」（『中世日本の王権神話』名古屋大学出版会、二〇二〇年。初出一九八六年、原題「『大職冠』の成立」）があり、その成立への南都律宗の関与を指摘した研究に大橋直義「珠取説話の伝承圏」（『転形期の歴史叙述』慶應義塾大学出版会、二〇一〇年。初出二〇〇一年）、松岡心平「南都律宗と能（その一）」（『文学』一一―一、二〇一〇年一月）がある。

（4）伊藤正義「各曲解題　海士」（『謡曲集』上、新潮日本古典集成、新潮社、一九八三年）、阿部泰郎「海人と王権」（注3）。

（5）竹本幹夫「天女舞の研究」（『観阿弥・世阿弥時代の能楽』明治書院、一九九九年。初出一九七八年）。

（6）竹本幹夫「天女舞の研究」（注5）参照。竹本は、「舞の段は、世阿弥の天女の能のそれと構成や作詞の傾向がきわめてよく似て」いることを指摘しており（二八七頁）、その点からも、9段の経文読誦場面は世阿弥の手になることが推測される。なお、このほか2段についても、

［サシ］前シテげにや名に負ふ伊勢をの海人は夕波の、内外の山の月を待ち、浜荻の風に秋を知る、また須磨の海人人《びと》は、塩木にも若木の桜を折り持ちて、春を忘れぬ便りもあるに、……

等、卑賤の職能民である海人を和歌的美意識によって描写している点は、卑賤の民を「風情」によって表現すべしとする世阿弥の次の主張と通底する（『風姿花伝』第二物学条々）。

田夫・野人の事に至りては、さのみに細に卑しげなる態をば似すべからず。仮令、木樵・草刈・炭焼・汐汲などの、風情にも成つべき態をば、細かにも似すべきか。

それゆえ、この段についても世阿弥の手が加わっている可能性は考えられよう。竹本の、「前場は、古態を留めた部分の多い反面、段構成自体は大体歌舞能のそれに準ずるといった奇妙な内容になって」いるとの指摘（二八七―二八八頁）が参考となる。但し、『縁起』に即して物語が展開するという構成は作中で一貫していることから、《海士》の物語内容・場面展開そのものは世阿弥改作以前からさほど変更されていないと考えられ、世阿弥改作の主眼は9段における【天女舞】の増補にあったと考えて問題ないように思われる。

（7）竹本幹夫「天女舞の研究」（注5）。

（8）伊藤正義「各曲解題　海士」（注4）。

（9）竹本幹夫「天女舞の研究」（注5）参照。

（10）たとえば現在でも、《道明寺》や《輪蔵》のような僧をワキとする脇能は翁附《おきなつき》（一日の公演の冒頭、神事演目《翁》の直後に引き続いて脇能を演じる形式で、脇能の上演形態として極めて格式の高い形とされる）にしないという慣習がある。

（11）阿部泰郎「海人と王権」（注3）、太田昌子「志度寺縁起絵の「語り」を読む」（太田編『志度寺縁起絵』平凡社、二〇一九年）。

（12）こうした理解は天台系唱導においても基本的に継承されていたと考えてよく、後述する澄憲『花文集』の提婆達多品釈では次のように説明されている。

上品（引用者注：見宝塔品）中、明二宝塔涌現一、説二分身来集一、示二三反（変）浄土一、宣二一乗付属一給。雖レ然無二其証一。此品中、明二達多弘経釈尊成道一顕二昔弘経妙事一、説二文殊通経龍女作仏一示二今流通美様一也。

上品（引用者注：見宝塔品）中には、宝塔の涌現を明かし、分身の来集を説き、三変浄土を示し、一乗の付属を宣《の》べ給ひき。然りと雖も其の証なし。此の品の中、達多の弘経・釈尊の成道を明かして昔の弘経の妙なる事を顕はし、文殊の通経・龍女の作仏を説きて今の流通の美《め》た《で》き様を示すなり。

（13）「山徒」は原表記「山と」で、かつてはこれを「大和」の宛字とする説もあったが、牧野和夫「宗存版『神僧伝』零葉、

そして唐土猿楽起源伝承」（新井栄蔵・渡辺貞麿・寺川真知夫編『叡山の和歌と説話』世界思想社、一九九一年）によって「山徒」とすべきことが考証された。

（14）こうした《海士》の非律宗性を考える上で、大橋直義「珠取説話の伝承圏」（注3）が『縁起』のもつ律宗性の痕跡として挙げている行基の存在を、《海士》では抹消していることと（本稿第二節）が注意されよう。なお、法華八講への言及じたいは『縁起』にも見えるものの、それは当時実際に志度寺で行われていた法会を物語中に取り込んだものと考えられ、必ずしも律宗的文脈の中で創出された説話要素とは言えない。

（15）《海士》の初演者・金春権守の属する大和猿楽は物まね芸を得意とする芸風であったことから、宝珠奪還の様子を演技して見せる5段が成立当初以来の《海士》最大の見せ場であったことは疑いない。

（16）なお、本稿第二節で示した通り（E）、『縁起』では海人は龍王に襲われ海中で死亡するのに対し、《海士》では瀕死の状態で帰還する。その改変の意図は未詳ながら、この5段［段哥］や6段［クドキ］において海人自身に当時の様子を語らせる上での便宜的措置かとも推測される。

（17）日本中世文芸における白居易「海漫漫」の利用例は頗る多いが、そのうち「海漫漫」やそこに記された徐福・文成説話に直接言及するものとしては、たとえば次の例がある。

○『宝物集』巻一

爰をもて秦皇・漢武は不死の薬有と聞て、方士を以て年〳〵に取につかはす、命を宝とおぼす故也。楽符と申文に「海漫々たり、風浩々たり、眼《（ウカ）》かけなんとすれども、蓬莱の島みえず」と白居易の書しは是なり。

○『源平盛衰記』巻二十八・経正竹生島詣〈仙童琵琶〉

（引用者注：竹生島は）海漫々トシテ、直下ト見下セバ底モナシ。雲ノ波、煙ノ波ニ紛ツヽ、深水最幽也。昔秦皇漢武ノ不死ノ薬ヲ採ントテ、方士ヲ使ニ遣シテ蓬莱ヲ求シニ、蓬莱ヲ見ズハイナヤ帰ラジト云ケル童男丱女ハ徒ニ舟ノ中ニヤ老ニケン。茫々タル天水、角ヤト覚テ面白ヤ。

○『太平記』巻二十六・妙吉侍者事〈付〉秦始皇帝事

徐福・文成ト申ケル道士二人……年未十五ニ不ㇾ過童男丱女、六千人ヲ集メ、龍頭鷁首ノ舟ニ載セテ、蓬莱ノ嶋ヲゾ求メケル。海漫々トシテ辺ナシ。雲ノ浪・烟ノ波最深ク、風浩々トシテ不ㇾ閑、月華星彩蒼茫タリ。蓬莱ハ今モ古ヘモ只名ヲノミ聞ケル事ナレバ、天水茫々トシテ求ルニ所ナシ。蓬莱ヲ不ㇾ見否ヤ帰ラジト云シ童男丱女ハ、徒ニ舟ノ中ニヤ老ヌラン。

また、単に海辺の描写として用いたものには、たとえば次の例がある。

○『平家物語』二・康頼祝言

（引用者注：鬼界島は）山のけしき、木のこだちに至るまで、外よりもなを勝たり。南を望めば、海漫々として、雲の波煙の浪ふかく、北をかへりみれば、又山岳の峨々たるより、百尺の滝水漲落たり。

○『撰集抄』四・範円聖人事

かの所（引用者注：中納言経光が出家遁世した筑紫横竹の地）は、まへは野べ、叢蘭茂く成りて風にやぶれ、虫の声々、草の根ごとにしどろ也。後は山、嵐より〳〵おとづれて、松葉琴をしらぶ。右は海漫々としてきはもなし。左は清瀬河岸たかくして、岩うつ浪のくだけつゝ、ほのかにきこえ侍り。

○『宴曲集』四・海道中
　直下と見おろせばしほみ坂、雲水はるかに連《つらなり》て、眼まさにうげ《(穿)》なんとす
なお、『縁起』でも「運二思於蓬嶋桑田一、雖レ寄二望於雲濤煙波一、茫然」として「海漫漫」の一節が踏まえられているが、これは宝珠の奪われた場所へと唐使に案内された淡海公を描写する場面に当たり、《海士》の文脈とは異なる。

(18) 大島薫「澄憲の法華経講釈」(『国文学 解釈と鑑賞』六二―三、一九九七年三月)、同「海を渡る白楽天」(『国文学』〔関西大学〕八二、二〇〇一年三月) 参照。

(19) 竹本幹夫「天女舞の研究」(注5)。

(20) 山中玲子「能〈江口〉の描くもの」(『観世』八一―一二、二〇一四年一二月)。

(21) たとえば次の例が挙げられる。
○証真『法華文句私記』巻八末・提婆品
経「深達罪福相」等者、問、此偈讃レ誰。若讃レ仏者、疏云「明二持経得解一」、輔云「観二経及疏一、是讃二自証一釈二智積疑一」〈云々〉。若自嘆者、対レ仏不レ可二自歎一。上記云「龍女歎仏偈」、玄六云「称二歎於仏一成二菩提一事」。
※疏＝智顗『法華文句』／輔＝道暹『法華経文句輔正記』／上記＝湛然『法華文句記』／玄六＝智顗『法華玄義』巻六
○宗性『諸宗疑問論義抄』九・宝治二年成恩院御八講、宗性問智円法印
問、経文云「深達罪福相、遍照於十方」〈等文〉、此文龍女嘆二教主釈尊一歟。答、龍女歎二自身一亦歎二教主釈尊一之二義辺可レ有也。

(22) なお、同じく【天女舞】を舞っていた能《当麻》においても、経典読誦場面に引かれる経文は作品主題に合致するものであったと考えられる。拙稿「能《当麻》の主題と構想」(『能と狂言』一五、二〇一七年七月) 参照。

引用資料の出典

【能関連】《海士》＝日本古典文学大系(「海人」)／《鵜羽》(下掛リ系)＝『磯馴帖』松風篇所収「遊音抄」／『風姿花伝』『申楽談儀』『歌舞髄脳記』＝日本思想大系／『舞芸六輪次第』＝増補国語国文学研究史大成。**【志度寺縁起関連】**『讃州志度道場縁起』＝中世文芸叢書『瀬戸内寺社縁起集』所収古巻子本影印。**【法華経・天台教学・天台系唱導関連】**『法華経』(流布本)＝法華経普及会編『真訓両読妙法蓮華経並開結』(平楽寺書店、一九二四年)／『法華文句』＝大正新脩大蔵経／『花文集』＝真福寺善本叢刊『法華経古注釈集』(但し良真本〔称名寺聖教319-2-16〕および伊勢房本〔同38-6-2〕を以て適宜校合した)／『法華文句私記』＝大日本仏教全書(鈴木学術財団版。「法華疏私記」)／『諸宗疑問論義抄』＝平岡定海『東大寺宗性上人之研究並史料』。**【法華八講起源譚関連】**『三宝絵』＝新日本古典文学大系／『私聚百因縁集』＝新日本古典籍総合データベース(承応二年版本。国文研蔵、タ6-4-1～5)。**【「海漫々」の用例】**『白氏文集』＝新釈漢文大系／『宝物集』(第二種七巻本)＝新日本古典文学大系／『源平盛衰記』・『宴曲集』＝中世の文学／『平家物語』(覚一本)・『太平記』(慶長古活字版)＝日本古典文学大系／『撰集抄』＝小島孝之・浅見和彦編『撰集抄』(桜楓社、一九八五年)。

　このうち漢文体資料については、必ずしも原典の付訓に従わず、私に返点を施した。なお、正格漢文ではない『花文集』については、訓読(真福寺本の付訓を尊重しつつ私意により適宜

改めたもの）を併記した。また《海士》詞章については、読みやすさを考慮し、私に表記を改めた。

附記

本稿はJSPS科研費JP20K21997および山梨県大村智人材育成基金事業「若手研究者奨励事業」の助成に基づく研究成果の一部である。また本稿を成すに当たり、猪瀬千尋氏より多くのご教示を賜った。特に、猪瀬氏と共同でおこなっている澄憲『花文集』精読研究から得られた知見は極めて大きい。記して御礼申し上げる。

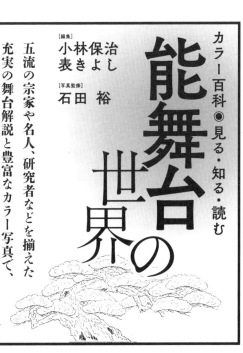

能《重衡》の表現と思想
——「寒林に骨を打つ霊鬼は」の句をめぐって

猪瀬千尋

いのせ・ちひろ——金沢大学准教授。専門は日本中世文学。主な著書・論文に『中世王権の音楽と儀礼』（笠間書院、二〇一八年）、「新出今様琵琶譜 足柄三首、物様一首——「関神」「瀧水」「恋者」および「権現」について」（『国語と国文学』九六—一〇、二〇一九年）などがある。

修羅能《重衡》には、「寒林に骨を打つ霊鬼は」という句が見える。『天尊説阿育王譬喩経』を原拠とし、澄憲『言泉集』によって広まった句である。唱導においては逆即是順、善悪不二を示す言葉として引用される。しかし《重衡》は、本説の『平家物語』も逆即是順の文脈も無視する。瞋恚に迷う重衡を霊鬼と重ねるために、この句を引用するのである。

はじめに

《重衡》は世阿弥の時代に生まれた能である。別題を《笠卒都婆》という。永らく廃曲であったが、一九八三年に橋の会によって復曲され、話題を集めた作品である。作者は未詳だが、元雅とする説がある。[1] 内容は『平家物語』「重衡被斬」を本説とする。奈良坂の般若寺笠卒塔婆に現れた重衡の亡霊（シテ）が自らの死の様相を旅の僧（ワキ）に語る、というものである。

本論では作中に見られる句「寒林に骨を打つ霊鬼は」をめぐって、[2] この句の持つ思想性を明らかにした上で、作品の中での位置づけを示し、合わせて作品の性格についても論じてみたい。

一、天人散花戸上説話と魂魄思想

冒頭、前シテ登場段サシで、前シテの老人（実は重衡の亡霊）は次のような語りを見せる（以下、引用は私に句読点、訓読点を補い、中略は……であらわす）。

花は雨の過ぐるによつて紅まさに老いたり、柳は風に欺かれて、緑やうやく低れり、寒林に骨を打つ、霊鬼泣く泣く前生の業を恨み、りんやに花を供ずる天人、返すがへすも幾生[3]の善を喜ぶなるは、ただ順逆の因果なるべし、

前半部「花は雨の過ぐる」は『百聯抄解』に類句があることが知られている。対して後半部「寒林に骨を打つ……」は『天尊説阿育王譬喩経[4]（以下、譬喩経）』を原拠とする、天人散花尸上説話と呼ばれるものである。以下に『譬喩経』本文を挙げる。

昔有人在㆓道上㆒行、見㆔道有㆓一死人㆒。鬼神以㆑杖鞭㆑之。行人問言、「此人已死。何故鞭㆑之」。鬼神言、「是我故身。在生之日、不㆑孝㆓父母㆒、事㆑君不㆑忠、不㆑敬㆓三尊㆒、不㆑随㆓師父之教㆒。令㆓我堕㆑罪。苦痛難㆑言。悉我故身故来鞭耳」。稍々前行、復見㆓一死人㆒。天神来下、散㆓華於死人屍上㆒。以㆑手摩㆓挱之㆒。行人問言、「観㆑君似㆓是天㆒。何故摩㆓挱是死屍㆒」。答曰、「是我故身。生時之日、孝㆓順父母㆒、忠信事㆑君、奉㆑敬㆓三尊㆒、承㆓受師父之教㆒。令㆓我神得㆑生㆑天。皆是故身之恩。是以来報㆑之耳」。行人一日見㆓此二変㆒。便還㆑家、奉㆓持五戒㆒、修㆓行十善㆒、孝㆓順父母㆒、忠信事㆑君、示㆓語後世人㆒。罪福追㆑人、久而不㆑置。不㆑可㆑不㆑慎。

（大蔵経五〇：一七二）

昔、道ゆく人が道上で骸をむち打つ鬼を見た。理由を問うと、前生で両親にも不孝で三尊（父、師、君）も敬わなかったので、鬼になり苦痛をうけたためという。また行くと骸に供花する天人を見た。理由を問うと、前生で両親に孝順し三尊を敬ったので、天人に生まれ変わったためという。以来、その人は仏道に励み、父母の孝行に尽くした、という内容である。末尾に「父母に孝順し、忠信をもて君に事《つか》ふ」「罪福、人を追ひ、久しくして置かず」とあるように、孝養の大切さ、罪福の因果応報を説く説話である。

『譬喩経』は東晋代（三一七～四二〇）の訳とされ、中国撰述とも目されるが、本話については特に魂魄思想との関連が注目される。魂魄思想は道教を中心とした中国由来の死生観である。人間の肉体と精神を二分し、天―陽の気を持つ魂と、地―陰の気を持つ魄とする。人間が死ぬと魂と魄は別れ、魂は天に帰り、魄は地に帰る、とするものである。実際はより複雑な展開を見せるが、『抱朴子』（三世紀）以下諸文献に見られる三魂七魄（人間が死ぬと三魂と七魄に分かたれるという考え方）と合わせ、本朝でも右記のごとき考え方が受容された。

能は魂魄思想を前提におく作品が多い。魂が善処にありながら、魄が娑婆（ないし修羅）をさまよっており、魂と魄と

が関わり合いながら閻浮に帰ってくるというのが、一つの典型である。(5) なおここでいう善処とは浄土のことで、仏教では魂の赴くところ＝天を浄土とみなし、魂魄思想を受容している。《重衡》もまた、魂は往生するものの、遺骸が眠る笠卒都婆の元に重衡の幽霊（魄）がやってきて瞋恚を呼び覚ます、という構成をとっている。

こうした魂の救済に対する魄の彷徨は、高橋悠介が述べるように、(6) 能以前、鎌倉〜南北朝期の唱導にしばしば見られるものである。

三魂は縦ひ浄刹の台に移り御すとも、七魄神の外は御遺骨も伴ふ人もなく……　（『顕弁四十九日廻向文』）(7)

就レ木就レ水、遊台之魂雖レ無レ帰、成レ土成レ煙、埋没之骨定有レ識。三魂上詣二浄刹一、七魄留守二旧骨一云事、正如来誠諦。　（『拾珠鈔』第六「安守」）

そこでは特に魂は浄土に往き、魄が遺骸を護るという趣旨の文言が記される。同様の考え方は唱導以前にも『今昔物語集』などにおいて見える。『今昔物語集』巻十「費長房、夢習仙法至蓬莱返語第十四」では、往く人に踏みにじられる遺骸を道中に見つけた費長房が、その遺骸を哀れに思い地に埋めたところ、夢に遺骸の主があらわれ、次の言葉を述べる。

我ガ実ノ魂ハ死テ後、天ニ生レテ楽ヲ受ル事无限シ。亦、骸ヲ護ラムガ為ニ、一ノ魂、骸ノ辺ヲ不去。

骸を守るのが魄から「一の魂」になっている変更点はあるが、魂が天に生まれ、一方では骸を守るという発想が見られる。また『宝物集』（第二種七巻本）六道―人道―死苦には以下の文言がある。

中有のありさま、おろ〳〵申侍るべし。……行基菩薩の中有のありさまをのたまふにも、屍はのこりて墓のほとりにあるといへども、魂はさりて、中有にありて苦をうくる、といへり。

ここでは魂の往くところとして、浄土にいたる以前、中有（冥土）の様子を述べている。魂魄の語は見えないが、《鵜飼》下掛り系本文には右の句に似た表現を見いだすことができる。

娑婆の業因深きゆゑ、〳〵、魂は冥途に赴けば、魄はこの世に苦を受くる。

これを踏まえれば、『宝物集』の行基菩薩作とされる句も、魂魄思想を背景においていた可能性がある。さらに注目されるのは『注好選』（十二世紀以前成立）に見える次の説話である。

又人死時、成二三魂七魄一。其魂受レ苦、来禁レ魄。其魂受レ楽、来礼レ魄。所以三魂往、七魄留也。頭有二七穴一。二

目、二耳、二鼻、一口穴也。七鬼在レ之。為レ人成レ祟七魄鬼所レ致也〈淮南子云、天気ヲ為レ魂ト、地気ヲ為レ魄ト。(魂是)霊、魄(是)屍、云〉。

(『注好選』中・四九話)

人は死ぬと三魂七魄になるが、その魂が苦しみを受ければ魄をいましめるといい、その魂が楽しみを受ければ魄を礼拝するのだという。『注好選』はさらに『淮南子』を引用し、魂を天気―霊、魄を地気―屍としている。この『注好選』の話は具体性こそないものの、『譬喩経』の内容に類似する。[8]苦しみを受け魄(屍)をいましめる魂は『譬喩経』の鬼神に、楽しみを受け魄を礼する魂は同経の天人に比定される。天人散花尸上説話は仏典由来ではあるが、そこで描かれるモチーフは魂魄思想と親和性が高いものであることがわかる。

なお付言すれば「寒林に骨を打つ霊鬼」の寒林とは、葬送地のことである。《重衡》の舞台である笠卒塔婆は弘長元年(一二六一)建立の二基が現存するが、この二基の大卒塔婆は明治二十五年以降に現在地に移されるまで、五三昧という葬送地にあった。[9]また、松岡心平が述べるように霊鬼には修羅界に迷う重衡の姿が重ねられている。[10]作者の知識背景は措くとしても、魂魄思想という共通の土台のもと、葬送地という舞台を共有し、重衡と霊鬼とを接続させる点において、「寒林に骨を打つ」の引用は、作品の世界観に相応するものと言える。

二、天人散花尸上説話の類話に見える共通性

もっとも、本朝での天人散花尸上説話の受容過程において、魂魄思想が表立ってあらわれることはほとんどなかった。久保田淳が指摘するように、[11]本話は『発心集』に類話が、金刀比羅本『平治物語』および能《山姥》に類句が見える。まず類話である『発心集』を挙げる。

昔、目蓮尊者、広野を過ぎ給ひけるに、恐しげなる鬼、槌を持ちて白き骸を打つあり。あやしくおぼして問ひ給ふに、答へて云はく、「此れは、おのれが前の生の身なり。我が世に侍りし時、此の骸を得し故に、物に貪じ、物を惜しみて多くの罪を造りて、今は餓鬼の身を受けたり。苦をうくる度に、此の骸の妬ううらめしければ、常に来て打つなり」と云ふ。これを聞きをはりて、なを過ぎ給ふ程に、或る所に、えもいはぬ天人来て、骸の上に花を散らす。又これを問ふに、天人答へて云はく、「これは即ち我が前の身なり。此の身に功徳を造りしによりて、今天上に生れて、諸々の楽を受くれば、其の報ひせむが為に来て、供養するなり」とぞ答へ侍る。かかれば、

ひたすら身のうらめしかるべきにもあらず。善悪にも従ひて、大きなる知識となるべきなり。

（『発心集』七―一二「心戒上人、跡を留めざる事」）

『譬喩経』の道ゆく人が『発心集』では目蓮に、鬼神が餓鬼に改変されている。また父母への孝順など儒教的要素が見えず、かわりに餓鬼が「此の骸の妬めしければ」と執着をもって遺骸を打ちつけている描写が見える。述べたように、《重衡》の「寒林に…」での霊鬼は重衡その人の姿でもあるから、『譬喩経』の鬼神よりも、執心を強調する『発心集』の餓鬼の方が、《重衡》のイメージに近いように思われる。また「かかれば、ひたすら身のうらめしかるべきにもあらず」と弁明するものの「善悪にも従ひて、大きなる知識となるべきなり」と、話を半ば肯定的に解釈している点も注意される。

この点を踏まえた上で、次に類句を挙げる。

温野に骨を礼せし天人は平生の善をよろこび、寒林に髄をうちし霊鬼は前世の悪をかなしむとも、かやうのことをや申べき。

（『平治物語』中「信頼降参の事」）

（シテ）あら物凄の 深谷やな、あら物凄の 深谷やな。寒林に骨を打つ、霊鬼泣く泣く前生の業を恨み、ぢんやに花を供ずる天人、返すがへすも幾生[12]の善を喜ぶ、いや善悪不二なにをか恨みなにをか喜ばんや、万箇目前の境界、懸河渺々として巌峨々たり

（《山姥》）

『平治物語』は、藤原信頼の遺骸を打ち据えた監物入道が、清盛にその行為を知られ、重代文書没収の憂き目にあったという話である。因果応報という『譬喩経』の主張とも一致する。一方、《山姥》は後シテの山姥が登場する場面である。注目されるのは「善悪不二」という用語で、これは前掲『発心集』の解釈と類似する。「何をか恨み、何をか喜ばんや」とあるように、《山姥》は屍に鞭うつ霊鬼の瞋恚も、花を供する天人の喜楽も同質においている。この話の受容には、鬼を悪と、天人を善と見て、両者を同一にみる視座が働いているらしいことがわかる。

三、澄憲『言泉集』における天人散花尸上説話

『発心集』と《山姥》における天人散花尸上説話の受容には、善悪の解釈をめぐる相似がある。両者の間に直接的な関係は見いだせないから、それぞれが拠った文献の文脈が重要となる。天人散花尸上説話はこれまで『平治物語』や『発心集』を古例としてきた。しかし資料を追うと、より時代を遡る例が確認される。中国では天監十五年（五一六）成立の宝

唱『経律異相』や、六世紀後半成立の道紀『金蔵論』に本話は取り挙げられている。(13) そして本朝においても、澄憲(一一二六～一二〇三)によって唱導の中に取り入れられていた。(14) すなわち真如蔵本『言泉集』のうち、「二親料報恩事 第四」に類話を、「為夫事」に類句をそれぞれ見いだすことができる。以下順に見たい。

まず「二親料報恩事 第四」について、これは子による両親のための追善表白である。澄憲は孝行の功徳を説く中で、様々な因縁を挙げる。そのうちの一つに天人散花尸上説話が見える。

> 道人往レ路、有二一餓鬼一、打レ屍。道人問云、「汝何故打二其死骸一耶」。餓鬼答云「是我先生故身也。我為レ人之時、不レ供二養父母三宝一。故受二此鬼道身一。受レ苦无レ極。不孝身故我打レ之也」。次往之間、有二一天人一、供二養死骸一。道人問云、「何故、汝供二養不浄屍一耶」天人答云、「是我先生故身也。我在世之時、堅供二養父母三宝一、今生二天上一、受二无量快楽一。孝養之身自来供養也」、申也。今孝養之人、生レ天得レ楽无レ疑、美事也。就中人祖依レ子造レ罪、必堕二悪道一。心地観経云、「世人為レ子造二諸罪一、堕二罪三途一長受レ苦。男女非レ聖无二神通一、輪回生死難レ可レ報」云。人祖依レ子造レ罪也。サコソ候。……人祖依レ子造レ罪堕二悪道一、如二人倒レ地而起一、依二子追善一、必離レ苦得レ楽也。

『譬喩経』に比べ簡潔な内容である。原拠で鬼神とあるのが餓鬼とされている点は、『発心集』との関連を見ることもできよう。澄憲は一話を述べた後、「今孝養の人、天に生じ楽を得ること疑ひなし。美《めで》たき事なり」と、追善者は天人の立場に他ならないことを述べている。孝養の大切さを説いているように見えるが、その後に続く文章を踏まえると、『譬喩経』とは主張するものの内実が若干異なっているように思える。

すなわち澄憲はこの話の後で『心地観経』の「世人為子造諸罪」の偈を持ち出している。「慈父恩高如山王」に著名な一連の偈は、唱導における父母追善の最頻出語句であり、右で引用される部分は「子は親のために罪をつくり三途に堕在するが、子は聖ではないから報いることは難しい」ことを示す。もっとも澄憲は子による追善を否定するために『心地観経』を用いているわけではない。澄憲以前、例えば『往生要集』は、右の偈についでさらに「有情輪廻生六道 猶如車輪無始終 或為父母為男女 世々生々互有恩(衆生は六道輪廻に生を受け、それは車輪のように果てはない。父母となり子となり、世々生々に恩愛につながれるのである)」を挙げ、親子の恩愛の分かちがたいことを説く。しかし澄憲は、「人の祖《おや》、子によりて罪を造り悪道に堕つといへども、人の地に倒れ而して起つがごとく、子の追善によりて必ず苦を離れ楽を得るなり」と、むしろ子を思う親の気持ち、恩愛という執着を肯定的にとらえ、子による親追善の機縁とする。

天人散花尸上説話の引用も、孝養の大切さを説き、施主を天人に比定することでその功徳を確かなものにする働きはあっただろうが、本質はむしろ因果応報、輪廻転生という仏教における否定的価値観を転回させ、肯定的に解釈する論理性にある。それゆえ、そこでは罪を犯す鬼も、巡り廻って救われるのであるという救済性が予期されるのである。

このことをよりはっきりと示すのが「為夫事」である。「為夫事」は亡夫のための追善表白であり、冒頭に次のような話を記している。

阿輸沙国にある婆羅門がいた。彼は仏教を信じなかったが、その妻は信仰心が篤く、夫に念仏を唱えるよう勧めた。夫は妻を愛着して止まなかったので、妻と寝屋で交接の後、念仏を唱えた。ある日、頓死した夫が蘇って言うには、自分は死後、地獄に落ち釜ゆでにされたが、金鼓の音が聞こえ念仏を唱えたところ、地獄は涼池のようになった。閻王は人間に伝え説けと、次の一句を授けたという。

若人造多罪　応堕地獄中
纔聞弥陀名　猛火為清涼

以上は『三宝感応要略録』上―一九話を典拠とする。話の生々しさのせいであろうか、相当の流布を見た説話であり類話は多数に及ぶ。(15) かかる著名な因縁を挙げた上で、『言泉集』は次のように話を総括する。

聞者、寒林打レ骸霊鬼、鳴々恨二先世之悪一。
湿《（ママ）》野供レ骨天人、返々喜二嚢生之善一。

右句は前掲『平治物語』や《重衡》《山姥》に類似し、この言葉が『言泉集』を原拠とする可能性を示唆させる。しかし本論において注目すべきは、『言泉集』の因縁が嫉妬深い婆羅門の救済譚として語られている点である。ここで婆羅門は妻を愛することによって――より直截的に言えば、交接を遂げながら念仏を唱えたことによって、結果的に救済されている。愛執という仏法に反する情念が、巡り廻って婆羅門を救う機縁となるのである。このような、悪しき事柄が還って仏縁となることを仏教では逆縁と呼び、逆縁をもって順縁となすことを逆即是順と呼ぶ。順縁―逆縁は因縁のうちの縁だが、これを因に求めると、善―悪ないし正―邪となり、これらの対照を統合して善悪不二、邪正一如とも呼んだ。(16)

すなわち天人散花尸上説話は逆即是順、善悪不二を示す因縁として、換言すれば骸を打つ鬼に救済を見る話として専ら受容されていた。前掲『発心集』も《山姥》もまた、澄憲と同じ発想で「寒林に骨を打つ」句ないし説話を引用しているのであり、両者の類似性はかかる唱導の世界観によって裏打ちされているのである。

四、諸法実相論との連関

ところでこうした逆即是順、善悪不二という考え方は、一般に諸法実相論の特質とされる。諸法実相は『法華経』方便品に見える言葉で、この世界をめぐるあらゆる現象（諸法）が真実（実相）であることを示すものである。万物を真如とみるこうした考え方は、「三界唯一心」[17]など他の経典の言葉とも結びつき、様々な文芸に波及した。その主張の肝要は、澄憲『法華経釈』中の方便品釈のうち「示真実相」として「諸仏世尊、唯以一大事因縁故出現於世」（法華経方便品、大蔵経九：七）を説き明かすくだりに見える。

故、尺迦薬師居二朗然一、普賢文殊住二阿惟一、我等衆生迷二生死一、地獄鬼畜沈二悪趣一、高下無レ隔、迷悟平等也。爰以提婆達多悪逆、観音薩埵慈悲不レ異。須利盤特愚癡、大聖文殊智恵同躰也。……以レ是多摩羅憧城無厭足王、以二瞋恚煩悩一為二化他方便一。宝荘厳城和須密女、以二愛染煩悩一為二利生媒構一。是即煩悩与菩提其躰ノヤカタ（ママ）一様、以二香様躰一、達二実相観門一申ナムメリ。花厳明二法界唯心一、大集説二染浄不二一、大品言二尽浄虚融混同不二一、大経宣二一切衆生悉有仏性一。皆是所レ明二此経一実相真如一分、中道法性ノカタハシナリ。[18]

如来も菩薩も人間も餓鬼畜生も隔てなく、迷悟は平等である。それゆえ提婆達多の悪逆も観音の慈悲に異ならず、須利盤特の愚痴も文殊菩薩の智恵と同体であるという。澄憲は『華厳経』入法界品に説かれる善財童子の遍歴のうち、無厭足王と婆須蜜多女との邂逅を挙げ、煩悩即菩提を説く。無厭足王は飽き足らない執心を以て、婆須蜜多女は愛執を以て仏縁とした人である。そして煩悩即菩提だけでなく、華厳経の法界唯心（三界唯一心）も、大集経の染浄不二混同不二も、大品般若経の尽浄虚融も、大般涅槃経の一切衆生悉有仏性も、すべては法華経で説かれる諸法実相の考え方に相違ないものとする。

かかる視座のもと能の作品を見ると、諸法実相論が、禅宗の思想をも摂取しながら能の詞章において展開していることに気づく。例えば観阿弥《卒都婆小町》の眼目である、シテ小町とワキ僧（とワキツレ僧）の掛け合いには次の文言が見える。

《シテ》とても臥したるこの卒都婆、われも休むは苦しいか、
《ワキ》それは順縁にはづれたり、《シテ》逆縁なりと浮かむべし、
《ワキツレ》提婆が悪も、《シテ》観音の慈悲、《ワキ》槃特が愚痴も《シテ》文殊の智慧、《ワキツレ》悪といふも、《シテ》善なり、《ワキ》煩悩といふも、《シテ》菩提なり、《ワキツレ》菩提もと、《シテ》植え樹にあらず、《ワキ》明鏡また、《シテ》台になし、《地謡》げに本来一物なき時は、仏も衆生も隔てなし、

「菩提もと…」は禅宗史の基礎文献である『景徳伝燈録』巻三（一〇〇四年成立）等に記された六祖慧能の偈を典拠とする。一方で衆生と仏を同一視する視座は前掲『法華経釈』にも見え、かつ「提婆が悪も…」は句そのものが一致する。これまで「提婆が悪も…」は『肝心集』（鎌倉前期作）に類句があることが知られていたが、[19]思想的な背景も含めて源泉は澄憲の言説にあることがわかる。

「寒林に骨を打つ」を善悪不二で説く《山姥》もまた、諸法実相論と近い位置にある。《山姥》曲舞段には

邪正一如と見る時は、色即是空そのままに、仏法あれば世法あり、煩悩あれば菩提あり、仏あれば衆生あり、衆生あれば山姥もあり、柳は緑、花は紅の色々。

とある。「柳は緑、花は紅」は蘇軾の「柳緑花紅真面目」を原拠とするが、とくに禅宗において広く受容され「草木にみる自然のままのすがたが、諸法の実相である、という意」[20]とされた。十三世紀以降は天台本覚論にも受容され、尊海（一二五三～一三三二）撰と伝える『円頓章見聞』には「柳緑華紅之当処、是言二随縁真如実相一也」[21]と見える。《山姥》はかかる思想背景をもとに、「柳は緑、花は紅」を色即是空の思想によって説き明かし、邪正一如、煩悩即菩提と結びつける。そこでは禅宗的思考を付加することで、従来の実相論の枠組みを超えた表現が成されている。終曲部でシテは

憂き世を廻る一節も、狂言綺語の道直に、讃仏乗の因ぞかし。

と、演じる舞をも狂言綺語観においてしまうが、[22]これも狂言綺語観の一展開に諸法実相論があることを踏まえれば納得がゆく。諸法実相論は多くの能の作品をつらねく根元的思想なのである。

五、『平家物語』との比較

改めて《重衡》に立ち帰った時、しかし、この作品は善悪不二、逆即是順を主題としているのだろうか。ひいては諸法実相論の範疇にあると言えるのだろうか。確かに第一節の引用文中、「寒林に骨を打つ」は「ただ順逆の因果なるべし」

と結ばれている。けれども、先行研究がおしなべて認めるように、[23] 本作において重衡は救済されていない。換言すれば、《重衡》において善と悪とは容易には結びつかない。それは本説とする『平家物語』が、重衡に一定の救いを求め逆即是順を明かすのとは対照的である。

この点について、後段、重衡斬首を語る曲舞部について考察したい。当該部分は『平家物語』本文の引用が確実であり、特に覚一本が近い位置にある。今、《重衡》と覚一本の本文を挙げる（比較のため、《重衡》については引用元の句読点を大幅に改めた）。

伝へ聞く調達が、三逆を作りけん、八万蔵の聖教、滅ぼしたりし悪心も、天王如来の記別にて、罪業まこと深しといへども、聖教値遇の順縁にて、かへつて得道の因となりにけるとかや。今重衡が、逆罪を犯すこと、まつたく愚意のなすになし、世に従へる理なり、生を受くるものたれとてもいかでか父の命をば背かんや、心中仏陀の照覧もあるべしや、ただ三宝の境界を請くる心なり。一念弥陀仏、即滅無量罪と聞く時は、只今称ふる声のうち、涼しき道に入る月の、光は西の空に、至れども魄霊は、なほ木のもとに残り居て、ここぞ閻浮の奈良坂に、帰り来にけり三笠の森の、花の台は、これなれや、重衡が、妄執を助け給へや。《重衡》

（重衡）「つたへきく、調達が三逆をつくり、八万蔵の聖教をほろぼしたりしも、遂には天王如来の記莂にあづかり、所作の罪業まことにふかしといへども、聖教に値遇せし逆縁くちずして、かへツて得道の因ともなる。いま重衡が逆罪をおかす事、まツたく愚意の発起にあらず、只世に随ふことはりを存斗也。命をたもつ物誰か王命を蔑如する、生をうくる物誰か父の命をそむかん。かれといひ、是といひ、辞するに所なし。理非仏陀の照覧にあり。抑罪報たちどころにむくひ、運命只今をかぎりとす。後悔千万かなしんでもあまりあり。たゞし三宝の境界は慈悲を心として、済度の良縁まち〳〵なり。唯縁楽意、逆即是順、此文肝に銘ず。一念弥陀仏、即滅無量罪、願くは逆縁をもツて順縁とし、只今の最後の念仏によツて九品託生をとぐべし」とて、高声に十念唱へつゝ、頸をのべてぞきらせられける。日来の悪行はさる事なれども、いまのありさまを見たてまつるに、数千人の大衆も守護の武士も、みな涙をぞながしける。

（覚一本『平家物語』巻十一「重衡被斬」）

両者の注目すべき差異について傍線を付した。最初の傍線、順縁─逆縁の差異について、ここは『平家物語』は高野本など、覚一本系の他本でも「逆縁」とあるので、《重衡》があえて順縁にした可能性が高い。本稿第三節で指摘した通り、逆縁とは「悪しき事がらによって仏道に入るよすがとなるような縁」(24)を言う。ここでは重衡が悪逆非道を尽くしたからこそ、還って最期に仏縁と巡り会ったことになる。『平家物語』の主要諸本のうち、「逆縁」の語は重衡の斬首場面にしか見られず、それなりの意図をもって一語は布置されていたはずである。ところが《重衡》では「罪業は深いが、聖教にめぐりあった順縁で、得道の原因になる」となり、順縁の語は特別の意味をなしていない。《重衡》は重衡の逆縁という話の基軸を消失させているのである。

　そのことは後に続く『平家物語』傍線部「済度の良縁まち〱なり。唯縁楽意、逆即是順、此文肝に銘ず。一念弥陀仏、即滅無量罪、願くは逆縁をもツて順縁とし、只今の最後の念仏によツて九品託生をとぐべし」との比較でも明らかである。「一念弥陀仏、即滅無量罪」は『観世音菩薩往生浄土本縁経(本縁経)』に見える四句偈、

善哉両足尊　能利娑婆界　証明真実法　慈悲施一切
若有重業障　無生浄土因　乗弥陀願力　必生安楽国
若人造多罪　応堕地獄中　纔聞弥陀名　猛火為清涼
若念弥陀仏　即滅無量罪　現受無比楽　後必生浄土

を原拠とする。どれだけの罪も、ひとたび念仏を唱えれば救われるのだという圧倒的な救済の力を説く一連の偈(特に第三、四句)は、天台本覚論や時宗を中心に受容され、(25)阿弥陀像や卒塔婆等にも刻まれた。(26)中世の阿弥陀信仰の本質を示す言葉でもある。これが字義通り悪しきものへの救済にも波及したことは、第三句の「若人造多罪…」が、本論第三節で見た阿輸沙王の因縁譚に見えることからも明らかであろう。「一念弥陀仏、即滅無量罪」もまた善悪不二、逆即是順といった諸法実相論を導く言葉なのである。それゆえ『平家物語』は、この句を持ち出した上で、「済度の良縁まち〱なり。唯縁楽意、逆即是順、此文肝に銘ず」とする。善きにつけ悪しきにつけ、因縁は様々なのであるから、悪人の重衡も救われるべきであると主張するのである。

　ところが《重衡》は「一念弥陀仏」いがいの文を取り払い、魂魄のうち魂は救われたものの、魄はなお修羅の世界にとどまり、「重衡が、妄執を助け給へや」と結んでしまう。松岡心平が指摘するように、(27)重衡の語りはむしろ彼の瞋恚を呼び覚ます方向に働いている。諸法実相論に基づく逆即是順、善悪不二の原理を、《重衡》は、魄は娑婆に止まるという修羅能の結構に置き換えてしまう。

　このような枠組はおよそ「寒林に骨を打つ」の引用におい

ても同じである。松岡は《重衡》の和歌引用の方法について「和歌および歌語を原歌の脈絡から切り離し、シテの境遇の直接的な隠喩に転用する修辞法である。それは、原歌の世界を、能にもオーバーラップさせようとする本歌取り的な、世阿弥の和歌引用法とは基本的に異なる態度である」[28]と述べているが、それは唱導を引用する際も同様と言える。氏の言葉を借りれば、「寒林に骨を打つ」は善悪不二という文脈から切り離され、重衡の瞋怒を示す直接的な隠喩に転用されるのである。

もっとも天人散花尸上説話は魂魄思想を背景に持ち、その観点から本話をとらえたと思しい『注好選』のような視座もある。むしろ当時一般的であった諸法実相論の視座を外れ、苦を受けた魂が魄をいましめるという原拠の文脈に戻っている、と述べた方が、適切であろう。重衡の語りは彼の瞋恚を呼び覚ますだけではない。天人散花尸上説話の奥深くにあった、救われない霊鬼—魄の存在を明るみにするのである。

結語

《重衡》前段、シテによる「寒林に骨を打つ」の句は『譬喩経』を原拠とする。ただしそれは『譬喩経』からの直接的引用ではなく、唱導の間接的援用である。唱導において、本句は善悪不二、逆即是順という諸法実相論の枠組において語られる。霊鬼は救済を前提とするのであり、それは諸法実相論を説く《山姥》の本句引用からも明らかである。

ところが《重衡》はかかる善悪不二、逆即是順の文脈も、本説である『平家物語』の文脈をも無視する。己が前生の遺骸に鞭うつ霊鬼は、逆縁によって巡り廻って救われる悪ではなく、修羅界にさまよう重衡その人でしかない。末木文美士は本作を評し「念仏往生の普遍的な救済の前提に立ちながら、その枠の中で「魄霊」が修羅の苦を受けるものと見る方が適当である」[29]とする。しかし実際のところ、魄を追い求める魂という修羅物の枠組の中で、救済の前提を翻案するところに本作の特質はあるように見える。

『平家物語』の言葉を借り、諸法実相論のたたずまいを見せる作品は、しかしその中をうかがうと表面とは真逆のことが述べられている。本説を『平家物語』としながら、その淵源は確かに天人散花尸上説話にあるのである。

注

(1)《重衡》をめぐっては以下の研究を参照。松岡心平「能「重衡」を読む」『論集中世の文学 散文篇』(明治書院、一九九四年)。高橋悠介「能〈重衡〉小考——笠卒都婆をめぐる風景」(『観世』七七—五〜六、二〇一〇年)。山下宏明「能と平家のいくさ物語――『重衡』をめぐって」（『いくさ物語と源氏将軍』三弥井書店、二〇〇三年（初出二〇〇〇年））。松岡、高橋は作者を元雅に比定する。

(2)「寒林に骨を打つ霊鬼は」の句は、本論集の元となった共同研究において高橋悠介が取り上げている。本論第四節で述べる「一念弥陀仏」の偈についても同研究会で同氏が考察しており、本論はそれらの成果を踏まえたものである。

(3) 引用元の原文「帰性」を改める。前掲注1高橋論文。

(4)『織田仏教大辞典』「天人散花尸上」項など。

(5) 高橋悠介「能の亡霊と魂魄」（『能と狂言』一四、二〇一六年）。

(6) 前掲注5高橋論文参照。

(7) 金沢文庫文書六一四二。

(8)『塵荊鈔』にも類似文あり。『古典文庫 塵荊鈔 下』三八五頁。

(9)『大和古寺大観 第三巻 元興寺極楽坊、元興寺、大安寺、般若寺、十輪院』（岩波書店、一九七七年）。

(10) 前掲注1松岡論文、二五四頁。

(11) 久保田淳『中世文学の時空』（若草書房、一九九八年（初出一九九一年））九三頁。

(12) 引用元の原文「帰性」を改める。前掲注3。

(13)『経律異相』三七―二、『金蔵論』二―四（宮井里佳、本井牧子編『金蔵論――本文と研究』臨川書店、二〇一一年、二三七―二三九頁）。

(14) この他、新たに見つかった類句として次のものがある。

大論云、寒林抧骸霊鬼、常悲先世苦業
温野供花二人、返悦先世作善
（『説経才学抄』四七「逆修善根事」）

鬼の先骨をうつありき。天の先骨を礼せしあり。
（『正法眼蔵』一六「行持下」）

(15) 上野麻美「『大経直談要註記』所収説話一覧――出典・関連説話」（『千葉大学人文研究』三六、二〇〇七年）二〇五頁。加須屋誠『仏教説話画の構造と機能――此岸と彼岸のイコノロジー』（中央公論美術出版、二〇〇三年）三二七頁。

(16)「逆即是順」は湛然『法華文句記』に初めて見える語。「因レ行レ逆而理レ順、即円教之意、非二余教意一也。（『法華文句』、大蔵経三四：一一四）」を釈して述べたものである。一方、善悪不二、邪正一如はこの考え方が本朝に普及する過程で作り出された用語である。例えば澄憲『法華経釈』不軽菩薩品釈には「夫、今経独以二順縁一不レ為レ妙。又依二逆縁一得益。明二逆即是順一、説二善悪不二一故也」と見える（『真福寺善本叢刊 法華経古注釈集』四七五頁）。

(17)「三界唯一心」は『華厳経』の本質をあらわしたとされる句（ただし『華厳経』にこの言葉はない）。

(18) 大谷大学本（村上美登志「大谷大学図書館蔵釈澄憲撰――「妙法蓮華経釈」の翻刻と研究」（『中世文学の諸相とその時代』和泉書院、一九九六年（初出一九九三年））をもとに、一部表記を伊勢房本（金沢文庫管理称名寺聖教三八―六）で改めた。

(19) 集成、新全集の《山姥》注など参照。

(20) 中村元『仏教語大辞典』「柳は緑・花は紅」項。

(21) 鈴木版大日本仏教全書四一：一四九。なお以下の論文も参照。三崎義泉「もののあはれを歌う道と本覚思想との関連」（『天台学報』二九、一九八七年）。

(22) 猪瀬千尋「中世前期における狂言綺語観の展開」（『中世王権の音楽と儀礼』笠間書院、二〇一八年（初出二〇一五年））。

(23) 前掲注1松岡論文。源健一郎「「一念弥陀仏」偈の受容層

――『平家物語』が語る〈法然による重衡救済物語〉の位相を考えるために」（『中世の軍記物語と歴史叙述』竹林舎、二〇一一年）。

(24)『岩波仏教辞典 第二版』「順縁逆縁」項（岩波書店、二〇〇二年）。

(25) 前掲注23源論文。

(26) 元興寺蔵年代不詳「長足五輪型塔婆」（『元興寺編年史料 中巻』四七三頁）、元徳三年（一三三一）銘南田原阿弥陀磨崖仏（『奈良県史 第十六巻 金石文（上）』二五三頁）など。

(27) 前掲注1松岡論文参照。

(28) 前掲注1松岡論文、二五七頁。

(29) 末木文美士「能と本覚思想」（『解体する言葉と世界――仏教からの挑戦』岩波書店、一九九八年）二一一頁。

※注に記さなかった引用文献は以下の通り。《重衡》《山姥》《鵜飼》《卒都婆小町》…旧大系　今昔物語集…旧大系　注好選…新大系　言泉集（真如蔵本）…金沢大学国語国文二六（畑中榮翻刻）　拾珠鈔…天台宗全書法則類聚・故実類聚　平家物語…旧大系　平治物語…旧大系　宝物集…新大系　発心集…集成　本縁経…大日本続蔵経一

能における宗教関係語句一斑
――《放下僧・春日龍神・楊貴妃・草子洗・三輪》について

落合博志

能の詞章には、宗教（仏教・神道）に関係する言葉がしばしば用いられている。その多くが解明されている一方で、なお出典・解釈等に問題を残すものもある。その内の《放下僧・春日龍神・楊貴妃・草子洗・三輪》の語句について検討し、併せて能の最初の注釈書『謡抄』がその後の本文・解釈を誤らせた例を指摘する。

中世という「宗教の時代」に生まれた能には、様々な形で宗教が投影している。能の詞章に、仏教や神道に関わる言葉がしばしば用いられていることは周知の通りである。

それらは従来の注釈・研究において少なからず解明されているものの、なお出典が未指摘であったり、解釈に問題を残すものも見られる。

本稿では、その中からいくつかの曲の宗教関係の語句[1]を取り上げて、出典や解釈について検討したい。個別の考察の羅列であって、一貫した論を展開するものではないが、それぞれの作品について考えるための一つの手掛かりになればと思っている。

おちあい・ひろし――国文学研究資料館教授。専門は日本中世文学・中世芸能、日本古典籍書誌学。主な論文に「〈羽衣〉について――構想と詞章の問題」（『観世』八六―九、二〇一九年）、「善通寺蔵『三国真言伝法師資相承血脈』について――紹介と考察」（落合博志編『寺院文献資料学の新展開』第五巻、臨川書店、二〇二〇年）、「能楽研究における文献学の問題」（『日本文学』六九―七、二〇二〇年）などがある。

一、《放下僧》と『生死覚用抄』ほか

父牧野左衛門を利根信俊に討たれた兄弟（シテ・ツレ）が、放下になって利根信俊（ワキ）に近付き討ち果たすという内容の《放下僧》は、筋書的には敵討ち物であるが、左衛門の子息兄弟が繰り広げる様々な芸が見所となっている。後場においてシテ・ツレとワキの間に交わされる問答も、シテとツ

レによる放下の話芸であって、芸尽くしの一環と捉えられる。

その問答の終わりの方に、次の一節がある。

自《ワキ》身自仏はさていかに　白《シテ》雲深き処金龍躍る
ワキ 生死に任せば　輪《シテ》廻の苦　生《ワキ》死を離れば　断《シテ》見の咎　さ《ワキ》て向上の一路はいかに　斬《ツレ》つて三段となす(2)

間髪を容れない応酬は次第に緊迫感を高め、ツレが「斬つて三段となす」でワキに向かって腰の刀に手を掛けると緊張は頂点に達し、アイ（信俊の従者）がツレとワキの間に割って入り、シテが「しばらく　我らか宗体をお尋ねあれば一句使ひ申す　斬つて三段となすとは禅法の言葉なるを(3)　お騒ぎあるこそ愚かなれ」と宥めて問答が締め括られる。

その「斬つて三段となす」の直前の「生《ワキ》死に任せば　輪《シテ》廻の苦　生《ワキ》死を離れば　断《シテ》見の咎」の部分については、従来出典等が指摘されていないようであるが、恐らく次の文章が典拠と思われる。

伏以レバ、生死ノ二法ハ一心ノ妙用、有無ノ二道ハ本覚ノ真徳也。所以ニ心者無来無去ノ法、神者周遍法界之理也。故ニ生時モ無レ来《コト》、死時モ無レ去《コト》。（中略）本有無作ノ生死ハ無始無終ナリ。常住有無ノ心体ハ非《ス》ニ断見《ニ》一、非ニ常見《ニ》一。（中略）勿レ欲《ルコト》レ住《ント》ニ生死《ニ》一、難《ガ》レ忍《ビ》ニ輪廻ノ苦《ヲ》一故ニ。勿レ存《コト》レ離《レント》ニ生死《ヲ》一、難《キ》レ免《レ》ニ断見《ノ》咎《ヲ》一故ニ。纔ニ悟《ルニ》ニ一心《ノ》体《ヲ》一、早ク離《ル》ニ二見ノ咎《ヲ》一。或ハ除ニ自他共無因之四計《ヲ》一、或ハ愈《ス》ニ作止住滅之四病《ヲ》一。是生死自在之法薬、臨終正念之秘術也。行者常ニ能信ニ此法一、勿レ恐ニ生死一矣。

右は天台本覚思想の文献で、最澄に仮託された『生死覚用抄』の長行部分（途中を省略）である。(4) 生死は一心のはたらきによるもので、本有無作にして始めも終わりもない。死んでも我が続く（常見）と考えて生死に執着すれば輪廻の苦を逃れず、死ねば一切が無になると考えて死後の果報を無視すれば断見の誤りに陥る、と説く。傍線部が《放下僧》の「生死に任せば　輪廻の苦　生死を離れば　断見の咎」と対応しており、この文に基づくと見てよかろう。

この『生死覚用抄』は長行（散文）と、それとほぼ同意の内容の偈から成るが、それぞれ他の文献に同文が見出される。最澄に仮託された『天台法華宗牛頭法門要纂』の「第五三惑頓断」は長行部分と、「第九生死涅槃」は偈部分と同文であり、称名寺蔵『本無生死偈』（鎌倉末期心慶写）に含まれる切紙四通の内、「本無生死論」は長行部分と、「本無生死偈」は偈部分と同文で、かつ前者は「前唐院（円仁）御製」、後者は「湛然述」とある。(5)(6) 従って、《放下僧》の作者が直接どのような文献に拠ったかは特定し得ないが、『生死覚用抄』の長行部分と同じ文章は恐らく見ていたであろう。

それよりも問題は、「いかに申し候　放下僧はいづれの祖師禅法をおん伝へ候ふぞ　宗体が承りたく候」というワキの問いにも現れているように禅法がテーマであり、ほぼ全体が禅宗系統の語句で構成されている問答の中で(7)、なぜこの箇所に最澄または円仁述とされる天台宗の聖教の文句を用いたかである。これについては今明確に答えられないが、常見・断見を否定することは仏教一般に通ずる考えであり(8)、この文句だけを切り取れば禅法の問答の中に置かれても違和感はない。注（6）に言及した善通寺本（真言僧の書写と見られる）のように宗派を超えて受容されていた例もあり、当該の文章は禅宗においても享受されていて、作者も禅の文献とともに触れる機会があったかと想像しておく。今後禅宗寺院に伝わった本や禅宗の著作における引用など、傍証の発見に努めたい。

二、《春日龍神》と春日明神興福寺衆徒擁護伝承並びに『涅槃講式』

《春日龍神》の前場、春日明神に参詣した明恵上人（ワキ）から入唐渡天の意思を告げられた宮人（前シテ）は、

これは思ひのほかなる仰せかな　仏在世の時ならばこそ見聞の益もあるべけれ　今は春日の宮寺こそ　すなはち霊鷲山なるべけれ　その上上人をば太郎と頼み　笠置の解脱上人をば次郎と頼み　両の眼左右の手のごとく思し召し　昼夜かくさんべんの擁護ことに懇ろにして　いとほし悲しと思し召すとこそまさしく承りて候へ(9)

と言って、入唐渡天を思い止まらせようとする。

傍線を引いた「昼夜かくさんべんの擁護」について、『謡抄』は「昼夜《チウヤ》カクサンヘンノ《カクサンノ》擁護《ヲウゴ》　今、ヘンノ字、不ㇾ知二其心《ノヲ》一。観、明恵ト解脱トヘ、各日各夜ニ参《イタリ》タマヒテ、両上人ヲ擁護アル乎」(10)と、今（金春）と観（観世）の本文を併記した見出しを立てて、金春の本文にある「へん」を意味不明とし、観世の「かくさんの」に基づいて〝各日各夜に参《いた》る〟という解釈の案を示す。これ以降、『謡抄』の影響で上掛りの謡本は「各参」の表記が一般化して現行観世流本・宝生流本まで継承され、下掛りの謡本も版本では「各参へん」と書かれる。(11)近代以降の注では、『謡曲大観』が「昼夜各参――毎日毎夜参詣すること」、『解註謡曲全集』が「昼夜各参の擁護――日夜参拝の度に守護すること」、日本古典全書『謡曲集』が「昼も夜も絶えず衆生を護る意か」とする。前二者は、「各参」の文字から参詣・参拝と解釈したらしい。(12)一方、新潮日本古典集成『謡曲集』は『金玉要集』の明恵入唐渡天制止説話に見える春日明神の託宣中の「毎日三度、解脱房ト御房ノ

庵室へハ必影向シテ、法味ヲ聴聞シ侍ツルニ」を参照して、「昼夜かく三遍の影向」が原型か」とする。(13)

ここで、この箇所の本文と解釈に関して、いくつかの資料を提示したい。

a然則、讃仰窓中、挑法燈兮久待三会、松柏壇下、賁礼貴兮遙期万年。依昼夜三遍之擁護、満寺之学侶弥浴神恩、答慈悲万行誓願、六道群類皆成仏因

（貞慶作『春日権現講式』「第五述廻向志趣者」）(14)

b爰《ニ》我等秋《ノ》沢《ニテ》拾レ蛍《ヲ》、漸《ク》知《リ》二一二《ノ》之文字《ヲ》、夜窓《ニテ》挑レ燈《ヲ》、粗《ホ》辨《フ》二黒白《ノ》之因果《ヲ》一。雖レ離《ルト》二父母《ノ》之家《ヲ》一、只恃《ミ》二昼夜三返《ノ》之擁護《ヲ》一、雖レ隔二祖師之質《ヲ》一、深《ク》信二唯識四分之性相《ヲ》

（貞慶作『中宗報恩講式』「第四憑善神加護者」）(15)

c今我大明神、法相擁護ノタメニ東域ヲイテ、、南都ニヲモムキ給ツ、、心ヲ二明ノ月ニカケ、アトヲ三笠ノ森ニタレ給テ、此教ヲ学セムモノヲハ、昼夜各三反ノ擁護ヲイタサムトチカイタマヘル事、カタシケナク貴キモノナリ

（狛朝葛『続教訓鈔』第十三冊）(16)

dソモ〳〵春日之権現《コンケン》、神護《シンコ》慶雲《ケイウン》二年ニ鹿嶋ヨリ、三笠之山ニウツリスミ、法相大乗ヲ守ト誓ヒタマウ、由来ヲキクコソタウトケレ、（中略）一寺三千之学窓《カクソウ》ヲ廻《メク》リ、昼夜各《カク》三度之応護ヲタレタマイ、夜ルヒル守リタマウコト、アリカタ（ク）ソ覚ル〳〵

（仁和寺蔵『今様之書』「廿二　本春日曲」）(17)

e権現ノ御利益ハ　三千ノ大衆ニ　更ニ親疎ナキトノ　御託宣ソ貴キ　南無ヤ三笠ノ大明神　慈悲万行ノ誓ヒニテ　昼夜各ノ三反ノ　擁護ノホトコソ有難キ

（英俊作『興福寺住侶寺役宗神擁護和讃』）(18)

aは貞慶の作になる一連の春日講式の一種（五段式）で、全体が春日明神とその本地仏を仰ぎ徳を称揚する内容である。引用は締め括りに当たる第五段の後半部分で、春日明神が興福寺の学侶全てに「昼夜三遍之擁護」を与えることを謝している。

bの『中宗報恩講式』は、正治二年（一二〇〇）に後鳥羽院から法相大乗の宗旨について尋ねられた貞慶が、法相宗の教義や印度・中国・日本の伝来などを講式の形に記して草進したもので、五段式の第四段で「就レ中、当社大神者《ハ》（中略）利益雖レ満《ニ》二万邦一、誓護専《ラ》重《シ》二一寺《ニ》一」「権現《ノ》哀《ミ玉クハ》二三千《ノ》住侶《ヲ》一、皆《ナ》平等也《ナリ》、无相也《ナリ》」として、春日明神が法相宗を学ぶ興福寺三千の衆徒を擁護することを讃えている。

cの『続教訓鈔』は、南都の楽人狛朝葛による楽書であるが、特に第十三・十四冊には仏教関係の記事が多く含まれる。狛朝葛は興福寺の子院教王院に止住しており、右の説も興福

寺僧から得たものであろう。

dの『今様之書』は白拍子歌謡の集で、仁和寺の所蔵であるが、内容から寛正六年（一四六五）以前に興福寺で編まれたものの転写と考えられる。所収の白拍子歌謡の製作年代は、鎌倉初期から室町初期頃に亙っている。

eの『興福寺住侶寺役宗神擁護和讃』は、天正十七年（一五八九）に興福寺多聞院の英俊が、紹巴の所望を受けた興福寺東林院の孝誉の「当寺ノ寺僧ノ出生ノ始終可書進之由」[19]の命に応じて製作したもので、末尾近くに右掲の一節がある。

能より時代が下がる資料であるが、併せ掲げておく。

以上a～eから、春日明神が法相宗興福寺の衆徒を昼夜各三度ずつ擁護するという伝承が鎌倉初期以前に存在し、興福寺周辺で長く伝えられてきたことが知られる。[20]

これを踏まえれば、《春日龍神》の当該箇所は下掛りの本文が原形で、「昼夜各三遍の擁護」と漢字を当てるのが適切である。[21]そして本来はa～eに見るように春日明神が興福寺の衆徒全体を護るという説であるところ、《春日龍神》は明恵上人（興福寺の衆徒ではない）と解脱上人に特に目を掛けて大事に護るという形にしたことになる。[22]

さて、シテの諌止によって入唐渡天を思い止まった明恵上人に対し、シテは

シテなほも不審に思し召さば　今宵一夜を待ち給へ　三笠の山に五天竺を移し　摩耶の誕生　ワキ伽耶の成道　シテ鷲峰の説法　地双林の入滅まで　ことごとく見せ奉るべし　しばらくここに待ち給へと　木綿幣の神の告げ我は時風秀行ぞとて　かき消すやうに失せにけりく

と、三笠山に天竺を移して釈迦如来の誕生から入滅までのさまを全て見せることを約し、自身の正体を明かして姿を消す。右で傍線を引いた「摩耶の誕生　伽耶の成道　鷲峰の説法　双林の入滅」（後場終曲部のノリ地でも「摩耶の誕生　鷲峰の説法　双林の入滅」と一部省略して繰り返される）については、明恵作『四座講式』の第一座『涅槃講式』の次の部分に拠ると思われる。

第一《ニ》顕《スト》二入滅《ノ》哀傷《ヲ》一者、凡《ソ》如来一代八十箇年、迦韋《イ》誕生、伽耶成道、鷲峰説法、双林入滅、皆《ミナ》起《コリ》レ従《ヨリ》二大慈大悲一、悉《コトゴトク》出《タリ》レ従《ヨリ》二善巧方便一。雖《トモ》二歓戚《ノ》化儀区《マチマチナリト》一、皆無《ミナナシ》レ非《アラサルコト》二利生《ノ》縁一。[23]

傍線部は、釈迦如来の一生を四つの重要な事蹟によって表したものである。ワキが明恵上人であることから、特に明恵作の講式の文句を用いたのであろう。『四座講式』の中でも『涅槃講式』はとりわけ明恵の釈迦如来を思慕する深い心情が籠められた一編であり、釈迦如来を慕って遺跡を拝するた

めに渡天しようとする明恵を止め、釈迦在世の出来事を再現して見せるという《春日龍神》の構想に適合した引用と言えよう。(24)

ただし原文の「迦韋誕生」が「摩耶の誕生」となっている（諸流同じなので原作以来と思われる）のは、続く「伽耶」「鷲峰」「双林」がそれぞれ釈迦の成道・説法・入滅の場所であるのと合わない。「迦韋」は釈迦の誕生した迦毘羅衛（また迦維羅衛・迦夷羅衛等）のことで、略して迦毘・迦維・迦夷なども書かれるが、この略名はあまり耳馴れないので、「摩耶の誕生」と改変したものかと推測しておく。

三、《楊貴妃》と『往生講式』

《楊貴妃》の冒頭部、玄宗皇帝から楊貴妃の魂魄のありかを捜すよう命じられた方士（ワキ）は、碧落から黄泉まで訪ねた末に、蓬萊宮に赴く。蓬萊宮を目にしたワキは、

ありし教へにしたがつてこの蓬萊宮に来てみれば　宮殿ばん〳〵としてさらに辺際もなく　荘厳巍々としてさながら七宝を鏤めたり　漢宮万里のよそほひ　長生驪山のありさまも　これにはさらになぞらふべからず　あら美しの所やな(25)

と感歎する。

「宮殿ばん〳〵として」以下の一文はワキの目に映った蓬萊宮の様子であるが、傍線を引いた箇所は、永観作『往生講式』「第五讃歎極楽者」の文句に拠っていると思われる。

全七段から成る『往生講式』の第五段は、極楽浄土に生まれた往生者が初めて極楽のさまを目にし、歩みを進めて遂に「大宝宮殿」に到り阿弥陀如来の尊容を拝するという内容で、その最初の方に次の一節がある。

又宮殿万々《タリ》、楼閣重々《タリ》。鳳甍《ホウノイラカ》連《ネ》二黄金《ヲ》一、鴛瓦《エンノカワラ》並《タリ》二瑠璃《ヲ》一。（中略）上《アクレハ》二珠簾《ノスタレヲ》一、瓔珞垂《テ》レ露《ユヲ》随《テ》レ風《ニ》乱転、排《シヲシヒラケハ》二金扉《ネノソヲ》一、異香《キヤウ》先薫《ツクンシテ》沈檀交《マシフニホヒヲウテナニハシキ》レ芳。台布《ニ》二昔聞《シキイシ》忍辱之《ノ》宝衣《ヲ》一、帳《チヤウニハタレタリ》垂《ヘ》二古求《メシ》解脱之瓔珞《ヲ》一。又並《ヘ》二宝座《ヲ》一、又重《ネタリ》二宝衣《ヲ》一。荘厳鏤《チリハメ》二七宝《ヲ》一、光曜瑩《ケリ》二鸞鏡《ランケイヲ》一。(26)

とある。

また、第五段末尾の極楽浄土の相を述べた歌頌に

観彼世界相《クワンヒセカイサウ》　勝過三界道《シヨウクワサンカイタウ》　究竟如虚空《クキヤウニヨコクウ》　広大無辺際《クワウタイムヘンサイ》(27)

「万々」は数が多いことで、(28)「宮殿万々《タリ》」に歌頌の「無辺際」を合わせて果て知れず広い蓬萊宮に宮殿が建ち並ぶさまを描き、少し後の「荘厳鏤《チリハメ》二七宝《ヲ》二」を用いて宮殿の荘厳を述べて対句としたのであろう。(29)「荘厳巍々（魏々）」は成句であるが、同じ『往生講式』第五段で阿弥陀如来の形容に「尊相蕩々《タウタリ》、威徳魏々《タリ》」と「魏々」が使われており、それを参照

した可能性もあろう。いずれにしても、仏教に関わる語句は避け、極楽浄土の広大さ、宮殿の多さとその荘厳の美しさを描写した言葉のみを用いている。

『往生講式』の「万々」がバンバンと読まれていたことは、例えば随心院蔵『仮名書き往生講式』文永六年（一二六九）写本に「宮殿万々《クテンハンく》たり楼閣重々《ロウカクテウく》たり」（「万」に去声濁音の声点あり）とあるほか、『往生講式』の養福寺蔵室町時代写本に「万《ハン》々《タリ》」とあり、また温泉寺蔵文明十五年（一四八三）写本・京都大学附属図書館谷村文庫蔵室町時代写本（大永七年〔一五二七〕寄進識語）・善通寺蔵室町時代写本などで「万」に去声濁音の声点が差されていることから確認される。

《楊貴妃》の「宮殿ばん〲として」については、『謡抄』が「宮殿盤々《クウデンバン》トシテ更《サラ》ニ辺際《ヘンサイ》モナク　宮殿盤々トハ、アチコチヘメグリマガリテ深々《フカく》トシタル皃《カタチ》也」と「盤々」を当てて解して以来、〝宮殿が廻り曲がって建てられている〟という解釈が踏襲されてきた。[30] かつそれと関わって、「宮殿はまわり廻つて、まるではてしもない程広く」（『謡曲大観』）、「宮殿は曲がりくねって建てられて、その広さは計り知れず」（新潮日本古典集成『謡曲集』）、「宮殿は大地に渦を巻くように建てられ その広さは際限もなく」（新編日本古典文学全集『謡曲集』）のように、「さらに辺際もなく」は宮殿が限りなく広い意と捉えられてきた。しかし『往生講式』と対照すれば明らかなように、「宮殿万々としてさらに辺際もなく」は、蓬莱宮（曲中で「常世の国」とも言われ、特定の宮殿の名ではなく楊貴妃のいる仙境を指す）に宮殿が数多く建ち並び、果てしなく広いことを言ったものであり、『謡抄』に基づく従来の解釈は訂正される必要がある。[31] そして楊貴妃は廻り曲がった広い宮殿の一角に居るのではなく、広大な蓬莱宮の中で「太真殿」という一つの宮殿に居て[32]望郷と追憶の時を永遠に送っていることになろう。

蓬莱宮の様子を描くのに『往生講式』の極楽浄土の描写を借りたのは、《楊貴妃》が依拠した『長恨歌』では「忽聞《にク》海上《に》有《と》仙山　々《は》在《リ》二虚無縹眇間《のに》一　楼殿玲瓏《レイロウトシテ》五雲起《ヲコル》　其上《に》綽約《シヤクヤクトシテ》多《シ》仙子　中《ウに》有《リ》三一人名《のクル》二玉妃《と》一」[33]、『長恨歌伝』では「東極《に》絶《ワタリ》天海《を》、跨《アトコヒ》蓬壺《に》、見《ルモキを》最高仙山。上《ウに》多《シ》楼闕。西廂《のヒサシの》下《モトに》有洞戸、東嚮《にムカ》闔《てヒラケリ》其門《を》。署《シヨシて》曰《フ》玉妃太真院《と》」[34]と、楊貴妃のいる仙山（蓬莱宮）の描写がやや簡略であることもあるが、積極的には蓬莱宮と極楽浄土が現世から遠く離れた異世界・理想郷という共通性を持つことが理由であろう。[35] その際、『往生講式』の「宮殿万々《タリ》、楼閣重々《タリ》」が『長恨歌伝』の「上多楼闕《ウにシ》」に通ずることも影響したかと思われる。この世から蓬莱宮に着いた方士が初めて目にする異界の景を描くの

に、極楽に生まれた往生者の目に映る情景を借りることは適切と言えよう。(36)

四、《草子洗》と『柿本講式』

《草子洗（草子洗小町）》の前場で、内裏の歌合に召された小野小町（シテ）が歌を吟ずるのを大伴黒主（ワキ）が立ち聞きし、今の歌を万葉集の草子に書き入れて帝に古歌であると訴え、歌合に勝とうと言う。その場面のシテ謡の冒頭は次のようである。

　それ歌の源を尋ぬるに　聖徳太子は救世のだいせん　片岡山の製をろせいに広め給ふ(37)

この詞章は、『柿本講式』「第一讃和哥者」の次の部分に拠ると思われる。

　これによりて、生を和国に受人、昔より此風をもてあそはすといふ事なし。所謂聖徳太子は救世の大士也、片岡山の製を路辺の飢人に給ひ、行基菩薩は覚母の化身なり、霊山会の詠を天竺の賓客にのへ給き。大聖の権化、猶如斯。自余の末詠、をして知ぬへきものか。(38)

『柿本講式』は澄憲作「和歌政所一品経供養表白」の文章を摂り入れていることが指摘されており、(39)右の「所謂聖徳太子は（中略）のへ給き」の一文もそうである。その原拠の表白に「故ニ聖徳儲君ハ救世ノ大士ナリ　以片岳山之製ヲ一　給ヒ路ノ頭《ホトリ》飢人ニ二」(40)とあるのも《草子洗》に近いが、「聖徳儲君」とする点でやや距離があることから、やはり『柿本講式』に拠ったと見てよいであろう。

　ただし『柿本講式』の「救世の大士」が「救世のだいせん」となっており、謡本での表記は、写本は上掛り・下掛りとも主に「だいせん」「たいせん」または「大せん」、江戸期の上掛り版本は「提闡」(41)、下掛り版本は「たいせん」「たいぜん」である。明治以後の変遷を経て、現行本では宝生流本・喜多流本が「大仙」、金春流本・金剛流本が「提闡」、また観世流本は「闡提」となっている。(42)

　これらの内、『柿本講式』の「大士」に近いのは「大仙」であるが、「大仙」は仏の別称である。聖徳太子は一般に救世観音（救世菩薩）の化身とされており、『柿本講式』の「救世の大士」（「大士」は菩薩の別称）は正しいが、「救世の大仙」(43)は必ずしも適切でない。しかし『柿本講式』との対応を考えれば、やはり「大仙」を当てるのが穏当であろう。(44)

　また『柿本講式』では、聖徳太子は仏菩薩も権化の人として日本に生まれると和歌を詠んだという例証として挙げられているのに対し、《草子洗》では「それ歌の源を尋ぬるに」(45)とあるので、聖徳太子の片岡山の歌が和歌の根源であると言っていることになる。[46] 従って前掲のシテ謡は〝和歌は、救世の大仙（仏）である聖徳太子が片岡山の歌を作られたのに始まり、それから和歌を世に広められた〟というような意味で、『柿本講式』の「路辺の飢人に給ひ」の「路」を活かし、〝世路に広める〟の意で「路世に広め給ふ」と言ったものかと推測する。

《草子洗》は、後場の歌合場面の初めに「かくて人丸赤人の御影を掛け　おの〳〵詠みたる短冊を　我も〳〵と取り出し　御影の前にぞ置きたりける」とあり、また「ほのぼのと」の歌が詠吟されていて、人麿影供歌合の形を採っている。[47] また古歌を自詠と偽ったという濡れ衣を着せられた小町が「恨めしやこの道のたいしよ　柿本のまうちきみも　小町をば捨て果て給ふか　恨めしやな」と人麿が自分を見捨てて護らないことを恨み歎き、草子を洗って疑いが晴れると「ありがたや〳〵　出雲住吉玉津島　人丸赤人の　おん恵みかと伏し拝み」と、神々と並べてその恩恵に感謝しており、人麿が和歌の道を守る神と意識されている。その点で、柿本人麿を神格化して祀る式文である『柿本講式』の言葉を引用するのは本曲にふさわしいと言えよう。

五、《三輪》と『日本書紀』ほか

《三輪》は、後場で三輪の社に赴いた玄賓僧都（ワキ）の前に女体の三輪明神（後シテ）が現れ、三輪の神婚説話を語り、シテが神楽を舞い天照大神の岩戸開きのさまを再現した後、次の謡があって曲が閉じられる。

シテ 思へば伊勢と三輪の神　地 〳〵一体分身のおんこと
今さら何といはくらや　その関の戸の夜も明け〳〵[48]　かくありがたき夢の告げ　覚むるや名残なるらん

「いはくら」に「言ふ」が掛かっているのはもとよりとして、問題は傍線を引いた「いはくらや　その関」の部分である。ここでは「いはくら」を指して「その関」と言っているが、この「いはくら」は何を意味するのであろうか。また、なぜ「いはくら」を「関」と言ったのであろうか。

従来の注は、直前の岩戸開きの再現場面からの連想で、例えば日本古典全書『謡曲集』では「盤座（いはくら）は神の御座の意で、それを天の岩屋に擬し、「関の戸」を岩戸に喩へ、「明け」の序とした」とあり、「いはくら」を天照大神の隠れた天の岩屋、「関の戸」を天の岩戸の喩えとする。「いはくら」について新潮日本古典集成『謡曲集』が「神の座すところ。三輪山上の磐座と、天の岩戸の意を合せていう」とし、新編日本古典文学全集『謡曲集』が「神の座の意だが、ここでは天の岩戸の意」とするのは、「いはくら」を直ちに天の岩戸と解する点で少し異なるものの大きな相違ではなく、「その関の戸の夜も明け」を〝天の岩戸が開いた時のように(天の岩戸が開くように)夜も明け〟と解するのは、右三書以外も含めて諸注同じである。

しかし、これではなぜ「いはくら」(天の岩屋または天の岩戸)を「その関(の戸)」と言うのか、理由が分からない。古典集成が本文の「せき」に「(塞・関)」と振り漢字をし、頭注で「光を遮っていた岩戸が開くように夜も明けて」と訳すのは、その点を説明しようとしたものであるが、天の岩戸を「光を塞く戸」のように言った例はあまり見ないことが問題である。

この部分を解釈するには、『日本書紀』巻三神武天皇紀冒頭の、次の一節を参照する必要があると思われる。

昔我天神、高皇産霊尊・大日孁尊、挙此豊葦原瑞穂国、而授我天祖彦火瓊々杵尊。於是、火瓊々杵尊、闢天関披雲路、駈仙蹕以戻止(昔《むかし》我《わ》が天神《あまつかみ》、高皇産霊尊《たかみむすひのみこと》・大日孁尊《おおひるめのみこと》、此《こ》の豊葦原瑞穂国《とよあしはらのみつほのくに》を挙《のたまひあ》げて、我《わ》が天祖彦火瓊瓊杵尊《あまつみおやひこほのににぎのみこと》に授《さづ》けたまへり。是《ここ》に、火瓊瓊杵尊《ほのににぎのみこと》、天関《あまのいはくら》を闢《ひきひら》き雲路《くもぢ》を披《おしわ》け、仙蹕《みさきはらひ》駈《お》ひて戻止《いた》ります)(49)。

右は即位前の神武天皇が東征の決意を語る場面で、瓊瓊杵尊の天界からの降臨を回顧した言葉である。

傍線部について神武紀の古写本では、熱田本(永和年間写)は「闢天関《ノハクラを》」(「を」はヲコト点)、春瑜本(応永三十四年〔一四二七〕写)は「闢《ヒラキ》二天関《ノイハクラヲ》一」、穂久邇文庫本(室町時代写)は「闢《キ》二天関《ノイハクラ》《阿末乃イハト》一」、北野本(室町時代卜部兼永写)は「闢《ヒキヒラキ》二天開《アマノイハクラを》一」(「を」はヲコト点)、兼右本(天文八年〔一五三九〕写)は「闢《ヒキヒラキ》二天開《アマノイハクラヲ》《イハト》一」、また永正十年(一五一三)の写本を転写した内閣文庫本(慶長頃写)は「闢《ヒキヒラキ》天開《アマノイハクラヲ》」である。表記が不完全なものもあるが、中世において神武紀の「天関」(50)は一般に「あまのいはくら」と訓まれていたと認められる。

この訓は、天孫降臨を記した『日本書紀』神代紀第九段正文の

丁時、高皇産霊尊、以真床追衾、覆於皇孫天津彦彦火瓊瓊杵尊使降之。皇孫乃離天磐座、天磐座、此云阿麻能以簸矩羅。且排分天八重雲、稜威之道別道別而、天降於日向襲之高千穂峯矣(時《とき》に、高皇産霊尊《たかみむすひのみこと》、真床追衾《まとこおふふすま》を以て、皇孫天津彦彦火瓊瓊杵尊《すめみまあまつひこひこほのににぎのみこと》に覆《おほ》ひて、降《あまくだ》りまさしむ。皇孫、乃《すなは》ち天磐座《あまのいはくら》天磐座、此をば阿麻《あま》能以簸矩羅《のいはくら》と云ふ。を離《おしはな》ち、且天八重雲《またあめのやへたなぐも》を排分《おしわ》けて、稜威《いつ》の道別《ちわき》に道別《ちわ》きて、日向《ひむか》の襲《そ》の高千穂峯《たかちほのたけ》に天降《あまくだ》ります)。

や、同じく第九段一書第一の

皇孫、於是、脱離天磐座、排分天八重雲、稜威道別道別、而天降之也。果如先期、皇孫則到筑紫日向高千穂槵触之峯（皇孫、是《ここ》に、天磐座《あまのいはくら》を脱離《おしはな》ち、天八重雲《あめのやへたなぐも》を排分《おしわ》けて、稜威《いつ》の道別《ちわき》に道別きて、天降《あまくだ》ります。果《つひ》に先の期《ちぎり》の如《ごと》くに、皇孫をば筑紫の日向の高千穂の槵触峯《くじふるのたけ》に到《いた》します）。

の「天磐座」と「天関」を同一視したことによるらしい。(51)

なお春瑜本・兼右本は「あまのいはと」の別訓を記すが、これは『日本紀私記』（丙本）の「天関阿末乃伊波戸」に由来する。

この訓は、神代紀第九段一書第四の

高皇産霊尊、以真床覆衾、裹天津彦国光彦火瓊瓊杵尊、則引開天磐戸、排分天八重雲、以奉降之（高皇産霊尊《たかみむすひのみこと》、真床覆衾《まとこおふふすま》を以て、天津彦国光彦火瓊瓊杵尊《あまつひこくにてるひこほのににぎのみこと》に褰《き》せまつりて、則ち天磐戸《あまのいはと》を引《ひ》き開《あ》け、天八重雲《あめのやへたなぐも》を排分《おしわ》けて、降《あまくだ》し奉《まつ》る）。

の「天磐戸」に基づくのであろう。

ただし「引開天磐戸」と「闢天関」は、後者に高天原から地上に降る際に関門の扉を開くイメージがあることから重ねて解釈できるとしても、「(脱) 離天磐座」と「闢天関」が同一のことを指すかは問題で、「(脱) 離天磐座」は単にそれまで居た天上の場所を離れるようにも読め、「天関」に「天磐座」の訓みを当てはめるのが妥当かどうかは疑念がなくもない。(52)(53)

しかし訓の当否はさて措き、前引『日本書紀』神武紀の文章の古訓では「(天) 関＝（あまの）いはくら」であって、《三輪》の「今さら何といはくらや　その関の戸の夜も明け」はこれを踏まえて解釈可能であろう。訳せば、〝(伊勢の神と三輪の神が一体分身であることは）今さら言うまでもない。やがて（瓊瓊杵尊の降臨の際に）天《あま》の関《いわくら》の戸が開いたように夜も明け〟となるかと思われる。もっとも、能の作られた当時でも「天関《あまのいはくら》」の古訓がどの程度一般に知られていたかは不明で、やや衒学的な修辞と言えるかも知れない。

ところで、《三輪》の作者は直接『日本書紀』に拠ったのであろうか。『日本書紀』特に神代紀が能の作者に参照されていたことは、観世信光作の《大蛇》《玉井》から窺うことができ、《三輪》の作者が神武紀を見た可能性も想像される。

ただし神武紀の「闢天関披雲路駈仙蹕」の句は、伊勢神道書が天孫降臨に言及する際にも、次のように用いられている。

天津彦火瓊々杵尊、（小字注略）闢《ヒキヒラキ》二天《アマノイハクラ》開一岐、披《ヲシワケ》二雲路《クモチ》一介、駈仙蹕《ミサキオヒ》比、天之八重雲伊頭之千別尓千別天、筑紫日向高千穂槵触《クシフルノ》之峯《タケニ》尓天降到居給《アマクタリマシマシキ》

（『天照坐二所皇太神宮御鎮座次第記』）(54)

皇孫《スヘミマコ》天津彦《アマツヒコ》火《ヒ》瓊《ニ》々《ヽ》杵《キノ》尊、（中略）天神地祇《アマツカミクニツカミ》前後《マヘウシロ》尓

相従《ツキシタカヒ》弖、闢《ヒキヒラキ》二天開《アマノイハクラ》一岐、披《オシワケ》二雲路《クモチ》一介、駈仙蹕《ミサキハラヒ》比、天之八《アマノヤ》重雲《ヘクモ》伊頭之《イツノ》千別《チワケ》尓千別《チワケ》天、筑紫日向高千穂槵触之峯《チクシノヒムカノタケチホノクシフルノタケ》尓天降到居焉《アマクタリキマシテ》

(『豊受皇太神宮御鎮座本紀』)

即天津《ツ》彦火瓊々杵《ホノニニキノ》尊登、(中略)三十二神《ミツアマリフタハシラノカミ》前後仁相副従比天、各闢《ヒラキ》天関《イワクラヲ》一岐、披《ヲシワケ》雲路《ヲ》弖介、駈仙蹕《ミサキハラヒヲ》比、天之八重雲毛伊頭之千別尓千別天、筑紫《ノ》日向《ノ》高千穂槵触之《ノクシフルノ》峯仁天降到《イタリ》給比弖

(『倭姫命世記』)(55)

「闢天関」以下は三書ほぼ同文で、神武紀の文句に、神代紀第九段正文および一書第一による「天之八重雲…」と、一書第一による「筑紫日向高千穂…」を合わせた形である。(56) 能では《御裳濯》が『倭姫命世記』ほか伊勢神道書を参照している例があり、(57)《三輪》の作者が例えばこれらの神道書に拠ったことも考えられよう。(58) ただし『日本書紀』かそれを引用した文献かは措いて、作者の見た本は「天開」でなく「天関」の本文を持っていたはずである。

注

(1) 引用された語句自体に宗教性は稀薄であっても、宗教文献に由来する語句は対象とする。

(2) 法政大学能楽研究所蔵伝信光本により、適宜漢字を当てるなど表記を改め、濁点を打ち、役名を補う(以下謡本の引用についても同様)。また、以下本稿での引用文の傍線は全て稿者により、句読点・濁点も稿者において打つことがある。

(3) 「斬つて三段となす」は『碧巌録』等にある言葉で、煩悩を断ち切ることを意味する。

(4) 『生死覚用抄』は「最澄述」とする『五部血脈』に含まれるが、右の引用は東京大学国語研究室蔵『沙石集』巻四(天文九年〔一五四〇〕写)「道人可捨執着《ヲ》事」の裏書にある「生死覚用鈔亦日本無生死論亦日生死本無論」によった(日本古典文学大系『沙石集』四八四頁)。尾題「生死覚用抄」の下に「伝教大師御釈裏書師口伝等在之秘中秘也」とある。ただし無住が引載したものかどうか不明で、続けて「本理大綱云」として伝最澄『本理大綱集』「第三十界互具文」の一部が引かれていることからすると、後人(天台僧?)の書き加えたものか。

(5) 硲慈弘『日本仏教の開展とその基調(下)』(三省堂、一九四八年)参照。ただし各文献の間で長行部分は小異のみであるが、偈部分は語句の出入や順序の相違などやや目立つ異同がある。

(6) 善通寺蔵『微細妄執義』(江戸初期写)は、東寺頼宝撰「微細妄執義」の後に「本無生死偈　湛然述」「本無生死論　慈覚大師述」等を付載する。

(7) 「教外別伝」が『悟性論』等、「入つては幽玄の底に徹し出ては三昧の門に遊ぶ」が『通玄禅師語録』等、「白雲深き処金龍躍る」「向上の一路」「斬つて三段となす」が『碧巌録』等に見える。

(8) なお、クセ前のサシで「有無の二辺に堕つることなく皆成仏するためしあり」と、有見(常見)・無見(断見)の二辺見に陥らずに成仏すると語られている。

(9) 天理図書館蔵遊音抄による。

(10) 日本庶民文化史料集成『能』(三一書房、一九七八年)による。

(11) 下掛り版本は、天和元年刊六徳本の「昼夜かく三へんのおうこ」などごく一部を除き、整版車屋本以降「昼夜各参へんの擁護」が専らで、現行金春流本・喜多流本の「昼夜各参べん」もそれを承けている。金剛流本は明治十七年刊の山岸本では「昼夜かくさんへんの応護」であったが、昭和四年刊の昭和版で「昼夜各参遍の擁護」となり、現行本に至る。

(12) 『日本国語大辞典』は「かくさん【各参】」の見出しを立てて「毎日毎夜参上すること。常に参ること」の語釈を記し、現行観世流本による『謡曲大観』の《春日龍神》の用例を挙げる。しかし本節で述べるように謡本の「各参」は『謡抄』の当て漢字に由来するものであり、本来そのような言葉は存在しない。

(13) 伊藤正義『謡曲雑記』(和泉書院、一九八九年)所収「春日龍神――昼夜各参の擁護」がこの箇所の本文・解釈について検討しており、「カクが「おのおの、それぞれ」の意味で「各三遍」などの用法が当時通用したかどうかは疑問で、やはり「斯く」という副詞の筈であろう」とする。

(14) ニールス・グュルベルク「貞慶作三段『春日権現講式』諸本系統における陽明文庫本の位置」(『梁塵　研究と資料』第十九号、二〇〇一年)所引の大覚寺本による。

(15) ニールス・グュルベルク「解脱房貞慶と後鳥羽院――正治二年の水無瀬殿に於ける法相宗教義御前講と『中宗報恩講式』」(山田昭全編『中世文学の展開と仏教』おうふう、二〇〇〇年)に翻刻の龍谷大学本により、欠損文字(「挑」「燈」)を高野山金剛三昧院本で補う。

(16) 日本古典全集による。

(17) 日本庶民文化史料集成『田楽・猿楽』(三一書房、一九七四年)による。

(18) 『大乗院寺社雑事記研究論集』第五巻(和泉書院、二〇一六年)による。

(19) 『多聞院日記』天正十七年十一月十二日条。

(20) 江戸中期、元文四年(一七三九)の『大乗院新御門主隆遍維摩会御遂講仁付延年日記』の披露詞にも「披露申セト候ハ夫吾寺法繁昌霊場(中略)藤原累代氏寺トス　昼夜三返擁護無怠　事ノ濫觴披露中之《(々カ)》事新候カ」(日本庶民文化史料集成『田楽・猿楽』二五三頁)と見える。

(21) 管見では、法政大学能楽研究所蔵上杉家旧蔵下掛り番外謡本が「昼夜各三遍のおうこ」と表記しており、当該の伝承が認識されていたことを示唆する(遊音抄・野坂家本など「昼夜かく三返のおうこ」と表記する謡本もあるが、伝承が理解されていたかは不明)。なお上掛りの「昼夜かくさんの擁護」は、漢字を当てるならば「昼夜各三の擁護」となるが、「各三遍」を略して「各三」としたのか、意味が分からなくなって「べん」を省略したのか明らかでない。

(22) ただし『金玉要集』の「毎日三度、解脱房ト御房ノ庵室ヘハ必影向」するという記述も能に類似しており、あるいは春日明神が明恵上人と解脱上人を昼夜各三度擁護するという説が存在し、能がそれに拠った可能性もあろう。

(23) 長谷寺豊山文庫蔵天文十一年(一五四二)深識写本による。

(24) 穿った読み方をすれば、シテは明恵に向かって「あなたが釈迦如来を追慕して『涅槃講式』に書かれた摩耶の誕生・伽耶の成道・鷲峰の説法・双林の入滅のありさまを、目の前にお見せしましょう」と言っているとも取れるが、必ずしもそう解する必要はないか。

(25) 法政大学鴻山文庫蔵禅鳳本による。

(26) 善通寺蔵室町時代写本による。

(27) 善通寺本はこの歌頌を欠くため、随心院蔵『仮名書き往生講式』(『鎌倉時代語研究』第十三輯、一九九〇年)による。京都大学谷村文庫本・養福寺本(五十嵐隆幸『永観『往生講式』の研究』思文閣出版、二〇一六年)もこの歌頌がなく、《楊貴妃》の作者(禅竹)はこれを持つ『往生講式』に拠ったらしい。なお、この歌頌の出典は世親の『無量寿経優波提舎願生偈』である。

(28) 極楽浄土に宮殿が数多いことは、『往生講式』の右掲に続く往生者が阿弥陀如来の宮殿に向かって歩んで行く部分で、「従《リ》二宮殿一至《リ》二宮殿《ニ》一、従《リ》二林池一至《イタル》二林池《ニ》一。或有《ハリ》二説法集会之処《ロ》一。或有《ハリ》二坐禅入定之処《ロ》一。或有《ハリ》二伎楽歌詠之《ノ》処一。或有《ハリ》二神通遊戯之処《トコロ》一。宮殿楼閣《ハ》過々《スキスクレトモ》不レ尽《キ》、界道林池《ハ》行々《ユキユケトモ》無《シ》レ際《キハモ》」と描写されている。

(29) 管見では、大倉三忠氏蔵下掛り巻子謡本(奥書「和州十市森屋於光明院今春八郎以正本うつし訖丁丑閏七月廿一日書之候□義?」。丁丑は天正五年〔一五七七〕で、今春八郎は金春喜勝)が「宮殿萬々として」、法政大学鴻山文庫蔵東大寺本(慶長・元和頃筆の下掛り謡本)が「宮殿万々として」と表記するのが『往生講式』と一致する。この詞章が『往生講式』に基づくことを知っていた人がいたことを推測させる。

(30) 謡本は、上掛り・下掛りとも『謡抄』以後の写本は仮名書きのほかに「盤々」の漢字表記が見られ、下掛り版本は整版車屋本以降全て「盤々」のようである(現行金春流本・金剛流本・喜多流本も「盤々」)。一方上掛り版本は、光悦謡本・擬光悦本は「盤々」であったが、それ以降は元和卯月本「はむはむ」・寛永卯月本「はん〳〵」をはじめ仮名書きとなり、宝生流寛政版も「はん〳〵」である。観世流本では明治末年以降に「盤々」が当てられるようになり(最初は左傍の振り漢字で後に本文に採用)、宝生流本では昭和三〜五年刊の昭和版が「盤々」を当てた最初らしく、ともに現行の謡本に至る。なお法政大学能楽研究所蔵下村父子節付本(天正十八年〔一五九〇〕三月瀧川彦次郎宛下村徳左衛門長治奥書)が「宮殿盤々として」と表記するが、年代的に『謡抄』の影響は考えられず、同様の解釈に基づく当て漢字と見られる。

(31) 《楊貴妃》の間狂言に見られる、「あれに見ゑたる森の内にくうでんおゝく御座候。中にもたいしんでんとがくの内(打)たる内を御尋候へ」(大蔵流貞享松井本)、「あれにみへたる森のうちに・宮あまた御座候中にも・太真殿《タイシンデン》と打たる額《ガク》の候・それをしるべに御いであらうずるにて候」(和泉流江戸初期写本)のような宮殿が数多くあるという文言は、「ばんばん」が「万々」と正しく解されていた時のものと考えられ、当初の形を伝えている可能性もあろう。

(32) 現存最古本である禅鳳本や一部の喜勝本が、前引に続くワキの言葉を「をしへのことくこれに太真殿としるしたる宮の候」とするのは、本来の形を伝えたものかと想像される(多くの喜勝本と車屋本は「宮」を「額」とする)。

(33) 国立公文書館蔵『管見抄』により、ヲコト点は平仮名に改める。

(34) 国立公文書館蔵『管見抄』により、ヲコト点は平仮名に改める。

(35) 『唐物語』所収の楊貴妃譚の末尾に、はかない現世を厭い極楽往生を願うことを勧める一節がある。浄土思想に基づき、玄宗と楊貴妃の愛恋を輪廻の因として否定的に位置付けるもので、その源流には平安時代における女性の追善供養願文がある(新間一美「源氏物語の結末について——長恨歌と李夫人と」『源氏物語と白居易の文学』和泉書院、二〇〇三年)。それらとの直接の影響関係はないと思われるが、《楊貴妃》に『往生講式』の詞章が引用されることに関わって注意してよい。

(36) 能の詞章と『往生講式』の関係について付け加えれば、《大会》後場の天狗の化けた釈迦如来が『法華経』を説く場面の「空より四種の　花降り下り　天人雲に　連なり微妙の　音楽を奏す」は、第五段の阿弥陀如来の宮殿の描写「聖衆星ノ如ニハ烈《ナツテ》讃《メ》二満月之《ノ》尊容《ヲ》一、諸天雲ノ如ニハ集《テ》奏《ス》二微妙之《ノ》音楽《ヲ》一」に拠ると思われる。

(37) 松井文庫蔵妙庵本による（「だ」は原本に濁点あり）。

(38) 陽明文庫本により、欠損文字（「事」「辺」「菩」）を三手文庫本で補う。

(39) 山田昭全「『柿本講式』解説・翻刻・校注」（山田昭全著作集第一巻、おうふう、二〇一二年）。

(40) 大曾根章介「『澄憲作文集』」（秋山虔編『中世文学の研究』東京大学出版会、一九七二年）による。

(41) 「提闡」は、《熊野》の「観音も同座あり　闡提救世の　方便あらたに　たらちねを守り給へや」などを参照して、「闡提」を誤ったものと考えて当てたのであろう。

(42) 具体的には、観世流本は大正中頃までは江戸期から引き続き「提闡」であったが、大正九〜十年刊の大正正本で「大仙」となり、昭和六〜九年刊の昭和版で「提闡」に戻り、昭和十五〜十八年刊の大成版で「闡提」に改められた。宝生流本は、大正八〜九年刊の修正正本まで「提闡」、昭和三〜五年刊の昭和版以降「大仙」となる。金春流本は、明治になって最初の揃本である明治四十〜四十一年刊本以降「提闡」。金剛流本は、明治十七年刊の山岸本は「たいせむ」、昭和四〜五年刊の昭和版以降「提闡」となる。喜多流本は、大正八〜九年刊の大正改版まで「提闡」、昭和三〜四年刊の昭和版以降「大仙」となる。

(43) 「救世の大仙」という言葉は、『大方等大集経』巻十六に「能知諸法　因縁生者　其蔵無尽　不可思議　救世大仙　説四無尽　空及道心　衆生仏行」という例がある。

(44) なお「大悲闡提」を略した「大闡」かとする注があり（日本古典全書『謡曲集』）、あるいは『源平盛衰記』巻八「法皇三井灌頂」の「聖徳太子ハ救世観音ノ応現、大悲闡提ノ菩薩也」（延慶本『平家物語』第二本にも同文あり）を念頭に置いているかも知れないが、「大悲闡提」を「大闡」と略すことはいささか考えにくい。

(45) 「しなてるや片岡山に飯に飢ゑて臥せる旅人あはれ親なし」（『拾遺集』等）の歌。

(46) もっとも、終曲部で「大和歌の起こりは　あらかねの土にして　素盞嗚尊の」と、『古今集』仮名序に拠って和歌の起源を述べているのと整合しないけれども。

(47) 『愚秘抄』に「はじめにほの〴〵の歌を声を引きて三反詠ずる事は、人丸供養の時の事歟。さらぬ時は八雲たつ、又は難波津の歌を、三反詠ずる也」（日本歌学大系による）とある（日本古典文学大系『謡曲集　下』補注一八〇参照）。ただし「鎌倉後期頃には特に「影供」と意識せずに歌会で人麿画像を掛けるのが一般化し」（『和歌文学大辞典』「人麿影供」）たと言い、また『愚秘抄』に「但、又毎度ほの〴〵の歌をいづれにもわたりて詠ずる事、又難なき式なるべし」ともあるが、次に触れるように曲中でたびたび柿本人麿が言及されることからも、《草子洗》の場合は影供歌合と見てよいであろう。

(48) 法政大学能楽研究所般若窟文庫蔵禅鳳本による。

(49) 日本古典文学大系『日本書紀』の原文と訓読文による。

(50) 北野本・兼右本・内閣文庫本は「関」を「開」に作る（後掲の『天照坐二所皇太神宮御鎮座次第記』『豊受皇太神宮御鎮

座本紀』の神宮古典籍影印叢刊所収本も同じ）が、「関」の異体字「閞」からの誤写と考えられる。

(51)『古事記』上にも「故尓、詔天津日子番能迩々藝命而、離天之石位、押分天之八重多那雲而、伊都能知和岐知和岐弖、於天浮橋、宇岐士摩理、蘇理多々斯弖、天降坐于竺紫日向之高千穂之久士布流多気」とある。

(52) 必ずしも古訓に従わない新編日本古典文学全集『日本書紀』は、「天関《あまのと》」と訓む。この訓は、『万葉集』巻二十、大伴家持、喩族歌「比左加多能 安麻能刀比良伎 多可知保乃 多気尓阿毛理之 須売呂伎能 可未能御代欲利（ひさかたの 天の門開き 高千穂の 岳に天降りし 皇祖の 神の御代より）」（四四六五）によるのであろう。

(53) それに関して、「離」「脱離」を古くは一般に「おしはなち」と訓んでいる（「離」に「はなる」の訓もあるが一部）ことも問題となるが、本稿の目的から外れるので言及を省く。

(54) 神宮古典籍影印叢刊『神道五部書』（八木書店、一九八四年）による。以下二点の伊勢神道書も同じ。

(55)『倭姫命世記』には、ほかに『日本書紀』神武紀の前引部分を含む一節を引いた箇所があるが、略す。

(56)『伊勢二所皇太神御鎮座伝記』は、「于時皇孫離《ヲシハナチ》二脱天磐座《クラ》一、排《ヲシハケテ》二分天八重雲一、稜威《イツノチ》道々別《ワキニ》々而《テ》天降給《アマクダリタマフ》」と、神代紀第九段一書第一の文章によって天孫降臨を記述する。

(57) クセ前のサシの「それ人は天下の神物たり　かるが故に正直をもつて本とす」が『伊勢二所皇太神御鎮座伝記』の「人乃天下之神物奈利、須レ掌二静謐一志。心乃神明之主他利、莫レ傷二心神一礼。々垂以二祈祷一為レ先、冥加以二正直一為レ本須」に対応する（「神垂以祈祷為先、冥加以正直為本」は『倭姫命世記』にもあり）。なお、世阿弥の『金島書』「十社」にも「それ人は天下の神物たり」の句がある。

(58) 禅竹の『六輪一露秘注』（寛正本）などに伊勢神道書に見える言葉が引かれるが、必ずしも直接ではなく、慈遍『豊葦原神風和記』などから引いた場合もあるらしい（伊藤正義『金春禅竹の研究』赤尾照文堂、一九七〇年）。しかし、そのことを以て禅竹が伊勢神道書を見ていなかったとは言えない。

◎コラム◎

「狂人走れば不狂人も走る」攷
——《関寺小町》試注

佐藤嘉惟

さとう・かい——東京大学大学院総合文化研究科博士課程。専門は能楽研究。主な論文に「世阿弥自筆能本の表音的表記——表記の揺れと執筆過程」(『能と狂言』一六、二〇一八年)、「猿楽者による「文字」論の一端——「文字」によって謡を語る」(『中世に架ける橋』森話社、二〇〇〇年)などがある。

はじめに

老女となった小野小町をシテとする《関寺小町》は、世阿弥の作と考えられている。(1) 室町末期以降には秘曲化がすすみ、現在でも上演には免許が必要な曲(重習)の一つである。その梗概は次の通り。

七月七日、近江の関寺の住僧(ワキ)が稚児(子方)を連れ、近くに庵を結んで暮らす百歳の老女(シテ)のもとを訪れる。僧は老女に対し、稚児に歌道の手ほどきをするよう依頼する。老女との和歌問答から、僧は老女が小町であると気づき、小町を関寺の乞巧奠に誘い出す。乞巧奠では稚児が童舞を披露する。小町も昔を忘れられず舞うが、老いた身ではうまく舞うことができない。やがて夜が明けると、小町は元の庵へと帰ってゆく。

老いた小町が舞う場面は《関寺小町》の見せ場の一つである。小町の舞を導く詞章を次に示すが、本コラムでは傍線を付した詞章を取り上げたい(以下、傍線はすべて稿者による)。「狂人走れば不狂人も走る」という諺について、中世の用例を検討し、ささやかではあれ《関寺小町》の読みを深められれば幸いである。

(シテ)あら面白の只今の舞の袖やな。昔豊の明の五節の舞姫の袖をこそ五度返しゝか。これは又七夕の手向の袖ならば。七返にてやあるべき。狂人走れば不狂人も走るとかや。今の童舞の袖に惹かれて。狂人こそ走り候へ。百年は(以下、舞事)(2)

一、問題の所在

先に傍線を付した詞章は、上掛(観世・宝生)のみにある。この詞章をめぐって、「童舞(不狂人)に引かれて狂人(小町)も舞を舞おう、の意。物狂的性格を付与した表現」[3]とする見解がある一方、「優美な稚児の舞に思わず夢中になって、老いの身で舞い出してしまったことへの言い訳と解するべきであり、物狂能的処理をそこに認めるべきではあるまい」[4]という見解もある。こうした見解の相違は、「狂人走れば不狂人も走る」（以下、「狂人…」と略す）という諺の理解に由来するものと考えられる。

　主要な辞書では「狂人…」の意味が次のように説明されている（用例は省略）。「狂人…」は現在も同様の意味で格言めかして用いられることがある。[5]一々引用しないが、古典文学全集類における《関寺小町》注釈でも、辞書的な意味がそのまま踏襲されている。

・人はとかく他人のしりについて行動しがちであることのたとえ。一匹の馬が狂えば千匹の馬が狂う。付和雷同。　（『日本国語大辞典』第二版）

・人は、誰かが何かをすれば、すぐ影響されて、そのわけもわからないまま追従するものであるということのたとえ。
（『時代別国語大辞典――室町時代編』）

・狂人が走ると、それにつられて狂人でない者も走る。他人の後について妄動することにいう。『徒然・八五』にも「狂人の真似とて大路を走らば則ち狂人なり」とある。
（『角川古語大辞典』）

　先ほど確認した小町の物狂的性格をめぐる見解の相違は、解釈にあたって右の辞書的な意味を重視するかどうかに由来している。物狂的性格を認める見解は、小町が「狂人」と自称するにあたり「狂人…」を秀句的に引用したものと見なしている。つまり、諺の意味はさして問題にならない解釈といえる。物狂的性格を認めない見解は、童舞に続けて小町が舞った出来事を、小町自身が「狂人…」で説明していると見なしている。つまり、諺の辞書的な意味をより重視した解釈といえる。

　しかし、そもそも、右のような辞書的な意味は、《関寺小町》が成立した中世における「狂人…」の用例に即したものなのだろうか。稿者の見解では、必ずしもそうではない。以下では、辞書類で明確に指摘されてこなかった「狂人…」の用例のうち、管見に入ったものを取り上げていきたい。

二、中世の用例①――初出例から

（一）初出例

　これまで「狂人…」の初出とされてきたのは、弘安二年（一二七九）起筆の無住『沙石集』であった（後述）。それを若干遡る例を、建治元年（一二七五）成立の宰円『弾偽褒真抄』に見出すことができる。

サレハ蓮界・蓮入ソノスカタタカヒタリトモ。アナカチニ一方ヲヒカ事トソシラントモ思侍ラス。本願・カハラ坂ノセラレケムスカタ。イツレニカマテ侍ラン。オホツカナシ。人ノ偏執スレハ。コレモ難破シカヘスニテコソアレ。狂人ハシレハ不狂人モハシルカコトシ。音ノスカタノトカクアラン。クルシカラス(6)

『弾偽褒真抄』が執筆された背景には、天台声明における新・古二流の対立がある。(7)声明の改革を行った蓮入房湛智ら（新流）と、蓮界房浄心ら（古流）は激しく対立した。『弾偽褒真抄』は湛智派の宰円が浄心派を批判した書である。右の例は、相手の僻見を論破することを「狂人…」の諺で表現している。

（二）類例

中世の用例のうち、『弾偽褒真抄』に類する例は二例が管見に入った。

一例目は、元亨二年（一三二二）成立の宥祥『大日経疏義述』第十六にみえる。次に引用するのは『大日経』息障品を釈した部分である。『大日経』息障品は曼荼羅造立の障碍を滅する法、とくに不動明王を念じて障碍を滅する法を説いている。

諸生死中者《ト》指《ス》二一切衆生《ヲ》一。凡《ソ》如來神《ノ》變加持令《ハ》下衆生《ヲメ》開中佛惠《ヲ》上。佛惠門《ノ》亦在《リ》二折伏攝受等《ニ》一。若隱《シ》弊《セハ》以《テカ》レ何《ヲ》有《ラン》二其《ノ》益一。尤當《ニ》可二流通《ス》一。故《ニ》不動尊之大威力能《ク》治《ス》二分別《ノ》大魔《ヲ》一。是《レ》大悲至極之加持三味也。何《ソ》輒《モ》可レ抑二止之《ヲ》一耶。故《ニ》云二不敢隱弊《ト》一。又能《ク》加《ヘテ》二示現《ヲ》一皆《ナ》依《ルカ》二所加之縁起《ニ》一故《ニ》。云二諸爲障者不敢隱弊《ト》一。諺《ワサニク》曰。狂人走《レハ》不狂人走《ト云ノ》其義也。(8)

右の引用は『大日経疏』巻第九の「諸生死中普得二聞知一。不三敢隠二弊此眞言一。是故持金剛者。大力威猛所レ不二敢隱弊一。謂此尊有二靈驗一故所作善事皆成。諸爲レ障者不四敢隱三弊如來所二教勅一也」(9)と対応する。不動明王が諸々の障碍をなす存在を降伏する様を、「狂人…」の諺によって説明していると読み取れる。

二例目は、室町時代初期から中期にかけて成立したとされる宗祇仮託の連歌論『連歌諸躰秘伝抄』にみえる。(10)連歌の付合について論じた部分のうち、拉鬼躰（新儀八十躰の一つ）の項にみえるのがそれである。

是は、大事なる前句にて候へ共、鬼をとりひしぎ候て、いつくしけさせてさし出し候へば、いつくしく聞へ候。言葉を以かざり立候へば、別段の事也。まへのあれ句につれ候てかけり候はば、一句にて五句も十句も損じ候はんずる事、口おしく候。然ば、狂人走れば不狂人も走るにて候。他准之。(11)

傍線部の「狂人…」は、現在の辞書的な意味で用いられているようでもある。しかし全体の趣旨に鑑みると、「鬼をとりひしぎ」「いつくしく」なるように句を付けること、すなわち「あれ句」を適切に禦することを指して「狂人…」と表現していると判断できる。

(三) 小結

本節で確認した用例では、ある対象へ(必ずしも人とは限らない)正しく導くために働きかけることを「狂人…」で表現していた。こうした意味合いを、かりに「狂人…」の意味①としておく。意味①の用例の存在は、近代になってからも確認できる。

狂人《きやうじん》が家《いへ》を飛出《とびい》で。處々《しよく〳〵》を狂《くる》ひ回《まわ》る時《とき》は。之《これ》を捕《とら》へん爲《た》めに。出掛《でか》けた人《ひと》も。亦狂人《またきちがひ》の如《ごと》く。狂《くる》ひ回《まわ》らねばならぬ。之《これ》を古語《こゞ》に。狂人走《きやうじんわし》れば。不狂人《ふきやうじん》も亦走《またわし》ると申《まう》してある。今《いま》我々《われ〳〵》の身《み》の上《うへ》は。迷《まよひ》の境界《けうがい》を暴《あ》れ回《まわ》る狂人《きちがひ》ゆへ。此《こ》の狂人《きちがひ》を引捕《ひつとら》へて。淨土《じやうど》へ連《つ》れ歸《かへ》りたいと思召《おぼしめ》して。如來樣《にょらいさま》は亦我々《またわれ〳〵》と同《おなじ》く。狂人《きちがひ》の如《ごと》くになりて。御苦勞遊《ごくらうあそ》ばすのぢや。(12)

三、中世の用例②
――対立・敵対関係において

中世における「狂人…」の用例をみると、その多くは対立・敵対する関係を前提とした表現であることが分かる。以下、仏書と古記録等からそれを確認したい。前もって付言しておくと、以下の用例は前節で確認した意味①とは異なる意味合いを帯びている。

(一) 仏書の用例

対立・敵対する関係を読み取れる例は、三例が管見に入った。

一例目は、永仁四年(一二九六)成立の道光『選択集大綱抄』巻上にみえる。道光は法然を非難する見解について対論に及ばずとし、その理由を次のように説明している。

次ニ或人ノ難ハ者明テ二彼私義一而指メ二黒谷一ヲ云二倒見謗法邪見堕獄一ト還是邪謗不ナリレ及二對論一ニ今載ルスラ二彼難一ヲ・尚ホ有リ二恐憚一況ヤ成二會通一ヲ乎キカ應レ如ナル二狂人走ハ不狂人モ走一ルカ故矣。(13)

不当な非難を載せることすら憚られるのに、その内容を吟味することはなおさら憚られる、というのが傍線部の意である。内容の吟味がもたらすと予想されるネガティヴな事態を指して「狂人…」の諺が用いられている。

二例目は、元亨二年(一三二二)成立の日伝『十二因縁抄』にみえる。日伝は「狂人…」を用いて次のように止観勝法華説を批判している。止観勝法華説とは、四重興廃――『法華経』以前(爾前)、『法華経』迹門、『法華経』本門、観心(止観)の四段階に教えを区分してその浅深や勝劣等を論ずる――が先鋭化した説で、武蔵国仙波を中心に関東天台で説かれたとされる。(14)

我等ハ三重〔ママ〕ノ興廢ト云事立テヽ、迹門ノ大教興テ爾前ノ大教廢ス、本門ノ大教興テ迹門ノ大教廢ス、觀心ノ大教興テ本門ノ大教廢スナド云テ、盛《サカリ》ニ觀心ヲ旨トシテ本迹二門ヲ廢スル邪義アリ、此モ又狂人ハシ《走》レバ不狂人ハシ《走》ルトカヤノ風情《フゼイ》也、共ニ以テ狂人也、〔中略〕本迹二ツノ執心ヲ捨離スレドモ、觀心ノ大執ヲ未ス二捨離セ一、二人共狂人大愚癡ノ者也(15)

右は『法華経』の本迹二門を否定しようとして観心に執しているという趣旨の批判だと読める。止観勝法華説が陥っているネガティヴな事態を指して「狂人…」の諺が用いられている。

三例目は、慈遍『密法相承審論要抄』にみえる。『密法相承審論要抄』は主に台密の伝承が正統であることを示す書である。(16)次の引用も、空海が最澄より灌頂を受け悉曇を学んだとして（もちろん事実とは異なる）、東密に対する優位を主張する箇所にあたる。

吾朝ノ密法傳來元祖獨傳教有故ニ始ム。〔中略〕其後經レ年ヲ弘法歸朝亦謁二傳教ニ一、重受二灌頂ヲ一、訪二密法義ヲ一及學二悉曇ヲ一幷聞二天臺圓宗ノ教ヲ一耳。當レ知、上古ニハ都無二偏執一。然今末學還作二怨嫉ヲ一、爲レ防二彼德ヲ一而構二此失ヲ一。〔中略〕仍粗所レ載大略在レ斯ニ。爲レ遮二偏執ヲ一。還而興二憍慢ヲ一。如二狂人走ス不狂人走ルカ一。委ハ見二破邪辯正記一耳(17)

引用中の「今末學」は、東密の伝承を正統とする主張を念頭においたものであろう。論難しようとしてかえって憍慢の念を起こしてしまうネガティヴな事態を指して、「狂人…」という諺が用いられていると考えられる。

（二）古記録等の用例

対立・敵対する関係を読み取れる例は、二例が管見に入った。

一例目は、経覚の日記『経覚私要鈔』にみえる。宝徳二年（一四五〇）、大僧正一座を宣下された経覚は、春日社参詣を計画したものの延期に追い込まれた。

予社參事、衆中衆勘事也、可二相支一之由申二送門跡〔引用者注：尋尊〕一旨申賜了、存外之至也、自宗規模之 宣下、奉二忽諸一之条、冥顯豈無二其果利一哉、自レ元彼一類妬二如レ此勝事一、專二自分之威勢一者共なる間、毎度逢二横災一、悉以致二犬死一、乍レ見二其爲躰一、猶如レ此相振舞間、併招二自滅一者欤、但立合可二社參一之条、狂人走者不狂人走ニ相似之間、先可二延引一之由可二相觸一者也。(18)

経緯は大略次の通りである。(19)〈畠山氏・古市氏／細川氏・筒井氏〉という管領家・大和国の複合的な対立状況があり、経覚は畠山氏・古市氏に与していた。そのため文安四年（一四四七）に官符衆徒棟梁・筒井順永らにより、経覚は衆勘を受けていた。その衆勘を理由に社参が反対されたのである。経覚は日記中で筒井氏（「彼一類」）を罵ったが、結局は社参を延期した。社参を強行すれば、当然、対立の激化というネガティヴな事態が予想される。それを背景に、社参の強行という選択肢が「狂人…」の諺で表現されている。

二例目は、伏見宮貞成（後崇光院）の日記『看聞日記』に部分的にみえる。応永三十二年（一四二五）正月二十日、貞成は前年冬より生じていた寿蔵主との確執をめぐり、譲歩することを決めた。

> 抑寿蔵主今春未レ参、歳末ニも不レ参、大略止二参仕一歟、此事旧冬御所御修理之時、当所寺庵竹木所望之処、寿蔵主一人申二異儀一不レ進、結句寺庵等被レ支云々、御修理不レ致二奉行一之間、其意趣也、不可説々々々、然而崇光院已来奉公異二于他一之間、一往不二宥仰一還而不狂人走歟之間、用健ニ可レ被二尋仰一之由一行了(20)

経緯は大略次の通りである。寿蔵主は行蔵庵（大光明寺塔頭）庵主として貞成のもとに祗候していた。すでに「老屈」のため隠居していたが、(21)依然諸事を奉行していた。しかし、応永三十一年の御所（伏見宝厳院）修理の奉行は小川禅啓（伏見荘政所）が務めることになった。(22)これを不服とした寿蔵主は竹木の進上を拒否し、御所に乗り込んで貞成を嘲弄するという狼藉にまで及ぶ。(23)年が明けても参仕しない寿蔵主に対し、正月二十日、貞成は用健周乾（貞成異母弟、大光明寺塔頭大通院）を通じて関係の修復を図った。結果として、翌月に寿蔵主は用健とともに参仕している。(24)傍線部では、貞成が譲歩しなかった場合に予想されるネガティヴな事態が「不狂人走」と表現されている。先の『経覚私要鈔』の例に鑑みれば、これも「狂人…」を踏まえたものと判断できよう。

なお近世初期まで下る例ではあるが、近衛前久（東入）の進藤大蔵少輔宛書状（慶長初年頃、十二月二十七日付）も確認しておきたい。前久は晩年に嫡子信尹と不和になったことが知られているが、(25)その様子を自ら記す際に「狂人…」を用いている。

> 三木（引用者注：信尹）は不孝第一にて、老たる親へたいし、悪口狼藉過言條々以二墨付一被レ申候、（中略）雖レ然、年寄つまり、耳も不聞、かた輪者になり候て居なから、それに取あひ候へは、狂人はしれは不狂人もはしると申候、さなからと堪忍候て、たひ〳〵の悪口、書中不二取相一候へとも、餘なる事と存候て、今日より拙者存命之限は、中違申候(26)

傍線部では、信尹の「悪口狼藉過言」に老齢の前久が真正面からやり合うような事態を指して、「狂人…」の諺が用いられていることが分かる。そうした事態を避けるべく、前久は信尹の態度に堪えてきたと述べられている。

(三) 小結

本節で確認した用例では、対立する相手に対して何らかの反応（批判・否定・対抗等）を示すことで、かえって自身にとって好ましからざる事態（ないし事態の悪化）を招くことを「狂人…」で表現していた。こうした意味合いを、かりに「狂人…」の意味②としておく。前節で確認した意味①を踏まえ、より一段階進んだ状況を指すものといえる。

四、『沙石集』の用例検討

従来「狂人…」の初出とされてきた用例は、『沙石集』巻十末の第二「諸宗ノ旨ヲ自得シタル事」（流布本では「得仏教之宗旨人事」）にみえる。実賢（金剛王院僧正）の孫弟子から伝え聞いたという、実賢の談話が中心となる説話である。若かりし実賢は葛城の山中で老法師と出会い、物語をした。そのとき老法師の語った内容が以下である。

近比《チカキコロ》仏法ノ大意《タイヽ》心得ラレテ侍ルナリ。其大意トイツハ、諸宗《シユシウ》ハ皆《ミナ》未《イマタ》弘通《コウツウ》セヌ時候ケルヲ、祖師興隆《ソシコウリウ》スルヨリ失テ候ナリ。法相宗《ホツサウジウ》ハ護法《コホウ》ノ時ヨリウセ、三論《サンロン》ハ清弁《セイベン》、花厳《ケゴン》ハ杜順《トシユン》、天台《テンダヒ》ハ智者《チシヤ》大師、真言《シンゴン》ハ竜猛《レウミヤウ》菩薩、此興隆《コウリウ》ノ時ヨリ、其宗《シウ》ノ真実《シンジツ》ノ旨ハ失テ候也。有仏無仏性相《シヤウザウ》常然《ジヤウネン》ノ法《ホウ》ヲ、言語《ゴンゴ》ニ出テ義理《キリ》ヲ立《タテ》ハ、其旨遠《ムネトヲ》ク、其意背《コヽロソム》ク。宗《シウ》ヲ立《タテ》ハ、皆《ミナ》一門ヲ建立《コンレウ》シテ是非《ゼヒ》ヲ定判《チヤウハン》ス。方ナキ処ニ方ヲ立テ、言ハナキ所ニ言ヲ出ス。言ニヨリテ心ヲ生シ、心ニヨリテ境《キヤウ》ヲ存ス。言《ユウ》トキハ格《カク》ヲ立テ、思フ時ハ境《キヤウ》ヲ現《ゲン》ス。既《ステ》ニ定相《チヤウサウ》ヲ立《タテ》、義門《ギモン》ヲ存《ソンシ》。寂滅《ジヤクメツ》ノ法《ホウ》ニ非《アラ》ス、無相《ムサウ》ノ理《リ》ニ背《ソム》ク。是《コレ》虚妄《コマウ》ノ方便《ハウベン》也。何ソ一心ト云ヒ、又実相ト云ハン。サレハ、ヲ、カル機《キ》ニ対《タイ》シテ、宗《シウ》ヲ分《ワケ》、義《ギ》ヲ立《タツ》ハ、欲《ヨク》ノ釣《ツリハリ》ヲ以《テ》引ク方便《ハウベン》也。正《タヽシ》キ宗旨《シウシ》ニ非《アラ》ス。「狂人走《キヤウジンハシレ》ハ不狂人走《フキヤウジンハシル》」ト云ヘル如ク、祖師《ソシ》皆不狂人ノ走也。是ヲ実《シツ》ト思ヘハ宗《シウ》ニ暗《クラ》シ。コノ意ヲエテ侍ル也(27)

諸宗の祖師たちが各々言葉に表して説いた教えは、教えを理解する力（機根）の異なる衆生のための方便にすぎない、というのが傍線部の大意である。このとき「狂人…」は、先に確認した意味①として用いられている。言語を絶する仏法の本来的なあり方を枉げて、祖師たちが言語をもって衆生に働きかけたことを、「祖師皆不狂人ノ走」と表現しているのである。「狂人…」の図式にあてはめるなら、衆生が「狂人」、祖師たちが「不狂人」ということになるだろう(28)。なお、傍線部の「狂人…」が「是ヲ実ト思へバ宗ニ暗シ」までを含むと解釈すれば、先ほど確認した意味②の用例とも判断できる。いずれにせよ『沙石集』の内容からすれば、現在の辞書的な意味で解釈しようとすると具合が悪いのである。

五、禅語としての側面

（一）『徒然草』注釈との関係

先にみた辞書の説明にも言及されているように、「狂人…」の諺は『徒然草』第八十五段（人の心すなほならねば…）の「狂人の真似とて大路を走らば、すなはち狂人なり」(29)との関連が指摘されてきた。『徒然草』最初の注釈書として知られる慶長六年（一六〇一）跋『徒然草寿命院抄』（以下『寿命院抄』）には次のようにある。

> 狂人のまねとて――狂人走レハ不狂人走　禅話
> 淮南子曰、狂者東走、逐者東走、東走則同、所以東走則異、私曰、心ハ別也、(30)

右の引用のうち「狂者東走…」は、『淮南子』説山訓のほか『韓非子』説林にもみえる表現で、表面上同じような事柄の内実を見極めることが重要だという趣旨の文言である。『寿命院抄』に述べる通り、『徒然草』の内容とは多少意味合いが異なっている。なお近世の謡曲注釈（『謡曲拾葉抄』『謡言粗志』等）では、《関寺小町》の「狂人…」に対し『徒然草』第八十五段と『淮南子』を挙げるのが通例となる。文禄四年（一五九五）成立の『謡抄』には「狂人…」の項がなく――おそらく下掛詞章に拠ったためであろう――確言できないが、『徒然草』注釈が謡曲注釈へ流入したものと理解できる。

（二）禅語として

先に確認した『寿命院抄』では「狂人…」の諺が「禅話」と理解されていた。同様の理解は、寛永十三年（一六三六）刊の如儡子（斎藤親盛）『可笑記』巻二にもみえる。ただし『可笑記』に用いられている「狂人…」の意味は、現在の辞書的な意味に近い。

> ▲むかしさる人の云るハ
> 狂人《きやうじん》はしれば、ふ狂人もはしるといへる禅話《ぜんわ》あり
> けにも〳〵、江戸上下の人〻か、慶庵《けいあん》の、泡斎《はうさい》の、と云狂人共が、町〳〵小路を、かけまハり、はしりあるけば、是を見ものにして、おとなしき、おさなき男女《なんによ》まじはり、爰へハ、むら〳〵、かしこへハ、はら〳〵と、はしりまハり、かけありきて、見物する
> さあれば、かの物くるひも、（中略）しかれば、此見物の人〻も、かれに気うつりして、（中略）さあれば、狂人ならぬ見物の人も、皆かの物狂《ぐるひ》と同しき也。(31)

こうした理解が生まれる背景としては、「狂人…」の諺が公案禅参究の場に受容されていたことが挙げられる。次に引用する『百則』（駒澤大学図書館蔵）は、林

下大徳寺派の密参録（公案禅の口決資料）の一つである。

〽又下、狂人走不狂人走。弁、狂人走処ハ、色相、狂人ト同シヤウニ、平人モ走ル。平人ヤラ、狂人ヤラ、一向ワケガ見ヘヌ処ヲ本分ニ用イタ。(32)

右は「雪覆千山為甚麼孤峰不白」の解釈にあたる。「狂人…」による解釈の趣旨が、先ほどみた『淮南子』等の「狂者東走…」とは逆転していることに注意したい。内実の見極めを重視する『淮南子』等とは異なり、むしろ表層の類似を重視しているのである。

また、寛永二年（一六二五）に出世した大徳寺百七十世・清巌宗渭による墨蹟「狂人走不狂人走」が存在するらしく(33)、「狂人…」は禅語としてもある程度広まっていたと思しい。他にも、「伝法祖師下語」（常光寺蔵）に載る曹洞宗寒巌派の東州至遼に関わる公案らしい「狂人走不狂人走意旨如何。代云、鉄馬追風、皈路忙々」(34)が紹介されている。

おわりに

（一）中世の用例から

以上、中世の用例を検討することで、「狂人…」の諺は、かりに意味①・②と名づけた二つの意味で用いられていることを論じた。意味①としたのは、相手を正しく導くために働きかけるという意味であった。意味②としたのは、対立する相手に何らかの反応を示すことで、かえって自身にとって好ましからざる事態を招くという意味であった。

今回管見に入った用例のうち、鎌倉・南北朝期の例が仏家のテクストに集中していたことは注意される。意味①・②どちらについても、「狂人…」は仏家の宗学や論議の場でよく用いられたと考えられる。天台宗の近世の論議故実を記した『叡川義方』に「横義ノ論義ニ取合ヒ候ヘバ。狂人走レバ不狂人モ走ルト笑フ」(35)とあるのも参考になる。室町期に入ってから連歌論や古記録に「狂人…」の用例が現れることは、この諺が宗学の場から一般へと波及したことを示唆するものであろう。

（二）諺としての成立・展開

ただの臆説にすぎないが、『淮南子』等に現れる「狂者東走、逐者亦東走」という文言と、「狂人…」の意味①との関連はやはり注目される。典拠と断言できる程の一致ではないが、『淮南子』等を踏まえて「狂人…」という諺（意味①）が生まれたとも想像される。意味②は、『百則』に確認できる「狂人」と「不狂人」の表層の類似性に着目する発想から、意味①が拡張されたものと考えられる。

「狂人…」の現在の辞書的な意味は、意味②がさらに拡張されて生まれたものと考えられる。意味②が拡張される様相は、次に示す寛文二年（一六六二）刊の中江藤樹『為人鈔』巻第三にみえる。

是、怪ヲ好人ノ心ニ出テ。必、真《マコト》ニシガタシ。ソレモ亦十目ノ見ル所、十手ノ指所ナラハ、強《シイ》テ争《アラソフ》ベカラズ、コレヲ名付テ。狂《キヤウ》人走《ワシ》レハ、不狂人走ル、ト、云。(36)

傍線部では、理に適わない主張であっても大勢を得ていれば反駁したところで無益だ、という趣旨が「狂人…」に込められている。先に検討した意味②の用例では、敵対者に譲歩する側の理由として「狂人…」が用いられることもあった。『為人鈔』の例では、譲歩する段階まで含めて「狂人…」が用いられている。この譲歩という要素が追従といった方向へ拡張されると、「狂人…」は現在の辞書的な意味に到ると思われる。

(三)《関寺小町》において

臆説に想像を重ねたところで、《関寺小町》に戻ろう。中世の用例に鑑みると、《関寺小町》の「狂人…」を解釈すると き、現在の辞書的な意味をそのまま当てはめるのは適切でない。つまり、小町が自らを「狂人」と位置づけるのに伴い、「狂人…」が秀句的に引かれていると解釈するのが妥当であろう。能では、しばしば物狂の女の興奮状態をカケリ(すなわち「駆けり」)という働事で表現するが、文芸一般についても狂者と走る行為との密接な関係が指摘されている。(37) 小町は物狂として積極的に舞ってみせた——詞章に沿っていえば走ってみせた——のである。

注

(1) 成立の時期については議論がある。以下を参照。伊藤正義『謡曲集 中』(新潮日本古典集成、新潮社、一九八六年三月)解題。表章・牛尾美江「〈関寺小町〉演能史(一)」(『観世』五三—六、一九八六年六月)。竹本幹夫「「関寺小町」」(『観阿弥・世阿弥時代の能楽』明治書院、一九九九年、初出一九八六年十一月)。天野文雄「《関寺小町》はいつごろ制作されたのか——『音曲口伝』例曲と趣向をめぐる試論」(『能と狂言』九、二〇一一年)。

(2) 詞章引用は現行観世流大成版によった。

(3) 注1前掲伊藤『謡曲集 中』二二二頁頭注。

(4) 注1前掲竹本「「関寺小町」」五〇三頁。

(5) 全くの余談だが、近年では以下のように別の意味にも用いるらしい。「大切なことは、目標達成に向けてのあくなき情熱と、不東の意思と、ときに乱暴、無茶ともみえる行動力であり、その他のことはこの際いずれも重要事に非ず。「狂人走 不狂人走」(清巌宗渭・大徳寺百七十世)」。細川護熙『内訟録——細川護熙総理大臣日記』(日本経済新聞出版社、二〇一〇年)五二頁(一九九三年八月二十五日条)。この記述の影響か、「狂人…」が清巌宗渭の言葉だとする巷説まである。

(6) 『續天台宗全書 法儀I 聲明表白類聚』四六三頁。

(7) 以下を参照。天納傳中「彈僞褒眞鈔について——魚山聲明の正統を論ず」(『天台学報』一五、一九七三年十月)。岩田宗一「声明史料としての「弾偽褒真鈔」」(『大谷学報』七〇—三、一九九一年六月)。注6前掲『續天台宗全書 法儀

I』解題。

（8）『眞言宗全書』第三巻三五〇頁。

（9）『大正新脩大蔵経』第三九巻六七九頁b。傍点引用者。私に返点を付した。

（10）以下を参照。星加宗一「連歌諸體祕傳抄」（『文化』八―二、一九四一年二月）。木藤才蔵『連歌論集 二』（三弥井書店、一九八二年）一〇二―一〇六頁。

（11）注10前掲木藤『連歌論集 二』四七三頁。なお、独自本文を持ち、早い段階の本文を伝える可能性が指摘されている大東急記念文庫本の場合、前段の意図はより明確である。島津忠夫『連歌I』（大東急記念文庫、二〇〇三年）解題（乾安代執筆）参照。引用は同書影印により、変体仮名を通行字体に改め私に句読点を付した。

是は、大事なる句ニあれ句出来所をとりひしき、よき上着を鬼にきせて女のめんをかけさせてさし出し候へは、さもおそろしけなるものにて候へとも美人になり候て、いつくしくも詞をもてかさりたて候へは、別段の物也。先のあれ句とつれてかけり候はゝ、一句にて五句十句損し候はん事とも口惜しく候。然は狂人とつれて不狂人も走る物也。

（12）鈴木慶哉『〈譬喩因縁〉法味愛樂談第二編』（法藏館、一八九五年）一七一頁。

（13）『浄土宗全書』第八巻二四頁。

（14）以下を参照。林宣正「止觀勝法華思想と仙波教學」（『清水龍山先生古稀記念論文集』清水龍山先生教育五十年古稀記念會、一九四〇年）。硲慈弘「慧檀兩流に於ける天台敎義の特色」『日本佛教の開展とその基調（下）』（三省堂、一九五三年）。花野充昭「四重興廃の成立時期に関する一考察」（『仏教学論集』一〇、一九七三年）。小野文珖「仙波と日蓮門下との交流――「関東天台」と関東日蓮教団」（浅井円道『本覚思想の源流と展開』（法華経研究XI、平楽寺書店、一九九一年）。曽根原理「中世後期の本覚思想」（中尾堯『鎌倉仏教の思想と文化』吉川弘文館、二〇〇二年）。なお曽根原論文は、止観勝法華説を正統な説として支持する者は少なく、論敵を貶めるために持ち出される説であった可能性に言及している。

（15）『日蓮宗宗學全書』上聖部三〇二頁。

（16）『延暦寺護国縁起』と共通するが他に所見の無い伝承を載せることが指摘されている。水上文義「慈遍撰『密法相承審論要抄』について」（『日本天台教学論――台密・神祇・古活字』春秋社、二〇一七年、初出一九八九年十一月）。同論に述べられる通り、『大正新脩大蔵経』に『渓嵐拾葉集』の一部として収録されているが、元来は別書である。

（17）『神道大系 論説編三 天台神道（上）』四九二頁。

（18）『経覚私要鈔』宝徳二年八月八日条。引用は『史料纂集』により、私に返点を付した。

（19）以下に詳しい。田中慶治「和泉国上守護代宇高氏と興福寺官符衆徒棟梁古市氏」（『中世後期畿内近国の権力構造』清文堂出版、二〇一三年、初出二〇〇六年）二〇四―二一二頁。酒井紀美『経覚』（吉川弘文館、二〇二〇年）一三七―一三八頁。

（20）『看聞日記』応永三十二年正月二十日条。引用は『圖書寮叢刊』により、見消による訂正箇所を改め、私に返点を付した。

（21）『看聞日記』応永二十七年八月十七日条。このとき寿蔵主は新造の小隠庵に移った。

（22）『看聞日記』応永三十一年十一月二日条。

(23)『看聞日記』応永三十一年十一月二十日条。

(24)『看聞日記』応永三十二年二月十七日条。

(25) 戦略的に不和を演出していた旨が論じられている。橋本政宣「慶長七年における近衛家と徳川家康の不和」（『近世公家社会の研究』吉川弘文館、二〇〇二年、初出一九九〇年）五二四頁。

(26)『大日本史料』第一二編九冊、七六六―七六七頁。変体仮名は通行字体に改め、私に返点を付した。

(27) 渡邊綱也『沙石集』（日本古典文學大系、岩波書店、一九六六年）四四一頁。濁点と振仮名は底本の米沢本に従って改めた。市立米沢図書館デジタルライブラリーにて閲覧。http://www.library.yonezawa.yamagata.jp/dg/AA152_view.html

(28)「祖師たちは皆、他人を妄動させたのである」と解釈するのが通例のようだが、これは「狂人…」の辞書的な意味による解釈である。小島孝之『沙石集』（新編日本古典文学全集、小学館、二〇〇一年）五八五頁。

(29) 小川剛生『新版 徒然草 現代語訳付き』（KADOKAWA、二〇一五年）八八頁。

(30) 引用は中院通勝筆『つれ〳〵私抄』（京都府立京都学・歴彩館所蔵）によった。読点は朱点を表す。京都府立京都学・歴彩館デジタルアーカイブにて閲覧。http://www.archives.kyoto.jp/websearchpe/mediaOriginal?cls=152_old_books_catalog&pkey=0000000187&lCls=150_media_old_books&lPkey=0000053996

(31)『假名草子集成』第一四巻一九八頁。

(32) 飯塚大展「大徳寺派系密参録について（六）――駒澤大学図書館蔵『百則』・『五十則』の翻刻」（『駒澤大学仏教学部研究紀要』五九、二〇〇一年四月）二一六頁。

(33) 注5前掲細川『内訟録』参照。

(34) 飯塚大展「潔堂派切紙に関する一試論――常光寺資料を中心にして」（『駒澤大学禅研究所年報』七、一九九六年三月）一五五頁。

(35)『天台宗全書』第二〇巻二八五頁。

(36)『假名草子集成』第五巻六二頁。

(37) 稲田利徳「人が走るとき――王朝文学と中世文学の一面」（『人が走るとき――古典のなかの日本人と言葉』笠間書院、二〇一〇年、初出一九八九年八月）等。

[III　能楽論・能作品と教説の間]

世阿弥と如来蔵——「離見の見」の内包するもの

小川豊生

おがわ・とよお——摂南大学国際言語文化研究科講師（非常勤）。専門は古代中世文学・中世宗教文化論。主な著書・論文に、『中世日本の神話・文字・身体』（森話社、二〇一四年）、「中世神学と日本紀」（『日本書紀一三〇〇年史を問う』思文閣出版、二〇二〇年）、「東アジアの注釈学」（『東アジア文化講座（三）』文学通信、二〇二一年）などがある。

世阿弥の能芸論を代表する「離見」「離見の見」という言葉は、これまで一般に世阿弥による造語、あるいは漠然と禅語であろうとの推測のもとに批評や研究がすすめられてきた。だがじつは、この語は、仏教史上できわめて重要な意義を担って使用された形跡がある。能芸の実践を通じて体得した身体技法の極致を、世阿弥はいかなる用語のなかに語り籠めようとしたのか。これまで検証されることのなかった視角から、新たな探求を試みる。

一、『大乗起信論』と「離見」

「離見」や「離見の見」という、世阿弥の能芸論のなかでも最も有名な言葉は、周知のように『花鏡』（「無声為根」）の一節で初めて語り出されたものである。舞いを舞うときには「目前心後」、すなわち「目は前方を見て、心は後に置」くことが大切であるとしつつ、つづいて概略つぎのように語られる。

客席にいる観客の眼差しに映ずる演者の姿（「見所より見る所の風姿」）、それは演者自身を外からみた「離見」である。反対に、演者自身が意識する自己の姿は「我見」であって、「離見」で見た自分の姿ではない。この我見をすてて、「離見の見」、すなわち演者自身が観客の眼と同化して自らの姿を見るならば、そのとき演者は、通常では不可能な自らの後ろ姿をも含めた全体を見きわめることが可能となり、その結果、五体のすべてが調和した美しい舞い姿をうみだすことができる。だから、くれぐれも「離見の見」ということをよくよく理解し体得して、「眼まなこを見ぬ所を覚えて」（眼は当の眼それ自体を見ることはできないという道理を悟って）、舞い姿の前後左右を明確に心眼で把握すべきである。さだめて、優美な舞い姿になることは疑いないことである――。

最初に述べたように、ここに登場する「離見」や「離見の見」については、これまでの研究ではほとんど例外なく世阿弥による造語か、もしくは当時用いられていた禅語であろうとの理解が漠然となされてきた。しかし、じつは、「離見」（見を離れる）という語には用例が存在している。きわめて重要な語彙であるにもかかわらず、不思議にもその検証がほとんどなされてこなかったと言わざるをえない。離見をめぐる新しい考察は、まず読解の基本である用例研究からはじめなければならないと思う。

いわゆる如来蔵思想の立場から、大乗仏教の根本思想を説いた著名なテキストに『大乗起信論』（以下『起信論』と呼ぶ）があるが、そのうち最も重要とされる「顕示正義」の章に、次のような一節を見出すことができる。(1)

> 一切の法は、本来唯心にして実には念無きも、しかも妄心有り。不覚にして念を起して、諸《もろもろ》の境界を見るが故に、無明と説くも、心性にして起らざれば、即ち是れ大智慧光明の義なるを以ての故なり。若《も》し心、見を起すときは則ち不見の相あるも、心性にして見を離れぬれば、即ち是れ偏照法界《へんしょうほっかい》の義なるが故なり。［中略］是の如くにして浄法の無量の功徳は、即ち是れ一心にして、更に所念無し。是の故に、満足せるを名づけて法身如来の蔵となす。

いま、右のうち、「心性にして見を離れる」（原文は「心性離見」）という用例に注目するのは、たまたま世阿弥が用いた「離見」と字面を同じくする語がここに見出されるから、という訳ではむろんない。『起信論』のいう「離見」は、世阿弥の「離見」とその内実において密接なかかわりを有すると思われるからである。以下でその点を明らかにしてみよう。

まず、右の引用箇所の文意は、平川彰の解説的な訳に拠れば次のようになる。(2)

> 一切の法は心に帰着するものであって、その心は本来無念のものである。しかし現実のわれわれの心は妄心であり、無明によって動かされ、不覚にして念を起こし分別の認識界を作り出す。その結果、自己の認識界を外界の実在であると妄想してしまう。もし心性にこの妄念が起こらなければ、心はその本来の力を発揮して「大智慧光明」（妄念の起こらない認識界）の性格をあらわすだろ

う。逆に、もし心に妄念が起これば、そこには必ず見ようとする能見相がうまれ、この見つつある能見相自身は見られないためそれが「不見の相」として残り、これが心の暗部となる。しかし、心性においてこのような「能見」というとらわれを離れれば、すべてが正しく見られて、見る力が法界にくまなくゆきわたる。これが「偏照法界」の意味である。［中略］仏の清浄なる無量の功徳は、不動の一心において成立するのであり、そこにはいかなる妄念も存在しない。それ故に、心性に無量の浄功徳を円満しているのを、「法身」とも「如来蔵」とも名づけるのである。

ゴチックで示したように、平川氏は、「離見」に該当する箇所を「能見相」（「能見」）という語を補って訳している。「能見相」とは、迷いの根本である「無明業相」（無明）によって不覚にも心が動き出そうとするときに生まれる主観の作用（いわゆる自我の成立）のことである。それに対して、そのとき同時に生起する客体としての対象世界は「境界相」と名づけられる。人は妄念の所産である対象世界（外的世界）を、真実在の世界と誤認して、その結果、限りない迷いの渦に巻きこまれていく。この誤認のあり方が能見相や境界相という概念によって解き明かされている。

ところで、右の引用文はさらに続けて、主体と客体、すなわち見るものと見られるものとが分裂し、分別活動をはじめる瞬間には、必ず「不見の相」があらわれるのだという。なぜなら、「能見相」は、その見つつある能見相自身を見られない（ある主体が対象を見るとき、当の見ている眼それ自体を見ることはできない）という、いわば絶対的な盲点がどうしても残るからだ。これが「心の暗部」となって、偏照法界すなわち真実在の世界をくまなく見ることから妨げてしまうのである。

では、法界を偏《あまね》く照らしだす（真実在の世界をくまなく見る）ためにはどうすればよいか。『起信論』は、このとき「離見」を語り出す。『起信論』のいう「離見」とは、前掲した訳中にあるように「「能見」というとらわれを離れる」ことを意味している。さらに、この能見を離れるには、すべての迷いの要因である「根本無明」もしくは「根本業不相応染《こんぽんごうふそうおうせん》」と名づけられる最後の（最強の）煩悩を断じなければならないのだという（「金剛喩定《こんごうゆじょう》において、最後の煩悩の習気《じっけ》を断じて、如来地に入ることによって離れる」平川同書一九一頁）。

つまり、『起信論』では、法界をくまなく照らし出すために（言い換えれば、前掲引用文の末尾に見える「如来蔵」を覚知するために）「離見」が示され、それを実現するための具体的な方法として金剛喩定（修行者が解脱への最終段階に入るための三昧）という禅定の実践が説かれていたことになる。

二、「眼まなこを見ぬ所を覚えて」は何を語るか

ところで、ここで注目したいのは、「能見」というとらわれを離れるために克服しなければならない最強の煩悩（「根本無明」もしくは「根本業不相応染」）について、平川氏が次のような解説をくわえている点である。(3)

根本業とは、無明の力によって不覚の心が動ずることをいう。現実に活動しているわれわれの分別心の根本をいうのである。分別している心は、分別の起こっている根本を知ることはできない。ちょうど眼が一切のものを見つつも、眼そのものを見ることができないようなものである。根本業不相応染は、われわれの現にある迷いの心の根源であり、絶えず迷いの心を迷わしめている力である。

不覚にも「心が動」じ、分別活動を惹き起こしてしまう根底には、何か不可抗力的なメカニズムが作動している。見るものと見られるものとが分裂し、見る主体が現われると同時に心に暗部を生みだしてしまうのだ。そのメカニズムを、平川氏はひとつの譬喩を用いて表現する。〈眼が一切のものを見つつも、眼そのものを見ることができないようなものである〉と。

さて、世阿弥の「離見」を考察するわれわれは、ここで、見過ごすことができない文言に遭遇したことになる。『花鏡』には次のようにあった。(4)

かへすがへす、離見の見をよくよく見得して、眼まなこを見ぬ所を覚えて、左右前後を分明に案見せよ。定めて花姿玉得の幽舞に至らん事、目前の証見なるべし。

（くれぐれも、離見の見ということをよくよく理解体得し、眼は眼それ自体を見ることができないという道理を覚って、（舞のとき）左右前後を明瞭に見定めよ。そうすれば花姿玉得というべき美しい舞を成就し証見することは疑いないことである。）

世阿弥が「離見の見」を説く文脈上で用いた文言は、『起信論』の「離見」をめぐる解説中で平川氏が用いたそれとそのまま符合している。ここには、世阿弥のいう「離見」と、『起信論』の用例にみるそれとが同根のものである可能性が十分に示唆されている。(5)

『起信論』はいう。「見つつある能見相自身は見られない」、すなわち眼は見つつある眼自体を見ることができない。その

ため「不見の相」が残り、法界（真実在の世界）の全体を見とおすことができなくなる。全体を見とおすには、「見を離れる」、すなわち能見という囚われを離れなければならないのだ、と。

世阿弥はいう。幽玄な舞いを成就するには、目前左右を見るだけではだめだ。自らの後ろ姿をも含めた、「左右前後」を分明に案見し、「不及目《ふぎゅうもく》の身所」（肉眼の及ばない身体の全体）まで見とおさなければならない。そのためには、「離見の見」をよくよく会得し、「眼は眼自体をみることができない」という点を深く理解しなければならないのだ、と。

このように、平川氏の解説文に拠りながら両者の文脈をおさえるとき、世阿弥が「離見」を説く背後に、『起信論』で展開された議論と同じ文脈が伏在していることが明瞭になる。「眼まなこを見ぬ所を覚えて」という文言も、この文脈においてはじめて意味をなすのであり、逆にいえば、この文言の存在こそ両者の密接な連関を裏付ける何よりの証左ともなる。

もっとも、右で平川氏が離見をめぐる解説で用いた「眼まなこを見ず」という言葉は、じつは『起信論』の本文にはどこにも登場していない。では、平川氏は一体どのような裏づけがあって前掲のような解説を施しえたのだろうか。この点が明らかにされない以上、右の一件は正確な意味で「証左」となすことはできない。節を改めてこの問いに答えようと思うが、そのまえに、世阿弥のいう「離見」と『起信論』のそれとが、密接なかかわりを有していると言える理由をもう一点指摘しておきたい。

再び想起しよう。『花鏡』はこの言葉を次のように語り起こしていた。

> 見所より見る所の風姿は、わが離見なり。しかれば、わが眼の見る所は我見なり。離見の見にはあらず。

このように、『花鏡』の「離見」は、「我見」との対比において用いられていた。この「我見」を離れ、見所（観客）の眼と同化することこそ「離見の見」によって目指されていたわけだが、じつはこの「我見」もまた『起信論』の文脈と符合しているのである。

既述のとおり、「離見」は、『起信論』全体の中心をなす「顕示正義」の章で登場した語だが、同書はこの章に続いて「対治邪執」の章を配している。ここで「邪執」とは「我見」を指している。「邪執を対治するとは、一切の邪執は皆我見に依る。若し我を離るれば則ち邪執無し」とはじまるこの章は、「我見」を「人我見」（自我が存在するという誤った見解）と「法我見」（あらゆるものに実体（自性）を認める誤った見解）とに分かち、そのうえで『起信論』にとって最も重要なテーマとなる「如来蔵」を取り上げ、「如来蔵」とこの「我《アートマン》」とを混同してはならないという点について詳細に説示する。要するにこの章は、如来蔵を覚知するには「我」（我見）を離れるべきことを説いた章に他ならない。

そもそも「離見」ということ自体、すでに第一節で掲げた引用文（平川訳文）末尾に見えるように、「法身如来の蔵」（如来蔵）を説くために用意された教説であった。人間の心の本性は絶対的に清浄であり、「大智慧光明」に満ちたものである。しかし現実にはそれはどこからともなく忽然と出現する妄念（無明）によって覆われ、世界全体をありのままに照らし出すことから妨げられてしまう。この無明を強固な禅定に入り打ち払うことによって如来蔵のはたらきを顕現させること、『起信論』において「見を離れる」、あるいは「我見」を離れることの意義はそこにあった。

三、「離見」の源泉をもとめて『中論』に至る

世阿弥が「離見」（「離見の見」）を説く文脈上で用いた「眼まなこを見ぬ所を覚えて」という文言は、これまでたとえば、『顔氏家訓《がんしかくん》』から出た格言風の言葉かとされたり（古典文学大系本補注、思想大系本補注、新編日本古典文学全集頭注）、あるいは、「眼、睫《しょう》を見ず」という譬えを世阿弥が思い違いして引いたのであろうと曖昧に説明されてきたが（小西甚一『世阿弥能楽論集』）、そうした理解によっては、離見をめぐる一節を正しく解釈することはできない。この文言の正確な理解は、離見の語の正確な把握にとってきわめて重要なことと考えるべきである。

さてそこで、平川氏の解説の問題にもどろう。結論からいえば、同氏の解説では触れられることはないが、じつは、この言葉は三世紀に成立した龍樹（ナーガールジュナ）の主著『中論』のうちにその源泉を見出すことができる。同書は「観六情品《かんろくじょうほん》　第三」で、「六情」（六根）をめぐる種々の命題を挙げるが、そのうち「眼などの感官の考察」と名づけられた章で、主題となる頌につづいて、次のような命題が掲げられている。[6]

是の眼は則ち自《みずか》ら其の己体《こたい》を見ること能《あた》わず。若《も》し自ら見ること能わずば、云何《いか》んが余物《よもつ》を見ん。

（眼はその同じ自己自身を見ることができない。自身を見ることができないものが、どうして他のもの［自己自身以外の別のもの］を見ることがあろうか。）

龍樹はここで、ものは自己自身に対しては作用をなさないという自己作用の否定を論拠として、実体としての視覚を否定する。たとえば、梶山雄一はそのことについて次のような

説明をくわえている。(7)

ナーガールジュナは、目も色形も眼識も、それぞれ他のものに依って存在するのだから、それ自身の本体をもたない、本体がないから空である、いいかえれば、目は見ない、と考える。論理家たちは実体としての目が実体としての色形を見る、と考えている。（中略）目は独立にあるのでもなく、他の目によってあるのでもなく、色形によってでもなく、偶然にあるのでもない。要するに目に目の本体はなく、本体がないから目はないし、目は見ない。

仏教論理学の最高峰といってよい龍樹の議論そのものについての詳細はいまは措こう。ただ、右に引いた梶山著書が、『中論』にあらわれる「目は見ない」という言い方は実はナーガールジュナの思想の本質にかかわる」（三二八頁）と記しているように、世阿弥が「離見の見」を指南する文脈で用いた「眼まなこを見ぬところを覚えて」の文言には、本来、仏教において最も重要な空の思想（空観）が籠められていたことだけは確認しておかねばならない。

このように、右の命題でまず実体としての視覚を否定した龍樹は、続く命題で「見者」（見る主体）の否定に及ぶのだが、じつはそこに他ならない「見を離る」（離見）の語が登場している。

見を離るるも見を離れざるも見者は不可得なり。見者無きを以ての故に、何ぞ見と可見と有らん。

（見るはたらき［視覚］を離れても離れなくても、見る主体は存在しない。見る主体が存在しないから、見るはたらきも、見られるものも、ともに存在しない。）

『中論』注釈史上では諸説にわかれ、ここにいう「離見」の用法を正確に汲み取ることは難しいが、すくなくとも、主体が対象を客観的に見るという関係そのものの解体に関わっていることは間違いない。(8) 六世紀にいたって、『大乗起信論』は如来蔵思想の立場からこの議論を受容したわけだが、その後もこの離見や眼根をめぐる議論は、吉蔵の『中観論疏』（巻第四末、唐初成立）、あるいは、八世紀半ば頃の成立とされる敦煌本『仏説法句経』、さらには同書に注釈を加えた『法句経疏』へと継承されていったようだ。そのうちたとえば『法句経疏』には、「離見の眼」「離眼の見」といった用例も登場している。(9)

論に言く、是の眼は則ち自ら其の己体を見ること能はず、若し自ら見ること能はざれば、何ぞ能く余物を見んや。又若し自体を見ざれば、応に自体は眼には非ず。然るに自体を見ずして而も是れ眼ならば、此は則ち見は是れ眼には非ず。云何ぞ眼を能見と名づけんや。若し爾らば、応に離見の眼、離眼の見有るべきなり。

眼の認識作用（眼識）は決してその基盤となる眼自体を見ることはできない。そのような欠陥をもつ眼が、どうして他のものを見ることができようか。にもかかわらず眼がなお外界を見るというなら、この見るというはたらきは感覚器官としての眼（眼根）に宿っているのではないことになる。だとすれば、視覚を離れての眼（「離見の眼」）、眼を離れての視覚（「離眼の見」）というものがなければならない。

このように、「離見」や「眼まなこを見ず」といった文言は、本来ともに『中論』頌を引き継ぐ議論のなかで用いられていたものであることがわかる。『起信論』の「離見」をめぐって、「ちょうど眼が一切のものを見つつも、眼そのものを見ることができないようなものである」という譬喩を用いて解説する平川氏の脳裏には、この『中論』の命題が想起されていたとみて誤らないだろう。

こうして、列島中世の世阿弥において語り出された「離見」や「眼」をめぐる言説は、意外にもその背後に、とおく『中論』を起点に、如来蔵思想の観点からそれを導入した『大乗起信論』を経て、『中観論疏』、『仏説法句経』、『法句経疏』（『起信論』を引用する）、さらには後述する『首楞厳経』や『円覚経』へとつづく大陸における長い受容の歴史をもっていたことが明らかとなる。

四、『首楞厳経』と「離見」

さて、『中論』第三の六根をめぐる章（「眼などの感覚の考察」）にまで遡って探求してきたが、その目的はあくまで、「かへすがへす、離見の見をよくよく見得して、眼なまこを見ぬ所を覚えて、左右前後を分明に安見せよ」という、世阿弥能芸論の重要な一節を十全に把握するためであった。「離見」の語と、「眼まなこを見ぬ」という文言との有機的な連関を確定できたいま、世阿弥の離見がどのような歴史的な言葉の制約のなかで語り出されたものであったかが明らかになったと思う。

では、これら大陸の言説と列島中世を生きた世阿弥とを媒介するものをどこに求めればいいのだろうか。それを考える糸口として、中国禅の世界で重用され、日本の禅者たちにも深い影響を与えたもう一つの大陸のテキストに注目したい。『大乗起信論』とおなじく如来蔵思想の流れを汲んで、八世紀初頭、中国において撰述された偽経『首楞厳経《しゅりょうごんきょう》』（十巻、正式名は『大仏頂如来密因修証了義諸菩薩万行首楞厳経』、大正蔵19）がそれである。宋代の学僧長水子璿《ちょうすいしせん》がこの経によって教禅一致を鼓吹して以後、中国仏教の正しく中心をなし、禅宗では古来『維摩経』『円覚経』と並んで極めて重用されてきたものである。いまこのテキストに注目するのは、他ならない「離見」や「眼」にかかわる類似の言説を、ここにも見出すことができるからである。

その冒頭部は、無始よりこのかた、愛欲の念から離れることができないでいる自らを悲泣する阿難が、仏に三昧と禅法の初歩的な手立てを懇願する場面からはじまる。仏は阿難に、お前を流転させるのは、「心と目」が過ちを犯すことによっている。心と目のはたらきの根源を心得なければ、煩悩を退治することはできないであろうと答える。すなわち同経は、「阿難よ、汝が見源を極めよ」（巻巻二）といった言葉に象徴されるように、「見源」すなわち眼根（視覚）をはじめとする六根の本性を、如来蔵の観点から解き明かす、いわば仏教感覚論ともいうべきテキストだといえる。その巻第二に次のような一節がある。(10)

仏が阿難に、人々は「物を見ることができる」というが、何が「見」（見ること）であり、何が「不見」（見ないこと）なのかねと問う。その問いに阿難は、「世人は、太陽や月や燈火の光によって、さまざまな相状を見、それを「見」（視覚）と名づけております。もしこの三種の光明がなければ、見ることはできません」と答える。仏はこの阿難の返答を受けて、視覚の本性を「見を見する」「見を離る」という言葉を用いて次のように説いている。

阿難よ、若《も》し明無き時を不見と名づければ、応《まさ》に暗を見ざるべし。若し必ず暗を見ば、此れ但《た》だ明無きなり。云何《いか》んぞ見無しとせん。阿難よ、若し暗に在る時、明を見ざるが故に、名づけて不見と為さば、今明に在る時、暗相を見ざるをも還《ま》た不見と名づくべし。是くの如く二相倶《とも》に不見と名づくべし。若復《も》し二相は自《もと》より相陵奪《あいりょうだつ》すれども、汝が見性は、中に於て暫《しばら》くも無きにあらず。（中略）汝復た応に知るべし、見を見するの時、見は是れ見にあらず、と。見すら猶《なお》見を離る、見も及ぶこと能わず。云何んぞ復た因縁自然及び和合の相を説かん。汝等声《しょう》聞《もん》、狭劣無識《むしき》にして、清浄《しょうじょう》の実相に通達すること能わず。吾れ今汝に誨《おし》ゆ、当に善く思惟《しゆい》して妙菩提の路に疲怠《ひたい》するを得ること無かるべし。

（阿難よ、もし明のない時を視覚欠如と名づけるならば、（明のない）暗を見ることはできないであろう。もし間違いなく暗を見るとするなら、これはただ明がないだけのことであって、視覚がないわけではないだろう。阿難よ、もし暗にある時には明を見ないから、視覚欠如と名づけるとするなら、明にある時に暗いさまを見ないのも、やはり視覚欠如と名づけるべきだろう。このように明暗二相ともに視覚欠如と名づけるべきだろう。この場合、明暗はもともと矛盾し合うにしても、お前の視覚の本性は、その内面にあって片時も消え去ることはない。（中略）お前はまた、真の見（見性）が妄の見を覚った時、実体としての妄はないのだから、見はもはや通常の見ではないと知るべきである。見がそれ自体、視覚の相を離れているのだから、視覚の作用が及ぶはずがない。どうしてこれ以上に、因縁だとか、自然だとか、衆縁和合の相状などと説く必要があろうか。お前たち声聞は、視野が狭く見識がとぼしくて、清浄な実相に通達することができない。よく反省して、最高の悟りへの道を怠ってはならない。）

きわめて難解な文を含むが、ここでの議論の中心に、「見を離る」すなわち「離見」が据えられていることは間違いない。また、ここでいう「離見」が「見を見する」、すなわち〈見（視覚）の相を離れる〉ことを指していることも理解が及ぶところだ。主体が外在する対象を客体として見る通常の視覚とは別の事態が示されているのである。

荒木見悟はこれを、「主観と客観の対立のない本覚妙心をいう。そこには見聞覚知すらない」と解説している。見聞覚知、すなわち通常の感覚や認識作用から脱し、主観と客観の対立を超えるところに現れる本覚妙心、それが「離見」によって示されていたようだ。明末の傑出した学僧であった無尽伝燈は、『楞厳経円通疏』巻二（全十巻）のなかで、右の「離見」をめぐる一節を「一経の枢機」とし、「直指人心見《じきしじんしんけん》性成仏《しょうじょうぶつ》の要門」と記しているが、こうしたところにも、この語が内包する意味の重要性と難解さとが窺知できよう。(11)

さらに、同経巻第四では、六根の優劣について比較するくだりで、眼という器官の不完全さを説いて次のようにいう。

阿難よ、汝復《ま》た中に於て克《よ》く優劣を定めよ。眼の観見するが如きは、後《うしろ》は暗く前は明らかなり。前方は全く明らかに、後方は全く暗し。左右の傍らを観ること三分の二なり。統《す》べて所作を論ずるに、功徳全からず。当に知るべし、眼には唯だ八百の功徳あるのみなるを。

（阿難よ、お前はまた身中の諸根について、その［六根の］優劣を見定めねばならぬ。たとえば、眼がものを見る場合、後は見えないし、前ははっきり見える。前方は全くよく見えるのに、後方はさっぱり見えない。左右それぞれは三分の二しか見えない。その機能をまとめていうと、その功徳は十全ではない。だから、眼根には八百の功徳しかないことが明らかである。）

以下、他の五根についてもそれぞれ触れたうえで、この条を次のように締めくくる。

若《も》し能く此に於て、円通の根を悟らば、彼の無始より妄業を織れる流れに逆らって、円通に循《したが》うことを得、不円の根と日劫《にっこう》相倍せん。

（もしここで根が円通（融通）しているという六根の根源を悟るなら、あの無始以来虚妄な悪業を織りつづけて来た流れに逆らって、融通の道に従うことができ、融通を得ていないものとは、比較にならぬほどの成果を得るであろう。）

もし、六根がその根源において円通している（すべての感覚器官の根柢には共通する感覚が潜在している）という実相を悟るならば、何事においても大きな成果をあげることが可能となるのだ、という。

われわれはここでもまた、あの世阿弥の発想との一つの共通点に気づかされることになる。すでに見たように、『花鏡』は次のように説いていた。「見所同心の見」（観客と一体になった目）で見れば自分の舞い姿の左右と前は見ることができる。だが、それだけではだめだ。後ろが見えない。全体を見とおすには「不及目《ふぎゅうもく》の身所《しんじょ》（眼という感覚器官では見ることができない所）まで見智《けんち》し」なければならない、それがすなわち「心を後に置く」ということなのだ、と。

このくだりは、『首楞厳経』が、「眼の観見するが如きは、後は暗く前は明らかなり。前方は全く明らかに、後方は全く暗し。左右の傍らを観ること三分の二なり」と、眼根のもつ制約を具体的に挙げ、さらにそれを超えて「円通の根」を追究する構えといかにも符合しているのである。

五、円通の根、あるいは共通感覚をめぐって

それにしても、世阿弥がいう「不及目の身所まで見智する」とは、どのような事態を指しているのだろうか。肉眼では見ることができない所まで見よという理不尽な要求を、どのように受けとめればいいのだろうか。

「不及目の身所まで見智する」とは、もはや「眼根」という感覚器官のはたらきそのものを超えたところを指向する言葉だと理解してよいだろう。では、眼根を超えるとはどういうことか。こうした世阿弥の発想は、他にまったく例をみない孤立したものと見るべきなのだろうか。

じつは、この眼根をはじめとする〈六根の制約をいかに超えるか〉という問いに答えることこそ、右で見てきた『首楞厳経』というテキストの中心テーマの一つであった。たとえば、同書巻第四でその点をわかりやすく説いた箇所を、いま現代語（荒木訳に拠る）で要約してみよう。

阿難よ、六根はあの妄覚のはたらきによって、真の澄明な自覚がその本質を失って、虚妄まじりにはたらいているのである。だからお前は、六根への執着から脱却すべきである。一つの根を浄化するにつれて妄覚との粘着から脱却し、内面の自覚に合致せよ。合致して本来の自覚に帰一すれば、本来の光を放つようになる。そうすれば他の五根の粘着も完全に離脱できる。対境にひきずられて起こす知見ではないから、その澄明さは六根に引き廻されないで、逆に六根に托して澄明性が発揮される。そのために六根は、別々に機能しないで相互に密接なかかわりをもちながらはたらくこととなる。

六根はおおもとの姿においては清浄澄明な光の波動体であるのに、それがどこからともなく出現するあの妄覚（無明）に覆われることによって、本来の光を失ってしまう。それを取り戻すには、外界の対象物に不可避的に引きずられてしまう六根への執着から脱却しなければならない。

末尾に記した、六根が「別々に機能しないで相互に密接なかかわりをもちながらはたらく」とは、現代で言ういわゆる「共通感覚」あるいは「共感覚」に該当するとみることができよう。共通感覚とは、人間の五感を貫く統合的、総合的な知覚作用のことである。事実、右に要約した箇所に続いて、同経はまさにこの共通感覚の存在を実証するともいえる事例を、次のように列挙している。

阿難よ、汝豈《あ》に知らざらんや、今此の会中の阿那律陀《あなりつだ》は、目無くして而も見、跋難陀竜《ばつなんだりゅう》は、耳無くして而も聴き、殑伽神女《ごうがしんにょ》は、鼻あらざれども香を聞《か》ぎ、驕梵鉢提《きょうぼんはだい》は、異舌もて味を知り、舜若多神《しゅんにゃたしん》は、身無くして触を有するを。**（中略）縁見《えんけん》は明に因れば、暗には無見を成《じょう》ず。明ならずして自ら発すれば、則ち諸々の暗相も、永く昏《くら》ます能《あた》わず。根塵既に銷《とか》せば、云何《いか》んが覚明、円妙を成ぜざらん。**

目がなくても見、耳がなくても聴き、鼻がなくても香を聞くことができるのは、個別の感覚の奥にそれらを貫く統合的な感覚が実在しているからに他ならない。「肉眼では見ることができない所まで見る」ことも、この異次元の感覚によって可能となるのである。そのことは右でゴチックで示したところに端的に示されている。念のため訳文（荒木訳）を掲げておこう。

対象に左右される視覚は、明るさを頼りとするから、暗いところでは何も見えない。ところが明るさを借りないで、自己の本心で見るならば、どんな暗やみも、絶対にそれをおおいかくすことはできない。このように根も境

もすっかり消滅すると、澄明な自覚が円満霊妙にはたらかずにはいないのだ。

「縁見」（対象に左右される視覚）という視覚の根本的な制約から脱し、「明るさを借りないで、自己の本心で見る」（「明ならずして自ら発す」）――こうした教説に接するとき、筆者には、やや唐突ながら、かつて稀代の能の演者によって語り出された次のような証言がおのずと想起されてくる。観世寿夫『心より心に傳ふる花』の一節である。[12]

面をかける、ということは大変に辛いことだ。馴れぬうちはひと足歩くのも恐ろしい。何しろ見えないのである。不自由きわまりない。（中略）制約だらけである。――しかし、それなのに、いやそれなればこそ、面をかけると、演者は自分の内側に自分を入りこませることが可能になる。自分を、日常的な世界から飛躍した場所に持っていく手立てとなるのである。自分が小さな自分でなく、舞台も現実の虚構ではなく、ちがう次元の一つの宇宙での実在感を持てそうになれるのである。

面をかけた舞台上の演者は視野と身体運動に極度の制約をうけるが、逆にそれゆえにこそ、ある超越した意識の次元への飛躍が可能となる。右の記述には、能の身体に惹起するこうした特異な出来事の有りようが如実に明かされている。おそらく、そこではたらく視覚は、日常のそれを超えて、「ちがう次元」のものへと変容しているに違いない。「不及目の身所まで見智」する「離見」とは、まさしくこうした演能の極限の有りようを内包する言葉であった。大陸において、仏教感覚論として高度に抽象化された学知の世界は、列島においては、能芸というすぐれて実践的かつ具体的なわざとして、まさに生きられていたのである。

六、世阿弥と如来蔵

さて、これまで、大陸で展開された『大乗起信論』や『首楞厳経』の離見をめぐる教説と、列島中世を生きた世阿弥の言説との間に見られる密接な連関に焦点をあてて考察してきた。誤解されてはならないが、本稿は、世阿弥は何らかの典拠（たとえば『起信論』）に基づいて『花鏡』の一節を書いた、などと主張しているわけではない（ちなみに、世阿弥の伝書中に『起信論』や『首楞厳経』からの直接の引用は見られない）。ましてや、こうした教説を学んで世阿弥は離見の奥義を体得した、などと言おうとしているわけではまったくない。そうではなく、逆に、自らの体得した身体技法の妙所はどのような表現によって相伝可能となるか、それを模索するとき動員されたのが、いわゆる「禅的教養」（香西精）[13]から紡ぎ出された文文句句であったと考えている。

いかなる天才的な芸術家も、自らが到達した経験の内実を語ろうとするときには、彼が生きた時代の共時的な言葉の制約のなかで語るほかない。世阿弥が、その能芸で体得した妙所を伝書のなかで後世に伝えようとした言葉も例外ではないだろう。その意味で、右の「禅的教養」の内実がいかなるものであったか、問いつづけなければならないはずである。

では、これまで述べてきた大陸における離見をめぐる教説は、はたして世阿弥の「教養」のうちに確かに含まれていたと言えるのであろうか。もしそうだとして、離見をめぐる教養は、どのような知的環境によって形づくられたと見るべきだろうか。最後にこの点について触れておこう。

そこで、大陸の如来蔵思想を日本中世の文化土壌へと媒介した一つのテキストの存在に注目したい。夢窓疎石の『夢中問答集』がそれである。周知のように、足利尊氏の弟直義の質問に夢窓が答えた法話の記録だが、そのうちに次のような一節が見える。(14)

よのつねの愚人、色を見ることは眼の能なり。声を聞くことは耳の徳なり。乃至《ないし》世出世の法を知ることは、意《こころ》のわざなりと思へり。この故に眼《まなこ》しひぬれば色を見ず。耳つぶれぬれば声を聞かず。意ほれぬれば、法をわきまへず。一念の妄執によりて、かかる見《けん》と不見《ふけん》と、聞《もん》と不聞《ふもん》と、知《ち》と不知《ふち》との差別を成ぜり。楞厳経の中に、六根をからずして、見聞覚知《けんもんかくち》する証拠を挙げて云はく、阿那律《あなりつ》は、眼つぶれて後、三千世界を見ること、掌《たなごころ》の内なる物を見るがごとし。跋難陀龍《ばつなんだりゅう》は、耳なくして声を聞く。恒河神《ごうかしん》は、鼻なくして香をかぐ。憍梵波提《きょうぼんはだい》は、異舌にして味をなむ。虚空神《こくうじん》は、身なくして触を知る。摩訶迦《まかか》葉《しょう》は、六識を滅して円明《えんみょう》の了知ありと云云。かやうの法門を知らざる人は、真実の修行は、身口意の三業にあづからずといふことを聞きて、耳を驚かせり。(四九)

言うまでもなく、「六根をからずして、見聞覚知する証拠」を挙げる後半は、前節で取り上げた『首楞厳経』巻第四に拠ったものだが、この条に限らず、夢窓の思想に与えた『首楞厳経』の影響はきわめて深切なものがある。たとえば、『夢中問答集』(七二)には次のような一節も見出すことができる。

しばらく首楞厳経の説相について、粗々《あらあら》申すべし。かの経の中に七大《しちだい》を明かせり。謂《いわ》ゆる地大・水大・火大・風大・空大・根大・識大なり。この七大、皆これ如来蔵の中の性徳《しょうとく》として、法界に周遍し、融通無礙なり。これを性火・性風等と名づく。(中略)根大とは、眼耳《げんに》等の六根も皆法界に周遍せる義なり。真言には六大を法界の体とす。楞厳経には、如来蔵を諸法の体とす。七大は皆如来蔵所具《しょぐ》の徳用なりと明かせり。皆これ如来の随宜説法なり。真言に六大と申すも、縁生《えんしょう》の水火等をさすにはあらず。楞厳経に性火・性水等といへる六大なり。

七大（真言密教にいう六大に「根大」を加えたもの）には物質として実体を有するものを指す場合と、そうでない場合とがある。前者については触れるまでもないが、後者でいう七大は、如来蔵が具えている性徳を指している。この七大は十方界に周く及び、しかも融通無碍である。これらは縁によって生まれた「縁火」・「縁風」等と区別されて、「性火」・「性風」等と呼ばれる。

たとえば木の中から鑽《き》り出し、石の中から打ち出した火は、縁によって生まれた実体としての火であるが、それに対して「性火」は、法界に周く及び、燃えることも消滅することもない如来蔵性徳の火である（この火は、木や石のなかにも性徳として内在している）。この「性火」はまた次のようにも説かれている。

性火といへるは、法界に周遍して燃ゆることもなく、滅することもなし。凡夫はただ縁生の火をのみ見て、性火をば知らず。もし性火を知り得ぬれば、縁火とて嫌ふべきことなし。縁火はこれ性火の用《ゆう》なるが故に。この火大のごとく、余大も亦然り。　（七二）

諸縁が和合して仮に何らかの実体を生ずるとき、それを「縁生」という。世の人は「縁生の火」すなわち「縁火」は知っていても、法界に周遍して燃ゆることもなく滅することもない「性火」については知ることがない。[15]

また、「縁火はこれ性火の用」とあるように、夢窓は、性火に対する縁火を、「体」と「用」の関係として理解する。したがつて、「縁火」は「用火」と呼ぶこともできるだろう。

ところで、ここで注目したいのは、晩年に金春禅竹へと相伝された著作『拾玉得花《しゅうぎょくとくか》』において、世阿弥はまさに「性《しょう》花《か》」「用花《ゆうか》」という特異な用語を批評語彙として用いているという事実である。本文には次のようにある。

ここに、私《わたくし》の宛てがひあり。性花・用花の両条を立てたり。性花といつぱ、上三花《じょうさんか》、桜木なるべし。

（ここに、花の多様性を説明するための私独自の見解がある。性花と用花の二種に分けることである。性花というのは上三位のことで、植物でいえば桜の花に該当しよう。）

舞の本体となる常住不変の根源的な花を「性花」、現象的で変化のうちにあるいわゆる時分の花を「用花」という呼称で、それぞれ判別している。また「性花」は、能芸美を九段階に格付けし体系化した応永末年の『九位』でも、「上三花」（妙花風、寵深花風、閑花風という上級の三段階）の芸を指すものとされ、最高位の「妙花風」についてはとくに「金性花《きんしょうか》」という特異な呼称も宛がわれている。周知のように、『九位』「上三位」の「妙花風」注には、『夢中問答集』巻末に見える公案（夢窓が問答の相手である直義に示した公案）と同一文が見え、世阿弥が『夢中問答集』を参看しつつ芸風の体系化を試みていたことが十分に推測できる。(16)

　おそらく世阿弥は、自らの能芸論を深化させる過程で、『夢中問答集』に展開された夢窓の「性火」―「縁火」や、そこに内包された如来蔵の性徳をめぐる思想に触れる経験を持ち、少なからぬ共鳴を抱いたことがあったに違いない。その経験は自らの「妙花風」の構想に活かされ、「性花」―「用花」という独自の概念の創出に結びついた、そう考えることができる。

　その『夢中問答集』の思想的な中核は、引用回数からみても明らかなように、『首楞厳経』と『円覚経』にあった。また、両書（とくに前者）については、夢窓の門弟義堂周信《ぎどうしゅうしん》が、足利義満や幕府の重鎮を相手にくり返し講義していたことを義堂の日記『空華日用工夫略集《くうげにちようくふうりゃくしゅう》』によって知ることができる。(17)『首楞厳経』というテキストは、世阿弥が生きた時代において、想像以上に深く受容されていたのである。

　本稿が「離見」に関わって取り上げてきた『大乗起信論』や『首楞厳経』は、いずれも如来蔵思想を体現する典型的なテキストであった。一方、『花鏡』で「離見」を語る世阿弥は、周知のようにその同じ『花鏡』のなかで、能芸の根源を「如来蔵」にあるとする。

　　そもそも、舞歌《ぶか》といつぱ、根本、如来蔵より出来《しゅったい》せりと云々。まづ、五臓より出ずる息、五色に分かれて、五音・六調子となる。（中略）しかれば、五臓より声を出だすに五体を動かす人体、これ、舞となる初めなり。

舞や歌の源を五臓に見出し、さらにその根源を如来蔵にもとめる一節だが、もともと音曲の源を五臓にもとめることは中世では基本的な考え方であった。たとえば東大寺の著名な学僧凝然《ぎょうねん》は『音曲秘要鈔』（一三一三年成立）において、「五音は、若し其の本を尋ぬれば、五蔵五大の音也」としつつ、著作の全体を次のように締めくくっている。(18)

　　五音は五藏なり。若し五音正しからざれば則ち藏腑労を致し、五運位を乱し国家安からず。五大の因行全たからざれば、何ぞ五智の果徳を成ぜん。一調子一音を出すとき、呂律甲乙五七等の音、皆法界縁起を具足す。一塵法界、ただ此に在る哉。

こうした音曲論を前提にすれば、世阿弥が舞の根源を五臓に求めたことはある意味で自然な理解であったといえるだろう。

この五臓のさらに根源、すなわち身体の物質的基盤そのものを構成するのは六根や七大（五大や六大を含む）に他ならないが、本来それらは、如来蔵の性徳として法界（全宇宙）のいたるところにいわば透明に現前している。その実相をさとり、六根の執着から脱すれば何事においても大きな成果をあげることができる、というのが本稿で取り上げてきた『大乗起信論』をはじめとする如来蔵系のテキスト、さらにはその思想を吸収した『夢中問答集』の根幹に据えられた見解であった。世阿弥のいう「如来蔵」や、「離見」の説も、この文脈のうえにあることは間違いないだろう。

以上、世阿弥が用いた「離見」という言葉が内包する世界を、この言葉の履歴を辿ることによって明らかにしてきた。これまで「離見」あるいは「離見の見」は、世阿弥の「造語」であるという理解を前提に、もっぱら近代の批評語彙によって自由な解釈がなされてきた。本稿はこの前提を疑い、「離見」という言葉を歴史的な地層へと据え直す試みであった。出自を見失って孤立した言葉に参照枠を与えることは重要な意義があるものと思う。なぜなら、世阿弥が共時的な言葉の制約のなかで伝書を綴っていたように、われわれもまた同じ制約のなかで世阿弥を探求しなければならないからである。

注

(1) 引用は、平川彰『大乗起信論』（大蔵出版、二〇〇四年新装版）に拠る。

(2) 注1平川著書、二五四頁。

(3) 注1平川著書、一九一頁。

(4) 引用は以下、新編日本古典文学全集88に拠る。

(5) ただし、世阿弥は「離見」の語を、見所から我が姿を見る観客の眼差しの意味で用いているため、『起信論』の「離見」とそのままには対応しない結果を招いている。以下に続く本稿全体の論旨に明らかなように、『起信論』のいう「離見」が内包する意味は、世阿弥においては、厳密には「離見」ではなく「離見の見」（演者自身が観客の眼差しと同化して自らの姿を見る視点）が対応していることになる。このことを、世阿弥の誤認とまでいうべきかどうかは判断が難しい。伝書中の他の用例も勘案したうえで考える必要があろう。

(6) 引用は、丹治昭義校註『新国訳大蔵経（中観部1）中論（上）』（大蔵出版、二〇一九年）に拠る。

(7) 『梶山雄一著作集第四巻　中観と空I』（春秋社、二〇〇八年）三二九頁。

(8) 注7梶山著書、三〇一頁参照。

(9) 宇井伯寿『西域仏典の研究——敦煌逸書簡訳』（岩波書店、一九六九年）参照。

(10) 引用は、荒木見悟『仏教経典選14　中国撰述経典二　楞厳経』（筑摩書房、一九八六年）に拠る。
(11) 注10荒木著書一四九頁。
(12) 観世寿夫『心より心に傳ふる花』（白水社、一九七九年）一〇四頁。
(13) 「禅的教養」については、香西精『世阿弥新考』「世阿弥の禅的教養――特にその用語を中心として」（わんや書店、一九六二年）、同『世阿弥新考（続）』「世阿弥と禅」（わんや書房、一九七〇年）等を参照。ただし、世阿弥と禅の関係を「教養」のレベルで捉えるべきか、あるいは座禅を実践する一人の禅者として捉えるべきか、意見が分かれるところだろう。
(14) 本文は、川瀬一馬校注・現代語訳『夢中問答集』（講談社、二〇〇〇年）に拠る。
(15) ここにいう、〈法界に遍満し燃えることも消滅することもない性徳としての火〉とは何を意味するのか。如来蔵思想の根本にかかわる問題だが、たとえば西洋古典に登場する「潜勢力」の概念は、存外この理解にとって有意義な参照枠を提供してくれるように思われる。アリストテレス『霊魂論』には次のようにある。「なぜ、諸感覚自体についての感覚作用はないのか？なぜ諸感覚は、自らの中に火や土やその他の基本要素が内在していながら、外的対象のないところではいかなる感覚作用ももたらさないのか？このようなことが起こるのは、感覚能力が現勢力においては存在せず、潜勢力においてのみ存在するからである。だからそれは感覚作用をもたらさない。それはちょうど、燃えるものが燃焼原理なしに自ずから燃えるなどということがないのと同じである。さもなければ、燃えるものはひとりでに燃えてしまい、現勢力において存在するいかなる火も必要としないということになってしまう。」（引用訳文は、ジョルジョ・アガンベン（高桑和巳訳）『思考の潜勢力』（月曜社、二〇〇九年）三三三ページに拠る。）
(16) 今泉淑夫『世阿弥』「第六　世阿弥と禅」（吉川弘文館、二〇〇九年）は、世阿弥が『夢中問答集』を熟読していた可能性について言及している。
(17) 原田正俊「日本中世における禅僧の講義と室町文化」（『東アジア文化交渉研究』第二号、二〇〇九年）参照。また、最近の小林直樹「『三国伝記』と禅律僧――「行」を志向する説話集」（『室町前期の文化・社会・宗教』アジア遊学二六三、勉誠出版、二〇二一）も、同時期に成立した説話集『三国伝記』における『首楞厳経』の影響を指摘して有益である。
(18) 本文は大正蔵84に拠り、私に読み下しに改めた。

［III　能楽論・能作品と教説の間］

能《芭蕉》の構想と草木成仏説

髙尾祐太

金春禅竹が草木成仏を主題に描いた、代表作《芭蕉》とは如何なる試みであったか。本稿では、台密理論の大成者安然の草木成仏説を体系的に掘り起こした上で、作品の詞章を改めて読み直すことで、禅竹が《芭蕉》に達成しようとした美の解明を試みる。

はじめに

金春禅竹（一四〇五～一四七〇頃）が草木成仏を主題として描いた能《芭蕉》[1]。この代表作に禅竹が託した試み、達成しようとした美とは如何なるものであったか。本稿は、草木成仏に関する思想を体系的に掘り起こし、そこから《芭蕉》の詞章を改めて読み解いてゆくことで、その解明を試みるものである。

《芭蕉》の草木成仏説については、『妙法蓮華経』（以下、『法華経』）巻第三「薬草喩品第五」と草木成仏説とを結び付ける《芭蕉》の詞章が、中世の『法華経』注釈に基づくことを、伊藤正義「作品研究《芭蕉》」[2]が指摘している。同論は更に、中世の『法華経』注釈に、草木がそのままで既に成仏しているという、天台本覚論による草木成仏説が行われていたことに注目する。この点について、落合博志「能と『法華経』――《芭蕉》について」[3]は、中世の『法華経』注釈に、それぞれの草木そのままの姿が真実の姿（実相）であり、仏であるとする、諸法実相と草木成仏が一体となった言説を見出し、万物の真実の姿（「諸法実相」）の美を舞う《芭蕉》の

たかお・ゆうた――広島大学助教。専門は中世文学。主な論文に「正直の歌学――古今伝授東家流切紙「稽古方之事」をめぐって」（『国語国文』87―2、二〇一八年）、「『平家物語』「剣巻」の密教的転換――風水龍王をめぐって」（『国語と国文学』97―1、二〇二〇年）、「『ささめごと』の連歌論――中世の言語観と文芸」（『国語と国文学』98―2、二〇二一年）などがある。

基盤にあると指摘する。

《芭蕉》の後場で女は、自らが芭蕉の精であることを明かし、草木成仏を説きはじめる。その冒頭「それ非情草木といつぱ　まことは無相真如の体、一塵法界の心地の上に、雨露霜雪の形を見す」（「クリ」）について、伊藤論は「非情草木トイウノハ、実ハ差別ヲ超越シタ無相真如ノ姿デアリ、一塵ガソノマヽ法界デアルト知ッテイルカラ、雨露霜雪折々ノ草木ノカタチヲ見セテイル」と解釈する。そしてこの詞章の根底に、『三十四箇事書』「草木成仏の事」に見えるような、

> 草木も常住なり、衆生も常住なり、五陰も常住なり。（中略）草木非情といへども、非情ながら有情の徳を施す。非情を改めて有情と云ふにはあらず。故に成仏と云へば、人々、非情を転じて有情と成ると思ふ。全くしからず。ただ非情ながら、しかも有情なり。
>
> （日本思想大系9『天台本覚論』（岩波書店、一九七三年）一六七頁）

草木の姿そのものが実は永遠不変（「常住」）であり、「非情」（心が無いと一般的には思われているもの。草木もその一）がその姿のまま成仏するという思想があるとしている。

しかし、「無相真如」とは、唯一絶対の真理（「真如」）を指すのであって、万物はその中に、「無相」すなわち、区別され認識される姿（差別相）が無く未分節の状態で包摂されている。差別相である「非情草木」を「無相真如ノ姿」とする解釈は、寧ろ『三十四箇事書』の文脈に《芭蕉》の詞章を据えることでしか導かれない。この詞章を素直に読めば次のようになろう。

非情・草木というものは、本来的には、あらゆる差別相を離れた無相の真理そのものである。この真理は、万物がそれによって現出する本体（「体」）であるから、「真如の体」と言う。万物はその真理の中に未分節の状態で包摂されているため、非情・草木などの差別相は、本来的には存在しない。ところが、一粒の塵に世界が包摂されているという境地（「心地」）に立つ時、一つの水が「雨露霜雪」の姿を現すように、唯一絶対の無相の真理が「非情草木」の姿を現す。

《芭蕉》の詞章は、「非情草木」と真理とを接続してはいるが、それは「非情草木」の差別相を一度解体し、無相の真理に帰一させた上に成り立っている。その点で『三十四箇事書』に見られる天台本覚論的な、単にありのままの姿を肯定する草木成仏説とは異なる。《芭蕉》が中世の『法華経』注釈の思想世界を踏まえていることは明らかであるにしても、それだけでは《芭蕉》の草木成仏という主題を捉えきれないのではないか。

水が「雨露霜雪」へと姿を変えるように、真理が「非情草木」等の差別相へと姿を変えるという思考は、寧ろ台密理論の大成者安然（八四一頃〜九一五頃か）の思想に近い[4]。安然『斟定草木成仏私記』が草木成仏説を代表する偈頌「一仏成道観見法界、草木国土悉皆成仏」（世阿弥作《鵺》[5]。作者未詳《仏原》にも見える）の初出であることにも鑑みれば[6]、安然の草木成仏説を立体的に復元することが、如上の草木成仏説を主題とする《芭蕉》の構想を浮かび上がらせることにもなるだろう。

安然の『斟定草木成仏私記』は、草木自らが発心・修行・成仏するという主張の下にそれまでの草木成仏説を整理し批評を加えた論書であるが、その主張の根拠については十分に説明されておらず、具体的な議論は後の『胎蔵金剛菩提心義略問答抄』（八八五年。以下、『菩提心義抄』）巻第二に展開されている[7]。節を改めて、先ずは草木成仏説の概要部分から見てゆこう。

一、安然の草木成仏説

『菩提心義抄』の草木成仏説は、一つの問題領域に対して四つの段階に分けて論じ、徐々に事の深（真）層へと迫ってゆく形式で展開される。次の文は、①〜③が表層的、④がそれらの在り方を深層から支える構成になっている。

①一《ニハ》器世界亦是《レ》真如《ノ》変作《ナリ》。一切有情亦《モ》以《テ》真如《ヲ》為《スガ》成仏《ノ》因《ト》故《ニ》、器世界亦《モ》以真如為《ス》成仏因。是《レ》自依心《ノ》故《ニ》自《ラ》発心・成仏《スルナリ》。②二《ニハ》正報《ノ》有情成仏《スル》時、依報《ノ》国土亦《モ》成仏《ス》。（中略）是他依心《ノ》故《ニ》亦発心・成仏《スルナリ》。③三《ニハ》（中略）又弘決《ニ》釈心造《ノ》十界《ヲ》中《ニ》云、造《ニ》有二種。一《ニハ》一念《ニ》本《ヨリ》具《スル》此《ノ》理《ヲ》故《ニ》、以具名造。二《ニハ》聖人《ノ》変化《ノ》所造《ナリ》。依《リテ》有《ルニ》理性有此《ノ》事用。文　是《レ》草木中《ニ》亦有《ルガ》浄心《ノ》薫習之力《ト》・諸仏《ノ》力故《ニ》。亦転成仏故。是《レ》共依心《ノ》故《ニ》亦発心・成仏《スルナリ》。④四《ニハ》涅槃経云、「仏性《ハ》非《ズ》内《ニ》非《ズ》外《ニ》、亦非《ズ》中間《ニモ》。一切処《ニ》有《ルコト》、猶如《クナルガ》虚空《ノ》故《ニト》。」非《ズ》内《ノ》有情《ニノミ》独有《ルニ》仏性、非《ズ》外《ノ》草木《ニノミ》独有《ルニモ》仏性、亦非《ズ》内・外合《スル》時《ニノミ》独有《ルニモ》仏性。仏性《ハ》遍在《スルナリ》内・外・中間《ニ》。亦非《ズ》一一《ノ》有情・非情《ニ》各有《ルニ》一一《ノ》仏性・因果、一切《ノ》有情・非情《ニ》共《ニ》有《リ》同一《ノ》仏性。猶如虚空《ノ》、非一一《ノ》処《ニ》有各一虚空、一切処《ノ》中《ニ》唯《ダ》一虚空《ナルガ》。（中略）故《ニ》草木等《ハ》、若自依心・若他依心・若共依心《ニヨリテ》、発心・成仏《スルナリ》。皆是《レ》非自《ラノ》仏性《ニ》、非他《ノ》仏性《ニ》、非共《ノ》仏性《ニモ》。故《ニ》亦非自《ラノ》発心《ニ》、非他《ノ》発心《ニ》、非共《ノ》発心《ニモ》。唯一《ノ》仏性、発心・成仏《スルナリ》云云。

（七五・四八四c・四八五a）

①衆生を取り囲む世界（「器世界」）も衆生（「有情」）と同じく真理が「変作」したものであるから、衆生が自らの心に内

在する真理を[8]「成仏因」とするならば、世界を構成する非情にも同様に心があり、自らの心に内在する真理によって成仏する（「自依心故自発心・成仏」）。②衆生が成仏すると同時に衆生に認識される世界も成仏する。これは非情の側からすれば他者である衆生の心に内在する真理による成仏（「他依心故亦発心・成仏」）である。③草木自らの心に内在する清浄な真理のはたらきかけ（「浄心薫習之力」）と他者である諸仏の行願力により成仏する。これは自他両方の心に内在する真理による成仏（「共依心故亦発心・成仏」）である。④「一一有情・非情」にそれぞれ「一一仏性」（仏性は内在する真理が成仏の可能性となる面を指した語）があるわけではなく、全ての有情・非情が唯一の仏性を共有している。したがって、表層的には①〜③のように自・他・共の真理に依って非情は成仏するのであるが、深層的には有情も非情も全て「唯一仏性」を共有しているために、自・他・共の区別も無く、④のように「唯一仏性」が発心し成仏する。ここで注意が必要なのは、①〜③が④によって否定されるのではなく、相反する①〜③と④とが、浅（①〜③）／深（④）の領域を棲み分けつつ共存した論理構造を採っていることである。

このような浅・多／深・一の構造は、安然の思考の根幹と深く関わっている。『菩提心義抄』と並ぶ安然のもう一つの主著『真言宗教時義』（以下、『教時問答』）は、冒頭に、

真言宗立一仏・一時・一処・一教、判摂三世十方一切仏教。　（『天台宗叢書』（山家学会、一九一九年）一頁）

と宣言するように、あらゆる宗派・段階の仏教全てを、教主の仏・説法が行われた時・説法の場所・教えの内容の四つの観点から、密教的な「一」に集約する教相判釈の論書である。一切の仏・時・処・教が密教的な一に集約される根拠は、『釈摩訶衍論』（以下、『釈論』）の十識説に求められる。『釈論』は『大乗起信論』（以下、『起信論』）の注釈書で、空海が真言宗の教相の根幹を為す重要な書物として位置付けたことで、日本では専ら密教の論書として読まれた。安然は偽書とされる『釈論』を空海が利用していることを批判しつつ、自らも『釈論』に依って思想体系を構築している。

龍樹摩訶衍論、建立十識。八識如常。第九一切一心識、第十一心一心識。若約一切一心識、則一切衆生各識各心。若約一心一心識、則一切衆生一識一心。若約染浄本覚・染浄始覚、一切諸仏各身各体。若約清浄本覚・清浄始覚、一切諸仏一身一体。　（同前、三頁）

「八識」の最深部には第八阿頼耶識があり、衆生に内在する真理が無明に蔽われた状態を言う。そこから虚妄な主（人）・客（世界）を生じ、それらに執着するところに迷いの

衆生の意識が成る。意識は第六識で、更に表層に眼・耳・鼻・舌・身の五つの感覚器官の認識作用（五識）がある。この第八阿頼耶識から無明を取り去ったのが、第九識である。これが『起信論』の真理（自性清浄心）に相当する。しかし、この段階には未だ真理と無明という相対的な区別がある。そこで『釈論』が更にこの真理と無明の区別すら泯じた境地として立てたのが第十識である。そこには無明も含め万物が全一的に包摂されている。この第九識を「一切一心識」、第十識を「一心一心識」と呼ぶ例は、伝円仁『四土通達義』等に見え、(9) 台密の場に於ける『釈論』理解であったと思われる。右文の内容は次の通りである。

　第九「一切一心識」の立場から見れば、「一切衆生」はそれぞれに「識」（五識から第九識まで）と「心」を有し、第十「一心一心識」の立場から見れば、「一切衆生」はただ一つの「識」（第十識）と「心」を共有する。第九識中の「染」（無明のはたらき）／「浄」（真理のはたらき）相対の本来的な覚り（「本覚」）と迷いの衆生が覚りへと向かう歩み（「始覚」）の立場から見れば、「一切諸仏」はそれぞれに身体（「身」）とその本源（「体」）を持ち、第十識中の「清浄本覚・清浄始覚」の立場から見れば、「一切諸仏」は一つの「身」と一つの本源（「体」）を共有する。要するに、第九識は一切（多）へと展開する方面であり、第十識は一に収斂した境地である。安然はこの構造を利用し、「三世十方ノ一切仏教」を、密教の第十識の領域で「一仏・一時・一処・一教」に帰一させる。『菩提心義抄』の草木成仏説もまたこうした思考構造に基づくことが、議論の末尾の方に、

　龍樹十識中云、八識如レ常。第九一切一心識。謂一切各有二一心一也。第十一心一心識。謂一切共有二一心一云云。故知。一一ノ有情・一一ノ色塵共有二一心一。故云二一心一ト。非レ謂三情・非情各有二ニ一心一。（七五・四八七c・四八八a）

とあることからもわかる。第九「一切一心識」で「一切各有二一心一」と見れば、自・他・共（共と雖も、未だ自他の区別がある）の真理・仏性によって草木が成仏する①〜③。第十「一心一心識」で「一切共有二一心一」であると知る時、第九「一切一心識」のそれぞれの一心が、実はそのまま唯一絶対の一心であることに気付かされる。それが「唯一仏性」により成仏する④である。(10)

　ところで、右の文の傍線部「色塵」（物質的な認識対象）は文脈上、非情を指している。次節に見てゆくように、安然は空海『声字実相義』を踏まえて、この語を草木成仏説の議論に導入する。

二、安然の草木成仏説の密教的展開

前節に見た①～④は、仮に天台の顕教的な議論を借りて分かり易く草木成仏説の概観を示したもの（「且借《クリテ》二天台《ヲ》一令《メテ》二人《ヲシテ》易《カラ》レ知而所レ説」（『菩提心義抄』。七五・四八五c））であって、「真言宗」（同前。台密の意）の議論に依って草木成仏説は更に深められてゆく。安然は『大毘盧遮那成仏神変加持経』（『大日経』[11]）と台密で用いられた注釈書『大日経義釈』[12]を用いて、次のように密教的な文字（＝存在）論へと転換する。

一《ニハ》文《ニ》云、「諸法《ハ》即以二阿字一為《スト》二第一命《ト》一。」第一命者即発菩提心《ナリ》。是《レ》第一《ノ》草木自依心《ノ》故《ニ》発心《ノ》義也。二《ニハ》文《ニ》云《フ》下「我不レ異二阿字一、遍中於一切《ノ》情・非情《ノ》法《ニ》上」者、即行者《ノ》菩提心遍二情・非情一。是第二《ノ》草木他依心《ノ》故《ニ》発心《ノ》義也。三《ニハ》文云下「我即同二心位一、一切処《ニ》自在《ニシテ》而成《ルト》上」者、即是《レ》能所和合《ニシテ》、第三《ノ》共依心《ノ》故《ニ》発心《ノ》義也。四《ニハ》此《ノ》三義皆以《テ》二阿字《ヲ》一為《スガ》二第一命《ト》一故《ニ》、是阿字《ノ》理法自《ラ》発《ス》二菩提心《ヲ》一。非二行者《ノ》発《スニ》一、非二諸法《ノ》発《スニモ》一。是第四《ノ》非レ自非レ他非レ共、唯一《ノ》仏性《ノ》発心《ノ》義也。

（七五・四八五c・四八六a）

先の①は、万物（「諸法」）が「阿字」に起因して菩提心を[13]発し成仏する。②は、行者の菩提心（＝「阿字」）が有情・非情に遍在しているため、有情の行者が成仏すれば、非情の草木も成仏する。③は、①・②では主体（「能」）と客体（「所」）を分けて論じたが、これらは本来不可分（「和合」）であるために自・他の両方の「阿字」に起因して成仏する。「和合」と言っても、ここには未だ自・他の区別があるため、③も①・②と同じく第九識（一切一心識）で「一切各有二一心一」と見る時の草木成仏である。一方で④は、菩提心たる「阿字《ノ》理法自《ラ》」が菩提心を発す。したがって、より深層で観れば、菩提心を発すのは実は行者でも万物でもなく、「唯一《ノ》仏性」が菩提心を発していることになる。こちらは、第十識（一心一心識）に於いて「一切共有二一心一」と知った時に、第九識に立ち現れる、それぞれの一心がそのまま唯一絶対の一心である側面から見た草木成仏である。

しかし、インドの文字に過ぎない「阿字」が菩提心を発すとは一体どういうことか。安然はこの問題に対して四つの段階から説き明かす。第二段階（深秘釈）を見たい。

大日経云、「大日自身以二一音声一四処《ニ》流出《シ》、遍二満《シテ》法界《ニ》一無レ所レ不レ至」。義釈云、「仏身挙体《ニ》四分《シテ》而出《ヅ》。所謂四種《ノ》阿字《ナルガ》故《ニ》、及レ声、遍二満《シテ》法界一、以成二体性《ト》一、無レ所レ不レ至」。（中略）故《ニ》知《ル》。法界《ノ》色心皆以二大日一為レ体。一切《ノ》色心皆具二阿字《ノ》形・声《ヲ》一故《ニ》。

（七五・四八六b）

法身（真理（法）そのものを身体とする仏）である大日如来

(＝「仏身」)がその全体を挙げて(＝「挙体」)、衆生を導く四つのはたらき(＝「四種阿字」[14])として流出する。その阿字の声が響きわたって世界に余すところなく「遍満」し、万物の本体(＝「体性」)となる。したがって、この世界(＝「法界」)の物質的なものと心はすべて大日如来を本体とする。なぜなら、それらは皆、大日如来から流出した阿字の「形・声」を具えているからである。

この阿字の「形・声」は空海『声字実相義』を安然が独自に解釈した概念である。[15]『声字実相義』の要旨は次に掲げる偈頌に端的にまとめられる。

五大《ニ》皆有《ナリ》響　十界《ニ》具《ス》言語《ヲ》　六塵悉《ク》文字《ナリ》　法身《ハ》是《レ》実相《ナリ》

(『定本弘法大師全集』第三巻(密教文化研究所、一九九四年)三八頁)

地・水・火・風・空の「五大」には皆響きがあり、六道(地獄・餓鬼・畜生・修羅・人・天)と四聖(声聞・縁覚・菩薩・仏)の併せて十の世界には、それぞれの言葉がある。眼・耳・鼻・舌・身・意からなる六つの感覚器官の対象である、色・声・香・味・触・法の「六塵」は全て文字であり、法(真理)そのものを身体とする法身は真実の姿(実相)を顕している。『声字実相義』は、この偈頌第三句の「六塵」の一つ目、「色塵」の解説までで結ばれている。「色塵」の文字については、「顕形表等色《ノ》　内外《ノ》依正具《ニセリ》　法然《ト》随縁有《トリ》　能迷亦《ト》能悟《トナリ》」(同前、四一頁)の偈頌に要点がまとめられている。安然はこの二つの偈頌を以下のように解釈する。

白・赤・黄・青・黒等《ハ》是《レ》顕色、方・円・長・短・半月・角等是形色、取捨・屈申・行住坐臥等是表色《ナリ》。有情・非情皆具此三、悉名文字。

(七五・四八六b)

六塵の内、色塵には色彩(＝「顕色」)、形状(＝「形色」)、動作(＝「表色」)があり、有情・非情に拘わらず、この三つを兼ね具えたものを「文字」と呼ぶ。

凡《ソ》有三色皆名為字。且《ク》如《キハ》若白《ハ》・若方・若取《ノ》則為其名。名即字也。字聚《テ》成文《ヲ》。前《ノ》白・方・取《ハ》則為《ス》其《ノ》詮《ト》。(中略)又於有情《ニ》且《ク》人《ヲ》為名。名即字也。人《ニ》有《ルヲ》男・女為文。風触《ルルヲ》七処《ニ》為声。五音・八転《ヲ》為音。又於非情且草《ヲ》為名。名即字也。草《ニ》有《ルヲ》強・柔為文。相撃《テ》発《スルヲ》響為声。声有強・弱為音云云。如《キ》此《ノ》字・声《ハ》大日如来本初《ノ》体性之所《ナリ》変現《スル》。非始《テ》成仏《スルニ》。強《テ》流身分《ヲ》令遍諸法《ニ》。是故、凡《ソ》有《ラバ》諸法《ノ》文字必以阿字為《シ》始《ト》、諸法《ノ》音声《ハ》必以阿《ノ》声為始。

(同前)

この文はわかりにくいため具体例を交えつつ説明したい。目の前に白く小さな花が今まさに開こうとしているとしよう。それを見て我々は、花が〝白い〟(顕色)・〝小さい〟

（形色）・〝開く〟（表色）と認識する。この時、花そのものを「字」と言い（「凡有《ツ》二三色一皆名為レ字」）、白い・小さい・開く等を「名」（意味・概念）と言う。その花の白さ・小ささ・開く様は、目の前の花そのものを離れては存在し得ない。したがって「名」と「字」は一体（「名即字」）である。白い花・小さい花・開く花――「名」と結び付いた「字」が一つ一つの側面として「聚」まって、目の前の花の個性（「文」。あや）を構成している（「字聚成《テ》レ文《ヲ》」）。先に花を見て感じた、〝白い〟・〝小さい〟・〝開く〟は、花の個性を構成する一つ一つの側面を言い表した言葉（「詮」）であり、我々はこれらの言葉を通して花を認識する。色塵の「文字」とは、視覚を通じて区別・認識される差別相の存在そのものを指すのである。

それを踏まえて論は草木成仏へと収斂してゆく。有情に於いて「人」という概念（「名」）を取り上げる。「名」（「人」という概念）と「字」（人そのもの）は一体であり、その個性を「文」（「男・女」の区別）とする。人の「七処」[16]に「風」気が触れて振動することで声を発する。人が発する声そのものを「声」（「文字」の「字」に相当する）とし、「五音」（音の高低を五段階に分けた音階。宮・商・角・徴・羽）・「八転」（梵語の格変化八種）の個性を「音」（「文字」の「文」に相当する）とする。同様に非情にも、「名」（「草」という概念）、「字」（草そのもの）、「文」（草の「強・柔」の区別）、「声」（草がぶつかり合って発する音そのもの）、「音」（ぶつかりあって発する音の「強・弱」の区別）がある。如上の、区別され認識される差別相（「字・声」）は、実は全て「大日如来」たる「本初体性《ノ》」が「変現」したものである。したがって、一つ一つの差別相は真理そのものであるから、ある時点で「始成《テ》仏」するわけではない。先述のように、大日如来がその全体を挙げて（「挙体」[17]）、「四種阿字」として流出し万物に遍在するのであるから、あらゆる差別相の「文字」も「阿字」（「阿字《ノ》形・声」の「形」）を始原とし（「以《テ》二阿字《ヲ》一為《シ》レ始《ト》」）、「音声」も全て「阿声」（「阿字《ノ》形・声」の「声」）を始原とする。

以上「深秘釈」を通して見て来たことを、第二節で見た安然の草木成仏説の概観に還元すれば、第九識（一切一心識）の「一切」の差別相がそれぞれに具える「一心」（真理）は、第十識（一心一心識）の絶対的一の「一心」たる大日如来が、その全体を挙げて変現した「阿字」・「阿声」である。したがって、「一切」の差別相に具わる仏性（仏になる可能性としての真理）は実は「唯一《ノ》仏性」に他ならない。そこに、本節の冒頭に見た「阿字《ノ》理法自《ラ》発《ス》二菩提心《ヲ》一」・「唯一《ノ》仏性《ノ》発心義」が成り立つ。

こうして、有情・非情に拘わらず、あらゆる差別相は何らかの意味（名）を表す点で「文字」・「音声」であり、しかもそれは真理と接続した真実在（実相）となる。一見単なる現実肯定のようにも思われるが、そうではない。あらゆる差別相が無相の第十識（一心一心識）に帰一することを知るが故に、実はこの第九識（一切一心識）の領域では物の〝見え方〟が常識的なそれとは大きく異なっている。そこに漸く、禅竹が《芭蕉》に表現しようとした美の構造が浮かび上がる。節を改めて、もう少し安然の思想世界を探ってみたい。

三、密教的文字の世界

仏教の思惟は一般に言語に対して反省的である。円暉『倶舎論頌疏』第十の次の文を見たい。『倶舎論頌疏』は世親『阿毘達磨倶舎論』（『倶舎論』）の注釈書である。我が国では特に天台宗に於いて、『倶舎論』は『倶舎論頌疏』を通じて二次的に享受された。

第六意触ヲ、名二増語触一。所二以然ル一者、増語是名、名能詮表、増勝シテル二於語ニ一。故名二増語一。名ハ是レ意触所縁ノ長境。故偏ニ就二此名一名二増語触一。問。何故名ハ是レ意識ノ長境。答。謂ハ如シ下眼識但ダ能ク了シテレ青ヲ、不レ了二青ノ名ヲ一。意識了シテレ青ヲ、亦了中青ノ名ヲ上。故ニ青ノ上ノ名ヲ称シテレ之ヲ為スレ長ト。長者余長也。増語是境、触是能縁、縁二増語一故、名二増語触一。

（『大正新脩大蔵経』四一・八七四c）

「増語」は「名」（意味・概念）のことである。意味のない言葉（「語」）もあるように、物事を指示する機能は「名」の方が「語」に増して勝れているので「増語」と言う。第六意識による認識（「触」）は、この「増語」を認識対象とするので、「増語触」と言う。例えば、青色を見る。「眼識」は青色をそのまま映し出すが、それを第六「意識」が「青」という概念（「名」）で認識する。眼前の個別的な青色と、一般化された「青」という概念（「名」）にはズレがあるにも拘わらず、我々の第六「意識」は青色そのものではなく、その上を蔽う「余」剰（「長」）な「青」という概念（「名」）を認識（「触」）し、その虚像が恰も実在するものと思い込んで執着する。

『教時問答』巻第三の次の「問」はそうした思惟を踏まえている。

問。（中略）諸論皆云、名・事互ニ為ルト二主・客一。此義応ニ二尋思一。又大般若ニハ、初メ従リ二陰入界一終リ至ルマデ二無為ニ一、皆為シテ二増語ト一唯仮ニ施設スルナリ。今ノ真言ハ是レ真語・如語・不妄異之言ナリ。何ゾ以テ二若干ノ仮名及事ヲ一、為スヤ二真言教ノ名ト一。（中略）答。（中略）真如ニ有二不変・随縁ノ二義一。是ノ故ニ説クハ二諸法之言説ヲ一、是説クナリ二随縁真如之言説ヲ一。現ズルハ二諸法之体相ヲ一、是現ズルナリ二随縁真如之体相ヲ一。且ク如キハ二色ノ言ノ一是即真言之名ナリ。一切例知セヨ。如キハ二色ノ事ノ一是即真言之相《ナリ》。一切例知。

（一三八・一三九頁）

問者が言うには、顕教の「諸論」には、概念（「名」）は事象（「事」・「主」）の外部にある他者（「客」）に過ぎないとある。また、迷いの衆生が認識する世界（「陰入界」）から覚り（「無為」）まで、全て「増語」であって、「仮施設《ニ》」されているに過ぎないともある。それなのにどうして、そこらの「仮名」（けみょう）と、それによって区別・認識される虚像、すなわち差別相（「事」）を「真言教名《ノ》」と言うのか。それに対する答えは次のようである。真理には「不変」の第十識（一心一心識）と「随縁」の第九識（一切一心識）の両面がある。第九識に於いて、真理が一つ一つの差別相に変現し、この時、差別相は真理そのものである。したがって、区別され認識される万物（「諸法」）の「文字」から成る「言説」は「随縁真如之言説」であり、一つ一つの「字」である万物そのもの（「体」）と、概念（「名」）を通して認識される万物の側面（「相」）は、「随縁真如之体相」に他ならない。そのように考えれば、視覚対象（「色」）の一側面を言い表したに過ぎない言葉（「色言《ノ》」）も「真言之名」に、視認される差別相（「色事《ノ》」）も「真言之相」に一転する、と言う。

したがって、次の『教時問答』巻第三の文のように、一つの差別相の見え方が、「迷」／「悟」でまるで違ってくる。

五大皆《ニ》有二音声一。六塵悉為《リ》二文字一。十界於レ此《ニ》共《ニ》発《ス》二音響《フ》一。音響雖レ一《ナリト》真妄《ニ》有レ異。此約《シテ》二迷悟《ニ》一以判《ズ》二真妄《ヲ》一。然《ルニ》論《レバ》二法体《ヲ》一同《ジク》是《レ》真言《ナリ》。且如《ク》下於《シ》二一《ノ》色塵文字《ノ》一、九界仏界同発《ノ》二一《ノ》色塵声《ヲ》一之時、九界迷《ハ》故謂《フガ》二自所見之色《ト》一、仏界悟《ハルガ》故謂《フガ》中真如体性之色《ト》上。（中略）此約二色塵一以判二真妄一。如レ論二色塵一声塵亦然《リ》。

（一四二頁）

仏・菩薩・縁覚・声聞・天・人・修羅・畜生・餓鬼・地獄の十の世界に於いて、一つの「音響」が「真」と「妄」と異なって感受される。その差は感受する側の「迷」（仏以外の九界）／「悟」（仏界）によるのであって、元（「法体」）を辿れば「音響」自体は「真言」である。「色塵文字《ノ》」とそこから発せられる「声」を認識する際、仏以外の「九界」（「迷」）は、無自覚の内に、自らが属する世界の言語・価値体系の内に予め用意された概念（「名」）を通して「色」を知覚し、その虚像が「色」そのものであると信じて疑わない。それ故に、自らが認識した通りにしか「色」を見られない（「謂《フ》二自所見之色《ト》一」）。一方、「仏界」（「悟」）には「色」が本体たる真理そのものと認識される。個別の「色」が真理そのものであると認識される時の景色が、先の「真言之名」・「真言之相」であるが、それは迷いの衆生が見る景色と具体的にどう異なるのであろうか。『教時問答』巻第四の次の文を見たい。

凡《ソ》仏開《キタマヘバ》レ口《ヲ》無《ク》レ非二阿字一、所有《ノ》文字章句《ニ》無レ非二迦等一。此《ノ》阿字等皆《ハ》是《レ》大日如来法身《ノ》言音《ニシテ》無レ非二秘密一。故一字《ニ》具《ス》二無量《ノ》義《ヲ》一。無量《ノ》義《ノ》中《ニ》随《テ》悟《ルヲ》二一義《ヲ》一且名二顕教一。顕教《ノ》一言《ニ》亦無量《ノ》義《アリ》。但機《ノミ》不レ悟。

（一九二頁）

仏が発する言葉も、それを記した経典の「文字章句」も、全ては真言に他ならない。それらは皆、真理（法）そのものである大日如来の身体（「法身」）が変現した「言音」である。「故」に「一字」に「無量《ノ》義」を具えている、というのは、「一字」が万物を包摂した真理そのものであるからであろう。ところがその「無量《ノ》義」の中から「一義」だけを読み取るのが「顕教」である。全ては真言であるから、「顕教」のテクストの「一言」にも実は「無量《ノ》義」が含まれているが、顕教の段階（「機」）の衆生がそれを悟らないだけだと言う。

右の文は、書記言語としての文字に関するものであったが、差別相としての「文字」にも敷衍して良いだろう。一つの「色」塵の「文字」を「自所見之色」としか認識できない迷いの「九界」に対して、「無量《ノ》義」を認識するのが「仏界」である。このように、差別相を「無量《ノ》義」を包摂する真理そのものと認識することで初めて、以下のような俗なる世界の聖化が可能となるだろう。

五大《ノ》響《ノ》当体是真言也。故真言人直《ニ》聞《クニ》二風声・水音《ヲ》一、即知《リ》二是法身之声《ナリト》一、亦能悟二‐入阿字本不生《ノ》理《ニ》一。

（『教時問答』巻第四。一四二頁）

経云、舌相言語皆是真言、身相挙動皆是密印《ナリト》。故《ニ》今《ノ》真言宗修二真言《ノ》行一之人、観《ズレバ》二児女之戯咲《ヲ》一、則入二金剛喜戯菩薩《ノ》三摩地《ニ》一、観二山野之華鬘一、則入二金剛華鬘菩薩《ノ》三摩地一、（中略）触《レテ》二一切《ノ》境《ニ》一修《シ》二内證《ノ》観《ヲ》一、念々歩々常《ニ》住《スルナリ》二仏界《ニ》一。

（『教時問答』巻第一。三九頁）

ここまでに見て来た安然の思考を図式化しておこう（**図**）。

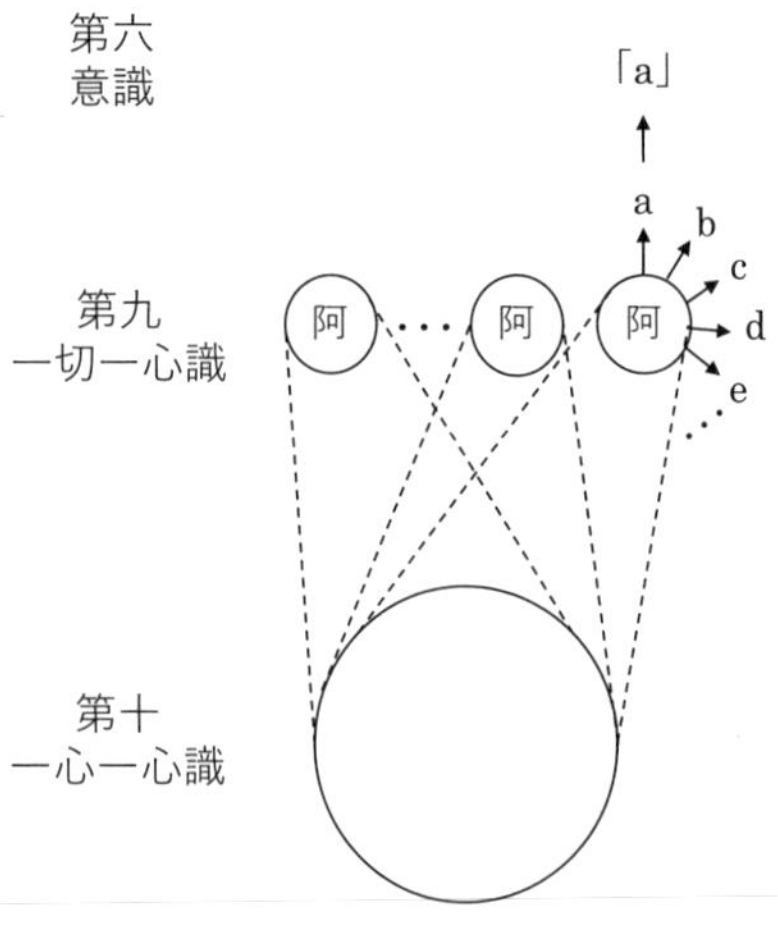

図は上が表層、下にゆく程に深層であることを示している。深層から順に見てゆく。真理は虚空の如く無形であるが、仮に円形で表した。この中には万物が無差別（無相）に

包摂し尽くされていて、真理は絶対一・絶対静である。これが第十識（一心一心識）。そこに相対的な区別（差別）が起動して、一切へと展開する領域が第九識（一切一心識）。第十識と第九識を結ぶ点線は、真理が全体を挙げて一つ一つの差別相に変現していることを示している。これらは全て法身大日如来の阿字であり、あらゆる差別相の「文字」・「音声」の始原たる阿字である。第九識の領域だけで見れば、それぞれの阿字である。草木成仏説の①～③、自・他・共それぞれに内在する真理による発心・成仏はこの段階である。しかし、視野を広げて第九・第十識の領域を同時に俯瞰すれば、第十識の無相の真理がその全体を挙げて、一つ一つの阿字（差別相）に変現していることを知る。この時、阿字は相対的一でありながら、同時に絶対的一そのものでもある。草木成仏説の④「唯一仏性」の発心・成仏はまさにこの段階である。その際、一一の阿字は万物を包摂する真理そのものであるから、無限の意味可能性（a・b・c・d・e…）に向けて開かれている。これが、一字に無量の意義が具わっている状態である。顕教や常識的なレヴェルの読解がテクストから一つの意味を読み取るように、ある阿字（差別相）の持つ無限の意味可能性の中から一つ、例えばaを取り出して、言葉・概念で固定（それを「 」で示した）し、阿字（差別相）そのものではなく、それを蔽い隠す「a」を認識し、恰も「a」が実在するものと思い込んで執着するところに、第六識（意識）が成り立つ。言葉・概念（名）は、それに執着する衆生に於いては迷いの世界を生きる原因たる仮名（けみょう）であるが、この構図全体を俯瞰する真言密教の境地に立てば、阿字（差別相）の持つ無限の意味可能性の一つとして、「真言之名」に一転するのである。

ここではじめに取り上げた《芭蕉》の詞章をもう一度見てみよう。

「それ非情草木といつぱ」は、普段第六識で認識する非情草木。この領域では言語・概念を通じて非情草木の虚像が認識される。「まことは無相真如の体」は第十識。言語・思慮の及ばないこの無相の領域では、言語・概念を通じて第六識に映る非情草木は全て解体される。「一塵法界の心地の上に、雨露霜雪の形を見す」は、第九識の一つ一つの差別相（「一塵」）が万物を包摂する第十識の真理そのものであると知る時、一つの水（阿字・差別相）が「雨露霜雪の形」（あらゆる意味可能性の一つ一つの姿）に自在に変じて現れる。(18)《芭蕉》はこの詞章から一気に構成の頂点へと駆け上がり終幕に至る。最後に図を踏まえて、《芭蕉》の美を体現する見せ場の詞章を読んでみたい。

むすび

《芭蕉》には、舞台の最高潮に踏み込む直前と終末部に、次のような詞章がある。

　芭蕉の、女の衣は薄色の、花染めならぬに、袖の綻びも恥づかしや　（〔哥〕）

　ひさかたの、天つ少女の、羽衣なれや、これも芭蕉の、葉袖を返し　（〔ノリ地〕）

華やかな薄色の花染・天つ少女の羽衣を提示して、すぐ後にそれを否定し、芭蕉の精の女の姿を示す。文意を取れば華やかな女の姿は否定され、そこには芭蕉の精の女しか存在しないが、それは脱時間的な書記言語としての詞章を読んでいるからであって、これが次々に発せられては消えてゆく音声言語として、つまり能の詞章として謡われる時には、華やかな女の姿が芭蕉の精の女の上に不安定に点滅する。(19) 芭蕉の葉袖（他にも「草の袂」（〔次第〕〔上ゲ哥〕）もある）の表現からもわかるように、芭蕉の精の女はどこまでも芭蕉であることを引きずった姿で描かれている。右の〔哥〕の詞章は、そこに華麗な女の姿を浮かび上がらせることで、僧が「芭蕉」（仮名）の背後に、無限の意味可能性（華やかな女の姿もその一）を持つ芭蕉の姿を透視しつつあると解釈できるのではないか。直後に先述の「それ非情草木といつぱまことは無相真如の体、一塵法界の心地の上に、雨露霜雪の形を見す」があり、草木成仏を説く（と理解されていた）法華持経の僧はここで第九・第十識を俯瞰する境地に至り、芭蕉に無限の意味可能性に向けて開かれた真実の姿（それが実相）を発見する。

続く〔サシ〕に、

　一花開けて四方の春、のどけき空の日影を得て、楊梅桃李数々の、色香に染める心まで、諸法実相隔てもなし

芭蕉に注がれていた視線を周囲に転ずると、いま芭蕉に花開いた実相（真実の姿）が、遍き（大日如来の）日影を受けて、ありとあらゆる花木にも開顕し、それを眺める自らの心まで、主・客全てが真実の姿（実相）に一転する。次の〔クセ〕はその地平に広がる世界を抒情的に描き出している。

　水に近き楼台は、まづ月を得るなり、陽に向かへる花木はまた、春に逢ふこと易きなる、その理もさまざまの、げに目の前に面白やな

水辺に近い楼台がいち早く月を見、南向きの花木がいち早く春を迎えるように、言葉・概念で「楼台」・「花木」と括って一般化すれば見失ってしまう個々（「その理もさまざまの」）の美を目の前に当たりにする感動（「げに目の前に面白やな」）が謡われる。この詞章は、以下の用例に照らし合わせれば、更に

もう一歩進めた解釈が可能であろう。

それ春の花の樹頭に上るは、上求菩提の機をすすめ、秋の月の水底に沈むは、下化衆生の相《かたち》を見す。

（世阿弥作《敦盛》［クリ］。注（5）前掲『謡曲集上』）

それ春の花は上求本来の梢に現はれ、秋の月下化冥闇の水に宿る、たれか知る行く水に三伏の夏もなく、かんていの松の風、一声の秋を催すこと、草木国土自づから、見仏聞法の結縁たり。（世阿弥作《西行桜》［サシ］。同前）

見上げては、梢に咲く花に悟りへと向上する「上求菩提」を、見下ろしては、水に映る月に衆生を救済する「下化衆生」の意味を透視する。禅竹はこうした世阿弥の能作品を意識しているだろう。「水に近き 楼台」から見下ろす水面の月と、見上げる「陽に向かへる 花木」にも、それぞれ「下化衆生」と「上求菩提」が透視される。「楼台」・「花木」等の言葉・概念を取り払うことで広がる世界に「下化衆生」・「上求菩提」を透視する構造は、前節に引いた『教時問答』に於いて、万物が無限の意味可能性に開かれた真言の境地では、「風声・水音」に「阿字本不生ノ理」一、「児女之戯咲」に「金剛喜戯菩薩ノ三摩地」一、「山野之華蔓」に「金剛華蔓菩薩ノ三摩地」を観じ、「触レテ二一切ノ境ニ一修シ二内證ノ観ヲ一、念々歩々常ニ住スル二仏界ニ一」の と通ずる。

その後に次々と展開する移ろいゆく景物も、もはや単なる無常ではない。絶えず変化する差別相——その真の個性は言語化して一般化することで見失われてしまう——その一つ一つに、芭蕉に見た実相の美が次々と花開いてゆく。こうして舞台が最高潮に達したところで、実相の美を舞う華麗な女の姿が再び不安定に点滅し始める。やがて元の第六識（意識）の次元に戻った僧の目の前には、破れた「芭蕉」だけが残り、一曲を終える。

我々が日常的に用いる言語は仮名（けみょう）である。しかもこの仮名が我々の意思疎通だけでなく、物事の認識をも支配している。言語で括り意識・思慮の領域に汲み上げる途中でこぼれ落ちてしまうもの。それが言語の及ばない幽玄の領域では躍動している。《芭蕉》の場合それが、「芭蕉」の背後に透視される華やかな女の姿であり、その女が舞ってみせる実相の美であった。

注

（1）本稿に於ける《芭蕉》の引用は特に断らない限り、日本古典文学大系41『謡曲集下』（岩波書店、一九六三年）に拠る。なお、以下全ての引用について、私に清濁・句読点・訓点・傍線・傍点等を加えた。

（2）伊藤正義中世文華論集第一巻『謡と能の世界（上）』（和泉書院、二〇一二年）所収。初出は『観世』四七—六、一九七九年。

（3）『国文学　解釈と鑑賞』六二―三、一九九七年。

（4）末木文美士『平安初期仏教思想の研究――安然の思想形成を中心として』（春秋社、一九九五年）。特に第一部第六章「仏性と真如」参照。

（5）日本古典文学大系40『謡曲集上』（岩波書店、一九六〇年）三〇九頁。

（6）花野充昭「『三十四箇事書』の撰者と思想について（三）」（『東洋学術研究』一五―二、一九七六年）の〈付記〉。

（7）末木文美士『草木成仏の思想――安然と日本人の自然観』（サンガ文庫、二〇一七年）。なお、本稿に於ける『菩提心義抄』の引用は、大正新脩大蔵経に拠り、『日本大蔵経』第八三巻天台宗密教章疏五（財団法人鈴木学術財団、一九七六年）を併せ見て適宜改めた。また、解釈にあたっては大乗仏典〈中国・日本篇〉第十九巻『安然　源信』（一九九一年）の訳注（末木文美士執筆）を参照した。『安然　源信』の解題に拠れば、金沢文庫の称名寺聖教に弘安四年（一二八一）書写奥書の『菩提心義抄』巻第二が現存しているらしい（原本未見）。巻第二は草木成仏説を収録した巻である。禅竹は四十歳の時、東大寺戒檀院十六代長老の志玉（一三七四～一四六三か）に自らの能楽論、六輪一露説に加注を得ている。その志玉は称名寺で研鑽を積んでいる。志玉の経歴については、高橋悠介『禅竹能楽論の世界』第Ⅱ部第七章「猿楽起源説の周辺と律宗」（慶應義塾大学出版会、二〇一四年）。なお、《芭蕉》は禅竹四十歳過ぎの作と推定される（注（2）前掲伊藤論、伊藤正義校注新潮日本古典集成『謡曲集下』新潮社、一九八八年）。

（8）衆生の心に真理が内在するという思考は、中世に各種の注釈書・論書を通じ分野を越えて享受された『大乗起信論』的世界観（如来蔵思想・一心思想）に立脚する（拙稿「正直の歌学――古今伝授東家流切紙「稽古方之事」をめぐって」（『国語国文』八七―二、二〇一八年））。『大乗起信論』の注釈書『釈摩訶衍論』が、安然の思想形成の上で重要な役割を担っていることについては、注（4）前掲末木書参照。

（9）注（7）前掲『安然　源信』（一三七頁）参照。『四土通達義』には、

円宗《ニハ》第九菴摩羅清浄識《ハ》一切一心識《ナリ》。双照㆓二諦㆒。一切種智《ナリ》。一切一心識《ハ》、直縁《ニ》㆓中道㆒。一切智《ナリ》。是名㆓心王㆒。

（『増補改訂日本大蔵経』第七八巻天台宗顕教章疏四、一九七六年、三三五頁b）


とある。

（10）『教時問答』冒頭に於いて、第九識の「三世十方一切仏教」が、第十識の「一仏・一時・一処・一教」に収斂するように、①～③を第九識、④を第十識の立ち場から見た草木成仏説とも解し得るが、そうではない。『教時問答』冒頭のように唯一絶対の真理（第十識）を志向する議論に於いてはそれで良いのであるが、草木成仏説の場合、草木の成仏を論ずる以上、有情に対する非情――それは既に差別相であって、無差別の第十識の問題領域ではない――の成仏が、絶対一（第十識）ではなく一切（多）の次元（第九識）で論じられなければならない。『教時問答』巻第一に次のようにある。

若約㆓一心一心識義《ノ》㆒、則亦一心《ハ》一真如《ノ》法《ナリ》。此中《ニハ》都《テ》無㆓煩悩・菩提、生死・涅槃、凡夫・諸仏㆒。故作㆓是説㆒。本《ヨリ》無《ナレドモ》㆓成仏及不成仏㆒。若約㆓一切一心識義㆒、則亦一切《ハ》一真如《ノ》法、此中《ニハ》具有㆓煩悩・菩提、生死・涅槃、凡夫・諸仏㆒。（中略）故円覚経、約㆓此義《ノ》㆒云、（中略）衆生・国土、同一法性《ナリ》。

（『天台宗叢書』一四頁）

第九「一切一心識」の「一切」が「一真如」、すなわち唯一の一心である側面に於いて、「衆生・国土、同一法性」が成り立つと言う。第十「一心一心識」には、「本無《ヨリ》二成仏及不成仏一」であるから、やはり草木成仏は第九識の領域の問題でなければならない。

(11) 我即同心位、一切処自在、普遍於種種、有情及非情、阿字第一命、嚩字名為水、囉字名為火、吽字名忿怒、佉字同虚空、所謂極空点。(『大日経』巻第五「阿闍梨真実智品第十六」(『大正新脩大蔵経』一八・三八b・c)の偈頌)

(12) 謂即以二阿字一為レ心故、遍二於一切一自在而成。言此阿字不レ異レ我、我不レ異二阿字一也。乃悉遍二於一切情・非情法一。此諸法即以二阿字一而為二第一命一也。猶如下人有二出入息一、以レ此為レ命、息絶即命不上レ続、此阿亦爾。一切有情以為レ命也。(中略)欲レ備二一切如来功徳一、先須下用二此地水火風四輪及空一、然後作中具法上也。(『大日経義釈』巻第十三(『卍新纂大日本続蔵経』第二三巻、四八一頁a)。注(11)前掲『大日経』の引用部分に対する注)

(13) 菩提心は普通、菩提(覚り)を求める心という程度の意味であるが、『金剛頂瑜伽中発阿耨多羅三藐三菩提心論』(『菩提心論』)に基づく『菩提心義抄』に於いては、修行・大願(行願)、究極の真実へと向上し続けること(勝義)、仏と一体の境地に至ること(三摩地)をも意味する。要するに、発心(菩提心を発すこと)の段階に、衆生を覚りへ導く真理のはたらきかけが既に含有されていると見る。

(14) 「四種阿字」は『菩提心義』の細注に「准二毘盧遮那経疏二」(『真言宗全書』第八巻、続真言宗全書刊行会、一九七七年、六頁)として、阿字(一)と阿字の転声(四)の計五を『法華経』の開示悟入(仏の知見を開き、示し、悟らせ、その境地に導き入れる)の四に配当する説を指す。

(15) 今は空海と安然の違いには立ち入らない。空海『声字実相義』については、拙稿「無住に於ける説話の言語——『沙石集』の和歌陀羅尼説をめぐって」(『日本文学研究ジャーナル』一〇、二〇一九年)に概観した。参看を請う。

(16) 安然『悉曇蔵』巻第二に、

言二七処一者《ト》、智度論云《ニク》、憂陀那《ノハ》風触二七処《ヲ》一而成《ス》レ声《ヲ》。謂齊・心・頂・喉・腭・舌・唇《ナリ》。

(『大正新脩大蔵経』八四・三八三a。架蔵の寛文十二年刊本により訓点を補った)

とある。「憂陀那」は仏の言葉であるが、本文ではそれを人の発声に転用している。注(7)前掲『安然 源信』は『荘子』の七竅(眼・耳・口・鼻)を引くが適切でない。

(17) 注(7)前掲『安然 源信』は、「強流《テ》二身分一令レ遍二諸法二」を「(大日如来は)しいて身体の部分を流出させて一切存在に遍満させる」と訳すが、先の「仏身挙体《ニ》四分而《シテ》出《ツ》」に照らし合わせれば、「身分」は身体全体の意(『阿毘達磨大毘婆沙論』巻第一七七の「身分円満」(『大正新脩大蔵経』二七・八八八b)等)に採るべきである。

(18) こうした思考を禅竹は志玉を通じて得たのではないか。志玉が研鑽を積んだ称名寺の聖教に『菩提心義抄』巻第二が伝存していることは既に述べたが、『教時問答』巻第一(一一七〇年奥書)・巻第二(一一七一年奥書)も称名寺聖教として伝存するらしい(注(7)前掲『安然 源信』)。禅竹が《芭蕉》を書く直前に得た『六輪一露之記』の志玉注との関連も含めて、今後の課題としたい。また、禅竹には天台僧との関わりもあり、禅竹の能楽論に見られる天台の教説の影響も論じられている（樹下好美「龍神物の能の成立――金春禅竹の関与の可能性をめぐって」（『中世文学』三七、一九九二年）、注（7）前掲高橋書第Ⅲ部第十一章「六輪一路説と一心三観」等）。あるいはそうした天台僧との関わりの中で、こうした思考を得たことも考えられる。

(19) 三宅晶子「禅竹の物まね論」（同『歌舞能の確立と展開』（ぺりかん社、二〇〇一年）所収）は、これらの例を「無いのに感じさせる」禅竹の好んだ表現技法と指摘するが、本稿では図を踏まえてもう少し異なる解釈を試みたい。

《求塚》の堕地獄と論理

中嶋謙昌

なかしま・けんすけ——灘中学校高等学校教諭、龍谷大学非常勤講師。専門は能楽。主な論文に「一門三賢説話と能」（『国語国文』七〇巻九号、二〇〇一年）、「大鼓役者石井滋長の周辺——織豊期・京都新在家における文化的環境」（『能と狂言』二号、二〇〇四年）、「李広射石説話と能『放下僧』——蒙求古注からの展開」（森田貴之ほか編『日本人と中国故事——変奏する知の世界』、勉誠出版、二〇一八年）などがある。

求塚伝説を典拠とした妄執物の能《求塚》。二人の男に求愛され、どちらの男も選べずに入水した菟名日処女は、地獄に堕ちる。女の罪が明確でなく、堕地獄は苛酷と評されるが、室町物語の言説からは堕地獄を肯定する論理が見えてくる。菟名日処女が地獄に堕ちる論理を探り、その背景にある女性罪業観の拡大について考察する。

はじめに——地獄に堕ちる菟名日処女

（一）堕地獄の能《求塚》

能作品には、地獄に堕ちた罪人が責めを受けることを見せ場とする作品群がある。猟師が鳥を殺した罪で死後化鳥に責められる《善知鳥》や、禁漁の浦で幾度も魚を捕った漁師が責めを受ける《阿漕》など、罪人は陰惨な光景を再現し、苦しむ姿を見せる。生前に罪を犯した者が地獄でその報いを受ける因果応報譚であり、地獄に堕ちるには相応の罪を犯したことが前提となる。しかし、中にはなぜ地獄に堕ちなければならなかったのか、不可解だとされる作品がある。

能《求塚》は、『万葉集』『大和物語』などに見られる求塚伝説を題材にした四番目物、妄執物の一つである。摂津国生田の里を訪れた旅の僧（ワキ）は、菜摘の女たち（前シテ・ツレ）に出会う。名所を案内されるうち、僧が求塚の場所について尋ねると、女たちはそれには答えず菜摘を続ける。やがて菜摘女は帰っていくが、一人の女（前シテ）だけがその場に残り、僧を求塚に案内して伝説を語り始める。昔、生田の里の菟名日処女《うないおとめ》は、小竹田男《ささだおとこ》と血沼丈夫《ちぬのますらお》の双方から求愛され、どちらも選ぶことができず、生田川に身を投げてしまう。二人の男は菟名日処女を埋葬した塚を探し求めた末、たがいに刺し違えて亡くなってしまう。女は自分が菟名日処女であることをほのめかして塚の中に消える。里の男（アイ）の勧めに応じて、僧が菟名日処女を弔っていると、その霊（後シテ）が現れる。霊は地獄に堕ちた苦しみを訴え、再び消えていった。

《求塚》は世阿弥『五音』上に後場の詞章（第8段［上ゲ歌］）が観阿弥作曲として引かれ、また『中楽談儀』にも前場の詞章の一部が引用される。『五音』上所載の「求塚」の謡は観阿弥作とされるものの、現行《求塚》は観阿弥によるものではなく、世阿弥作とされることが多い。[1] 典拠については、『万葉集』『大和物語』とも言いがたい。表章氏が「『大和物語』一四七段の前半の説話が基になった、『万葉』の歌などに影響されて少しく形を変えた話が伝わっていて、それに基づいたものと考えるべきではなかろうか」と述べるように確定的ではなく、[2] 中世に流布していた求塚説話に依拠したものだろう。

（二）菟名日処女はなぜ地獄に堕ちる

《求塚》には典拠のほかにも問題が残されており、その一つが菟名日処女の堕地獄である。この設定は何らかの典拠に基づくものではなく、能に仕立てた際の工夫だと思われるが、その評価は芳しくない。

『謡曲大観』では「後段の地獄の責め苦を描く様も、あまりに苛酷である。謡曲作者は常に恋愛を否定して、恋慕に死んだ者は地獄に堕ちるとしてゐるが、これほど深刻に描いたものは他にはない。これに近いのは〈善知鳥〉であるが、彼は殺生戒を犯してゐるのであるから、なほこれよりは首肯し易い。本曲の主人公の如き可憐な女性を、かほどまで苦しめなくとも、よささうなものだと思はれる」と評する。[3] また『日本古典文学大系　謡曲集』は本曲の主題について「異性の求愛に対する不決断が、ついに身を亡ぼし、死後も永遠に苦しみ抜くこと。不決断は少女の純情さ内気さゆえで、邪悪のかげなどまったくないのだが、それでさえ脳髄を食い裂かれ、火の柱に焼かれねばならない。死に際して恋の執心があったのではないから、一般の仏教的邪淫観とは、多少違った見方の能だといえよう」とする。[4]

地獄に堕ちるには、殺生や邪淫など、原因となる重い悪業が前提となるはずで、現代の感覚からすれば、《求塚》は女が地獄に堕ちる合理的理由に乏しい。この二つの《求塚》評も、いたずらに陰惨な地獄の責め苦を描いて見せ場とすることへの違和感があったのだろう。しかし、現代はさておき、《求塚》成立当時においても、ただ残酷で陰惨な能と捉えられていたと言えるだろうか。求塚伝説から堕地獄譚が形成されたということは、その内容に女の罪を見出だす思考があり得たのではないか。我々の論理と中世の論理が同じであったとは必ずしも言えまい。そのような想定から、《求塚》の堕地獄が許容される論理とその宗教的背景について考察していきたい。

一、つれない女の堕地獄

（一）《求塚》の罪と罰

まず《求塚》のシテ菟名日処女がなぜ地獄に堕ちることになったのか、詞章から確かめることとする。前場でシテの菜摘女はワキの僧に向かって次のような内容を物語り、姿を消す。[5]

［語リ］シテ「昔この所に菟名日処女と申しし者の塚なり、小竹田男、血沼丈夫、同じ日の同じ時わりなき思ひの玉章を通はす、あなたへ靡かばこなたの恨みとなるべければ、左右なく靡くことなかりしに、さまざまの争ひをせしかども、その勝ち負けもなかりしに、あの生田の鴛鴦をさへ、ふたりの矢先ひとつの翼に当たりしかば、その時わらは思ふやう、無慚やなさしも契りは深緑の、水鳥までもわれゆゑに、さこそ命も鴛鴦の、番ひ去りぬるあはれさよ

［下ノ詠］シテ「思ひ侘び、わが身捨ててん津の国の、生田の川は、名のみなりけりと

［上ゲ歌］地「これを最期の言葉にて、これを最期の言葉にて、この川波に沈みしを、取り上げてこの塚の、土中に籠め納めしを、ふたりの男は、この塚に求め来りつつ、いつまで生田川、流るる水に夕汐の、刺し違へて空しくなれば、それさへわが咎に、なる身を助け給へとて、塚の内に入りにけり、塚の内に入りにけり。

菟名日処女は求愛する二人の男から一人を選ぶ目的で一羽の鴛鴦を同時に射させるが、ともに射当ててしまう。男を選べなかった女は入水する。その後、二人の男が女の塚に来て、いつまで生きていても仕方がないと思い、後を追ってたがいに刺し違えて死んでしまう。女は「それさへわが咎になる」と述べる。「さへ」という表現から考えれば、鴛鴦を殺させたことに加えて、男たちの自害までもが女の過ちになるということだろう。つまり女の罪は二つはあったということになる。

後場で再び姿を現した女の霊は、僧から『観音経』を読誦

され、その弔いに感謝しつつも、突如、地獄で責められる様子を僧に見せ始める。

［ロ］シテ「恐ろしやおことは誰そ、小竹田男の亡心とや、さてこなたなるは血沼丈夫、左右の手を取つて、来れ来れと責むれども、三界火宅の住みかをば、なにの力に出づべきぞ、また恐ろしや飛魄飛び去る目の前に、来るを見れば鴛鴦の、鉄鳥となつて鉄《くろがね》の、嘴足《はしあし》剣のごとくなるが、頭をつつき髄を食ふ、こはそもわらはがなしける咎かや、あら恨めしや。

ここでは具体的な地獄の責めが二つ描写されている。一つは、小竹田男と血沼丈夫の亡心から生前さながら奪い合われる責め、もう一つは、鴛鴦に脳髄を食われる責めである。鴛鴦とは、前場で「さまざまの争ひをせしかども、その勝ち負けもなかりしに、あの生田の鴛鴦をさへ、ふたりの矢先ひとつの翼に当たりしかば」と語られていた鴛鴦である。『大和物語』一四七段の求塚伝説では、女の親が二人の男に水鳥を射させ、射当てた者に女を会わせようとする。《求塚》でも、女が小竹田男と血沼丈夫の一方を選ぶために、二人に生田川の鴛鴦を射させ、なおも結論が出なかった。鴛鴦の責めは、女が男たちに無用の殺生を犯させた罪に対する罰であったと言えよう(6)。

それでは二人の男からの責めはどう考えればよいのだろうか。地獄での責めは因果応報であり、生前の行いに応じた苦しみを受けるとすれば、二人の男に求婚されて女がどちらも選べなかったこと自体に罪が含まれていたと考えるほかないだろう。しかしその罪が具体的にどのようなものかは、明確に示されていない。

この後、女は「飛魄の鬼」に責められ、思わず取り付いた柱もろとも火で焼かれ、黒煙となる。そして八大地獄で三年三月の苦しみを受けたことを語るが、ここでも女の具体的な罪は示されない。これが《求塚》の詞章からわかる堕地獄の状況である。

(二) 地獄に堕ちる染殿后

菟名日処女が地獄に堕ちるべきだという理屈は、能の詞章だけではわからない。そのことを解明する上で室町物語が参考になるだろう。『浄瑠璃十二段草子』は浄瑠璃御前と源義経の恋を描いた室町物語である。浄瑠璃御前は三河国司源兼高と矢作の長者の夫婦の子として美しく育っていた。そこに奥州へ下る途中の御曹司源義経が現れ、浄瑠璃御前に恋をする。いわゆる義経奥州下りにまつわる物語の一つである。御曹司は浄瑠璃御前を口説こうと、さまざまな恋の故事を語り始める。その中の一つに染殿后と柿本僧正の説話がある。

いかなれば柿本の僧正は、御年つもりて六十八と申すに、染殿の后の宮を恋ひたてまつりて、つひにその恋遂げずして、関の清水に影見れば、僧正は青き鬼と現じ給ふ。その妄念の掛かる故に、御息所は赤き鬼と現じつつ、八万歳を経給ひしも、ひとへに及ばぬ恋ゆゑなり。(7)

染殿后は平安初期の公卿藤原良房の娘、文徳天皇の后・明子であり、柿本僧正は弘法大師の弟子で、紀僧正とも呼ばれた真済である。染殿后が紺青鬼という物の怪に取り憑かれていたことは説話化されてよく知られており、『宝物集』巻二では、真済が染殿后に恋慕の心を抱いたまま没し、紺青鬼となって后を悩ましたことが記される。『今昔物語集』巻二十「染殿后為天宮被嬈乱語第七」には、大和金剛山のある聖人が染殿后の美しさを見て、愛欲の心を起こし、漆黒の肌の鬼となって后を悩ましたという説話があり、『宝物集』の紺青鬼説話はそれを真済のこととしたのであろう。

ただし『浄瑠璃十二段草子』に現れる紺青鬼説話は、『宝物集』の説話と異なり、真済が「青き鬼」となるだけでは済まない。染殿后までも「赤き鬼」と化したという。后が鬼となった理由は「その妄念の掛かる故」、つまり老僧真済から恋慕されたためであった。

『浄瑠璃十二段草子』は伝本によって異なる説話が用いられることがある。赤木文庫旧蔵室町末期筆絵巻では、少し内容の違う紺青鬼説話を御曹司が語る。(8)

なんぞ又、我てうの、きそうじやうは、そめどのゝきさきを、こひたてまつり、そのほんまう、とげずして、ほむらと、なつて、うせられける、きさきのみやも、その思ひのつもりにて、あをきおにとぞなつて、らいせには、つるぎの山に、まよふとこそ、うけたまはれ

「きそうじやう」つまり紀僧正真済が染殿后に恋慕し、本望を遂げることなく炎となって失せてしまった。后はここでも「その思ひのつもり」を受け、真済の恋が積もり積もって青い鬼となる。そればかりか、后は来世で「つるぎの山に、まよふ」のである。これは『往生要集』などで語られる刀葉林に相当するもので、堕地獄を意味している。男の恋慕が受け入れられず、恋の思いが蓄積されてゆくと、それが原因となって女が地獄に堕ちるというのである。

染殿后が地獄に堕ちたとする説話は『雀さうし』にも用いられている。『雀さうし』は「すゝめ殿」の姫君「あいちよ」に数々の鳥が求婚するという異類物の室町物語である。鳩の阿闍梨は「あいちよ」の聟となることを望み、恋に迷った者の故事を並べ上げる。その一つに染殿后の堕地獄譚を見ることができる。

そじやう《ママ》は、そめどのゝきさきを、みたてまつりて、れんぼの思ひ、あさからず

これは、きさき、御なさけなきゆへにや、そうじやうともに、いづのくに、あたみといふ、ぢごくを、つくりいだして、いまに、すみ給へり(9)

冒頭の「そじやう」は僧正の誤りで、紀僧正真済のことだろう。ここでも真済は染殿后に深く恋慕している。そののち后は僧正とともに伊豆国熱海の地獄に住み、今に至るという。后が地獄に堕ちたという挿話であり、堕地獄の理由は僧正に対して「御なさけなきゆへ」、つまり冷淡であったためと推測されている。后が真済の恋を受け入れず、地獄に堕ちるという内容は先の説話と同じである。

真済が后に恋慕した結果、熱海の温泉が生まれたという話は、室町末期の唱道説話集とされる『因縁抄』にも見られる。(10)「柿下ノ紀僧正ノ事」と題された説話では、后への恋が露見した真済が熱海へ流罪となり、胸の内の熱を冷まそうとして海水に体を浸す。やがて真済は亡くなるが、そこに「僧正地獄」と呼ばれる温泉が湧出し、青鬼と化した真済が現れる。この話に染殿后の堕地獄は見られないが、真済の紺青鬼説話が変容し、熱海由来譚が取り込まれていった様子がうかがえる。『雀さうし』の挿話に鬼は現れなかったが、熱海由来譚を取り込んだ紺青鬼説話の一展開と捉えられ、男の恋慕に冷淡な女の堕地獄が、紺青鬼説話とともに形を変えつつ広がっていたことがうかがえる。

(三) 男の好意につれない女たち

『浄瑠璃十二段草子』には男の好意を拒んだゆえの堕地獄譚がもう一つ見られる。赤木文庫旧蔵室町末期筆絵巻の本文には、御曹司が和泉式部の話を持ち出して、浄瑠璃御前を口説こうとする場面がある。美人の誉れが高かった和泉式部は、人から「けねん（懸念）」つまり好意を寄せられることが多かったが、ある時、親の孝養のため東大寺と興福寺に各七日間参籠して菩提を弔った。その最後の日の明け方、和泉式部の枕元に親が現れ、次のような話をした。

さてもなんぢ、われらふうふが、ぼだひを、よきにとふてえさすれど、さらにじやうぶつ、せざるなりゆへを、いかにと申に、なんぢは、てんかに、かくれなきひじん、かじんと、むまれきて、人のけねんは、かずしらず、なんぢけねんを、きるゆへに、我さへぢごくに、おつるなり(11)

和泉式部の親は死後いまだ成仏が叶わないばかりか、地獄にまで堕ちたという。天下に隠れもない美人、佳人と生まれてきた和泉式部は、他人から数知れぬ好意を寄せられており、

それが堕地獄の原因であった。この後、和泉式部は親の成仏を果たすために、五条に館を建て、自らに好意を寄せる者を貴賤を問わず受け入れて、千人と契りを結ぼうとする。天下の美人と生まれてきても、その好意に応えることができなければ、堕地獄につながるという観念がここにも現れる。

男の恋を拒む女には小野小町もいる。室町物語『和泉式部』では、和泉式部が道命に恋慕され、百夜通いの物語を思い起こす。すなわち四位少将が小野小町を慕って九十九夜通い続けたが、恋が実ることはなく少将が死ぬという、能《卒都婆小町》《通小町》などでも語られる物語である。小町はその美貌ゆえに多くの男から恋心を寄せられた。男からの怨念は解けることがなく、小町は「無量のとが」を受けて、少将の執念も離れることがなかったという。これを反面教師として、和泉式部は道命の恋を受け入れることにするのだが、ここでも女が男の好意を拒み続けることを良しとしない考えが見える。

能《通小町》に至っては小町が地獄に堕ちてしまう。四位少将（シテ）が百夜通いを再現する執心男物で、後場で四位少将と小野小町（ツレ）の霊が救済を求めて僧（ツレ）の前に現れる。少将は小町とともに「三瀬川」に沈み苦患を受けているという。三瀬川は亡者が渡る三途の川であり、そこに沈むとは成仏が叶わず悪趣に堕ちたと捉えてよいだろう。諸注とともにこれを堕地獄と解釈しており、本稿でもそのように考えておきたい。

少将の堕地獄は、小町への恋慕が断ち切れなかったことによる邪淫の罪の報いである。これに対し、小町は少将の恋を拒み続けたのであり、堕地獄の理由は少将とは異なっているはずである。《通小町》にその理由は示されないが、これも少将の怨念が積み重なったための堕地獄ではないだろうか。男の邪淫の責任を女が引き受けるのは因果応報から外れるが、染殿后の堕地獄や『和泉式部』の小町観から考えれば、そのような解釈は十分許されるだろう。

恋する男につれない態度を見せ続ける女は地獄に堕ちる。室町物語等に見えるこの観念は、《求塚》の堕地獄についても一つの答えを与えてくれる。菟名日処女は二人の男から求愛されたものの、どちらの求愛も受けることはなかった。男たちの思いは果たされることがなく、入水した菟名日処女を追って、恋の思いを抱えたまま命を捨ててしまう。《求塚》の堕地獄の原因は、一つは鴛鴦の殺生であったが、もう一つは、小竹田男と血沼丈夫の恋慕の心をかきたてたまま、それを受け入れなかったことにあったのではなかったか。男たちの恋が実らなかったことまでも女の罪とされ、地獄の責め苦につながる展開は、現代では理解しがたいが、室町期には理屈の通る話として理解されていたのではないだろうか。

二、女人救済と罪業

（一）劣位に置かれる女性

男の妄念、邪淫の罪の宗教的責任を、思慕された女が引き受けなければならないのは、まことに不合理である。輪廻は因果応報であり、地獄の責めを負うにはそれだけの悪業がなければならない。菟名日処女の行為がどのような罪に相当するのか、仏教側の資料からその答えを得ることはできなかった。おそらくこれは世俗で作られた罪観念だろう。

しかし《求塚》の堕地獄の背後には、男の欲望をかき立てる女への蔑視があったはずで、それは当時の仏教思想と無縁ではなかったと思われる。中世において仏教は女性の宗教的救済を広く説き始める。しかしそれと同時に、女性に罪業があることを強調し、女性の存在自体を罪と見なす言説が社会にも浸透しつつあった。それが女性に厳しい地獄観を形成する後押しをしたと思われる。

女性が宗教的劣位に置かれていたことを表す資料は、平安時代の早い時期にすでに見られる。平雅行氏によると、九世紀後半には女性を差別する文言が追善願文等に見られるようになるという。(12) そこには「五障」「竜女」「竜女成仏」といった語が用いられる。五障とは女性が持つとされた五つの障害で、女性は修行を積んだとしても、梵天王、帝釈天、魔王、転輪聖王、仏陀の位に就くことはできないという説である。後になると母・夫・子に従うべきことを求めた「三従」としばしば組み合わされるようになる。また「竜女成仏」は『法華経』提婆達多品に示された女人成仏の方法で、仏の教えを聞いた八歳の竜女が男子に変じ、成仏が叶ったというものであるが、女身のままで成仏することが困難とされる根拠ともなった。

しかしそれだけでは女性が地獄に堕ちるほどの罪業を持っているとは言えない。成仏が困難であるからといって、それが堕地獄につながるというものでもない。女性が罪業を持ち、地獄に堕ちる存在だと考える観念が生まれるのはもう少し時代が下ることになる。(13)

（二）浄土思想と罪業

『浄土厳飾抄』は十一世紀末から十二世紀初頭ごろに成立したと考えられる浄土教学の問答集である。その中に「卅九安養世界女人生乎　又彼界在二女人一乎」という議論が収められており、女性が極楽世界に往生できるという教説に対して、質問者が「疑云、女人是百悪五障罪人也、何得レ生二厳浄無垢浄刹一乎」、つまり女人は百悪五障の罪人なのに、無垢の浄土に往生できるのだろうかと問う。それに対して、回答者は『観経』『小阿弥陀経』『法華経』『大阿弥陀経』を引いて、「但至二疑難一者、十悪五逆人、臨終十念力得レ生二彼国一也、況□雖二女人一宿善開発、何不レ生二安養界一乎」と答える。十悪五逆の者でも、臨終での十念の力で極楽往生できるのに、どうして女性が往生できないことがあろうかと言うのである。結論としては女人往生が可能だと答えているのだが、その前提として女人が「百悪五障罪人」とされていることに留意すべきだろう。同書が論義の手本を記したものと考えられることから、このような見解は当時の顕密仏教の中で常識的な見解であったと平氏は指摘する。[14]

同様の見解は十二世紀末の法然の著述にも見られる。法然『無量寿経釈』では、『無量寿経』に示された法蔵比丘（阿弥陀如来）の四十八願のうち、女人往生願である第三十五願「設我得レ仏、十方無量不可思議諸仏世界、其有二女人一聞二我名字一、歓喜信楽発二菩提心一厭二悪女身一。寿終之後復為二女像一者、不レ取二正覚一」についても触れる。法然が最も重視する第十八願（念仏往生願）では、あらゆる衆生が救われることが明記されているはずなのに、それとは別に女人を救済しようとする第三十五願があえて建てられた理由について、次のように述べる。

倩案二此事一、女人障重明不レ約二女人一者、即生二疑心一。其由者、女人過多障深、一切処被レ嫌。[15]

これによれば、「女人は過多く障り深く、一切の処に嫌は」れるため、あえて女性を救済することを明言しなければ、救われないのではないかという疑心が生まれるという。法然はさらに、女性が五障三従の身であり、諸経論に嫌われ、国内の聖地からも排除されていることを具体的に述べてゆく。趣旨としては、女人が救済されるべきことを主張しようとしているのだが、その中で女性が「過多く障り深く、一切の処に嫌はる」ことを強調する論法を取っていることに注意を要する。

(三) 存覚の女性罪業観

法然が女性に限定した救済を説いたのは『無量寿経釈』のみで、法然が積極的に女人往生の思想を主張するつもりであったかどうかは懐疑的に見られているが、法然教学が継承される中でその影響力は小さくなかった。[16] その一つに存覚『女人往生聞書』がある。存覚は本願寺三世覚如の長子、初期の真宗教団の教学を学問的に組織したことで知られている。元亨四年（一三二四）了源に請われて記したのが同書であり、女性信徒が阿弥陀如来を信仰すべきことを説いたものである。[17]

存覚もまた、法然と同じく、『無量寿経』四十八願中の第三十五願を中心に女人往生を説こうとする。まず第三十五願の趣意を述べ、二つの問答を用いて論を構成する。第一の問答では、第十八願と比較して第三十五願の必要性について述べ、その中で女性の罪障を主張する。

コタヘテイハク、第十八ノ念仏往生ノ願ニ男女ヲエラバズミナ摂スベキ条ハ勿論ナリ、シカレドモカサネテコノ願ヲタテタマヘルコトハ如来ノ大慈大悲ノキハマリナリ。ソノユヘハ女人ハサハリヲモクツミフカシ、別シテアキラカニ女人ニ約セズハ、スナハチウタガヒヲナスベキガユヘニ、コトサラコノ願ヲオコシタマヘルナリ。コレスナハチ先徳ノ料簡ナリ。

阿弥陀が女性の重い罪障を理由にことさら第三十五願を建てたことを述べており、法然『無量寿経釈』の内容とほぼ重なる。特に「ソノユヘハ女人ハサハリヲモクツミフカシ……」の部分は、先にあげた『無量寿経釈』の表現とかなり似通っており、直接の影響関係がうかがわれる。『女人往生聞書』は他の部分でも、『無量寿経釈』の第三十五願に関わる論を長々と引用し、その分量は『女人往生聞書』全体の三分の一を占めている。存覚は法然の所説に大きく依拠しながら女人往生の正当性を論じており、当然女性罪業観も引き継いでいる。

存覚は女性の罪深さをさらに強調する。第二の問答では女性に罪業があることの証拠を挙げ、女人成仏を主張している。そこで、女性が救いがたい存在であることを示した偈文、いわゆる「嫌女人諸文」を八つ挙げ、その上で「コレラノ文ヲキカン女人、サダメテ卑下ノオモヒヲナシテ往生ノノゾミヲカケガタシ。カルガユヘニ別シテ女人往生ノ願ヲオコサルルナリ」と記して、第三十五願の正当性を述べるが、これに続けて女性の罪業をなおも具体的に示していく。

オホヨソ女人ノツミフカキコト、シヅカニオモヒテコレヲイトフベシ。マサシク目ニアラハレタル大罪ナドヲバツクラザル様ナレドモ、行住坐臥ノフルマヒ、昼夜朝暮ノオモヒ、罪業ニアラズトイフコトトナク、悪因ニアラズトイフコトトナシ。アシタニハ明鏡ニムカヒテ青黛ノヨソホヒヲカイツクロヒ、ユフベニハ衣裳ニタキモノシテ、馨香ノハナハダシカランコトヲオモヘリ。愛著ヲモテテオモヒトシ、嫉妬ヲモテコト、セリ。身ヲ執シヒトヲソネムコ、ロ、シカシナガラ輪廻ノナカダチトナリ、カミヲナデカタチヲカザルワザ、コトゴトク生死ノミナモトナリ。イカデカ悪道ヲマヌカレンヤ。

女性は一見すると大罪などは犯さないような様子であるが、

日常の振る舞いや思いはすべてが罪業、悪因であると言い、化粧をし身を飾り、愛着、嫉妬ばかりしていることで、悪道から免れがたい存在だとする。もちろん同書の目的は女人救済と阿弥陀讃嘆を述べるところにあるが、その説得力を高めるために女性蔑視の思想を利用し、結果的に女性罪業観を再生産している。そのことは法然にも当てはまることだが、存覚には法然よりも強い蔑視が見られる。

(四) 女性罪業観の浸透

このようにして、女性救済を説く過程で、女性が罪深い存在であるという観念が定着していったと思われる。本願寺八世の蓮如は、女性の堕地獄についても言及する(『御文』四十三、文明五年十二月十三日付)。

ことにおとこにつみはまさりて五障三従とてふかき身なれば、後生にはむなしく无間地獄におちん身なれども、かたじけなくも阿弥陀如来ひとり、十方三世の諸仏の悲願にもれたる、われら女人をたすけたまふ、御うれしさありがたさよ[18]

ここには女性が女性であるというだけで無間地獄に堕ちるという認識が見える。これも阿弥陀如来の女人救済を信ずべきことを主張するものだが、女性の堕地獄を前提とする論法で、見方によれば存覚よりも強い表現と言えよう。

存覚、蓮如とたどっていくと、真宗における女人救済の言説ばかりが女性罪業観を形成していったように見えるが、必ずしもそうとは言えない。

「女人地獄使、能断仏種子、外面似菩薩、内心如夜叉」という偈文は、存覚『女人成仏聞書』が挙げた「嫌女人諸文」八文のうちの一つで、女人は地獄の使いで仏となる種を断ってしまい、表面上は菩薩に似ているが内心は夜叉のようだという、女性を嫌悪する内容を持つ。この偈文の出典は『唯識論』『涅槃経』『華厳経』などともされるが、実際の経典には見出だすことができず典拠不明のものである。しかし女人罪業の根拠として扱われ、『宝物集』や日蓮『法華題目抄』『女人成仏鈔』『法華初心成仏鈔』などにも引かれている。また『阿含経』のものとされる「一見於女人氷結三途業、何況於一犯定無間獄」という偈文も、存覚が引く「嫌女人諸文」の一つで、一度女人を見ると無間地獄に堕ちるという強い女性嫌悪が示されている。これも『阿含経』の中には見出だせないものであるが、『宝物集』や日蓮の著作に引かれるなどして広がっていく。[19]

道元『正法眼蔵』のように仏の道に性差は関係がないという主張もあるが、鎌倉期から室町期にかけて、女性は単に成仏しがたいだけでなく、重い罪業を持ち堕地獄を免れがたい存在として仏教の世界で蔑視されていたことが見てとれる。《求塚》が成立した時期は、そのような認識が社会に浸透していくさなかにあったと言ってよい。

おわりに

女性に深い罪業があるという観念は、室町時代の文学に浸透していった。能作品でも「さなきだに女は五障の罪深きに聞くも気疎き物の怪の　人失ひし有様を　現はす今の夢人の跡よく弔らひ給へとよ」(《夕顔》)、「さなきだに女は五障の罪深きに　法の咎めの呪詛を負ひ　この山の名にし負ふ　葛葛にて身を縛しめて　なほ三熱の苦しみあり　この身を助け賜び給へ」(《葛城》)のように、五障の罪を背負う存在として描かれる。

それは室町物語においても同様で、「さらぬだに、女は罪深くして、業障の雲あつく、真如の月も晴れやらず」(『小町草紙』)、「さなきだに、女は五障三従に罪深きとて、涙を流し給ひける」(『物くさ太郎』)、「さらぬだに女人は五障三従にえらばれて罪深し」(『横笛草紙』)[20]のように、女性罪業観がしばしば見られるが、罪業の表現は類型化しており、すでに定着していることがうかがえる。

そのような環境の中にあっては、つれない女が男の邪淫を誘い、罪の報いを受けるという論理が通用し、《求塚》のような女性の堕地獄譚もそれほど特異な話としては受け取られなかったのではないか。それは室町物語で語られた染殿后の堕地獄も同様である。しかもいずれの場合も救済は描かれなかった。女性の罪業は仏教の世界では救済され、信仰拡大の材料となるが、宗教的文脈を離れ、能作品としてあるいは物語としての娯楽性を重視すると、救済は必須ではなくなる。菟名日処女も染殿后も、受け手の関心を引くための堕地獄譚として消費されていた可能性があろう。現代から見れば無慈悲な扱いではあるが、この時代の方法として十分あり得たのではないだろうか。

注

(1)　表章「作品研究〈求塚〉」補説(同氏『能楽史新考(二)』、わんや書店、一九八六年)など。現行《求塚》の前段階に観阿弥作の古《求塚》を想定し、その形を探るものには、竹本幹夫「劇文学(能・狂言)の形成と完成——詞章の固定化をめぐって」(『国文学解釈と鑑賞』五一—六、一九八六年)、山中玲子「能〈求塚〉の虚構」(『文学』八—一、二〇〇七年)がある。

(2)　表章「作品研究〈求塚〉」(同氏『能楽史新考(二)』、わんや書店、一九八六年)。

(3)　佐成謙太郎『謡曲大観』第五巻(明治書院、一九三一年)三〇六一頁。

(4)　横道萬里雄・表章校注『日本古典文学大系　謡曲集』上

（岩波書店、一九六〇年）六六頁。
（5）能作品の詞章と構成は、《求塚・通小町》を横道萬里雄・表章校注『日本古典文学大系　謡曲集』上・下（岩波書店、一九六〇・一九六三年）に、《夕顔・葛城》を伊藤正義校注『新潮日本古典全集　謡曲集』上・中・下（新潮社、一九八三・一九八六・一九八八年）に拠った。
（6）西村聡「『求塚』における典拠の意味」（『文学・語学』九七、一九八三年）。
（7）松本隆信校注『新潮日本古典集成　御伽草子集』（新潮社、一九八〇年）四二一―四三頁。底本は慶長頃刊絵入り古活字版本。
（8）横山重・松本隆信編『室町時代物語集成』第七巻（角川書店、一九七九年）三一五頁。引用は私意により濁点を補った（以下同）。赤木文庫旧蔵本『浄瑠璃十二段草子』、『雀さうし』所収の染殿后堕地獄譚については、田中貴子『〈悪女〉論』（紀伊國屋書店、一九九二年）一四五―一四八頁ですでに論じられている。
（9）横山重・松本隆信編『室町時代物語集成』第七巻（角川書店、一九七九年）三一六頁。
（10）阿部泰郎編『因縁抄』（古典文庫、一九八八年）一〇八―一一二頁。
（11）横山重・松本隆信編『室町時代物語集成』第七巻（角川書店、一九七九年）五五〇頁。
（12）平雅行「顕密仏教と女性」（同氏『日本中世の社会と仏教』、塙書房、一九九二年）。
（13）川内教彰「『血盆経』受容の思想的背景をめぐって」（『佛教大学）仏教学部論集』一〇〇、二〇一六年）。同論では、仏教の性差別思想について、女性が男性より劣ったものだとする女性劣機観と、女性が罪深い存在であるとする女性罪業観を区別して論じており、本稿は同論に拠るところが大きい。
（14）佐藤哲英『叡山浄土教の研究』（百華苑、一九七九年）四四一―四四三・五二一―五二三頁。前掲注12平氏論文。
（15）石井教道編『昭和新修法然上人全集』（理想社、一九五五年）七五頁。
（16）前掲注12平氏論文、注13川内氏論文。
（17）『女人往生聞書』は石井充之・千葉重隆編『真宗史料集成』第一巻（同朋舎、一九七四年）七二三―七二九頁に拠った。引用は私意により濁点を補った。
（18）大谷暢順編『蓮如上人全集』第二巻（中央公論社、一九九八年）八九頁。
（19）龍口恭子「存覚『女人往生聞書』における所引経論の一考察」（『真宗学』一三一、二〇一五年）。
（20）市古貞次校注『日本古典文学大系　御伽草子』（岩波書店、一九五八年）九一・二〇〇・三五九―三六〇頁。

◎コラム◎

術婆伽説話の生成と展開

――恋は病か、破戒か、神を招くか

平間尚子

ひらま・なおこ――大正大学綜合仏教研究所研究員。専門は日本中世文学と仏教。主な論文に「法然上人絵伝の臨終場面を読む――『善導寺本』『国華本』を中心に」（『国文学試論』第二十六号、二〇一七年三月）、「『法然上人伝法絵』和歌考――王羲之と鳥跡を手掛かりに」（『国文学踏査』第二十九号、二〇一八年三月）、「法然上人伝法絵和歌考――善導寺本にみられる同体信仰を手がかりに」（『仏教文学』第四十四号、二〇一九年四月）などがある。

はじめに

中学生に慣用句を教えていた時のことだ。「〇〇を焦がす」に入る言葉を問うたところ、「胸」と「身」の二つの答えが述べられ、令和の中学生にとってもこの句が、身近な語句であることがうかがえた。その背景には、恋を主題とした作品が日本人にとっては身近な存在であり、それは仏書、文学作品のなかにも、多く扱われているからであろう。これから述べる術婆伽説話は、文字通り主人公の魚売りの術婆伽が高貴な后に恋をして病の身となり、ついには「身を焼き」「胸を焦がす」話である。

筆者は、近世に出版された唱導の類書である『類雑集』の翻刻と注釈作業において、術婆伽説話を知り得た。(1)本説話を端的にまとめると、「身分違いの悲恋」と言えるだろう。当該説話の先行研究を紐解いていくと、初出は仏書の『大智度論』で、つぎに、『三教指帰注』『紫明抄』や『古今和歌集灌頂口伝』などの注釈書類に引用され、さらには『平家物語』『宝物集』、能《綾鼓》《恋重荷》などの文学作品中にも確認できる。本コラムでは、術婆伽説話を引用する、またその系譜を引く諸作品が、恋を「病」と捉えるのか。それとも、恋は「戒律を破るもの」と捉えるのか。さらには、恋の怨念を抱いた主人公が弔いによって守護神へと変容するのか、という点について試論を述べてみたい。

一、術婆伽説話について

術婆伽説話を考えるうえで、その出典とされるのは『大智度論』である。はじめに『大智度論』のくだりを引用し、そのあらすじを確認しておきたい。

『大智度論』巻十四(2)

如レ説国王有レ女。名曰二拘牟頭一。有二

捕魚師一名二述婆伽一。隨レ道而行。遙見三王女在二高樓上一窓中見レ面。想像染著心不二暫捨一。弥歴二日月一不レ能二飲食一。母問二其故一以レ情答レ母。我見二王女一心不レ能レ忘。母諭レ児言。汝是小人。王女尊貴不レ可レ得也。児言。我心願楽不レ能二暫忘一。若不レ如レ意不レ能レ活也。母為レ子故入二王宮中一。常送二肥魚美肉一以遺二王女一而不レ取レ価。王女怪而問レ之欲レ求二何願一。母白二王女一。願却二左右一当二以レ情告一。我唯有二一子一敬二慕王女一情結成レ病。命不二云遠一。願垂二愍念一賜二其生命一。王女言。汝去月十五日於二某甲天祠中一住二天像後一。母還語レ子。汝願已得告レ之如レ上。沐浴新衣在二天像後一住。王女至時白二其父王一。我有二不吉一須下至二天祠一以求中吉福上。王言大善。即厳二車五百乗一出至二天祠一。既到勅二諸従者一。齊レ門而止独入二天祠一。天神思惟。此不レ応レ爾。王為二世主一不レ可レ令三此小人毀二辱王女一。即厭二此人一令二睡不レ覚。王女既入見二其睡一。重推レ之不レ悟。即以二瓔珞直十万両金一遺レ之而去。去後此人得レ覚見有二瓔珞一。又問二衆人一知二王女来一。情願不レ遂憂恨懊悩。婬火内発自焼而死。以二是証一故知。女人之心不レ択二貴賤一唯欲是従。

このくだりをまとめると「国王に拘牟頭という王女がいた。術婆伽は、この王女を高い楼の上で見かけてから忘れられず、飲食もできなくなる。その姿を見かねた術婆伽の母親は、自ら王女に息子の状況を伝え、息子の命を守ってほしいと懇願する。王女は、母親の願いに応える約束として、十五日に天祠の中の天像の後で会うことを約束する。王女は、父王に天祠で吉福を求めたいと申し出て、五百台の車で、天祠に向かう。しかし、天神は、身分の低い術婆伽と王女を会わせないように、術婆伽を眠らせたのである。王女は身につけていた瓔珞を遺して去った。王女が去った後、術婆伽は目を覚まして、王女がこの場に来たことを知り、懊悩し内から淫欲の火を出して焼け死んでしまった」となろう。そして、結びに「女人の心貴賤を択ばず、唯だ欲是れに従ふ」とし、女人が貴賤をえらばず欲に従う存在であると記している点も注視しておきたい。

この点について、島内景二氏は「『大智度論』所載の「術婆伽」説話の本来の趣旨は、どんなに高貴な女人でも、好色の故に賤しい男性と契る（契ろうとする）ことがある、という文脈の中での挿話」とし、「どちらかと言えば女性の側の好色の方にあった。それを、身分の低い男が恋ゆえに破滅するというふうに力点を置き換えたのが、『三教指帰』であった」と指摘している。(3) いま『三教指帰』と『中山法華経寺蔵本三教指帰注』を、ここに引用してみたい。

『三教指帰』巻上(4)

恒に蓬頭の婢妾を見ては已に登徒子の好色に過ぎたり。況むや治容の好婦に於てをや。寧ろ術婆伽の胸を焼くこと莫からむや。春馬夏犬の迷已に胸臆に煽なり。

『中山法華経寺蔵本三教指帰注』(5)

此（レ）即、蓬頭婢妾是（レ）也、術婆伽焼（ト）胸ヲ云（フハ）大唐ニ有シ下良（郎）女ノ子也、江河ニ魚ヲツンテ食トセシ者也、ツリシテ返（帰）シ時ニ道ニ長者（ノ）門ヲスキ（追）ルニ高樓（ノ）悵（帳）ヲ風吹上ケタルヨリ此ヲ見ミテ戀コヒノ病ニ成テ物不ス食（ハ）、母アヤシンテ此（ノ）事ヲ問（フ）ニ不ス答（ヘ）再三問（ハ）レテ答（ヘ）テ云（ハ）ク「美（シキ）君ヲ見（シ）ヨリ戀（ノ）病ヲ付タル也」、母ノ云（ハ）ク「安スキホトノ事也」トテ術婆伽ニ魚ヲツラセテヒメ君ノモトヘ數十度以（持）（テ）参ル、ヒメ君奇シンテ問テ云（ハ）ク「何事（カ）所望ノ有ルソ」ト問フ、母事（ノ）由来ヲ答（ヘ）テ申ス、ヒメ君答（ヘ）テ云《ノタマハク》「ヤスキホトノ事也、アスヘシ（ヌ）」トテ「但是ニ天神マシ〳〵ス、ソレニテアフヘシ」トテ日（ヲ）定メテ約束シテヒメ君父（ノ）長者ニ「モノマウテシ候（ハ）ム」トテ出立テ通夜ニ参ル、時ニ術婆伽之参相（合）テヤシロノカタハラニネイリタリ、ヒメ君ミ行イテヲト六カセトヲトロカス、依テヒメ君玉カツラヲヌキ（抜）テ重（童）ニ打懸テ返（帰）（リ）了ヌ、時ニ童ヲト六キテ淫欲（ノ）炎胸ヨリ出（テ）テ焼（ケ）死了（ヌ）、故（ニ）焼クト胸ヲ云（フ）也

以上が該当箇所である。『中山法華経寺蔵本三教指帰注』のくだりは、『大智度論』の内容と比較しても、大きな相違はないが、細かな異同がいくつか確認できる。たとえば、『大智度論』では「王女」とあったが、ここでは「ヒメ君」となり、術婆伽についても「大唐ニ有シ下良女ノ子」とされ、母の台詞に「ヤスキホトノ事也」とくり返す表現がみられるなどの異同が認められよう。また『大智度論』の末尾に記された女人が欲に従う存在とする表現がなくなり、「淫欲ノ炎胸ヨリ出テテ焼ケ死了ヌ」とある。このように、童＝術婆伽の淫欲についてのみ記して結んでいることも異なる。ちなみに『大智度論』にはなかった術婆伽の「胸」から炎が出るという表現は、『三教指帰』の「胸を焼く」という表記により補われたものと考えられよう。(6)

ここまで『大智度論』や『中山法華経寺蔵本三教指帰注』の本文により、術婆伽が后に恋をした結果、「淫欲の炎によって胸を焼いた」ことを確認した。また『大智度論』を引用する仏典は、ほかにも『経律異相』(7)『梵網戒本疏日珠鈔』(8)などがある。これらの仏教典籍は、本話で五戒（戒律）を破ること、とりわけ人間が抱く淫欲に焦点をあて、それを戒めようとしていると考えられよう。それを端的に示したのが、つぎにあげる『法苑

珠林』巻第七十一のくだりであろう。

> 『法苑珠林』[9]
> 如智度論。術婆伽以レ思二王女一。欲心内発尚能焼レ身。延及天祠。況生二欲毒一熾。而不レ焼二。諸善法心一若著二欲無一由近道。

ここに示したように、『法苑珠林』のくだりは『大智度論』を要約して、欲心によって術婆伽が身を焼いたとし、諸々の善法のためには心から欲を無くすことを説いている。以上、各作品の結びに注目してみると、『大智度論』では、高貴な女性も欲に従う存在であることを述べるなかで術婆伽説話が引用されていたが、『三教指帰注』では術婆伽の恋を淫欲と記し、その欲によって胸を焼くことになったと結んでいることからも、五戒(戒律)を意識した表現になっているといえよう。『法苑珠林』では、欲を無くすことが善法への道であることを説いている。

二、恋は病か、破戒か

術婆伽説話の末尾には、欲によって身を滅したことが述べられていたが、話の冒頭に注目すると、術婆伽が、恋煩いをして食欲を無くした姿が「病」と記されている。いま、この点について少し考えてみたい。たとえば、先に引用した『大智度論』には、「敬二慕王女情一結成レ病」とあり、『中山法華経寺蔵本三教指帰注』には、「恋ヒノ病」と書かれている。病は、仏教では四苦の一つと位置づけられていることは言うまでもない。逃れられない苦しみともいえよう。

山田昭全氏は、平康頼が著した『宝物集』は「仏道が人間にとって至上の宝物だと論じたあと、それならその仏道をいかにして体得(成仏)するか」を示した書と紹介している。『宝物集』は、『往生要集』にならい仏道を説く前に、厭相から語りはじめるという構成をとっている。

そして『宝物集』は、六道(地獄・餓鬼・畜生・修羅・人・天)を順に語るなかで、人道において、四苦と八苦の例を挙げて説いている。[10]四苦の一つである病苦について、

> 第三に、病苦を申さば、四百四種の病、一としてやすき事なし。頭いたみ、身ほとをり、腹ふくれ、胸さはぐ、いづれかたへしのぶべくはある。

とはじめに記し、紺青鬼の例話が述べられている。[11]紺青鬼の話とは、弘法大師の弟子で東寺長者にもなった真済が、文徳天皇女御の染殿の后に恋をし、その想いが叶うことなく死を迎え、その怨念が紺青鬼となるくだりである。『宝物集』は続けて、後に高僧となる唐房の法橋の発心譚をあげる。但馬守国高の息、国輔が宮腹に仕える半者(=召使い)に恋をしたが、父とともに任国へ赴くことになり、国輔と女の二人は離れ離れとなる。都に

残った彼女は、疫病を患い、朱雀門に捨てられてしまう。国輔は、うわさを聞き都に駆けつけ、女の変わり果てた姿を見て、三井寺で法師となったとある。その結びに、

病はうつくしき人もかくやつし、つよげなる人をもなやます。曽波の眼といふとも、鳥にとられぬればなにかはせん。翡翠のかんざしなりといふとも、芥にむすぼほれぬれば、見る人愛づる事なし。ひとたびゑみしかば、千金をおしむ人なかりし人、歯は雪のやうにしろくさらされて、見る人おぢずと云事なし。我心にまかせたるべきこひの病すら、しのびがたき事にてぞ侍るめる。

とある。(12) ここにあげた二つの例話について、康頼は、真済の恋のくだりで、叶わぬ恋心が怨念となり、死後に鬼へと身を変える恋も病苦の一例とみなしている。つづく唐房の法橋のくだりでは、「我心にまかせたるべきこひの病」と記しているべきことが注目される。「我心にまかせたるこひ」とは、「自らの気持ちが相手にも通じて受け入れてもらえた恋」と解釈しておきたい。(13) すなわち、唐房の恋は「純粋な恋心」を示しているが、康頼は、その恋もまた病であると捉えていることがわかる。

ところで、『宝物集』にも、術婆伽説話を確認することができる。ただし、その収載箇所は、恋を病苦と記した巻第二〈人道〉の四苦の場面ではなく、巻第五〈持戒〉に確認できる。(14) また、その引用は『大智度論』にある「女人の心貴賤を択ばず、唯だ欲是れに従ふ」を重視した結びとなっている。

くり返しになるが、『大智度論』や『三教指帰注』『宝物集』の術婆伽説話は、恋をした術婆伽が最後には淫欲の火を起こしてしまったと、欲に焦点を絞った表現となっていた。つまり、仏教の典籍では、この話を病苦として扱うよりも、五戒の一つである欲戒を戒めようとする向きが強いのである。

ここまで、恋を病とみなす『宝物集』の例話（紺青鬼譚・法橋発心譚）と、冒頭では恋の病であると記しつつも、末尾では、人間の欲心を示す『宝物集』の術婆伽説話と、恋を煩ったことに対する二通りの享受があることを明らかにした。

以上の事柄を踏まえて、いま注目したいのが、近世に出版された仏教の類書である『類雑集』の術婆伽説話の引用態度である。

はじめに、『類雑集』の概要を説明したい。版本は二種あり、それぞれ「慶安四年〈辛卯〉暦十月吉辰　石黒庄太夫板本」、「明暦三年〈丁酉〉三月吉辰　秋田屋平左衛門板行」の刊記を有するものである。どちらも、全十巻十冊と総目録一冊の計十一冊で、同一の版木を用いて刷られている。『類雑集』の内容と特徴については、牧野和夫氏は

・十巻を、門別に分かち、各門、「事」書にて項目を立て、諸書より引文を以て当てる。即ち、門別分類した要文集・要語集という性格をもつ。実用書の常として、諸書よりの抜抄に基づくもので、その引書は、天台三大部とその注釈書、「法苑珠林」等が主体をなしているが、外典・俗書の活用も認められる。
・平安時代から室町末期近世初頭頃に到る各時代の成立の幅広い引書（孫引き等も考慮しなければならない）に基づく輯成である。
・注目すべきことは、主に小字双行の割注形式を以て示された「法華題目抄」「開目抄」「録外曾谷抄」「知謗法論」等の名であり、日蓮の著作類の引用が認められる点である。先に指摘した『類雑集』の刊・写本が日蓮宗内を中心に流伝していたと覚しい事実と符合して、『類雑集』刊行時に日蓮宗関係者が関与していたことは確実となったのである。

と指摘している。(15)

　術婆伽説話が確認できる『類雑集』巻第八は、「無常門」「不浄門」「苦患門」「愚惑門」で構成され、本話は「愚惑門」に収載されている。冒頭は、『大智度論』の引用と記されているが、実際は、同書を大幅に要約したものを記し、術婆伽が「身を焼いた」ことを「五蓋部」の「貪欲」と位置づけている。五蓋とは、「蓋（むさぼり）・瞋恚蓋（いかり）・睡眠蓋（眠っているような無知）・掉挙蓋（心の落ち着かない躁の状態）・疑蓋（うたがい）の五つ。これらは心を覆って善を生じさせない」という意味である。(16)『類雑集』では、続けて「三教私記ノ注ニ云」（三教指帰注の意であろう）として、術婆伽が「胸を焼いた」ことを詳述していくが、他の作品と異なる点がいくつかある。

　たとえば、「彼ノ国ノ法ニ内裏ニ不レ簡ハ二門内門外ヲ一立テレ市ヲ物ヲ売買スル也」と述べ、それゆえ、術婆伽が内裏に出入りして、魚を売る文脈となっている点や、術婆伽の母が后に会って欲しいと願い出ると、后が「天祠寺ト云寺ニ来シ十五日ノ夜参詣スヘケレハ後《ウシロ》一戸《ト》ニテ相ヒ待テ」と約束する点である。

　こうした『類雑集』のくだりは、前掲の『中山法華経寺蔵本三教指帰注』とは異なる展開となっている。管見の限りでは、複数ある『三教指帰注』のなかでも、『大谷大学図書館蔵三教指帰注集』の文脈に近いといえよう。(17)ただし、「彼の国の法に内裏に……」や待ち合わせの場所を「(寺の)後戸」とする記述は、他の『三教指帰注』にも見られない文脈である。『類雑集』の特徴である「平安時代から室町末期近世初頭頃に到る各時代の成立の幅広い引書（孫引き等も考慮しなければならない）に基づく輯成」という点を踏まえると、『類雑集』の独自本文と考えるよりも、『三教指帰注』には、さまざまなバリエーションがあったことが窺い知れるくだりといえよう。

さらに『類雑集』は、引用の最終部分で、術婆伽が后の訪問に気がつかなかった時に、「仰レ天ニ伏〆レ地ニ難《ナケキシ》程ニ思ノ火胸ノ中ヨリ出テ、不レ焼ノミナラ二己レカ身一ヲ焼タリ二彼寺ヲモ云云伊勢物語止ントテ二胸ノ思一ヲ提《ヒサケニ》入テレ水ヲ置ハレ胸無クレ程成リケルトレ湯トレ云ヘリ是思火イタス処也〈已下／略之〉四苦ノ火八苦ノ煙《リ》ナト可思合之」と記している。注目すべきは、術婆伽の胸から出る火は、「思の火」であり「已れが身を焼のみならず、彼寺をも焼たり云々」とする点であろう。このくだりをきっかけとして、『大智度論』の「淫欲」や『中山法華経寺蔵本三教指帰注』の「欲心」を戒める結末とは異なる展開へと続くのである。そこで『類雑集』は、「思ひの火」に関連する話として『伊勢物語』を出典と記して、提に水を入れて胸に置けば湯となる話もくわえている。このくだりは、管見の限りでは『伊勢物語』には確認できず、『大和物語』第一四九話に同様の文脈が認められる。(18) ちなみに『類雑集』は、末尾に「四苦ノ火八苦ノ煙《リ》」という語句で結んでいることからも、後半の引用では、本話を「病（病苦）」と捉えているといえよう。

ここまで『類雑集』の術婆伽説話は、冒頭では「貪欲」、後半は「病苦」と、二つの捉え方をしていることを確認した。また、『宝物集』の紺青鬼譚、唐房の法橋発心譚、術婆伽説話、『類雑集』の術婆伽説話の考察を総合すると、恋の苦しみを「欲心」とみなし戒めようとするくだりと、一方では、病とみなすくだりの二つの観点が示されているといえよう。ちなみに『類雑集』は、日蓮宗寺院での制作が想定されており、同じく複数の日蓮宗寺院に所蔵される『宝物集』との関係が考えられよう。

さて、『類雑集』の幅広い引書という性格を考慮すると、末尾に記された「四苦ノ火八苦ノ煙《リ》」という表現も、いずれかの作品に基づく表現であると推測できよう。術婆伽説話に記される「火」「炎」「煙」という表記を考えるうえで、大谷節子氏、鈴木元氏の指摘が興味深いので紹介したい。

大谷節子氏は、古今集歌「暁のしぎのはねがき百はがき君が来ぬ夜は我ぞ数かく」（七六一）の解釈をめぐって、『古今和歌集灌頂口伝』には、術婆伽のくだりが掲載されていることに注目されている。またその本文が、『大智度論』をはじめとする従来の「術婆伽」説話のくだりとは異なることを指摘されている。(19) いま該当本文を引用してみたい。

一、暁のしぢの端書き百夜がきの哥事

伝云、兆段といふ文に、昔、天竺戒日大王の后は、五天竺第一の美人也。その国に術婆伽とて魚を売る者也。天竺の習にて、物売る時は、王宮をも嫌はず、女御・后のわたらせ給ふ所へもはゞからず行きて売る習なりければ、術婆伽魚を売るとて、戒日大王の后を見奉りて、恋の病ひと成りて命もあやうく見えしかば、この事、大王まで聞こしめされて、后を近付け、「情は人のためならず。なにか苦しき。一夜あひ給へ」と勧め給へば、かなふまじき由をの給へども、宣旨度々に及べば、力及ばずあひ給ふべきに定まりぬ。春喜楼殿といふ所まで大象の車の榻を置かれ、榻の上に錦のしとねを敷き、九枝のともし火をかゝげさせ、紫雲の几帳をかけて、術婆伽を召して、「汝、我に志深くは、この榻の上に百夜の殿居せよ。其中に一夜来てあはん」との給へば、術婆伽かぎりなく嬉しくて、榻の上に百夜まろ寝をしけるに、もし今夜もや后のましますべきかと心をつくし、毎夜いもねず明かし明かしして、帰朝は殿居の数を書きつけて、帰り帰りしけるほどに、すでに百夜を今一夜足らぬまで空しかりければ、術婆伽あぢきなく思ひて、百夜に満じける夜、日頃の疲れに寝入りてけり。あまりに心憂くて、天に仰ぎ地に伏して泣き悲しみければ、胸より思ひの火の出て、その身を焼くのみならず、春喜殿よりはじめて、宣喜殿・陽明殿・小陽殿・後園殿等の一百三十六の台々をみなみな焼きけり。

以上が、『古今和歌集灌頂口伝』の該当箇所である。特筆すべきは、末尾に術婆伽が后に会えず「泣き悲しみければ、胸より思ひの火の出て、その身を焼くのみならず」多くの宮殿を焼いたくだりとなっている点であろう。これは、先述した『類雑集』の末尾と同様の展開となっていることが分かる。ただし、『類雑集』で天祠寺を焼くとされていたのは、仏法への損害を意味し、仏法の観点から欲心を戒める含意があるのに対し、宮殿を焼く展開は、王女が属していた宮廷社会への復讐と損害を意味しており、当該説話をより世俗的な方向で解釈しているとも言えるだろう。

また、『庭訓之抄』（室町後期の写本）や『神道関白流雑部』（大永三年の奥書を有する）には、術婆伽が火の守護神となる新たなパターンも確認できる。

いま、術婆伽が火の守護神へと変容する『庭訓之抄』のくだりを簡略に示しておきたい。術婆伽が恋に身をやつし、ついには自身が燃えてしまう時、護摩をおこなう貴い僧侶が現れ、洒水をほどこしてくれる。洒水により、身体の火は消されるが、その火により内裏は焼けてしまうのである。そのことを悔やんだ術婆伽は、火の守護神となることを誓うというくだりになっている。同様の例として、鈴木元氏は、『神道関白流雑部』に記される「火伏大事」や「八月火伏縁起」にみられる術婆伽説話について、思いの叶わなかった「述馬加」（神道関白流雑部ではこの表記）の胸の炎は内裏を焼くが、ひとりの僧侶に火を鎮められる。それ以来、「一切悪事ノ火」を調伏せんとの誓いを立て、「火ノ守護神」となったというのである。内裏を焼いたのが八月一日であったことから、その日には呪符を門に押すようになり、その呪符の頭に印されるのが梵字「鑁」である。それというのも、「鑁」字は水の種字であり同時に鯉の鰭をかたどるものであるからだ、と説く。そこには述馬加が魚売りであるという設定が生かされているのであろう。さらには「恋」に「鯉」が通うのだとの説明まで添えられている。

と指摘されている。(20)

ここまで『古今和歌抄灌頂口伝』『庭訓之抄』『神道関白流雑部』のくだりにおいて、術婆伽が、自身の身を焼くだけではなく、数々の建物を焼いた話が追加され、僧侶などによって怨念が鎮魂され、弔われることを経て、ついには火の守護神となることを確認した。さらに、黒田彰子氏は、『三教指帰注』と『和歌童蒙抄』との関係について考察をくわえるなかで

『和歌童蒙抄』巻四「恋」
三五八こひこひてひとにことごとこひしなばもえむけぶりはこひのかやせむ

の歌に付された術婆伽説話に注目され、その影響関係を考察されている。(21)

いま必要箇所のみを引用すると、「コヒニモエムケフリトハ、白毫式ニ、ムカシ天竺ニ術婆伽トイフ童子アリ。」にはじまり、「術婆伽カムネヨリ火イテキテ、モエテケフリニナリテウセヌト云々。カノ鯉ヲツリテコトヲ通セシヨリ、コヒトハイフナリ。モロ〱ノコヒノヲコリ、コノ術婆伽ヨリハシマレリ」と結んでいる（傍線は平間が付した）。この傍線を付した部分に「コヒ」と「ケフリ」の語句が認められ、さらには、首尾が照応する文脈となっている。

以上、ここに取りあげた術婆伽説話によって、「火」「炎」「煙」という表記が、「恋」と共に用いられていることを確認できた。したがって、『類雑集』の末尾に記された「四苦ノ火八苦ノ煙《リ》」の「火」「煙」という表現は、「思いの火が煙となる」くだりを有する作品に影響を受けているのではないだろうか。さらに、術婆伽説話に、身だけでなく建物も焼く展開や術婆伽が火の守護神となる展開があることも確認した。

三、説話から能《恋重荷》への展開

前章で、術婆伽が「火の守護神」に昇華する際には、僧侶による廻向や鎮魂の儀礼が描かれていたことを確認したが、同様の展開（下賤の者が高貴な女性に恋を

して、死後には守護神となる）が、能《恋重荷》や、その原曲といわれる《綾の太鼓》に認められることが指摘されている。[22]

はじめに、《恋重荷》のあらすじをまとめると、つぎのようになろう。白河院の御所で、菊の下葉を取る老人（山科の荘司、シテ）が、女御（ツレ）を垣間見て恋に落ちる。老人の恋心を知った臣下（ワキ）は、老人に綾羅錦紗で包んだ巌を持ち上げて庭を往復できたならば、女御の姿を拝ませようと、話を持ち掛ける。老人は必死に持ち上げようとするものの、恋の苦しみを抱えたまま死んでしまう。老人は、死後、怨霊となって女御の前に現れ、自らを弔うならば恨みは消え、女御の葉守りの神となることを約束する。いま《恋重荷》の末尾を引用してみたい。

（シテ）吉野川岩切り通し行く水の、音には立てじ恋ひ死にし、一念無量の鬼となるも、ただ由なやな誠なき。
（シテ）言寄せ妻の空頼め、（地）げにも由なき心かな。
（シテ）うきねのみ三世の契りの満ちてこそ、石の上にも坐すといふに、われは由なや逢ひがたき、巌の重荷持たるるものか、あら恨めしや。
（シテ）葛の葉の。［立廻リ］
（ツレ）玉襷、畝傍の山の山守りも、さのみ重荷は持たねばこそ、（シテ）重荷といふも
（シテ）思ひなり、（地）浅間の煙、あさましの身や、衆合地獄の、重き苦しみ、さて懲り給へや、懲り給へ。
（地）思ひの煙の立ち別かれ、稲葉の山風吹き乱れ、恋路の闇に迷ふとも、跡弔はばその恨みは、霜か雪か霰か、つひには跡も消えぬべしや、これまでぞ姫小松の、葉守りの神となりて、千代の影を守らん。

以上が、《恋重荷》の終曲部である。[23]ここには、主人公・山科の荘司が、恋の一念のあまり恋死にしてしまい悪鬼と化したこと、つづけて、女御を恨む台詞が述べられ、ついには、女御にも、衆合地獄へ堕ちてその重い苦しみを味わって懲りてほしいと願う。

衆合地獄とは、殺生・偸盗・邪淫の罪を犯した者が堕ちるとされる。また別名、石割地獄ともいわれ、謡曲「歌占」には「石割地獄の苦しみは、両崖の大石、もろもろの罪人をくだく」とある。[24]『日本国語大辞典』には「両方に大きな石の山が相対しており、罪人がその間を通ると、両方の山が自然に合わさって罪人をはさみ、骨肉をこなごなにして、山はまたもとにもどるという苦界」とあり、[25]『宝物集』には「衆合ノ石ハ身ヲ逼メヒシギケリ」とある。[26]

荘司が、地獄のなかでも、なぜ衆合地獄に墜ちたかといえば、身分違いの恋の妄執（＝淫欲）ゆえだろう。またもう一つ、別な理由も浮かんでくる。はじめ、女御の姿を一目見たいと思った荘司は、白河院に仕える人間に言われるがままに、

重い巌を持ち上げることを何度も試みる。その甲斐むなしく、巌を持ち上げることはできずに亡くなる。そして、衆合地獄に堕ちると、再び重い石が、今度は彼の身にせまり、押しつぶしてくるのである。このように《恋重荷》の主人公は、巌や石の重みに苦しむ人物として描かれるのである。

　持てない巌を持たされたことへの恨みにつづけて、その「重荷」は自身の「思ひ」（＝思いの火）であると述べる。そして、「火」の縁語「煙」から「浅間の煙」を導く。この表現の背後には、

○うらみてもしるしなけれどしなのな
　るあさまのやまのあさましや君
　（古今六帖・八九三）[27]

○いつとなくおもひにもゆる我身かな
　あさまの煙しめるよもなく
　（山家集・六九六）[28]

などの定型化された和歌表現の影響が推認される。

　さらに注目すべきは、ここに来て、荘司の態度が一変して、女御に「跡弔はばその恨みは、霜か雪か霰か、つひには跡も消えぬべしや」と述べる。こうして、山科の荘司は、女御に自身の菩提を弔うことを条件に、最後には葉守りの神となることを約束し、女御への「思ひ」を昇華させようとするのである。

　ところで、葉守りの神となる展開で想起されるのが、『庭訓之抄』や『神道関白流雑部』で、術婆伽が火の守護神になるくだりである。術婆伽と山科の荘司は、ともに悲恋に苦しむ主人公であるが、他者に弔われることを経て、守護神へとその姿を変容していくのである。ここに、恋の怨念が翻って、神を招くくだりになる例を確認できるのである。物語の終焉が、実にドラマチックに演出されているといえよう。

　ちなみに、大谷氏は「葉守りの神」について非常に興味深い指摘をなされている。[29]たとえば、『大和物語』六八段所収歌「柏木に葉守の神のましけるを知らでぞ折したゝりなさるな」以来、葉守りの神が「柏木」と深く結びつき「祟る」姿を顕わにしていると述べ、『源氏物語』柏木巻の、落ち葉宮と夕霧の贈答歌をあげている。また、『狭衣物語』において、芹摘み説話の影響がみられる一例に、狭衣が賀茂斎院となった源氏宮と出家した女二宮への思いを断てずに沈む場面でも、「葉守りの神」を和歌に詠んでいる。こうした用例を踏まえ、氏は「「恋の重荷」の「葉守の神」にも、柏木の物語が秘められていると考えるべきではないだろうか」と言及されている。

おわりに

　これまで、諸作品に引用された術婆伽説話の展開を確認してみた。術婆伽説話は、はじめ、恋の病を煩うも最後には欲によってその身を焼き、または胸を焦がしてしまうくだりとなっていた。仏教典

籍では、欲を戒めようとする点に重きがおかれていたが、『三教指帰注』や『宝物集』では、恋にまつわる例話を、必ずしも欲戒に対する戒めとして述べてはいなかった。とりわけ『宝物集』〈人道〉において、人が抱く様々な恋を病苦とみなしていることを確認した。さらに、『宝物集』の紺青鬼譚、唐房の法橋発心譚、術婆伽説話、『類雑集』の術婆伽説話において、恋を「欲心」と捉える場合と、「病」と捉える場合の二つの観点が示されていた。

一方、注釈書や能の作品では、叶わぬ恋をして、主人公に難題が課せられたことよりも、死後に霊となり、怨念や復讐の想いが語られることに重点がおかれていた。また、その怨念を僧侶や恋の相手に弔われることによって、怨念が消えて、恋の相手の守護神へと変容することも確認できた。具体的には、『古今和歌集灌頂口伝』では、僧侶の廻向によって、術婆伽が火の守護神に変化するくだりとなっていた。また、能《恋重荷》は、術婆伽説話と同様の構成となっている。恋の怨念により、鬼へと変化した主人公は、自身が弔われることを条件に、恋の相手を守る葉守りの神になることを誓うくだりとなっていることを確認した。

本話は、仏書、注釈書、文学作品と書き継がれるなかで、術婆伽が恋の病として苦しむ姿が描かれる作品もあれば、一方では、淫欲を戒める物語としても描かれている。

さらには、恋心が恨みへと変わってしまっても、「弔い」という行為を経ることで、恋人の守護神となることを約束する。こうした展開は、実にドラマチックで注目される特質といえよう。宗教から文学へ変容した説話と言ったらおおぎょうであろうか。

注

（1） 大正大学図書館所蔵、慶安四年版『類雑集』による。翻刻は『大正大学綜合仏教研究所年報』第四〇号（二〇一八年）六〇―六一頁。近世唱導文芸研究会「『類雑集』の出典その（1）――「術婆伽」説話を手がかりに」（『大正大学綜合仏教研究所年報』第四三号、二〇二一年）一―二三頁。なお、論述の都合上、一部、本稿と重複する内容があることをお断りする。

（2） 『大智度論』大正蔵二五巻、一六六頁a29～b23。

（3） 島内景二「「術婆伽」説話にみる受容と創造――フィクションの増殖」（『源氏物語の影響史』笠間書院、二〇〇〇年）三一〇頁。

（4） 『弘法大師空海全集』第六巻（筑摩書房、一九八四年）二二頁。

（5） 築島裕・小林芳規編『中山法華経寺蔵本三教指帰注総索引及び研究』（武蔵野書院、一九八〇年）一〇六―一〇七頁。

（6） 牧野淳司「后のスキャンダルをめぐる日本文学史――古代・中世を中心に」（『明治大学人文科学研究所紀要』七四号、二〇一四年）二三一―三八頁。『三教指帰注』における表記の特徴については、牧野氏などの指摘がある。

（7） 『大正蔵』五三巻一八七頁b3～27。

（8） 『大正蔵』六二巻一一八頁c11―一一九頁a5。

(9)『大正蔵』五三巻、八二八頁b10～13。『諸経要集』にある同文と比較し、私に訓点を付した。ちなみに『法苑珠林』巻第二十一には『大智度論』と同様の術婆伽説話も収載している。

(10) 山田昭全「『宝物集』の恋愛観——恋は病気か」（『山田昭全著作集』第二巻、おうふう、二〇一五年）三一五—三三三頁。

(11)『宝物集　閑居友　比良山古人霊託』新日本古典文学大系40（岩波書店、一九九三年）七六—八一頁。

(12) 前掲注11、八一—八二頁。

(13) 前掲注10。この一文の解釈については、既に山田氏の指摘があり、賛同したい。

(14) 前掲注11、二二一—二二三頁。

(15) 牧野和夫『中世の説話と学問』（和泉書院、一九九一年）一八〇—一八一頁。

(16) 石田瑞麿『例文仏教語大辞典』小学館、一九九七年）「五蓋」の項参照。

(17)『大谷大学図書館蔵『三教指帰注集』の研究』（大谷大学、一九九二年）五四—五六頁。

(18) 竹岡正夫『伊勢物語全評釈古注釈十一種集成』（右文書院、一九八七年）。片桐洋一・山本登朗『伊勢物語古注釈大成』第一巻～第六巻（笠間書院）などを参照した。また、『大和物語』一四九段の「胸の思いで鋺の水がたぎる」については、今井源衛氏（『大和物語評釈』下巻、笠間書院、二〇〇〇年、二二三—二三三頁）の指摘がある。ちなみに、『蜻蛉日記』八九段に「思ひせく胸のほむらはつれなくて涙をわかす物にざりける」（上村悦子『蜻蛉日記解釈大成』第四巻、明治書院、一九八八年、四七一頁）とあるように、酷似する表現が『大和物語』『蜻蛉日記』『類雑集』に認められる。この点については、現在拙論を執筆中であり、機会を見つけて報告したい。

(19) 大谷節子「恋の奴の系譜——説話と能1」（『世阿弥の中世』岩波書店、二〇〇七年）。

(20) 鈴木元「中世和歌の一環境」（『和歌解釈のパラダイム』笠間書院、一九九八年）。同「和歌と連歌——火伏の口伝をめぐって」（『国文学　解釈と教材の研究』四五巻五号、二〇〇〇年）。

(21) 黒田彰子「三教指帰注は和歌童蒙抄の依拠資料か」（『愛知文教大学比較文化研究』九、二〇〇八年）九三—一〇六頁。和歌の出典は『古今和歌集六帖』第四「こひ」一九九三「こひこひにひとこひこひにこひしなばもえんほのほもこひのかやせん」である。

(22) 横道萬里雄・表章校注『謡曲集』上、日本古典文学大系四〇（岩波書店、一九六〇年）三二四—三三〇頁。表章「〈恋重荷〉の歴史的研究」（『能楽史新考』二、一九八六年、わんや書店）一七三—二〇八頁。

(23) 前掲注22、三三〇頁。

(24) 前掲注22『謡曲集』上、四〇一頁。

(25)『日本国語大辞典』（第二版）第六巻（小学館、二〇〇一年）「石割地獄」の項参照。

(26) 山田昭全・大場朗・森晴彦編『宝物集』（おうふう、一九九五年）九〇頁。

(27)『古今和歌六帖』（上）和歌文学大系四五（明治書院、二〇一八年）一四五頁。

(28)『山家集　聞書集　残集』和歌文学大系二一（明治書院、二〇〇三年）一二六頁。

(29) 大谷氏前掲注19に同じ、一二二—一二四頁。

◎コラム◎

『江口本聞書』――初期の謡曲注釈書とその伝来

高橋悠介

著者略歴は第Ⅰ章論文「能《巻絹》に描かれた熊野の神仏」を参照。

はじめに

近世には、謡曲注釈書が次々と成立した。それらの中でも、まとまった曲数に対する大部な注釈は、文禄四年（一五九五）に豊臣秀次が編纂を命じた『謡抄』に始まるが、その少し前の謡曲注釈の様子を示すものに、『江口本聞書』という架蔵本がある。能《江口》後半部分に関する注釈を記した写本で、和歌研究者・有吉保氏（一九二七～二〇一九）の旧蔵書である。新潮日本古典集成『謡曲集 上』（一九八三年）の「解説 謡曲の展望のために」に、

「謡いの流行に伴って、謡曲の語義についての関心がたかまってくるのは自然のなりゆきであろう。（中略）室町期謡本の中には、行間や欄外余白に仮名書き本文に対応する漢字が傍記されている例が見受けられるが、それは語義注釈の一型態であると言えよう。そのような関心の中で、謡曲一番の注が企図されて不思議はなく、天正十九年（一五九一）写の『江口本聞書』（有吉保氏蔵）にその一例を見ることができる。」

として、伊藤正義氏が言及している。有吉氏は蔵書家としても知られ、同氏の『中世文学史』（有斐閣、一九七八年）一五四頁に「『江口本聞書』天正十九年写、現存最古の注釈書」として内題を含む巻首の写真が掲載されているが、内容については特に言及されていない。僧侶による謡曲注釈という点でも興味深いことから、ここに概要と伝来について紹介したい。

一、『江口本聞書』の書誌

本書には、《江口》後場のクリ「それ十二因縁の流転は」以降、終曲部までの注釈が書かれている。まず、書誌を示し

ておく。

江口本聞書　　　　半紙本　一冊

闕名者撰

天正十九年（一五九一）八月写

袋綴。原表紙にあたる本文共紙表紙を、後補の斜刷毛目表紙（檀紙）で覆う。共紙表紙（二四・六×一七・三糎）左上に「江口貫註」と外題を墨書、右上に別筆で「六」とあり。後補表紙には外題等なし。表紙を除いて全二十八丁（内、前遊紙一丁）。内題「江口本聞書」。

本文は、無辺無界、毎半葉六行、字面約二一・五×一四・〇糎。朱で△点を打ち、計五十一の立項語句を挙げ、それぞれ行頭を一字下げて注を記す。本文は主として漢文（擬漢文）で、返点、振仮名・送仮名、連合符を付すほか、朱の区切点、朱引きを施す。注の中の一部の語に対しても、傍に語義注を書き入れている。

末尾に次の奥書がある。書写奥書とみて良いだろう。

五遇《ワレタマ〳〵》従《ヨリ》二石-州一来《テ》而見《ルニ》二江-
口《ノ》本《ノ》貫註《クワンチウヲ》一、文-字《ノ》置《ヲキ》-処《トコロ》、如《ク》
二耳《ミヽ》与《ト》レ鼻《トノハナ》、手跡《シユセキノ》飛《トフ》-処《トコロ》、肖二猫《ネコ》
兼《トヽニ》レ梟《フクロウカルカユヘニ》、故調《ソロヘ》二真字之点《マナノテンクワクヲ》畫一、
格《タヾス》二假字之開合《カナノカイカウヲ》一、此《ノ》-書逢《アウテ》
迦谷《カコクニ》一而卞和玉如《シカモヘンクワガタマノ》レ得《ウルガ》レ價《アタイヲ》、
本主獲《ホンシユエテ》二時代《シタイヲ》一、以蘇武翰《テソブカフデ》
似《タリ》レ帰《カエル》レ漢《ニカンニ》矣、咲《ワロウラクハ》是《コレ》、假字《カナ》真
字之文字《マナノモンジ》、二行相並焉《ニカウニアイナラブコトヲ》、

天正十九八月　二日

振仮名・送仮名を尊重する形で読み下すと、以下のようになろう。

「[吾]遇《たまたま》、石州従《よ》り来りて、江口の本の貫註を見るに、文字の置き処、耳と鼻との如く、手跡の飛ぶ処、猫と梟兼《と》に肖《に》たり。故に、真字之点画を調《そろ》へ、仮字《かな》之開合を格《ただ》す。此の書、迦谷に逢うて而も卞和《べんか》が玉、価《あたい》を得るが如く、本主、時代を獲て以て蘇武が翰《ふで》、漢に帰るに似たり。咲《わろ》うらくは是、仮字《かな》・真字《まな》之文字、二行に相並ぶことを。

天正十九八月　二日」

この奥書によれば、石州（石見国）出身者が、能《江口》に対する貫註を見て校訂を加え、天正十九年八月二日に書写した本ということになる。あるいは、そうした体裁を取っているだけで、実は書写者が撰者である可能性も、一応は考えておくべきかもしれない。貫註は、一曲を通しての注の意であろうが、実際は《江口》後場のクリ以降、終曲部までの語句に対する注をまとめた内容である。巻頭近くに「十-二因《イン》-縁者《エントハ》、別-紙二有レ之」として「別紙」に言及することからすると、本来はこれだけで完結するものではなかったようである。

耳と鼻、猫と梟、といった譬えが難しいが、続く文脈から考えると、元の写本の漢字の点画や、振仮名・送仮名の開合が乱れていた様子を喩えたものであろう

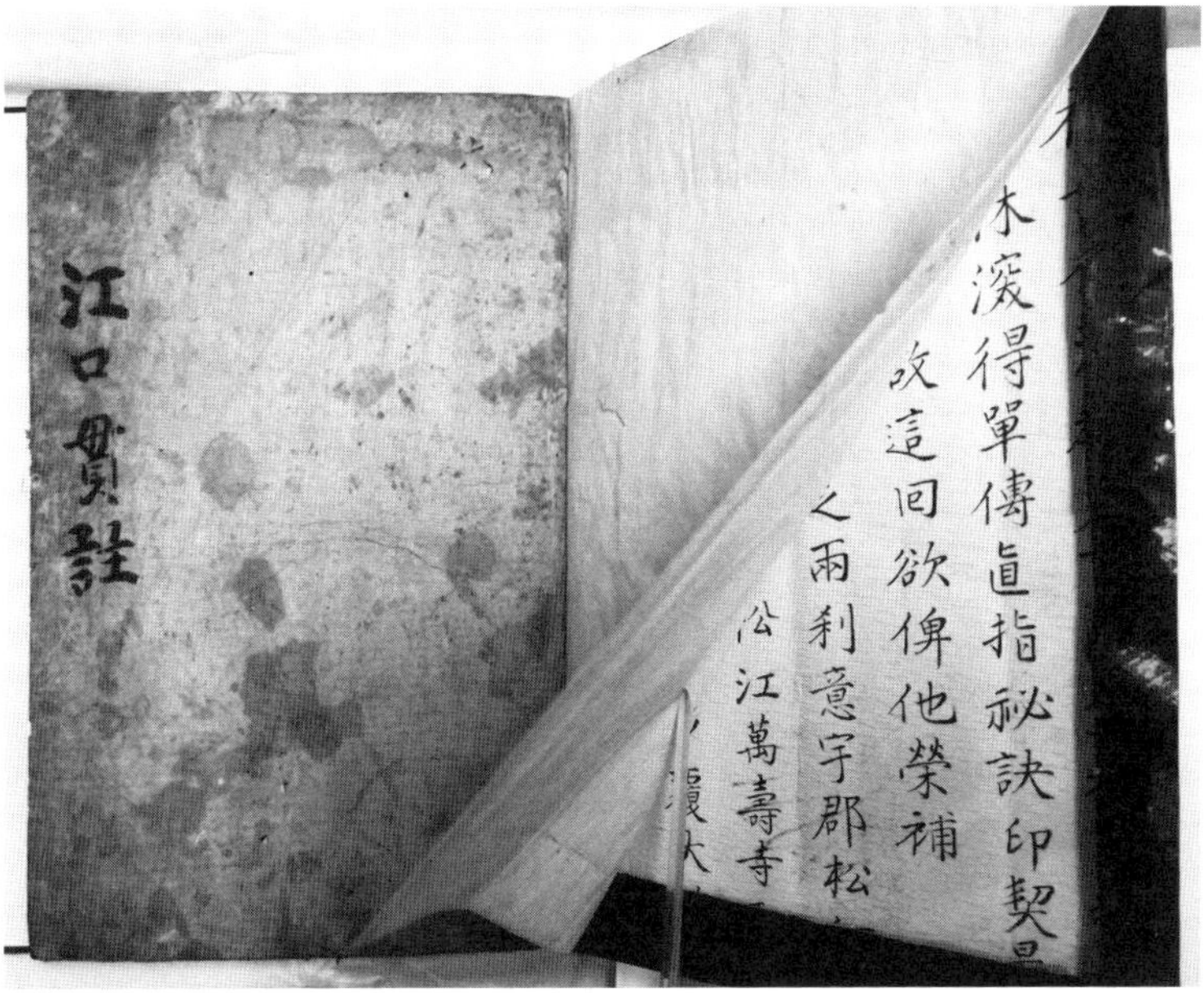

図1　『江口本聞書』原表紙（左）と後補表紙（右）

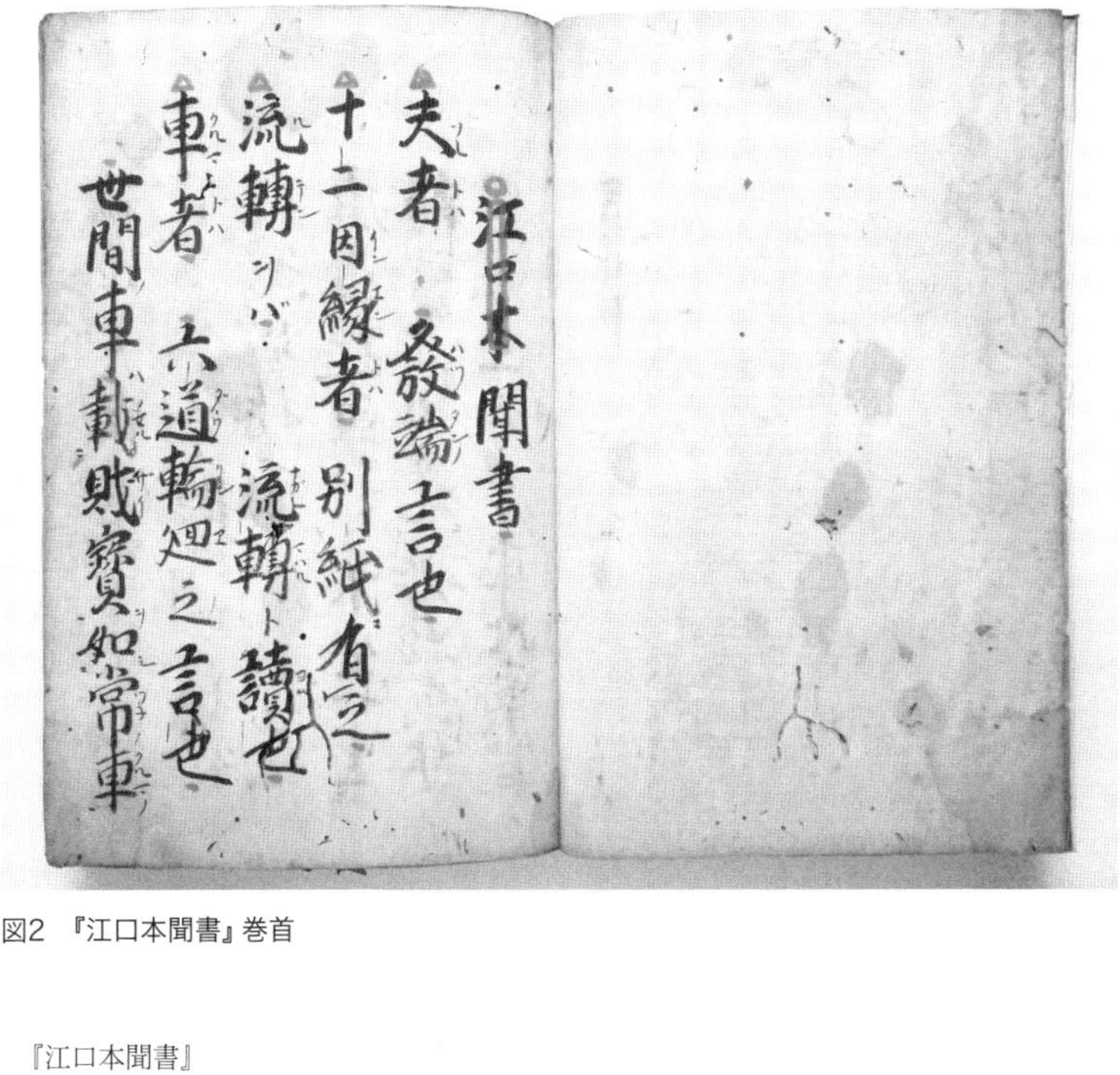
江口本聞書
夫者発端言也
十二因縁者別紙有之
流轉ヨリバ流轉ト讀也
車者六道輪廻之言也
世間車載財寶如常車

図2　『江口本聞書』巻首

か。卞和の話は、楚国の卞和が山中で玉を得て、二代にわたって王に献上したもののの、いずれもただの石とみなされ足斬りの刑を受けたが、三代目の王の時に宝玉であることがわかったというものである。『韓非子』和氏第十三に源流があるが、卞和という名で記される『蒙求』「卞和泣玉」を通して流布した面があり、日本でも『俊頼髄脳』下、『今昔物語集』巻第十、『太平記』巻第二十六「廉頗藺相如事」など、諸書に引用されている。「迦谷」の意は不詳だが、ここで卞和の玉は、一見そのようには見えないながらも、真に価値あるものが見出されたことの譬えとして引かれているのであろう。

また、蘇武の話は、能の《砧》《花筐》などにも引かれている。『漢書』では、匈奴に囚われた蘇武を漢に戻すために、「蘇武が雁の足に付けた文が、前漢の昭帝のもとに届いた」と匈奴に対し嘘をついたことになっているが、『平家物語』巻第二などでは、実際に蘇武が漢王に届くよう雁の翅に文を結び付けた話になっており、この奥書でもそうした文脈で「蘇武が翰《ふで》、漢に帰る」と書いているようだ。蘇武が匈奴に赴いたのは前漢の武帝の時代だが、漢に戻ったのは昭帝の時代であり、時宜を得て、求めていた本書に出会ったという含意があろうか。「仮字・真字之文字、二行に相並ぶ」というのは、多くの漢字に振仮名・送仮名を付した、本書の書記形態を示したものだろう。

二、『江口本聞書』の伝来

本書には、特に蔵書印等はないが、伝来を考える上で特に手がかりになるのは、後補の斜刷毛目表紙の裏側にみえる次の記事である。(1) 見返しの料紙（原表紙とは別）が貼り付いて、隠れていた部分にあたる。前表紙と後表紙、それぞれの裏に同筆の記事があり、同一の史料と判断したが、両者の間には中欠部分があるかもしれない。

前席拙菴材座元
右件禪士、蚤游敎苑、玄解純粹圓頓妙宗、
遍歴禪林、深得單傳直指祕訣、印契最核、
法臘亦鴻、是故這回、欲俾他榮補
本山分座職、本國之兩刹、意宇郡松江圓
成寺顒宗孚公、島根郡松江萬壽寺聖道
養公、推挽貢擧同状列署、而申覆大雄院、
以爲保明焉、敢請、上來之意緒、陳白
堂頭大和尚　東堂諸大和尚、洎諸立禪、
俯垂允容、得蒙登庸、則慶幸、無以加焉、
（以上、前表紙の裏。以下、後表紙の裏）
懷不任霓望之至、欽錄啓白、伏聽
嚴旨、
玉室
慈温（花押）
寛政七乙卯歳九月十九日
拝狀
東海菴塔主禪師

（読み下し）
前席拙菴材座元

右、件の禅士、蚤《つと》に教苑に遊び、玄く純粋円頓の妙宗を解す。遍く禅林を歴て、深く単伝直指の秘訣を得たり。印契、最も核にして、法臘、亦鴻し。是の故に、這回《しゃかい》、他《かれ》をして本山分座職に栄補せ俾《し》めんと欲す。本国之両刹、意宇《おう》郡松江円成寺・顒宗孚公、島根郡松江萬壽寺・聖道養公、推挽貢挙し、同状に列署して、大雄院に申覆す。以て明を保たんが為なり。敢へて請ふらくは、上来之意緒、堂頭《どうちょう》大和尚、東堂諸大和尚、洎《およ》び諸立禅に陳白し、俯して允容《いんよう》を垂れ、登庸を蒙ることを得ば、則ち慶幸、以て焉《これ》に加ふること無し。（以下、後表紙の裏）懐ひ、霓望《げいもう》之至りに任せず、欽録啓白す、伏して厳旨を聴かん。

玉室

慈温（花押）

寛政七乙卯歳九月十九日

拝状

東海菴塔主禅師

これは、妙心寺東海庵に対して、拙菴□〔全〕材という僧を「本山分座職」に推挙する寛政七年（一七九五）の吹嘘状であり、[2] その裏に渋で刷毛目模様を付け、後補表紙に転用している。表紙自体は縦二四・六糎だが、上下に折り込んでいる部分があり、折り込み部分の上が縦四・〇糎、下が縦二・六糎あるので、元の料紙は、縦三一・二糎程の檀紙である。本史料の参考として、堀川貴司氏より、寛文十年（一六七〇）と延宝七年（一六七九）の妙心寺派の吹嘘状を見せていただいた（前者は霊雲院塔主禅師宛、後者は東海塔主禅師宛）。時代も隔たるため、異なる点もあるものの、最初に役職に推挙される当人の経歴を示した上で、推挙する僧の連署について記し、就任を願う形式は、おおよそ共通している。

拙菴□〔全〕材の名の下に付いている「座元」は、禅院における修行者中の首席にあたる首座《しゅそ》と同じ意である。「本山分座職」が何の役職を指すか解釈が難しいが、この吹嘘状によれば、出雲国意宇《おう》郡松江の円成寺の顒宗□〔宗〕孚と、島根郡松江の万寿寺の聖道□〔祖〕養が、本山に対して拙菴□〔全〕材を推挙し、妙心寺大雄院を通して申請している。そして、以上の趣を堂頭（住持）、東堂（前住持）以下に申し上げ、了承して取り立てていただけるならば幸いであるとして、妙心寺東海庵（東海派の本庵）に伺いを立てている。

円成寺も万寿寺も、出雲の臨済宗妙心寺派の有力寺院であった。[3] 両寺は「本国両刹」と称されており、拙菴□〔全〕材も出雲国の禅僧とみてよいだろう。妙心寺の塔頭は大きく四派（龍泉派・東海派・霊雲派・聖沢派）に分かれるが、東海庵は東海派を統轄する本庵である。[4] 大雄院も妙心寺の塔頭で、本山側でこの人事に関わったものとみられる。差出人の慈温については不詳だが、大雄院は円成寺・万寿寺やその末寺の妙心寺における宿坊とされており、東海派に属する。

円成寺は、松江藩主の堀尾氏所縁の寺

院で松江市栄町にあるが、当初は現在の天倫寺（松江市堂形町）の地にあって瑞応寺と号した。日本歴史地名大系によれば、「慶長一六年（一六一一）堀尾吉晴はこの地に龍翔山瑞応寺を建立し、旧領遠江浜松（中略）から春龍を招いて開山とした。同寺は堀尾氏の菩提寺で堀尾忠晴もここに葬られたが、堀尾氏に代わって入国した京極忠高によって宍道湖の東岸、春龍の別荘臨江亭のあった場所に移され、忠晴の法号（中略）をとって円成寺と改号した」という。(5)

また、万寿寺は現在の松江市奥谷町にあるが、元は「堀尾吉晴の時代に竜関が瑞応寺（中略）の山内に結んだ小庵で、長寿庵と称した。寛永一八年（一六四一）現在地に移して竜関を中興開山として長寿寺と改め、元文二年（一七三七）現寺号に改めた」という。(6)

吹嘘状の「拙菴材」の「材」の字には虫損部分があり、「林」にも見える。ただし、出雲国神門郡比布智神社の春日春叔が江戸末期に撰述した『雲陽人物誌』の第十二丁裏に、「拙庵」として「楯縫郡國富興國寺の住職、雪丹とも書く、又全材とも云、道徳あり、詩を賦す」という記事があり、(7)『雲陽人物誌』は「拙庵全材」という僧について述べたものとみられる。ここにいう「興國寺」は康国寺（現、出雲市国富町）で、妙心寺派に属する。寺伝によれば、もとは孤峰覚明（一二七一～一三六一）が建立したといい、同じく覚明開山の能義郡の雲樹寺と共に、出雲地域に建立された初期の禅寺とされる。(8)

出雲国・報恩寺（日蓮宗）の住職で出雲三詩僧の一人に数えられる日謙（一七四六～一八二九）の詩集『聴松庵詩鈔』巻五（文政九年正月刊）にみえる、「遊二康国寺一雷雨暴至賦呈二拙庵和尚一」と題した詩は、『雲陽人物誌』にいう拙庵に対して呈したものと考えられる。日謙と同時代の僧とすれば、寛政七年（一七九五）という吹嘘状の年記と照らしても不都合はない。また、白隠慧鶴（一六八六～一七六九）が宝暦七年（一七五七）、信州伊奈郡の西岸寺（長野県上伊那郡飯島町）で仏祖三経会を開いた際に集まった百四十九人の中に「雲州楯縫康国寺環翁徒全材」と名がみえるのも、拙庵全材であろう（西岸寺蔵『仏祖三経会名員』）。(9)もし、吹嘘状が康国寺の拙庵全材のために書かれたとすれば、近い地域の妙心寺派寺院の僧が推挙しているのも自然である。

さて、この吹嘘状が出雲の禅僧ゆかりのものとすると、それは『江口本聞書』の書写者が出雲に隣り合う石州の出身とされていることと無関係ではないだろう。吹嘘状の宛所は妙心寺東海庵であり、本山に残るものならば、出雲の妙心寺派の禅僧が宿坊とする大雄院のような塔頭にあって、そこに伝来していた『江口本聞書』の表紙に転用された可能性が考えられる。また、もし吹嘘状が東海庵から最終的に本人（拙庵）のもとに届くのならば、康国寺、あるいはその周辺の妙心寺派寺院に伝わり、そこに伝来していた『江口本聞書』の表紙に転用されたとも考えられる。いずれにしても出雲に関わる妙心寺派寺院に伝来したことが推測される。

三、『江口本聞書』における謡曲本文の文体・表記

　本書では、能《江口》の本文を引用し「〜者《トハ》」とした後、それに対して注を付していく形式を取っている。ただし、その本文は、謡曲を漢文に擬した文体に書き換えているという特色がある。例えば、《江口》クセの「地およそ心なき草木、情ある人倫、いづれあはれを逃がるべき、かくは思ひ知りながら、シテある時は色に染み[10]」の箇所であれば、

「凡《ヲヨソ》非《ナキ》レ情《コヽロ》草木《サウモク》、有《アル》レ情《ナサケ》人倫《ジンリン》、何《イツレ》可《ヘキ》レ遁《ノカル》レ哀《アワレヲ》、斯乍《カクワ》二思知《ヲモイシリ》一、或《アル》‐時《トキハ》染《ソミ》色者《イロニトハ》」

として注を付す。謡うための本であるならば、このような文体はほぼあり得ない。室町後期の謡本写本の多くは、漢字平仮名交じり文であり、中には漢字片仮名交じり文の謡本の例もあるが、いずれも漢字の比率は低い。それをこのような文体に置き換えたと考えられる。

　こうした文体について想起されるのは、これもまた《江口》に関連して、一休が禅竹に与えたという墨跡の伝承で、観世文庫や般若窟文庫（金春家旧蔵）などに近世写本が伝わっている。それは、《江口》クセの、先程引用した部分に続く

「シテある時は色に染み、貪着の思ひ浅からず、地またある時は声を聞き、愛執の心いと深し、心に思ひ口に言ふ、妄ぜつの縁となるものを、げにや皆人は、六塵の境に迷ひ、六根の罪を作ることも、見る事聞く事に、迷ふ心なるべし」

を漢字表記した上で[11]、これに対し七言絶句（『狂雲集』に「題江口美人勾欄曲」として収められる七言絶句）を加えて、応仁二年二月に一休が禅竹に与えたことを記すものである。観世文庫には大徳寺二一八世・徳峰宗古（宝永二年没）による写本を軸装したものがあり、また般若窟文庫には、次のように振仮名が付された江戸中期の写本が伝わっている[12]。

「有《ル》‐時《ハ》染《ミ》レ色《ニ》、貪《トン》‐着《ヂヤクノ》思《ヒ》不レ染《ミ》浅《アサカラ》、又《タ》有‐時《ハ》聞《キヽ》レ声《ヘヲ》、愛《アイ》‐執《シウノ》心《ロ》弥《イト》‐深《フカキ》、心《ロニ》‐思《ヲモヒ》‐口《チニ》‐云《イフ》、妄《モウ》‐染《セン》縁《ノエン》ト成《ナ》ル者《モノヲ》、現也《ケニヤ》皆《ナ》人《ハ》六‐塵境《ノキヤウ》ニ迷《マヨヒ》、作《ツクルコトモ》二六‐根罪《ノツミヲ》一、見《ミル》‐事聞《キク》‐事《ニ》、迷《マヨフ》心《ロ》可《ヘシ》レ有《アル》之」

　以上を「金春遊客江口ノ歌」として示した上で七言絶句を挙げ、一休が薪の酬恩庵で禅竹に与えたことを示すのだが、『江口本聞書』での本文引用と同様の文体と言ってよい。

　般若窟文庫の元禄九年（一六九六）の

東海寺天倫宗忽以下五名連署状によれば、この一休の墨跡は、金春家から織田有楽斎（長益、一五四七～一六二一）の手に渡り、織田長根の代まで同家に伝わっていたという。この墨跡の伝承を検討した伊藤正義氏は、「宗沅（稿者注、禅竹の

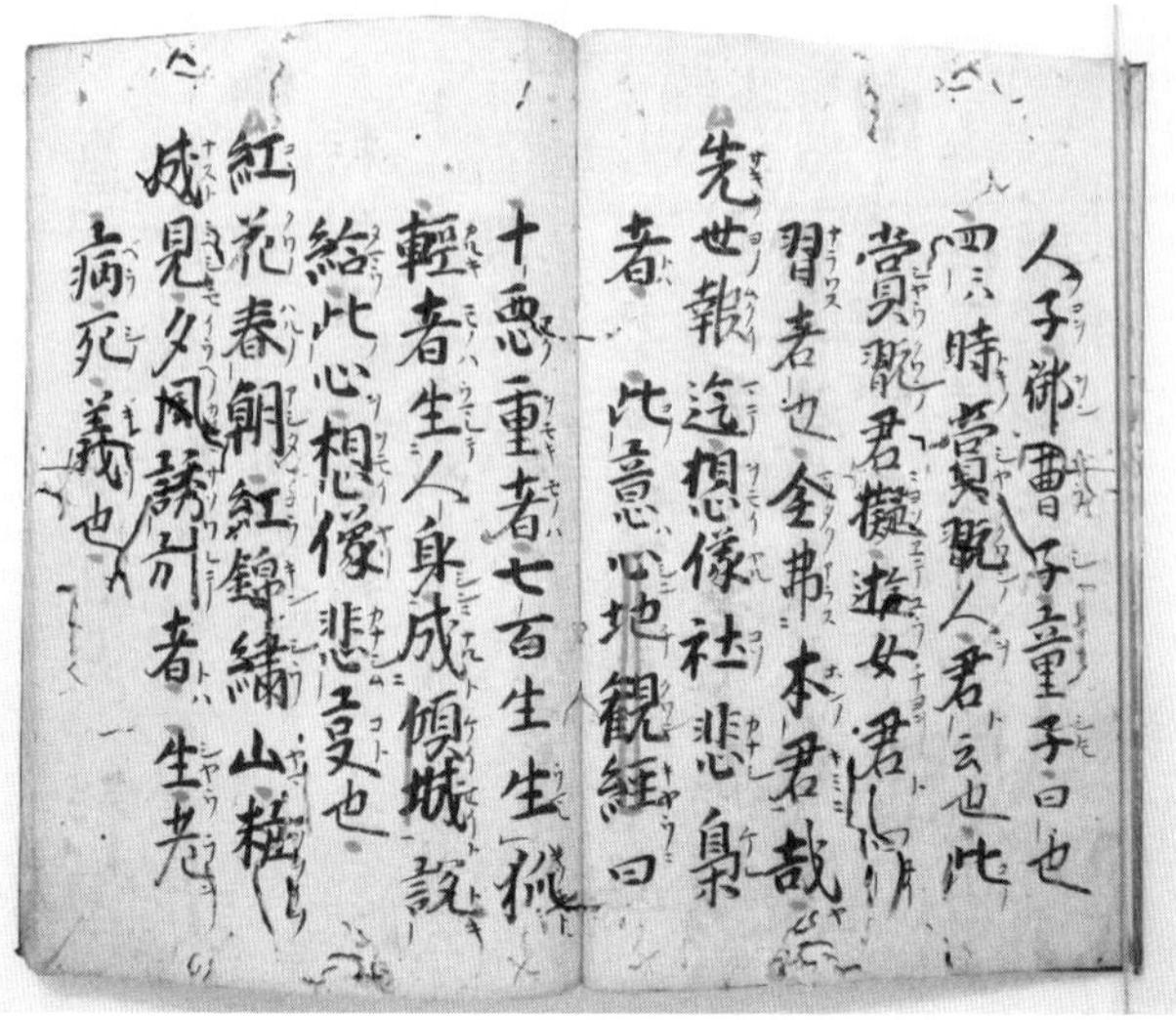

図3　『江口本聞書』本文（10丁裏・11丁表）

『六輪一露之記』に跋文を寄せた禅僧・南江宗沅）をはじめとする自筆本が金春家に伝えられて、流出することが極めて稀であったことを考えると、一休の場合は世の需用が高かったにしても、禅竹の名を記した真跡が早く流出したということも、その存在自体が疑えば疑わしいといい得よう」と位置づけている。(13) ただし、小堀遠州の関わった茶会の道具立て・献立などの記録を集めた『遠州侯会記写』(14)（〔江戸後期〕写）には、正保三年（一六四六）二月に大和戒重藩主・織田長政（有楽斎の四男、一五八七～一六七〇）のもとで開かれた茶会に、この墨跡を掛けたことが記されており、この一休伝承を持つ墨跡を、長政の父である有楽斎が有していた蓋然性はあろう。そうだとすれば、室町末期から江戸初期にかけての、能の詞章を漢字で表記する例となり、一休という禅僧に関わる伝承を持つ点も含めて注目される。

『江口本聞書』での本文引用が、なぜこうした文体・表記を取ったのかという理由については、仮名書きの謡本において語義が明確でない語句を、漢字表記によって明示するというだけではないだろう。寺院における学問的な享受に対応して、漢文による経典等の注釈に準じた文体になったという面が大きいのではないか。これは次章で述べるように、僧侶による注釈と考えられる点をふまえてのことである。『謡抄』にも、返読を要する漢文式の本文表記が多少混じっており、注釈担当者の習慣的用法と考えられているが、同様の事情が考えられる。

四、『江口本聞書』の特色と撰者像

本書はどのような人物によって作られたのだろうか。

内容は、謡曲中の個別の語句の語義に関する注が中心であり、この点では『謡抄』とも共通する性格がうかがえる。「流転《ルテン》ヲバ、流《ナガレ》転《マハル》ト読《ヨム》也」とか「顛倒《テンタウ》者《トハ》、迷《マヨイ》タヲル、ト読《ヨム》ナリ」といったように、熟語の訓によって解釈を示す注もある。一方で、《江口》クセの「翠帳紅閨に枕を並べし妹背」を、玄宗皇帝の后、楊貴妃を指すとするとか、性空上人も普賢の化身とするなど、謡曲本文からは少し踏み込んだ解釈もみえる。

《江口》の場合、現代の注釈ならば『十訓抄』や『古事談』の性空説話を参考に挙げるところだが、それらの説話集は引かれておらず、個別の語義注に徹している。その語義注の内容には、仏教色が強い。仏教語として注が付いている例としては、十二因縁・人中・天上・善果（「前果」とも両様の表記あり）・迷妄・解脱・三途・八難・患・罪業・色・貪着・愛執・六塵・六根・実相・無漏・随縁真如といった語（もしくは語を含む句）がある。「車」や「大海」など、仏教語ではなくても《江口》の中で仏教的な文脈で使われている語にも、仏教的な注が付されている。また、注の中に書名が明示される引用書目には、「法花（経）」（「法花普賢品」「法花壽量品」も）「倶舎」「心地観経」「大日経」「阿含経」「秘鍵（般若心経秘鍵）」「普賢経」などの経典名が確認できる。必ずしも仏教語とは言えない語句に対しても、仏教的な文脈からの注が付されていることや、「実相無漏」の「実相」に関する注の中に「大日経𑖀𑖪𑖽𑖮𑖳𑖽（阿鑁吽）三字実相云也」として梵字がみえることなどからしても、僧侶によって作られた注釈と推測される。

先述した本書の伝来からすると、禅僧による注釈であった可能性もありそうだが、内容面では若干、天台に関わる要素が目に付く。具体的には、円頓戒への言及や、『摩訶止観』に基づく引用、智顗（五三八〜五九七）や湛然（天台宗第六祖、七一一〜七八二）による釈とされる引用記事が注目される。

《江口》では、序ノ舞の後に「面白や実相無漏の大海に、五塵六欲の風は吹かねども、随縁真如の波の立たぬ日もなし」という性空説話の核となる和歌が引かれる。その「随縁真如」に関する注の中では、

「（前略）以《テ》二此《コノ》実《ヂツ》-相《サウノ》心《ヲ》一、越《コスヲ》二佛-心《ノ》一源《ミナモトニ》一云-也。天台《タイニハ》立《タテ》二帰-命《キミヤウト》一、真言《シンゴンニハ》立《タツル》二入《ニウ》-我々《ガカ》入《ニウト》一也。天台《タイノ》法花禅定《ゼンテウ》、真言秘経三密《ノヒキヤウサンミツ》、此真如《コノシンニヨノ》中有《ナカニアリ》。」

というように、天台と真言のあり方を対比するような記事があり、これだけではどちらに重きがあるのかわからないが、全体としては天台や法華経に関わる記事が比較的多い。まず、サシの「人中天上の善果」に関する注の中に

「持《タモツテハ》二五戒《カイヲ》一生《ウマル、》二人-中王《ノト》一也、

持《テハ》十戒、生《ル》天人《ト》也、持《テハ》大乗圓頓戒《ヲ》、成《ナル》佛《ト》也。」

として、大乗円頓戒にふれる記事がある。日本最古の戒律注釈書とされる東大寺僧・法進（鑑真の弟子）の『沙弥十戒並威儀経疏』巻三（七六一年）に「三帰五戒、不失人身。八戒十善、得生天上。（中略）若受菩薩戒者、最勝妙得成仏果」とあり、(15)類似した思想とみることもできそうだが、『江口本聞書』では「大乗円頓戒」という名称が使われている。また、先程の和歌の「実相」に関する注の中に、

「法花《ニハ》諸《シヨ》法實《ホウヂツ》相《サウ》、天台《タイニハ》万法実相《ト》、釈給《シヤクシタマウ》。同圓頓者《クヱンドンシヤニハ》、純一實相《ジユンイチヂツサウト》。又《マタ》曰《イワク》、實相外更無《ノホカサラニ》別法《シヘツ》云々。」

とある。これは智顗の口述を弟子の章安灌頂がまとめた『摩訶止観』の序に「円頓者、初縁実相（中略）純一実相、実相外、更無別法」(16)という記事に基づく注であろう。日本天台においては、この「円頓者」から始まる部分に、湛然の『摩訶止観輔行伝弘決』の中の六句を合わせた形の『円頓章』も成立しており、(17)『円頓章』が媒介となっている可能性も考えられる。

《江口》の終曲部で、江口の君が普賢菩薩となり、乗っていた舟が白象となる場面の「白象」については、

「白象者《ビヤクザウハ》、普賢乗物也《フケンノノリモノ》。天台釈《テンタイシヤクニ》云《イワク》、法花文字《ホツケノモンジニ》、白象文字義《ヒヤクザウモンジノキハ》普賢《フゲント》釈《シヤクセリ》。」

と「天台釈」を持ち出す。これは天台大師・智顗の釈ということではなく、天台系の釈という程の広い意味かもしれない。加えて、智顗や妙楽大師・湛然によるとされる釈が、次のように引かれている。

「別路嵐吹者《ワカレシモアラシフクトハ》、指《サス》生者必滅《シヤウジヤヒツメツヲ》也。天台《タイニハ》、會者定離《ヱシヤテウリト》釈給《シヤクシタマウ》。嵐吹者《アラシフクトハ》、臨《リン》老来《ラウライノ》気也《イキサシナリ》。妙楽大師《シ》者《ハ》、臨終気《ジフノイキト》釈給《シヤクシタマウ》。同前也。」

「白妙者《シロタヱトハ》、無垢処《ムクショ》也、妙楽《ラク》大師《シハ》、蓮花臺《レンゲタイト》釈給《シヤクシタマウ》。天台大《タイ》師《シハ》、清浄堅固《シヤウケンゴト》釈給也《シヤクシタマウナリ》。」

《江口》は天台僧の性空の説話に基づく能なので、その注釈に天台系の要素がみえるのは対象に応じた方法として多少、割り引いて考える必要もある。そうだとしても、「白妙」に関する注などは性空とは直接に関わらないもので、そうしたところに智顗や湛然の釈とされる記事が大師号を伴って引かれる点は、本書の性格を考える上で無視できない。こうした点からは、天台僧による謡曲注釈である可能性が第一に考えられようか。ただし、決定的な証拠とまでは言えず、推測である。

おわりに

以上、みてきたように、『江口本聞書』は、天正年間の終わり頃に、僧侶によって行われた謡曲の注釈の実態を伝えるもので、『謡抄』が編まれる前夜の、寺院圏における謡曲への関心を物語る。伊藤正義氏は、『謡抄』の伝本に寺院関係の旧蔵本が少なくないことや、『謡抄』の仏教事典的性格に注目し、「その内容は専門的仏教事典と云うよりは、むしろ啓蒙的説明であり、その点での実用性ということになれば、これは法話・説教のための参考書としての意味を持つのではあるまいか」と考察している。[18] また、「仏教的講説を主体に謡曲が講ぜられた例」として、謡曲注釈書『法音抄』にうかがえる、天台僧・恵空の謡曲による「談話」も挙げている。

『江口本聞書』の注は、『謡抄』より一層、仏教語解説の比重が高く、またその内容も啓蒙的説明という面が強い。明証は得られないものの、俗人を対象にした説教において、世上に流布している謡曲を引くことにより、仏教の基礎的な概念をわかりやすく伝えることがあったとすれば、本書がその参考に使われた可能性も考えられるだろう。

注

（1） 原文の異体字は通行の字体に改め、読点を補った。一部に虫損や欠損があり、残画から推測した字もある（「俯」とした字は、表紙隅の切り詰められている部分にあたり、「府」の部分しかない）。

（2） 本史料の性格については、堀川貴司氏・芳澤元氏からもご教示いただいた。とりわけ吹嘘状と位置づけたことについては、堀川氏より妙心寺派の吹嘘状の実例と共に、ご教示いただいたことによる面が大きく、ここに感謝申し上げる。法諱については『正法山妙心禅寺宗派図』（妙心寺派宗務本所、一九七七年）参照。

（3） 以下、『松江市史 通史編4 近世Ⅱ』（松江市、二〇二〇年）第八章参照。円成寺は意宇郡の慈恩寺・明国寺・清巌寺などを末寺に抱え、万寿寺は島根郡水浦の観潮寺や秋鹿郡古浦の海禅寺を末寺に抱える。

（4） 妙心寺の歴史については、川上孤山『増補妙心寺史』（一九七五年、思文閣出版）、荻須純道『妙心寺』（東洋文化社、一九七七年）等参照。

（5） 『日本歴史地名大系 島根県の地名』（平凡社、一九九五年）「天倫寺」項。享保二年（一七一七）に完成した出雲地方の地誌『雲陽誌』も合わせて参照。

（6） 注5前掲『島根県の地名』「奥谷村」項。

（7） 島根大学桑原文庫蔵。島根大学附属図書館デジタル・アーカイブの画像に拠った。

（8） 『平田市誌』（平田市教育委員会、一九六九年）二二八頁。

（9） 芳澤勝弘『新編・白隠禅師年譜』（禅文化研究所、二〇一六年）三八五頁。

（10） 《江口》の引用は、日本古典文学大系『謡曲集上』（岩波書店、一九六〇年）に拠った。

（11） 《江口》の謡本写本では、このクセに関しては、マウゼツかマウゼンで表記が揺れる箇所があるが、『江口本聞書』では「妄舌」を宛て、後述する般若窟文庫蔵の伝一休の墨跡の写しでは「妄染」を宛てている。

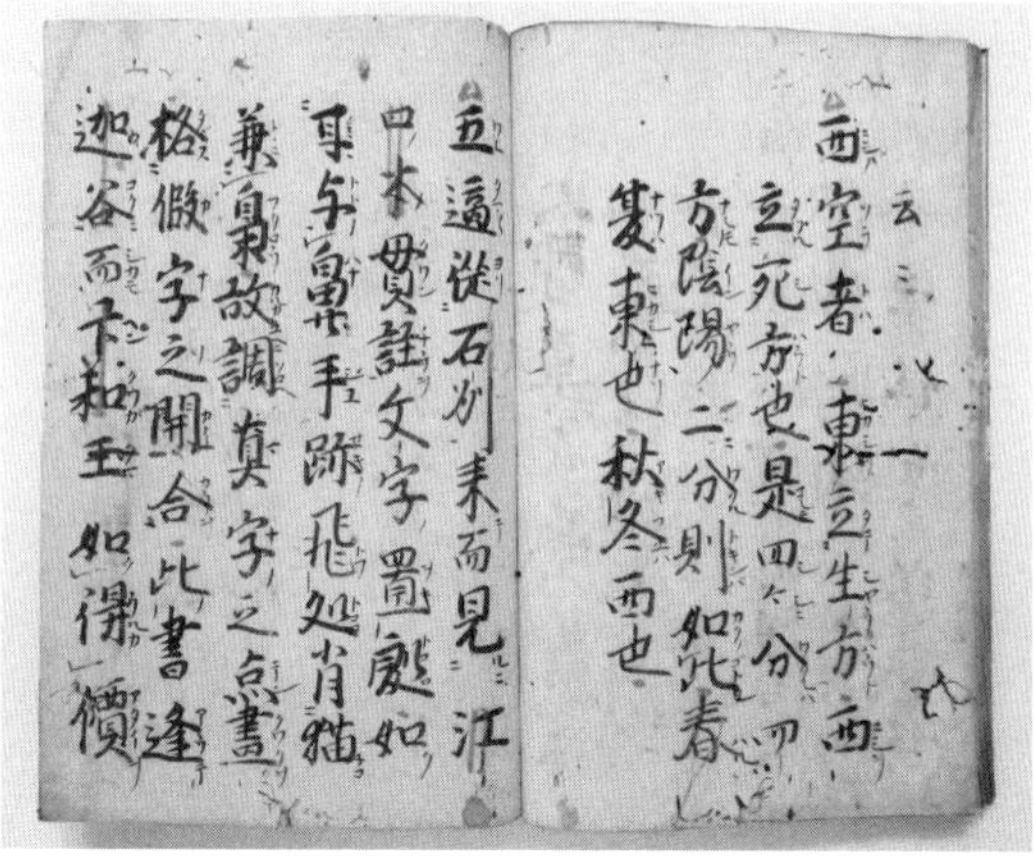

図4　『江口本聞書』奥書

(12)　法政大学能楽研究所蔵・般若窟文庫〇四―一一五。

(13)　伊藤正義『金春禅竹の研究』（赤尾照文堂、一九七〇年）。

(14)　『遠州侯会記写』（センチュリー赤尾コレクション）に、正保三年に戒重（現奈良県桜井市戒重）で開かれた茶会の記録として、当該の墨跡の本文も引用されている。

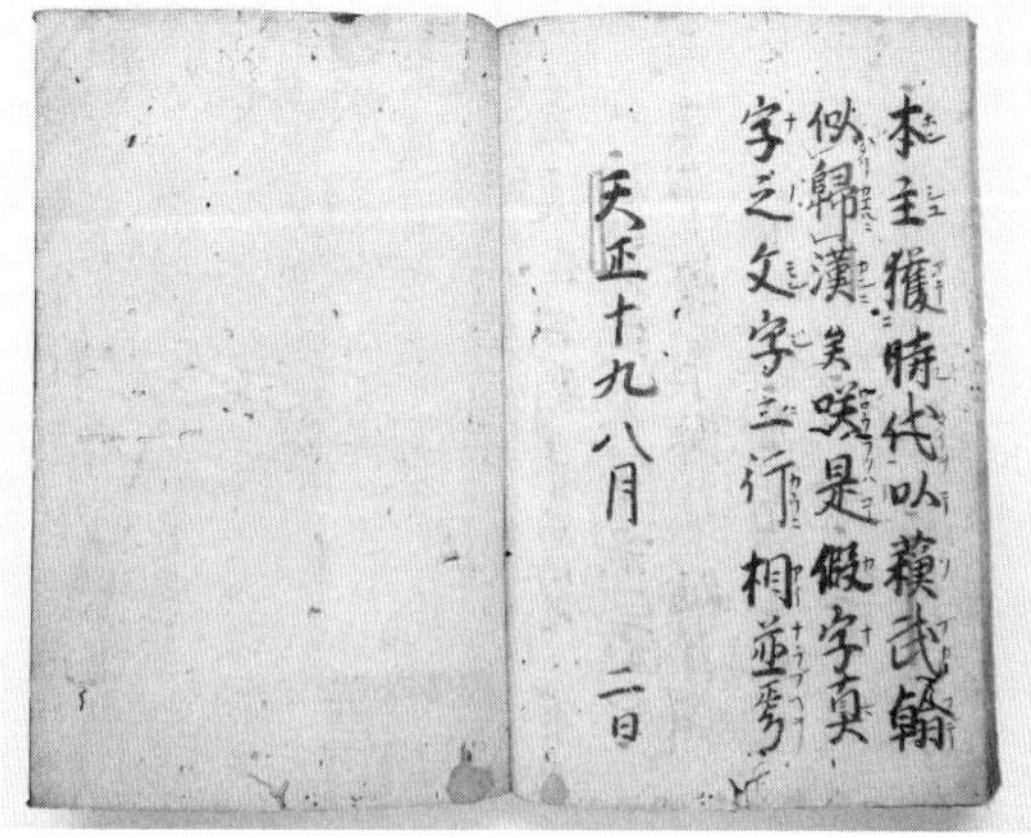

図5　『江口本聞書』奥書

(15)　『日本大蔵経』第四十巻二九一・二九二頁（一九一九年）。なお、京都大学付属図書館蔵・幸若直熊本『大織冠』にも「五戒ヲヨクタモツテワ人間ト生レテ五体ヲウクルナリ、十戒ヲタモツテワ天人ト生レテ五衰ヲウクルナリ（中略）大乗円頓戒、此戒ヲタモツテワヤカテ仏ニナルナリ」（『幸若舞曲研究』第七巻、三弥井書店、一九九二年）とあるのは、『江口本聞書』により近い。

(16)　大正蔵第四十六巻一c二三～二九。

(17)　本間孝継「円頓章別行について」（『印度学仏教学研究』五一―二、二〇〇三年三月）、同「円頓章別行に関する一考察」（『仏教文化学会紀要』十二、二〇〇三年十一月）では、『円頓章』と天台本覚思想の関連書との関係が考察され、談義所の学習者のテキストとして普及した面に言及する。

(18)　伊藤正義「『謡抄』考」（『伊藤正義 中世文華論集』第二巻、和泉書院、二〇一三年。初出は『文学』四五―一一、一二、四六―一、一九七七～七八年）。

吉田兼右・兼見の謡曲註釈と『謡抄』

——『謡抄』前史の謡曲註釈と吉田神道

野上潤一

のがみ・じゅんいち——大阪大谷大学非常勤講師。専門は中世後期・近世前期学問史。主な論文に「林羅山『本朝神社考』と清原宣賢『日本書紀抄』——『本朝神社考』における文献批判の非在と羅山の学問の一隅をめぐって」（『説話文学研究』四九、二〇一四年）、「大蔵虎明『語間之抄』について——寛永年間の出版文化と中世末期・近世初期学問史の一隅をめぐって」（『中世文学』六〇、二〇一五年）、「『古今和歌集』註釈と吉田神道——『日本書紀抄』享受の一面と中世後期・近世前期学問史の一隅をめぐって」（人間文化研究機構国文学研究資料館編『中世古今和歌集注釈の世界——毘沙門堂本古今集注をひもとく』勉誠出版、二〇一八年）などがある。

『謡抄』は本朝最初の謡曲註釈として著聞するが、担当者の手控に関しては、『大和入道宗恕家乗』の存在が報告されているのみである。本稿では、『吉田兼右謡曲註釈』・吉田兼見『御覚書』、および、両書と『謡抄』の関係を検討することによって、十六世紀学問史における謡曲註釈と吉田神道の邂逅の様相を明らかにする。

一、『謡抄』について

『謡抄』は、文禄四（一五九五）年三月二十四日、関白豊臣秀次下命により、相国寺慈照院有節周保（瑞保）、乃至、日野輝資等を差配役として編述された、謡曲百番・追加二番に関する註釈書である。諸道の学匠・諸宗の高僧計二十三名が参加した、本朝最初の謡曲註釈として、つとに著聞する。

本書の成立に関しては、伊藤正義氏「『謡抄』考」(1)において、『言経卿記』をはじめ、『御湯殿上日記』・『北野社家日記』等記録類に基づき、①被註釈語は基本的に担当者の選定によるものではないこと、②担当者の手控については『大和入道宗恕家乗』六箇条のみが確認できること、③担当者は、まず註釈を冊子に下書し、その後秀次から支給された鳥子紙の巻子に註釈を清書していること、④完成品は各担当者が提出した巻子を切継いだものと推測されること、⑤文禄四年七月六日山科言経の答申は現存『謡抄』には反映されていないこと、⑥ほぼ完成していたはずの『謡抄』は秀次自害（同年七月十五日）後散逸したらしく、言経・鳥養道晰らが各担当者の手控（冊子）をもとに再編したものが現存『謡抄』であると推測されること、その他多数の基礎的事項が指摘されている。

（一）『兼見卿記』所見『謡抄』関連記事

項目選定と註釈

以上を承けて、伊藤氏論文以後翻刻された『兼見卿記』文禄四年『謡抄』関連記事について概観することとする。

四月一日、秀次麾下の益庵宗甫が吉田兼見に送付した折紙に「今度謡本百番之抄可被書立之旨也、仏法之義ハ諸衆へ被相尋之、哥道ハ紹巴・昌叱、神道之義ハ当家へ御不審也、於相国寺慈照院各沙汰之」旨記されており、撰述下命後、追加の参加者として兼見が指名されたことが確認できる。紹巴・昌叱に関しては、『言経卿記』同年三月卅日条に「相国寺へ紹巴・昌叱同罷向了、殿下仰也」とあることから、正式に指名されたのは三月三十日であると推測される。

後刻、兼見は、益庵と同道し、慈照院へ向かい、院外で周保と相談、益庵から参加者に関する説明を受け、言経と相談している。そして、益庵から「条書数ケ」を受取り、周保の不審に答申したのち、あらためて両名から註釈の命を承け、退出後、親類の細川幽斎を訪れ、条書を閲覧していることが確認できる。

翌二日から五日に亘って、兼見は条書（項目）を選定する作業に取組んでおり、その間、二日に弟梵舜が不審箇所を抽出、四日に幽斎の内覧を経ている。所与の条書は「数ケ」であったため、大部分は、梵舜・幽斎の協力を得たうえで、兼見が選定したものと推測される（伊藤氏論文①参照）。『言経卿記』四月四日条に「神道方ノ冊子令清書了」と見えるが、『兼見卿記』四月五日条に「条数下書出来了」とあること、および、作業の進捗状況を勘案すると、『言経卿記』当該条は項目確定に関する記事であると考えられる。

六日、兼見は、註釈を開始し、八日に中書を終え、九日、周超に中書を書写せしめ、幽斎の内覧を経たうえで、十日、友甫に清書させている。その間、八日・十日に益庵から提出を督促する書状・折紙が送付されており、秀次の熱意のほどが窺知される。

翌十一日、兼見が、益庵と対面し、註釈を提出すると、「殿下一段被秘之由」を報告されている。上記は、兼見の註釈を珍重し、筐底に秘蔵する秀次の姿を髣髴させる記述として注目される。

清書と追加註釈

翌十二日、益庵から、鳥子紙の巻子三巻と帙が支給され、清書、および、「御条書数ケ条可注進之由」下命があった。

秀次自身の不審について下命を承け、兼見が十三日から二十日に亘って註釈に取組んでいることが確認できる。

二十九日、紹巴が、幽斎と同道し、兼見を訪れ、「自関白数ヶ条持来、野宮鳥居已下之事注之旨」報告している。兼見は、当家にも同様のことがあり、註釈を完了させた旨を告げ、その他種々相談に及んでいる。以上は、「鳥居」等神道関連の項目があったため、紹巴が兼見に談合を求めたものと推測される。

兼見に追加註釈が下命されたのが十二日、弓八幡・歌占二番の追加が下命されたのが二十四日、言経追加註釈の提出が二十六日、紹巴が追加註釈の件で兼見に談合を求めたのが二十九日であることを併せ考えると、四月上旬以後、秀次がさまざまな追加註釈を下命していることが認められるのである。

その後、兼見は、五月十日、友甫に清書せしめ、数度確認し、改訂を施したうえで、十三日、一巻を益庵に提出している。翌十四日、益庵からの書状には、「今度一巻、於相国寺謡一本ツヽアミ合ラルヽ也、当家注之分ハ、於此方切合、可続合歟、僧家披見之義如何」とあった。書状の主旨は、吉田家説が僧衆に寓目されるにあたり、兼見の許可を得ることにあったが、上記から、一曲ごとに各担当者の巻子を切継ぐ予定であったことが認められる（伊藤氏論文④参照）。一方、兼見の返信には、「雖秘事申右之段難成之間、殿下被仰出次第、アミ合ラル小衆ヘ可被出之由」とあり、註釈が秘事であるとの認識が窺える。

その後、兼見は、六月十四日以前、「自殿下条書二百七十八ヶ条」を友甫に清書せしめ、提出している。「殿下条書」という言辞は、上記のほか、五月十日条にのみ見えることを勘案すると、清書作業に取組む以前、秀次が項目を親撰していることを想像させる（伊藤氏論文①参照）。「二百七十八ヶ条」に関しては、『謡抄』を瞥見する限り、兼見担当箇所は二七〇前後と推定されるため、精確な条数であると考えられる。なお、友甫に清書させた件について、兼見は「此筆者以益庵御理申入、被成御意得之由、依御返事書之」と記している。清書が自筆ではなかったため、秀次の許可を得たものと推測される。

以上を承け、六月十四日、秀次から兼見に「今度謡之抄数ヶ条注之、御祝着也、仍銀子五枚・御帷二、給之由」の折紙が送付されている。上記は、「数ヶ条」とあることから、追加註釈の対価と見るのが至当である。

住吉註・翁大事の追加下命

後刻、兼見は、益庵と対面しているが、益庵から、住吉の註釈が見えない点、紹巴の進言があり、「殿下御腹立之由」

を告げられている。それに対し、兼見は、「今度御条書之内、住吉之義無之」、すなわち、条書は親撰であるため、自責にあらざる旨を弁明した。しかし、益庵は、あらためて、住吉の註釈、および、以前より秀次所望の翁大事を持参すべき由を命じている。

翁大事に関しては、百二番の註釈と無関係であるが、類例が『駒井日記』文禄四年四月十三日条に見える。すなわち、大蔵道知へ囃子事三箇条（①出端・次第②一声③置鼓）につき下問があり、三箇条百番分の書付を糊付にしたうえで進上すべき由が駒井重勝に命じられている。当該下命の主旨が百番分の書付を糊付すべき由であること、弓八幡・歌占二番の追加が下命されたのが四月二十四日（十三日時点では百番）であること、四月上旬以後、秀次がさまざまな追加註釈を下命していることを併せ考えると、『駒井日記』当該条が『謡抄』関連のものであることが諒解される。

如上は『謡抄』が秀次のあらゆる不審を解明するために編述されていることを想像させる事例であると言える。

六月十四日、住吉註・翁大事に関する下命を伝えた益庵は、秀次の命令が時日を要する内容であることから、つぎの機会に持参すればよく、「心安可存之由」を説き、兼見を慰撫している。退出後、兼見は紹巴を訪れているが、他行のため、不在であった。

紹巴との不和

翌十五日、兼見は、紹巴に使者を遣わし、今日参るべき由、内義へ申入れたものの、住吉の件につき、「自殿下御不審、御腹立之由、益庵ヨリ急度申来之間」、不参の由を言伝している。紹巴の返信には、「其段淵底紹巴存之、不苦之由」が記されており、兼見は「如此之所行毎度之義」として憤慨している。以後、兼見と紹巴の仲介を輝資・幽斎、兼見と輝資の仲介を幽斎がつとめており、争論に発展していることが確認できる。

七月三日、輝資からの兼見宛書状に、七日までに「紹巴ヨリ条書之中四十五ヶ条可注之由」記されており、冊子が支給されている。「四十五ヶ条」の内容は不明であるが、輝資が関与している以上、上記が秀次の意向を反映していることは疑いを容れない。

八日、兼見が、「御祈祷之御祓・御撫物已下上申義」につき、使者を遣わしたところ、聚楽第への出入が停止されていることが判明した。原因は紹巴との一件であると考えられる。これ以前、差配役の周保、および、清叔寿泉が勘当を蒙っていることが確認できる。目下、兼見がさらなる譴責を受ける危険性が排除されていない状況であったが、十五日、秀次の自害をもって、兼見の処分のみならず、『謡抄』の事業も沙汰止みとなったもののごとくである。

『兼見卿記』紙背文書による補足

つぎに、『兼見卿記』紙背「吉田兼見書状土代」によって補足すると、一三八号（折紙・益庵宛）に「此数ヶ条可注申之旨、畏存候、出来次第慈照院可遣候哉、先日之清書之内へ可書入申候哉、惣次披見候やうには迷惑候」とあり、本書状が四月十二日の清書・追加註釈下命後の書状であることが確認できる。上記から、四月中旬に、兼見が家説披見について「迷惑」である旨申請していることが認められる。

一三一号（折紙・五月十四日益庵宛か）には、「今度御条書清書仕候而、進入候、先日慈照院へ可遣之由候間、即申遣候処、当家・紹巴なとのは、すくにあけ申候て可然之由候、我等もさ様に存候、於院内各披覧之義、いかゝに候間、御分別候て、あけ申入られ候やうに頼存候」とあり、五月十四日当日、あらためて兼見が家説披見について配慮を求めていることが確認できる。上記から、兼見の家説秘守に対する意志が窺えるため、巻子本『謡抄』が秀次秘蔵のものとして認識されていたことが憶測される。

一五一号（竪紙・輝資宛か）に「一巻之義委細被仰理之由、過分候、就其鵜羽一番可注之由意得存候、一旦被申出筋目何とて不相果候、当時之義候、応威命候」、一九五号（竪紙・輝資宛か）に「彼一巻紹巴ヨリ又四十余条之書立到来候而、則注之、紹巴へ令持参候、最前之所存之旨、具申候ことく」とあり、両者「一巻」が同一のものと推測されるため、「鵜羽一番」と「四十余条之書立」（『兼見卿記』七月三日条「四十五ヶ条」）に関しても同一のものである可能性がある。同一のものでない場合、「一巻」・「鵜羽」・「四十余条」の三つの追加註釈が下命されたことになるが、そのうち、「一巻」は住吉註・翁大事等の清書である可能性が考えられる。

一七六号（竪紙・輝資宛か）に「先日臨江斎（引用者註、紹巴）被相添御使、入御精候、過分存候、臨江致対談、入魂候き、併以前御取成故と存候、唯今清書之義、臨江折紙委細承候、返事仕候、乍憚頼存候」とあるが、紹巴との争論は七月十日まで確認できるため、本書状はそれ以後のものであると推測される。よって、「清書」は「鵜羽」・「四十余条」に関するものと考えられる。上記から、追加註釈に関しても大方完成していたことが想像されるのである。

以上に基づき、『兼見卿記』所見追加註釈と『謡抄』を対照すると、四月三十日（『言経卿記』の場合、四月二十七日）以前の追加註釈（『駒井日記』所見、道知の書付を除く）は『謡抄』に見えるが、六月十三日（『言経卿記』の場合、七月五日）以後の追加註釈は同書に見えないことが確認できる。

二、吉田兼右と謡曲註釈

（一）『吉田兼右謡曲註釈』と『謡抄』

『謡抄』関連の謡曲註釈であり、かつ、翻刻があるにもかかわらず、謡曲研究において紹介されていない神道関連資料があるため、本節では、当該資料について検討することとする。

本資料は、『大日本史料第十編之十三』天正元（一五七三）年（元亀四年）正月十日条所収、四紙からなる断簡とされており、「右、唯神霊神之御筆也、令修覆之序、加奥書畢、享保廿年九月日、正五位下周防守中臣敬芳」という識語を有する（なお、翻刻の精度に問題がある）。すなわち、吉田兼右自筆、吉田家雑掌鈴鹿敬芳修補の鈴鹿文書である（本稿では『吉田兼右謡曲註釈』と称す。なお、西田長男氏「中世に於ける神道文学の成立――「翁之大事」を中心に」（2）において、兼右自筆・敬芳修補の鈴鹿文書が翻刻されているが、同書は「宿紙三枚を継ぎ合せて料紙とした自筆の草稿の断簡」であり、本書と若干異同がある。以下、西田所引本）。

内容は、「あたか」・「くろつる《ママ》（黒塚）」・「ふさゝき」・「定家」（以上、第一紙）・「朝かほ」・「難波」・「大原御幸」・「是界」（以上、第二紙）・（鉄輪）・「かつらき」（以上、第三紙・第四紙）、計十曲全二十八項目に亘る。

『吉田兼右謡曲註釈』（以下、『兼右註釈』）は、第三紙・第四紙が連続しているものの、第二紙・第三紙が連続しておらず、錯簡が生じていることが推測される。

錯簡、および、『謡抄』との同文関係

その根拠として、【引用1】を見ると（兼右・兼見謡曲註釈における」は丁移りを表す。以下同じ。『謡抄』における◎は兼見担当箇所を示す朱合点を、☆は紹巴・昌叱担当箇所を示す肩付を表す。『日本庶民文化史料集成第三巻』による）、

【引用1】

▼『兼右註釈』是界（第二紙）・鉄輪（第三紙）

□□あしはら

　下かいの總名なり、

□につかミ

　下界の諸神を申なり、祓にもあり、

□のとほこ

　伊弉諾・伊弉冊尊のもち給ふ矛也、下界建立の予也、」

　のかるゝ事を申なり、先たゆる《ママ》とハ陰陽道之こと葉也、

　神道にハ、悪事をはらふ祈念と申なり、

『兼右註釈』不明（第一紙）

□津嶋
下かいの總名なり、此号神武天皇よりはしまる也、
『謡抄』是界
◎とよあし原《はら》　下《ゲ》かいのそう名なり。
◎くにつ神　下界の諸神を申也《なり》。秡《ハライ》のことばにも有《あり》。
◎あまのとぼこ　伊弉諾、伊弉冊尊のもちたまふ矛なり。
下界《かい》建立のほこなり。
◎秋津島　下界《かい》の名也《なり》。此号神武天皇よりはじまる也《なり》。
『謡抄』鉄輪
てんじかゆる　その身さだまりたるを、災難を諸神諸仏にいのりてのがるゝ事なり。てんじかゆるとは、陰陽道に申也。神道には、悪事をはらふ祈祷と申候也。

『兼右註釈』・『謡抄』（鉄輪）破線部の一致から、『兼右註釈』第三紙冒頭が、是界ではなく、鉄輪の註釈であることが認められる。また、『兼右註釈』是界（第二紙末）「□□あしはら」・「□につかミ」・「□のとほこ」、および、第一紙冒頭「□津嶋」が、『謡抄』是界（兼見担当箇所）「とよあし原《はら》」・「くにつ神」・「あまのとぼこ」・「秋津島」と同文関係にあることが確認できる（なお、『兼右註釈』第一紙・第二紙は西田所引本第一紙に相当する）。

『兼右註釈』第三紙・第四紙が連続していることは、

【引用2】
▼『兼右註釈』葛城（第三紙・第四紙）
神のミ《ママ》ねつ
~~神代十代五~~天神七代・地神五代出生之中、」その沙汰なし、但、人皇の代ニ至て、その子細もあるか、所見なし、
『謡抄』葛城
◎神の三ねつ　天神七代地神五代出生《しゆつしやう》のうち、そのさたなし。もし人皇の代に至て子細もある歟。所見なし。

右によって知られる。【引用2】において、特に注目すべき点は、両書ともに、「神の三熱」に関して、仏説「神身離脱」に言及していないことである（西田所引本は「但人皇の代に到てその事もあるか」とあるのみで「所見なし」を欠く）。

以上、【引用1】・【引用2】から、両書の同文関係は明らかであると言える。先後関係に関しては、兼右・兼見が父子であることから、『兼右註釈』↓『謡抄』であると考えられるが、内部徴証・『兼右註釈』抹消箇所から、たしかに、『謡抄』↓『兼右註釈』ではないことが裏付けられる。

『謡抄』との一致点・相違点

つぎに、【引用3】・【引用4】を見ると、

【引用3】

▼『兼右註釈』房前（第一紙）

天のこや根の尊

河内国平岡の大明神、春日第三のみことなり、

『謡抄』蜑

◎天《アマ》のこや根《ネ》の尊　河内国、平岡の大明神也。春日第三のみことなり。

【引用4】

▼『兼右註釈』安宅（第一紙）

八まんの託宣

おゝくあり、~~いつれをしるし申へき乎~~但、あたかにかき申ハ、御託宣にハあらさる也、

『謡抄』安宅

八まんの託宣《タクセン》　おほくあり。但《シ》、あたかにかき申すは、御たくせんにあらざるなり。

文辞のみならず、表記に関しても、両書が一致していることが確認できる（傍線部参照）。すなわち、兼見が選定した項目のうち、一部は兼右が選定したものを表記ごと踏襲していることが判明するのである。また、『兼右註釈』推敲箇所に関しては、兼見が推敲後の註釈を採用していることが認められる。

つぎに、【引用5】を見ると、

【引用5】

▼『兼右註釈』難波（第二紙）

□□やひめの神

地神三代のみことの后なり、山の神の御子なり、日本書紀神代の巻にあり、

『謡抄』難波

◎さくやひめの神《シン》　地神三代《ちじんさんだい》のみこと、天津彦《あまつひこ》々火瓊々《ほのにゝ》杵尊《ぎのみこと》の后《きさき》也。山《やま》の神《かみ》の御子《ミコ》なり。

両書ともに独自箇所があることが確認できる（『兼右註釈』破線部・『謡抄』波線部）。破線部・波線部を比較すると、『兼右註釈』の方がより初学者向けであることが推測される。翻って言えば、秀次に提出する註釈として、同書の記述は不十分であると兼見が判断したことが想像されるのである。

項目が詞章と異なる箇所

つぎに、【引用6】を見ると、

【引用6】

▼『兼右註釈』黒塚（第一紙）

かものまつり

葵の祭を申なり、四月なり、

『謡抄』安達原

◎賀茂の御あれ　賀茂明神御たん生所《どころ》を、御あれ所《ドコロ》と申

也。葵のまつりも此所にてとりおこなふと也。葵の祭《まつり》を申也《なり》。四月なり。

波線部のごとく、兼見が、詞章によって項目をあらため、独自に註釈を施していることが確認できる。すなわち、『兼右註釈』の項目が詞章と乖離している場合は、同書を踏襲していないことが認められるのである。その一方で、兼見が賀茂祭の註釈を採用している点は注目に値する。

つぎに、【引用7】を見ると、

【引用7】

▼『兼右註釈』大原御幸（第二紙）

まつり

賀茂の祭を申なり、

『謡抄』大原御幸

☆北まつり　賀茂臨時の祭也。歌道には冬にて候。

北祭　かものまつり也。

北祭　賀茂の祭を申也。四月也。又臨時の祭十一月なり。

これを北祭と申ともあり。

『兼右註釈』の項目が「まつり（賀茂祭）」であるのに対し、『謡抄』の項目が「北祭（賀茂臨時祭）」であることが確認できる。【引用6】と同様に、兼見が詞章によって項目をあらためたものであり――かつ、「まつり」と「北祭」が別個の事象であるため――、本来、兼見は「まつり」の註釈を採用する立場にはなかったはずである。しかし、「まつり」・「北祭」両者を北祭と称するという誤謬を犯してまで、兼見は『兼右註釈』の所説を採用することを選択した。上記から、兼見にとって、『兼右註釈』がいかに重要であるかが諒解されるのである（また、『兼右註釈』に矛盾がないにもかかわらず、兼見が同書と自説を縫合することによって矛盾を生ぜしめていることから、『謡抄』↓『兼右註釈』ではあり得ないため、『兼右註釈』↓『謡抄』であること、および、『兼右註釈』が兼見の父祖の註釈であることが確定できる）。

以上から、『兼右註釈』の特徴として、『謡抄』より初学者向けであること、本地仏を併記しないこと、推敲の痕跡があるため、草稿と考えられること、『謡抄』と同じく、答申的文体であることがあげられる。註釈は簡略なものであるが、『謡抄』兼見担当箇所への影響が甚大であることから、『兼右註釈』は『謡抄』先行資料として重要であると言える。

（二）吉田兼右『諸神ノ事』と謡曲

つぎに、吉田神道研究において著名な資料である、天理図書館吉田文庫蔵『集筆』（巻子）所収の謡曲関連註釈について検討することとする。

本資料は、『集筆』十七（吉六五―三一五）所収「諸神ノ事」、

兼右自筆による、七紙からなる神道註釈であり、「諸神ノ事」は吉田兼雄（良延）による後題である。後題のごとく、表面的には、諸神に関する註釈の形式を採っており、内容に関しては、兼右『諸神根源抄』と一部同文関係にあることが確認できる（以下、『諸神ノ事』）。

項目は、伊勢・石清水・賀茂・鹿島・住吉・北野・三輪・葛城・熱田・大社・熊野・玉津島・御霊・龍田・貴船・竹生島・三嶋・橋姫・高砂・小塩・嵐山・鸕鷀羽・白髭・早鞆・春日・養老、計二十六項目であり、特に、橋姫以後、謡曲との連関が顕著であることが認められる（四角囲みは謡曲と同名の項目を表す）。

謡曲との関わり

そこで、【引用8】を見ると、

【引用8】

▼『諸神ノ事』嵐山

嵐山之神　所見ナシ
吉野ヽチン守　子守勝手
此山ヘアラハレタルヤウニウタイニハ
詞(?)候神書ニハタシカニ見ヘス

嵐山・養老において、能「嵐山」・「養老」に言及していることが確認できる。よって、本書は謡曲所見の諸神に関する註釈であると推測される。

つぎに、【引用9】を見ると、

【引用9】

▼『諸神ノ事』三輪・葛城

三輪
大己貴神男神
下界地主ノ明神也七ツノ
□□《御名》アリ
葛城
一言□《主》神男神

三輪・葛城のみ、男神・女神の別が附記されていることが確認できる。当該項目は、能「三輪」・「葛城」を踏まえ、両神が女神にあらざる由を註記したものと考えられる。

つぎに、【引用10】を見ると、

【引用10】

▼『諸神ノ事』高砂

高砂之神
所見ナシ住吉大明神歟

高砂に関して、所見なしとしながら、住吉大明神かと推測していることが確認できる。上記は能「高砂」に基づく推測であると考えられる。

以上から、『諸神ノ事』が謡曲関連の註釈であることが認められるのである。

本書の特徴

つぎに、【引用11】を見ると、

【引用11】

▼『諸神ノ事』熱田

𤋮田

ホウケンヲモ納事神体同前ニ

日本武尊垂跡也

□□□□賜也」

熱田・賀茂等において、主祭神が註記されていないことが確認できる。ただし、熱田（傍線部）に関しては、吉田兼倶『延喜式神名帳頭註』と一致しており、本地日本武尊・垂迹熱田神宮と推測されるため、厳密には、主祭神が註記されていない例には該当しない。【引用11】に関して、最も重要なことは、本書において、唯一確認できる「垂跡」の例が仏本神迹ではないことが認められることである。

つぎに、【引用12】を見ると、

【引用12】

▼『諸神ノ事』住吉

住吉　四所也

伊弉諾尊之御子」

神功皇后御宇三カンヲウチ

御帰洛□《ア》リテ翌年ニ鎮座」

【引用13】

▼『諸神ノ事』三嶋

三嶋大明神

山神也

住吉三神（底筒男命・中筒男命・表筒男命）を「伊弉諾尊之御子」と総称していることが確認できる。【引用13】のごとく、神名すら註記されていない例、および、主祭神が註記されていない例と併せ考えると、当該箇所は初学者向けの配慮であると推測される。さらに、住吉三神を「伊弉諾尊之御子」と総称しながら、神功皇后鎮座の次第を註記していることから、兼右が初学者の耳目を惹くことを企図していることが想像されるのである。

例外箇所から見た特徴

つぎに、唯一の仏教関係記事として、【引用14】を見ると、

【引用14】

▼『諸神ノ事』竹生島

竹生嶋

弁才尊天歟」

竹生島に関して、弁才天かと推測していることが確認できる。右は、【引用10】と同様に、能「竹生島」に基づく推測であると考えられるが、より重要なことは弁才天が本地仏として認識されていないことである。よって、本書が本地仏を併記しない方針であることが認められる。

つぎに、祭神を註記しない唯一の例として、【引用15】を見ると、

【引用15】

▼『諸神ノ事』小塩

小塩
五条ノキサキ初テ行啓□《ア》リ
仁明天皇ノ后ナリ業平《モ》
御供アリ此時
大原やをしほ山もけふこそハ
ナリヒラ此哥をヨミ給ヒタル也
此子細ヲツクリタル歟

能「小塩」の典拠である『伊勢物語』七十六段について註記されていることが確認できる。二条の后を「五条ノキサキ」「仁明天皇ノ后」と誤記していることから、兼右――ひいては、依頼主――が、『伊勢物語』、乃至、和歌に通暁していないことが推測される（兼右『伊勢物語惟清抄』所持のこと『兼右卿記』永禄三（一五六〇）年四月七日条に見ゆ）。項目が、大原野ではなく、小塩であること、内容が、祭神ではなく、能「小塩」の典拠に関する註記であることを考量すると、本書の第一義が、神道註釈ではなく、謡曲註釈にあることが認められるのである。

以上から、『諸神ノ事』の特徴として、初学者向けであること、本地仏を併記しないこと、謡曲所見の諸神に関する註釈であり、詞章の語義註釈ではないことがあげられるため、前二者が『兼右註釈』と共通していることが確認できる。

一方、『兼右註釈』との相違点として、断簡ではないこと、草稿ではないこと、語義註釈ではないこと、文体における答申的性格が薄いことがあげられる。

よって、『諸神ノ事』が『兼右註釈』と一具である明徴は認められない。

(三) 小結

兼右と謡曲

兼右と謡曲の関わりについては、『神道猿楽秘伝』、および、永禄元（一五五八）年、武田伊豆守信豊への翁大事の伝授がつとに著名である。また、【引用16】を見ると、

【引用16】

▼兼見『諸事書抜』

郢曲《エイキヨク》之事、淵田入道玄少令不審之間、尋申家君(吉田兼右)、見左、
又陪従《ベイシウ》之事、
郢曲ハウタイ物之事也、陪従ハ諸社ニ在之事也、此儀必
摂家之御願人云々、先年於春日之社、有陪従之儀、松永
久秀相調之、近衛殿太閤(稙家)御願人也、

傍線部から、謡本の書写で知られる、伊勢伊勢守家臣淵田虎頼が兼右に郢曲・陪従の註釈を所望していることが確認できる(『謡抄』弓八幡に郢曲・陪従に関する註釈が見えるが、内容は【引用16】と一致していない)。二重傍線部「先年」は永禄五(一五六二)年を指すため、【引用16】は同年以後の註釈であると考えられる。上件に加え、本稿によって、『兼右註釈』・『諸神ノ事』と謡曲の連関が判明したため、兼右と謡曲の関わりが想像以上に密接であることが諒解されるのである。

兼右謡曲註釈の史的意義

吉田家において、最初に謡曲註釈への進出を果たしたのは、ほかならぬ兼右であると推測されるが、伊藤氏論文によると、現存最古の謡曲註釈は『謡抄』であるとされている(その後、伊藤氏は『謡曲集上』[3]解説において「天正十九年(一五九一)写の『江口本聞書』(有吉保氏蔵)」に言及している)。すなわち、西田氏論文に「謡の註釈書としては最古のもの」とあるごとく、兼右歿年・元亀四(一五七三)年以前に成立している『兼右註釈』・『諸神ノ事』——特に語義註釈である前者——は、現存する限り、本朝における謡曲註釈の嚆矢であると考えられる。しかのみならず、『兼右註釈』が、『謡抄』撰述下命以前に謡曲註釈の機運が高まっていたことを証明する資料であると同時に、『謡抄』兼見担当箇所の主要依拠資料であることを併せ考えると、『兼右註釈』の謡曲史上における重要性は言語を絶するものがあると言えるのである。

三、『吉田兼右謡曲註釈』から『謡抄』へ

(一) 吉田兼見『御覚書』と『謡抄』

つぎに、『謡抄』と関連する、『集筆』五(吉六五―三二七)所収の謡曲註釈について検討することとする。同書は「右一巻拝見之次而加奥書／敢莫出庫外矣／享保十八年六月日／銀青光禄大夫拾遺(引用者註、兼雄)」という識語を有する。

本資料は、『集筆』五所収「御覚書」、兼見自筆による、五紙からなる断簡であり、「御覚書」は兼雄による後題である。内容は、歌占・鉄輪・葛城、計三曲全十三項目に亘る(以下、『御覚書』)。

錯簡と排列

まず、【引用17】を見ると、

【引用17】

▼『御覚書』葛城（第三紙）・鉄輪（第四紙）

一　しもといふ花のしらにきて

しもとハたきゝを申歟　日本○（書）紀ニ弱木林《シモトハラ》

とあり又楉《シモト》ともかき申なり　しらにきて」

その身さたまりたるを災難を諸神

諸佛にいのりてのかるゝ事なりてんしかゆる

とは陰陽道《ヲンヤウタウ》に申也　神道にハ悪《アク》事を

はらふ祈禱と申候也

『謡抄』葛城

◎しもとゆふ花のしらにぎて　しもとはたきゞを申歟。日本書紀に弱木林《しもとはら》とあり。又楉《しもと》とも書申なり。しらにぎては、しろきへいなり。

『謡抄』鉄輪

てんじかゆる　その身さだまりたるを、災難を諸神諸仏にいのりてのがるゝ事なり。てんじかゆるとは、陰陽道に申也。神道には、悪事をはらふ祈祷と申候也。

▽『兼右註釈』葛城（第四紙）

しもといふ花のしらあき《ママ》て、

しもと、薪を申か、日本書紀ニ弱木林《シモトハラ》トあり、又云、

楉《シモト》ともかき申なり、

『御覚書』第三紙末が『謡抄』葛城（波線部を除く）、『御覚書』第四紙冒頭が『謡抄』鉄輪（波線部を除く）と一致しており、錯簡が生じていることが確認できる。『御覚書』に関しては、『神道部類』（吉七一―一）「兼見卿御覚書之事」にほぼ同文が見えるが、同書においても、【引用17】『御覚書』の錯簡に起因する文意錯乱が保存されていることが認められる。『御覚書』第四紙は、鉄輪（一「てんじかゆる」）・葛城と次第しており、『兼右註釈』第三紙と同じ排列であることから、『御覚書』は、内容のみならず、曲の排列に関しても、『兼右註釈』の影響下にある可能性がある。

つぎに、【引用18】を見ると、

【引用18】

▼『御覚書』葛城（第四紙・第五紙）

葛木

一　神のむかし

神代のことを申なるへし

一　かつらき山

葛木《カツラキ》ノ郡《コホリ》ありこの郡《コホリ》の山なるによりて

かつらき山と申歟

一　やまと舞

日本をやまとゝよみ申也この国の舞《まい》の

事歟

一　神のくるしみ
　神道《シンタウ》に所見なし」

一　神の五哀
　神道に所見なし

一　くすかつら　小忌衣
」

『謡抄』葛城

◎神《かみ》のむかし　神代《じんだい》のことを申なるべし。

◎かづらき山《ヤマ》　葛木ノ郡あり。此郡《こほり》の山なるによりて、
かづらき山と申候歟。

（中略）

◎やまと舞　日本をやまとゝよみ申也。此国の舞の事歟。

（中略）

◎神の三ねつ　天神七代地神五代出生《しゆつしやう》のうち、そのさたなし。もし人皇の代に至て子細もある歟。所見なし。

（中略）

◎神のくるしみ　神道に所見なし。

◎石はひとつの神体にて　神体は一言主神《ひとことぬしのかみ》と申也《なり》。岩ほをうけてちん座ましますゆへに申歟。

（中略）

◎神の五哀　神道に所見なし。

（中略）

◎つたかづら　小忌衣　葛城山の体《テイ》を申歟。但シ神代《ジンダイ》にはかつらをかけて神《シン》をまつると云事あり。小忌衣はをみのしやうぞくあり。是を申歟。卒尓には着せざる物也。神《しん》ふくなるによりて云出したる歟。

『兼右註釈』葛城（第三紙・第四紙）

神のむかし
　神の代~~をおもひいてゝ□申事歟~~の事を申なるへし、

かつらき山
　葛郡あり、此郡の山なるによりて、かつらき山と申歟、

やまと舞
　日本の舞の事を申歟、やまとハ日本の事なり、

神のくるしみ
　神道に所見なし、
名《ママ》はひとつの神躰にて、
神躰ハ一言主神と申なり、岩ほをうけて、ちん座あるゆへ、申事もある歟、

神の五哀
　神道に所見なし、

□すかつら小忌衣

かつらき山の躰を申か、但、又神世にハ、かつらをかけて神をまつる事事あり、とり成て申か、小忌衣ハ小忌の装束あり、此義か、これも卒爾ハ著せさる物也、神服なるによつて、いひかけて申所也、

神のミね《ママ》つ

神代十代五天神七代・地神五代出生之中、」その沙汰なし、但、人皇の代ニ至て、その子細もあるか、所見なし、

『御覚書』に該当箇所がない波線部を除くと、本書の註釈が『兼右註釈』よりも『謡抄』と一致を示すことが確認できる。一方、鉄輪・葛城という排列、および、【引用17】・【引用18】二重傍線部（西田所引本は「くすかつら」ではなく「つたかつら」）から、曲の排列と項目に関しては、本書が『謡抄』よりも『兼右註釈』と一致していることが認められる。

項目の排列に関しても『兼右註釈』に依拠していると仮定すると、『御覚書』に見えない項目のうち、「名はひとつの神躰にて」が『御覚書』第四紙と第五紙の間、「□すかつら小忌衣」・「神のミねつ」（および、『御覚書』第三紙＝錯簡部分）が『御覚書』第五紙以後となり、詞章の順序を踏襲する『謡抄』の排列と一致する場合よりも、合理的な説明が容易となることが判明する（上記の項目がもともとなかった可能性を排除するものではない）。

以上から、『御覚書』は、秀次提出以前の『謡抄』草稿段階のうち、詞章によって、項目とその排列を改訂する以前の草稿であると考えられる（ただし、推敲の痕跡なし）。『謡抄』兼見担当箇所の筆跡に関しては、冊子中書が周超、冊子・巻子ともに清書が友甫であることを考量すると、『御覚書』が兼見自筆であることは、本書が草稿であることと符合する点で重要であると言える。

現存『謡抄』に見えない記事

つぎに、【引用19】を見ると、

【引用19】

▼『御覚書』歌占（第一紙・第二紙）

一 伊勢や日向の事もとひ給へや
　右にしるし申候こと葉のこゝろ歟
一 神風の一もミもんて
　急にいのり又ハ狂しての躰を申歟
　神風をもむと、ハたとへ成へし
一 陰陽の二神天のちまたに行あひのさよの手枕——妙文也
　二神ハ伊弉諾伊弉冊尊次のかきつゝけ存□《し》候

一　神のおこたり」
　こなたか神へおこたりたるとの事歟神
　のおこたりとハ分別なく候
一　神はあからせ
　天の神又化けんの神なとを申へき歟」

傍線部から、「伊勢や日向」の註釈（鸕鷀羽か）が第一紙以前に存在していたことが推測できるものの、『謡抄』歌占に見えるのは「伊勢や日向の神なりと」という項目のみ（註釈なし）で、傍線部を含め、「伊勢や日向の事もとひ給へや」の註釈は現存『謡抄』には反映されていない。しかのみならず、【引用19】『御覚書』の全項目が現存本に反映されていないことが確認できる。

詞章上、①「陰陽の二神天のちまたに…」・②「伊勢や日向の事もとひ給へや」と③「神風の一もミもんて」・④「神のおこたり」・⑤「神はあからせ」の間には懸隔がある（にもかかわらず、排列が②・③・①・④・⑤の順である）ことから、【引用19】『御覚書』の排列に関しても、【引用18】と同様に、草稿的性格を有することが認められるため、【引用19】が現存本に反映される余地のない追加註釈であるとは考え難い。

【引用19】が現存『謡抄』に反映されていない理由としては、当該項目が「殿下条書」に採用されなかったため、『御覚書』が『謡抄』撰述下命以前の註釈であるため等があげられる。『御覚書』は、前者の場合、清書が下命される以前、文禄四年四月上旬頃の註釈、後者の場合、依頼主不明、同年四月以前の註釈であると推測される。いずれにしても、排列が詞章順ではないという本書の特徴は、『謡抄』撰述下命以後のものとは考え難いため、『御覚書』の原型が（先行資料が確認できない【引用19】を含め）『謡抄』撰述下命以前に遡及することを示唆していると言える。

（二）小結

『謡抄』との関係

以上、記録以外の資料によって、はじめて、『謡抄』主要参加者の草稿の存在、および、草稿と現存『謡抄』の関係が明らめられた。特に、草稿の一部が現存『謡抄』に反映されていないことが確認できた点は重要であると言える。上記は、『謡抄』兼見担当箇所における、『兼右註釈』↓『御覚書』↓（兼見手控↓）『謡抄』という特殊な生成過程に起因していると考えられる。現存『謡抄』全体に関しては、清書・編集段階である文禄四年五月・六月の追加註釈が反映されていないこと、巻子に貼付する予定であったと考えられる、四月十三日下命の道知書付が反映されていないことから、現存『謡抄』が各担当者の手控をもとに再編されたものであるという

伊藤氏所説の蓋然性があらためて認められるのである。(4)

吉田神道の大成者兼倶の神道註釈、および、兼右『諸神根源抄』等において、本地仏が併記されていることを考量すると、依頼主の地位・立場によっては――あるいは、先行資料における父祖の記述によっては――、本地仏を併記せざるを得ない状況が生じることは想像に難くない。しかし、『兼右註釈』が本地仏を併記していないことによって、兼見が家説を固守するという名分を得たものと考えられるため、兼右が『謡抄』兼見担当箇所の註釈方針を定めたと言っても過言ではないのである。

兼右から兼見へ

『謡抄』において、父説＝謡曲註釈を踏襲・祖述している例は他に類を見ないが、翻って考えると、『謡抄』撰述下命がなければ、兼右説を祖述・宣伝する機会は得られなかった可能性があるため、『謡抄』撰述下命は兼見にとって僥倖であったと考えられる。翁大事の伝授は永禄元年から元和三（一六一七）年まで空白期間があることが指摘されているが、(5)空白期間を最小限にとどめたのは兼見謡曲註釈の存在であったと推測される。兼見による翁大事伝授に関して、秀次が翁大事の存在を把握していたという事実は、兼右歿年（元亀四年）以後文禄四年以前、兼見が翁大事を伝授していた可能性を示唆していると解し得るため、文禄四年以前の伝授、秀次への伝授のふたつの可能性が排除されておらず、実際、後者に関しては、秀次が兼見に所望していることが確認できる。以上から、元和以後、翁大事伝授恒例化の背景には、謡曲註釈・翁大事伝授双方における、兼右の創業、兼見の守成があったことが認められるのである。

四、まとめ

あたらしい学問的権威とあたらしい学問の担い手

謡曲があたらしい古典として註釈を要請されつつあるなかで、現存する限り、最初に謡曲註釈を著述したのは、あたらしい学問的権威である兼右であった。『兼右註釈』・『諸神事』の依頼主を考えるにあたって、類例を見ると、【引用16】において、兼右に郢曲・陪従の註釈を所望した淵田虎頼は謡曲に精通する武家であり、【引用20】において、

【引用20】

▼『兼見卿記』文禄二（一五九三）年三月廿二日条

参菊亭殿、当月十二日ニ以直面承了、職原抄之内神号、
其外神号廿ケ条計被書立注之、

兼見に「職原抄之内神号」等の註釈を所望した今出川（菊亭）晴季は『職原抄』註釈が現存する有職家であることが確

認できる。そして、『職原抄』註釈も、謡曲註釈同様、あたらしい学問であったことが認められる。『職原抄』註釈・謡曲註釈をはじめ、あたらしい学問の担い手による多数の典籍において、あたらしい学問的権威である清原宣賢（兼倶実子・兼右実父）『日本書紀抄』（および、儒学抄物）が引用されていることに関しては、拙稿「清原宣賢『日本書紀抄』享受について――宣賢の学問史的位置づけと中世後期・近世初期学問史の一隅をめぐって」(6)において検討したことがある。上記は書承であるが、【引用16】・【引用20】は直接依頼されたものであることが確認できる点が重要であり、『兼右註釈』・『諸神ノ事』・『御覚書』に関しても同様であると推測される。

兼右があたらしい学問的権威として訴求し得たのは、僧侶の主導による習合神道、自社偏重の社家神道ではない、神道家による体系的神道知識の需要が増大したためであると考えられる。新井大祐氏「中世後期における吉田家の神社研究と『延喜式』「神名帳」――梵舜自筆『諸神記』を通路として」(7)が指摘するごとく、

> 『根源抄（引用者註、諸神根源抄）』や『諸神記』等を通して見えてくることは、やはり吉田家の神社研究史上、兼右が父祖の学の展開・発展のひとつの到達点であると同時に、大きな画期であったことであり、その後、さらにこれを発展せしめたのが梵舜であったということである。すなわち、「宗源宣旨」の発給などの活動が兼右より活発化していることからして同人が近世に至る同家の神祇道の家としての地位を確立せしめた人物として挙げられるが、これはすなわち、兼右の代にいたって諸国の様々な諸社と接する機会の増加したことを示している。従って、「実学」の書として『根源抄』等が編まれていったと思しいことも、まさにこうした兼右の置かれていた情況とも合致するものであることが理解されよう。

兼右は兼倶・宣賢による古典研究の成果を実学的に展開・普及した人物として知られている。そして、謡曲註釈の場合、兼右の創業を守成したのは、梵舜ではなく、兼見であった。すなわち、兼右・兼見の教線拡大は、地方への進出という空間的拡大にとどまらず、他分野への進出という階層的拡大に及んでいることが認められるのである。他分野への進出に関しては、つとに兼倶による歌道・弓術への進出が確認できるが（ただし、弓術伝授は定着していない）、両者が文武二道を代表するものであることを勘案すると、兼右があらたな進出先として謡曲を選択した（あるいは、させられた）ことは謡曲の価値・需要が上昇していることに起因しているのではないかと想像される。

吉田神道と謡曲註釈の邂逅

以上から、あらためて『兼右註釈』・『諸神ノ事』の依頼主について考えると、両書が本地仏を併記していないことから、

【引用21】

▼『兼右卿記』天文二（一五三三）年十月十五日条

観世宗現当大夫兄也、申楽起元事色〱令申候也、伝受仕度之由申之間、安間事之由令返答者也、

『兼見卿記』元亀二（一五七一）年正月廿三日条

紹巴・昌叱・観世大夫《元尚》来、於家君御方終日相談了、

【引用22】

▼『兼見卿記』天正七（一五七九）年十二月廿九日条

清少面会、予云、今度太鼓之元起相伝山岡美作守《景隆》訖、奥書之事如此調之、見左、

右雖為秘中之深秘、今度観世与左衛門尉《国広》令相伝太鼓之一流之一札、被見之者也、諸道共以窮奥義功、最大切也、感其志授与山岡美作守——《名乗》訖、雖子孫莫許之矣、

【引用23】

▼『兼右卿記』永禄九（一五六六）年正月廿二日条

論語講之事、自　近衛殿被仰之条、今日於　殿下談始了、去年已来　殿下前久公為予門弟可被受指南之旨被仰談了、仍愚存古事等時々申入了、

役者・武家（【引用22】に関しては、西田氏論文参照）のうち、身分が低い者（「観世宗現」は観世元忠兄宗顕、「山岡美作守」はもと近江国人・佐久間信盛与力の山岡景隆）、貴顕のうち、吉田家門弟が候補としてあげられる。謡本が書写され、謡曲註釈の機運が高まるなか、最初の註釈者に吉田家が選ばれた要因として、依頼主が吉田家門弟であったという事情があったとすれば、そこには必然性があったことになる。一方、その必然性がなかったのであれば、神道知識の需要の増大、乃至、兼右の学問的権威が他に冠絶していることが推測される。いずれにしても、謡曲註釈と吉田神道の邂逅が、従前知られている以上に、十六世紀学問史の一齣として重要であることは疑う余地がないものであると言える。

注

（1）『伊藤正義中世文華論集第二巻』（和泉書院、二〇一三年、初出一九七七年・七八年）。

（2）『国学院雑誌』四六―一一（一九四〇年十一月）。

（3）『新潮日本古典集成』（新潮社、一九八三年）。

（4）巻子本『謡抄』に関しては、天野文雄氏「「秀次本謡抄」の面影——養老寺蔵『養老之注』をめぐって」（『神戸女子大学古典芸能研究センター紀要』一〇号、二〇一六年）参照。

（5）天野氏「吉田家による『翁の大事』伝授の実態——天理図

書館吉田文庫資料を中心に」（『翁猿楽研究』和泉書院、一九九五年、初出一九九一年）参照。

（6）『古代中世文学論考』三〇（新典社、二〇一四年）。

（7）伊藤聡氏編『中世神話と神祇・神道世界』（竹林舎、二〇一一年）。

引用文献

※引用に際し、校訂註記を省略した箇所があることをことわっておく。

『吉田兼右謡曲註釈』…『大日本史料第十編之十三』（東京大学出版会、一九六九年）、『諸神ノ事』・『御覚書』…天理大学附属天理図書館吉田文庫蔵『集筆』、『謡抄』…『日本庶民文化史料集成第三巻』（三一書房、一九七八年）、『兼右卿記』…岸本眞実氏・三村勤氏・澤井廣次氏「『兼右卿記』（三）天文二年九月至十二月」（『ビブリア』一五二、二〇一九年十月）・村井祐樹氏「東京大学史料編纂所所蔵影写本「兼右卿記」（下）」（『東京大学史料編纂所研究紀要』二〇、二〇一〇年）、『兼見卿記』・『諸事書抜』…『史料纂集』（八木書店、二〇一四年・二〇一六年・二〇一九年）、『兼見卿記』紙背「吉田兼見書状土代」…金子拓氏・遠藤珠紀氏「『兼見卿記』紙背文書（二・三）――文禄四（五）年春夏記・同秋冬記紙背」（『ビブリア』一五〇・一五一、二〇一八年十月・二〇一九年五月）、『言経卿記』…『大日本古記録』（岩波書店、一九六九年）

附記　西田氏論文に関しては、落合博志氏の御示教を得た。記して感謝申し上げる。また、『兼右註釈』原本の画像が國學院大學デジタルミュージアム宮地直一博士写真資料（mn0381～mn0384）に掲載されている。併せ参照されたし。

執筆者一覧（掲載順）

高橋悠介	大東敬明	天野文雄
芳澤　元	西谷　功	岩崎雅彦
中野顕正	猪瀬千尋	落合博志
佐藤嘉惟	小川豊生	髙尾祐太
中嶋謙昌	平間尚子	野上潤一

【アジア遊学 265】

宗教《しゅうきょう》芸能《げいのう》としての能楽《のうがく》

2022年1月25日　初版発行

編　者　高橋悠介
制　作　株式会社勉誠社
発　売　勉誠出版株式会社
〒101-0061　東京都千代田区神田三崎町 2-18-4
TEL：(03)5215-9021(代)　FAX：(03)5215-9025
〈出版詳細情報〉http://bensei.jp/

印刷・製本　㈱太平印刷社
組版　デザインオフィス・イメディア（服部隆広）
ISBN978-4-585-32511-6　C1314

カラー百科
見る・知る・読む
能
五十番
能をもっと楽しむために

山居詩の源を辿る—貫休と絶海中津の謝霊運受容を中心に　高兵兵
五山の中の「登池上楼」詩—「春草」か、「芳草」か　岩山泰三
Ⅶ　近世・近代における展開
俳諧における「謝霊運」　深沢眞二・深沢了子
江戸前期文壇の謝霊運受容—林羅山と石川丈山を中心に　陳可冉
【コラム】謝霊運「東陽渓中贈答」と近世・近代日本の漢詩人　合山林太郎

239 この世のキワ—〈自然〉の内と外

山中由里子・山田仁史　編

口絵／関連年表
序章—自然界と想像界のあわいにある驚異と怪異　山中由里子
Ⅰ　境—自然と超自然のはざま
自然と超自然の境界論　秋道智彌
中国古代・中世の鬼神と自然観—「自然の怪」をめぐる社会史　佐々木聡
怪異が生じる場—天地と怪異　木場貴俊
百科事典と自然の分類—西洋中世を中心に　大沼由布
怪物の形而上学　野家啓一
Ⅱ　場—異界との接点
平安京と異界—怪異と驚異の出会う場所〈まち〉　榎村寛之
驚異の場としての「聖パトリックの煉獄」　松田隆美
怪物たちの棲むところ—中世ヨーロッパの地図に描かれた怪物とその発生過程　金沢百枝
妖怪としての動物　香川雅信
イスラーム美術における天の表象—想像界と科学の狭間の造形　小林一枝
歴史的パレスチナという場とジン憑き　菅瀬晶子
Ⅲ　体—身体と異界
妖怪画に描かれた身体—目の妖怪を中心に　安井眞奈美
平昌五輪に現れた人面鳥の正体は—『山海経』の異形と中華のキワ　松浦史子
魔女の身体、怪物の身体　黒川正剛
中東世界の百科全書に描かれる異形の種族　林則仁
Ⅳ　音—聞こえてくる異界
西洋音楽史における「異界」表現—試論的考察　小宮正安
カランコロン考—怪談の擬音と近代化　井上真史
「耳」「声」「霊」—無意識的記憶と魂の連鎖について　稲賀繁美
釜鳴と鳴釜神事—常ならざる音の受容史　佐々木聡
死者の「声」を「聞く」ということ—聴覚メディアとしての口寄せ巫女　大道晴香
Ⅴ　物—異界の物的証拠
不思議なモノの収蔵地としての寺社　松田陽
寺院に伝わる怪異なモノ—仏教民俗学の視座　角南聡一郎
民間信仰を売る—トルコの邪視除け護符ナザル・ボンジュウ　宮下遼
異界としてのミュージアム　寺田鮎美
終章—驚異・怪異の人類史的基礎　山田仁史
展覧会紹介「驚異と怪異—想像界の生きものたち」

六世紀新羅における識字の広がり　橋本繁
古代東アジア世界における貨幣論の伝播　柿沼陽平
九条家旧蔵鈔本『後漢書』断簡と原本の日本将来について―李賢『後漢書注』の禁忌と解禁から見る　小林岳
古代東アジアにおける兵書の伝播―日本への舶来を中心として　吉永匡史
陸善経の著作とその日本伝来　榎本淳一
III　日本における中国学術の受容と展開
『日本書紀』は『三国志』を見たか　河内春人
日本古代における女性の漢籍習得　野田有紀子
大学寮・紀伝道の学問とその故実について―東坊城和長『桂藥記』『桂林遺芳抄』を巡って　濱田寛
平安期における中国古典籍の摂取と利用―空海撰『秘蔵宝鑰』および藤原敦光撰『秘蔵宝鑰鈔』を例に　河野貴美子
あとがき　吉永匡史・河内春人

241 源実朝―虚実を越えて

渡部泰明　編

序文　渡部泰明
鎌倉殿源実朝　菊池紳一
建保年間の源実朝と鎌倉幕府　坂井孝一
文書にみる実朝　高橋典幸
実朝の追善　山家浩樹
実朝像の由来　渡部泰明
実朝の自然詠数首について　久保田淳
実朝の題詠歌―結題（＝四字題）歌を中心に　前田雅之
実朝を読み直す―藤原定家所伝本『金槐和歌集』抄　中川博夫
柳営亜槐本をめぐる問題―編者・部類・成立年代　小川剛生
中世伝承世界の〈実朝〉―『吾妻鏡』唐船出帆記事試論　源健一郎
『沙石集』の実朝伝説―鎌倉時代における源実朝像　小林直樹
源実朝の仏牙舎利将来伝説の基礎的考察―「円覚寺正続院仏牙舎利記」諸本の分析を中心に　中村翼
影の薄い将軍―伝統演劇における実朝　日置貴之
文化資源としての実朝―近代歌人によるその発見と活用　松澤俊二
小林秀雄『実朝』論　多田蔵人

240 六朝文化と日本―謝霊運という視座から

蒋義喬　編著

序言　蒋義喬
I　研究方法・文献
謝霊運をどう読むか―中国中世文学研究に対する一つの批判的考察　林暁光
謝霊運作品の編年と注釈について　呉冠文（訳・黄昱）
II　思想・宗教―背景としての六朝文化
【コラム】謝霊運と南朝仏教　船山徹
洞天思想と謝霊運　土屋昌明
謝霊運「発帰瀬三瀑布望両渓」詩における「同枝條」について　李静（訳・黄昱）
III　自然・山水・隠逸―古代日本の受容
日本の律令官人たちは自然を発見したか　高松寿夫
古代日本の吏隠と謝霊運　山田尚子
平安初期君臣唱和詩群における「山水」表現と謝霊運　蒋義喬
IV　場・美意識との関わり
平安朝詩文における謝霊運の受容　後藤昭雄
平安時代の詩宴に果たした謝霊運の役割　佐藤道生
V　説話・注釈
慧遠・謝霊運の位置付け―源隆国『安養集』の戦略をめぐって　荒木浩
【コラム】日本における謝霊運「述祖徳詩」の受容についての覚え書き　黄昱
『蒙求』「霊運曲笠」をめぐって―日本中近世の抄物、注釈を通してみる謝霊運故事の展開とその意義　河野貴美子
VI　禅林における展開
日本中世禅林における謝霊運受容　堀川貴司

244 前近代東アジアにおける〈術数文化〉
水口幹記　編
序　水口幹記
総論　〈術数文化〉という用語の可能性について　水口幹記
I　〈術数文化〉の形成・伝播
人日と臘日―年中行事の術数学的考察　武田時昌
堪輿占考　名和敏光
味と香　清水浩子
郭璞『易洞林』と干宝『捜神記』―東晋はじめ、怪異記述のゆくえ　佐野誠子
白居易新楽府「井底引銀瓶 止淫奔也」に詠われる「瓶沈簪折」について―唐詩に垣間見える術数文化　山崎藍
引用書から見た『天地瑞祥志』の特徴―『開元占経』及び『稽瑞』所引の『漢書』注釈との比較から　洲脇武志
宋『乾象新書』始末　田中良明
獣頭の吉凰「吉利・富貴」について―日中韓の祥瑞情報を手がかりに　松浦史子
三善清行「革命勘文」に見られる緯学思想と七～九世紀の東アジア政治　孫英剛
II　〈術数文化〉の伝播・展開
ベトナムにおける祥瑞文化の伝播と展開―李朝(一〇〇九～一二二五)の霊獣世界を中心にして　ファム・レ・フイ
漢喃研究院に所蔵されるベトナム漢喃堪輿(風水)資料の紹介　チン・カック・マイン／グエン・クォック・カイン
漢喃暦法の文献における二十八宿に関する概要　グエン・コン・ヴィエット
ベトナム阮朝における天文五行占の受容と禁書政策　佐々木聡
『越甸幽霊集録』における神との交流　佐野愛子
「新羅海賊」と神・仏への祈り　鄭淳一
『観象玩占』にみる東アジアの術数文化　髙橋あやの
日本古代の呪符文化　山下克明
平安時代における後産と医術／呪術　深澤瞳
江戸初期の寺社建築空間における説話画の展開―西本願寺御影堂の蟇股彫刻「二十四孝図」を中心に　宇野瑞木

243 中央アジアの歴史と現在―草原の叡智
松原正毅　編
まえがき　アルタイ・天山からモンゴルへ　松原正毅
総論　シルクロードと一帯一路　松原正毅
中央ユーラシア史の私的構想―文献と現地で得たものから　堀直
中央アジアにおける土着信仰の復権と大国の思惑―考古学の視点から　林俊雄
聖者の執り成し―何故ティムールは聖者の足許に葬られたのか　濱田正美
オドセルとナワーンの事件(一八七七年)から見る清代のモンゴル人社会　萩原守
ガルダン・ボショクト・ハーンの夢の跡―英雄の歴史に仮託する人びと　小長谷有紀
描かれた神、呪われた復活　楊海英
あとがき　小長谷有紀

242 中国学術の東アジア伝播と古代日本
榎本淳一・吉永匡史・河内春人　編
序言　榎本淳一
I　中国における学術の形成と展開
佚名『漢官』の史料的性格―漢代官制関係史料に関する一考察　楯身智志
前四史からうかがえる正統観念としての儒教と「皇帝支配」―所謂外戚恩沢と外戚政治についての学術的背景とその東アジア世界への影響　塚本剛
王倹の学術　洲脇武志
魏収『魏書』の時代認識　梶山智史
『帝王略論』と唐初の政治状況　会田大輔
唐の礼官と礼学　江川式部
劉知幾『史通』における五胡十六国関連史料批評―魏収『魏書』と崔鴻『十六国春秋』を中心に　河内桂
II　中国学術の東アジアへの伝播

南方「皇軍」慰問—芸能人(アーティスト)という身体メディア　星野幸代
第三部　日中ポピュラー文化の戦後への延伸
戦後日本における中国古典の映画化—日本・大陸・香港・東南アジアに跨る大衆文化の記憶　晏妮
戦後における李香蘭と二人の後継者—胡美芳と葛蘭　西村正男
中国語映画の「戦後」—女優李麗華とその主演作品を中心に　韓燕麗
付録　用語集
あとがき　西村正男

246 和漢のコードと自然表象 十六、七世紀の日本を中心に

島尾新・宇野瑞木・亀田和子　編

序　島尾新
総論　宇野瑞木
Ⅰ　「内在化」のかたち
室町時代における「漢」の「自然表象」　島尾新
二十四孝図と四季表象—大舜図の「耕春」を中心に　宇野瑞木
日光東照宮の人物彫刻と中国故事　入口敦志
「環境」としての中国絵画コレクション—「夏秋冬山水図」(金地院、久遠寺)におけるテキストの不在と自然観の相互作用　塚本麿充
江戸狩野派における雪舟山水画様式の伝播—狩野探幽「雪舟山水図巻」について　野田麻美
四天王寺絵堂《聖徳太子絵伝》の画中に潜む曲水宴図　亀田和子
モノと知識の集散—十六世紀から十七世紀へ　堀川貴司
Ⅱ　コード化された自然
「九相詩絵巻」の自然表象—死体をめぐる漢詩と和歌　山本聡美
『源氏物語』幻巻の四季と浦島伝説—亀比売としての紫の上　永井久美子
名所としての「都」—歌枕の再編と絵画化をめぐって　井戸美里
十七世紀の語り物にみえる自然表象—道行とその絵画を手がかり　粂汐里
寛政期の京都近郊臥遊　マシュー・マッケルウェイ
Ⅲ　人ならざるものとの交感
人ならざるものとの交感　黒田智
金春禅竹と自然表象　高橋悠介
「人臭い」話　資料稿—『天稚彦草子』の解析に向けて　徳田和夫
お伽草子擬人物における異類と人間との関係性—相互不干渉の不文律をめぐって　伊藤慎吾
室町物語と玄宗皇帝絵—『付喪神絵巻』を起点として　齋藤真麻理
エコクリティシズムと日本古典文学研究のあいだ—石牟礼道子の〈かたり〉から　山田悠介

245 アジアの死と鎮魂・追善

原田正俊　編

序文　原田正俊
Ⅰ　臨終・死の儀礼と遺体
道教の死体観　三浦國雄
日本古代中世の死の作法と東アジア　原田正俊
契丹人貴族階層における追薦　藤原崇人
佐藤一斎『哀敬編』について—日本陽明学者の新たな儒教葬祭書　吾妻重二
北京におけるパンチェン・ラマ六世の客死と葬送　池尻陽子
Ⅱ　鎮魂・追善と社会
慰霊としての「鎮」の創出—「鎮護国家」思想形成過程の一齣として　佐藤文子
神泉苑御霊会と聖体護持　西本昌弘
南北朝期における幕府の鎮魂仏事と五山禅林—文和三年の水陸会を中心に　康昊
烈女・厲鬼・御霊—東アジアにおける自殺者・横死者の慰霊と祭祀　井上智勝
照月寿光信女と近世七条仏師　長谷洋一
華人の亡魂救済について—シンガポールの中元行事を中心に　二階堂善弘

249 漢学とは何か—漢唐および清中後期の学術世界

川原秀城　編

序文　川原秀城
第1部　両漢の学術
今文・古文　川原秀城
劉歆の学問　井ノ口哲也
『洪範五行伝』の発展と変容　平澤歩
前漢経学者の天文占知識　田中良明
第2部　六朝・唐の漢学
鄭玄と王粛　古橋紀宏
北朝の学問と徐遵明　池田恭哉
明堂に見る伝統と革新—南北朝における漢学　南澤良彦
第3部　清朝の漢学
清朝考証学と『論語』　木下鉄矢
清代漢学者の経書解釈法　水上雅晴
乾隆・嘉慶期における叢書の編纂と出版についての考察　陳捷
嘉慶期の西学研究—徐朝俊による通俗化と実用化　新居洋子
第4部　総論：漢学とは何か
清朝考証学における意味論分析の数学的原理と満洲語文献への応用—データ・サイエンスとしての漢学　渡辺純成
漢学は科学か？—近代中国における漢学と宋学の対立軸について　志野好伸

248 明治が歴史になったとき—史学史としての大久保利謙

佐藤雄基　編

序論　佐藤雄基
第一部　「明治」が歴史になるとき
大久保利謙と戦後日本近代史研究の出発　松沢裕作
政治学者における「明治」の歴史化　松田宏一郎
明治政府による記録編纂・修史事業と近代文書　箱石大
第二部　大久保利謙の歴史学
大久保利謙と近代史学史研究　マーガレット・メール（翻訳：佐藤雄基・渡邉剛）
大久保利謙と立教大学史学科（一九五八〜七一）　小澤実
大久保利謙『日本近代史学事始め』についての覚書—大久保史学の史学史的検討のために　今井修
小伝・大久保利武—大久保家三代の系譜　松田好史
第三部　大久保史学にみるアーカイブズ・蔵書論
大久保利武・利謙父子の学問形成と蔵書—立教大学図書館・学習院大学史料館所蔵「大久保文庫」　佐藤雄基
国立国会図書館憲政資料室と大久保利謙の構想　葦名ふみ
大久保利謙と蘭学資料研究会・蘭学書　大島明秀
華族と歴史学—大久保利謙の華族研究と華族史料　小田部雄次

247 移動するメディアとプロパガンダ—日中戦争期から戦後にかけての大衆芸術

西村正男・星野幸代　編

カラー口絵
地図
はじめに　「日中戦争下の芸術家群像」から移動する身体芸術プロパガンダ研究へ　星野幸代
序論　抗日期の文化人たち　阿部幸夫
第一部　映画製作—投影された隠し画
「狂乱」と「新生」—娯楽映画から灰色上海まで　王騰飛（訳：榊原真理子）
『狼火は上海に揚る』から『春江遺恨』へ　邵迎建
日本占領下における華北映画について—華北電影股份有限公司の文化映画・ニュース映画を中心に　張新民
小型映写機という戦争プロパガンダ装置　楊韜
第二部　身体芸術プロパガンダ—横溢する美
プロパガンダと装飾芸術—張光宇『西遊漫記』をめぐって　城山拓也
音楽プロパガンダにおける「差異」と「擬態」—戦時下日本の「満支」をめぐる欲望　葛西周

【コラム】称名寺領下総国下河辺庄赤岩郷周辺に残る在来　佐々木清匡
【コラム】史跡河越館跡から出土した喫茶関連資料　平野寛之
第五部　室町時代の茶
室町社会における巡事と茶寄合　白川宗源
【コラム】花はさかりに、月はくまなきのみ見るものかは　橋本雄

251 仏教の東漸と西漸

荒見泰史　編

総論　仏教の東漸と西漸　荒見泰史
一、儀礼とそのことば
頌讃の文学　荒見泰史
志慕玄奘、独歩五天(こころざしたてて玄奘をしたい、ひとりごてんをあゆむ)―唐五代宋初の讃と玄奘、義浄の讃　楊明璋
清代前期、媽祖信仰・祭祀の日本伝播とその伝承―ヨーロッパの東アジア進出も視野に入れて　松尾恒一
二、尊像の造形と伝承
信仰における図像と継承―敦煌に見られる山と天界の図像を中心として　荒見泰史
五臺山騎獅文殊尊像群の東漸と西漸―五臺山・比叡山・敦煌の尊像群から　白須淨眞
三、経典と物語、その伝播
『賢愚経』の伝播　髙井龍
『キツツキと獅子』説話の伝播と発展　梁麗玲
『仏母経』の流行から見る疑経の受容　岸田悠里
明代、南シナ海の海盗の活動と記憶―日本・中国大陸・東南アジアの宗教史跡をめぐって　松尾恒一

250 酔いの文化史―儀礼から病まで

伊藤信博　編

序言　東西の飲酒文化を考える　伊藤信博
Ⅰ　酔いと宗教
無明の酒に酔う―〈酔い〉の表現史　小峯和明
髑髏盃をめぐって―織田信長を端緒に　目黒将史
僧坊酒宴再考　芳澤元
酒と仏教―酒の仏は「酔い酔い酔い酔い、酔いやな」　石井公成
【コラム】人類最初の酔っぱらいとしてのノア　木俣元一
Ⅱ　飲酒とその表象
平安貴族の「酔い」と「まつりごと」　高橋亨
平安後期における香薬の「酔い」―『香要抄』を中心に　アンドリュー・マッカンバー
破戒と陶酔―中世絵画に見る　山本聡美
黄表紙に擬人化される酒　畑有紀
中世文学のなかの居酒屋と放蕩息子―クリシェか現実か　前野みち子
Ⅲ　飲酒と環境
米と酒そしてその周辺―環境の視座から　伊藤信博・伊藤彰敏
椒芽田楽の洒落本から見るお酒と酔い　ミギー・ディラン
飲料の製造、飲み方と文化―例外としての日本酒？　ボーメール・ニコラ
アンシャンレジーム期のフランスにおける酔いに対する寛容　マチュー・ルクートル(棚橋美知子 訳)
酔う女―徳田秋聲『新世帯』と明治期の飲酒文化　安井海洋
【コラム】日本酒と肴―海辺の村で呑み始め　小川雅魚
Ⅳ　飲酒と病
【コラム】フランスにおけるアルコール中毒対策の政策的曖昧さ　ジャン=ロベール・ピット(棚橋美知子 訳)
【コラム】飲酒と体内器官の関係　トマ・ロラン(棚橋美知子 訳)
【コラム】アルコール飲料製造における生物学的プロセス　アンドレス・マツラナ(棚橋美知子 訳)
翻訳を終えて　棚橋美知子

ケーション
日本における新型コロナウイルス感染症とマスメディア報道 森類臣
新型コロナ対策優等生台湾の初動体制―開いたものと閉じたもの 藤野陽平
開放性・透明性・民主的参加に基づく先制的対応が功を奏して 玄武岩
中国：情報隠蔽から情報公開へ―ソーシャルメディアの活躍と独自な国民世論の形成 王冰
中国における既存メディアとソーシャルメディ共存時代の考察 牛静
香港における新型コロナについての一考察―市民社会の力 伍嘉誠
東アジアの新型コロナウィルス感染封じ込めにみる検討課題 上水流久彦
【コラム】朝鮮民主主義人民共和国における新型コロナ感染症対策 森類臣
Ⅱ 新型コロナウイルスと変容する社会
百年前のマスク―「スペイン風邪」瞥見 渡辺浩平
「自粛」する日本社会―三十四年分の新聞記事を数えてみる 森山至貴
COVID-19影響下のリモートワークで派生した組織コミュニケーション課題―特に「身体性問題」(DX/RWの穽陥)を超える為に 辻本篤
台湾山地先住民の村における新型コロナウイルス感染症のインパクト 宮岡真央子
「距離」と性的マイノリティ―韓国のナイトクラブにおける集団感染から 斉藤巧弥・芳賀恵
韓国におけるコロナ対策と(非)可視化される人々―在外同胞・移住民を中心に 趙慶喜
ジャーナリズム研究者が見たサイバー空間上のアンチ・コロナ運動 陳昌鳳
Ⅲ コロナ時代にみる東アジアの信仰の姿
祭礼の中止、妖怪の流行―「疫病除け」を手掛かりに 天田顕徳
疫病と民間信仰―祭礼・アマビエ・鼠塚 鈴木正崇
コロナ問題と現代宗教 井上順孝
疫病と台湾の民間信仰 三尾裕子
感染症のパンデミックと分断の可視化―コロナテスト中の韓国社会と宗教を問う 李賢京
【コラム】香港におけるコロナと宗教 伍嘉誠

252 中世日本の茶と文化―生産・流通・消費をとおして

永井晋 編

序文 鎌倉・室町前期における茶の研究 永井晋
第一部 称名寺伝来資料に残る茶の世界
国宝「称名寺聖教・金沢文庫文書」の茶関係資料 山地純
『金沢文庫古文書』が示す鎌倉・房総の茶 永井晋
「称名寺聖教」に見える「茶」と「荼」 張名揚
【コラム】中世都市鎌倉と喫茶文化 大澤泉
第二部 中世における茶の生産と道具
中世前期の茶の受容 福島金治
抹茶の変容―中世の気候変動と覆い下茶園の成立 沢村信一
中世前期の茶臼 桐山秀穂
建盞と天目―茶器の種類と名称 岩田澄子
第三部 中世仏教と茶
栂尾茶・醍醐茶の評判―十四世紀高山寺の喫茶文化 芳澤元
東アジア仏教文化と中世信濃の喫茶―王禎『農書』の茗煎・末茶・蠟茶に基づく考察 祢津宗伸
薬としての茶―栄西・性全・忍性・叡尊 岩間眞知子
【コラム】中世鎌倉の喫茶―建長寺境内の発掘調査成果から 宮田眞
【コラム】仏教美術と茶―羅漢図に見る喫茶文化 米沢玲
第四部 地方の茶
中世武蔵国の慈光茶―銘柄の形成とその風味 小田部家秀
出土遺物からみた中世寺院と茶―伊豆国円成寺跡の出土遺物から 池谷初恵

【コラム】『混一疆理歴代国都之図』の再発見　渡邊久

255 東アジアにおける知の往還

国文学研究資料館・高麗大学校グローバル日本研究院　共編

序
刊行によせて　ロバート キャンベル
刊行によせて　鄭炳浩
本書の企画と構成　齋藤真麻理・金秀美

Ⅰ　書物と文化

『栄花物語』と朝鮮王朝の宮廷文学―『閑中録』との比較を中心として　桜井宏徳
遺稿集の季節―二十世紀前半の日本の言説編制　谷川惠一
近代日本の元寇図と『蒙古襲来絵詞』　金容澈
【コラム】絵画と文字の表現コード―『源氏物語絵巻』を読み解く　金秀美
【コラム】奈良絵本と『徒然草』―ジャンルを往還するメディア　齋藤真麻理
【コラム】正方形の本をめぐって　入口敦志

Ⅱ　記録と記憶

日本と韓国の災難文学と記憶―セウォル号沈没事件と東日本大震災の災難詩を中心として　鄭炳浩
近代福島県富岡町小良ヶ浜の文書管理―複合災害・縁故地・区有文書　西村慎太郎
【コラム】『三国遺事』を巡るいくつかの知見について　宋浣範
言語と減刑―森鷗外『高瀬舟』において　野網摩利子
【コラム】在日朝鮮人「帰国事業」の記録と記憶の文学　金季杍

Ⅲ　都市という舞台

江戸における巨大寺院の復興と講中―築地本願寺の場合　渡辺浩一
日本の伝統詩歌に描かれた大都京城の風土　嚴仁卿
【コラム】『京城日報』と近代都市京城の表象―横光利一の満鉄招請文学講演旅行と「天使」を中心に　金孝順
パリが主人公―レティフとメルシエの作品とパリの文学的神話の誕生　ギョーム・カレ
【コラム】日韓の西洋探偵小説における都市表象―エミール・ガボリオの『ルルージュ事件』を中心に　兪在真

254 東アジアの歌と文字

真下厚・遠藤耕太郎・波照間永吉　編

【序言】東アジアにおける歌と文字の出会い　真下厚
【総論】中国辺境民族の歌と文字のかかわり　遠藤耕太郎
【総論】琉球歌謡の文字との出会い―『おもろさうし』の記載法を中心に　波照間永吉

Ⅰ　日本古代における歌と文字

歌における声と文字の出会いと共存　岡部隆志
古代の歌の命―ある手法の変貌について　リュドミーラ・エルマコーワ

Ⅱ　琉球王国・沖縄における歌と文字

琉球王国・沖縄における歌と文字―おもろさうし　照屋理
琉歌と南琉球の抒情歌の文字記録　波照間永吉
南島歌謡の記録と伝承の諸相―竹富島の巻唄をめぐって　狩俣恵一

Ⅲ　中国少数民族における歌と文字

壮族の掛け合いうたにおける声と文字　手塚恵子
ペー祭文における声と文字の往還　遠藤耕太郎
中国湘西苗族の歌と文字　真下厚

資料

宮古の古謡と神歌　本永清
資料　ペー族の祭文　遠藤耕太郎

253 ポストコロナ時代の東アジア―新しい世界の国家・宗教・日常

玄武岩・藤野陽平　編

序言　境界を越えた「連帯」のコミュニケーションへ―ポストコロナ時代の東アジア　玄武岩・藤野陽平

Ⅰ　ポストコロナ時代の政治とコミュニ

民族をめぐる対立と交流の位相—滞日ビルマ系難民の国際移動の事例から　人見泰弘
第2部　宗教の断絶と叡智
ボーダレス化する世界と日本の宗教文化　井上順孝
ラダックのアイデンティティ運動—もうひとつの「カシミール問題」　宮坂清
インドネシア・アチェ州のイスラーム刑法と人権　佐伯奈津子
宗教と平和—宗教多元社会における戦争　黒柳志仁
第3部　個の相克と相対化される「国家」
戦国大名の「国」意識と「地域国家」外交権　鹿毛敏夫
日本中世の「暴力」と現代の「教育」　メイヨー・クリストファー
亡命作家の軌跡：西欧キリスト教世界の対岸から—フアン・ゴイティソーロのバルセロナ、サラエヴォ、マラケシュ　今福龍太
保育園で働く看護師の語りから考える多文化共生　梶原彩子

256 元朝の歴史—モンゴル帝国期の東ユーラシア

櫻井智美・飯山知保・森田憲司・渡辺健哉　編

カラー口絵……『書史会要』(台湾国家図書館蔵洪武九年刊本)ほか
序言　櫻井智美
導論—クビライ登極以前のモンゴル帝国の歴史　渡辺健哉
元朝皇帝系図
本書所載論考関係年表
元朝皇帝一覧
I　元代の政治・制度
元代「四階級制」説のその後—「モンゴル人第一主義」と色目人をめぐって　舩田善之
ジャムチを使う人たち—元朝交通制度の一断面　山本明志
元代の三都(大都・上都・中都)とその管理　渡辺健哉
江南の監察官制と元初の推挙システム　櫻井智美
【コラム】カラホト文書　赤木崇敏
【コラム】元代における宮室女性の活躍　牛瀟
元末順帝朝の政局—後至元年間バヤン執政期を中心に　山崎岳
II　元代の社会・宗教
元代の水運と海運—華北と江南はいかにして結びつけられたか　矢澤知行
モンゴル朝における道仏論争について—『至元辯偽録』に見える禅宗の全真教理解　松下道信
元版大蔵経の刊行と東アジア　野沢佳美
【コラム】南宋最後の皇帝とチベット仏教　中村淳
【コラム】夷狄に便利な朱子学—朱子学の中華意識と治統論　垣内景子
回顧されるモンゴル時代—陝西省大荔県拝氏とその祖先顕彰　飯山知保
III　伝統文化とその展開
「知」の混一と出版事業　宮紀子
白樸の生涯と文学　土屋育子
「元代文学」を見つめるまなざし　奥野新太郎
景徳鎮青花瓷器の登場—その生産と流通　徳留大輔
IV　元朝をめぐる国際関係
『朴通事』から広がる世界　金文京
日元間の戦争と交易　中村翼
日元間の僧侶の往来規模　榎本渉
モンゴル帝国と北の海の世界　中村和之
元と南方世界　向正樹
V　研究の進展の中で
書き換えられた世界史教科書—モンゴル＝元朝史研究進展の所産　村岡倫
史料の刊行から見た二十世紀末日本の元朝史研究　森田憲司
【コラム】チンギス・カンは源義経ではない—同一人物説に立ちはだかる史実の壁　村岡倫
【コラム】モンゴル時代の石碑を探して—桑原隲蔵と常盤大定の調査記録から　渡辺健哉

中井竹山の名分論について―他学派批判との関連を中心に　清水則夫
「津軽一統志」の編纂と弘前藩　長谷川成一
「文芸」の地誌から「口承」の地誌へ―『信達風土雑記』と『信達一統志』　高橋章則
朝鮮近世の地理誌は誰のものだったのか　吉田光男
朝鮮燕行使の『大明一統志』輸入について　辻大和
周縁から見た一統志―南の小中華と『大南一統志』　岡田雅志
6　一統志のかなた
古典期(十～十三世紀)イスラーム世界における地方史誌―ウラマーの地方観と知的実践　森山央朗
小国が自ら国境線を引くとき―デンマークの国境設定一〇〇周年に寄せて　村井誠人
【コラム】清末民国期の地方史編纂―地域と宗族を記録すること　山田賢
日本近世地誌の編纂と地名記載　白井哲哉
編集後記　小二田章

258 史料が語る東インド航路―移動がうみだす接触領域

水井万里子・大澤広晃・杉浦未樹・吉田信・伏見岳志　編
はじめに　水井万里子・伏見岳志・大澤広晃
第一部　長距離航路からみる世界
東インド航路のなかのアフリカ　伏見岳志
ケープ・ルートの多様化とオランダ東インド会社のケープ居留地建設　和田郁子
近代中国学の誕生とロバート・モリソン　橋本真吾
植民地をつなぎなおす―スペインとポルトガルの帝国再編　伏見岳志
スペインとキューバ、アフリカをつなぐ非合法奴隷貿易のネットワーク　八嶋由香利
第二部　史料が描く接触領域としての島々
文書館史料を通じて人と出会う―マダガスカル史研究史料としてのオランダ東インド会社文書　イヴェト・ランジェヴァ・ラベタフィカ、ルネ・バーシュウ、ナタリー・エファーツ（末永信義・訳）
十八世紀末から十九世紀初頭のセント・ヘレナ島における移動と接触―イギリス東インド会社関連史料から　水井万里子
第三部　史料のなかのケープ植民地
豊富なデータが開く歴史―ケープ植民地の統計史料　ヨハン・フォリー（訳・末永信義）
英領ケープ植民地における陸軍と関連史料一七九五～一八二〇年　辻本諭
十八～十九世紀前半の南部アフリカにおけるイギリス系プロテスタント宣教団―移動史料研究の前提として　大澤広晃
十九世紀前半の南部アフリカにおけるウェスリアン・メソディスト宣教団―史料の特徴とそのナラティヴ　大澤広晃
第四部　変貌する東インド航路と帝国
ポスターのなかのアフリカの「自然」―イギリス帝国通商局によるプロパガンダの環境史的考察　宮内洋平
オランダ領東インドにおける旅券制度の展開―植民地パスポートの様式と機能をめぐって　吉田信
十九～二十世紀におけるフランス植民地帝国間の移動―マルセイユ―サイゴン定期便　岡田友和
【コラム】旅券のスタンプから再現する植民地と本国の移動　吉田信

257 交錯する宗教と民族―交流と衝突の比較史

鹿毛敏夫　編
はしがき　異宗教・多民族世界の混沌―その歴史と現在　鹿毛敏夫
第1部　流動する民族社会
鎌倉北条氏と南宋禅林―渡海僧無象静照をめぐる人びと　村井章介
ドイツ語圏越境作家における言語、民族、文化をめぐって　土屋勝彦
近代名古屋にとっての中東―実業界との関係を中心に　吉田達矢

【コラム】日本の文化経済政策―テクスト遺産を中心にみる現状と課題　林原行雄
蜘蛛の巣としての電子テクスト―その来歴と現在　稲賀繁美
テクスト遺産とは何か　Edoardo GERLINI・河野貴美子
あとがき　河野貴美子

260 アヘンからよむアジア史

内田知行・権寧俊　編

まえがき　内田知行
Ⅰ　アヘンをめぐる近代アジアと西洋
アヘンをめぐるアジア三角貿易とアヘン戦争　権寧俊
オランダ領東インドとイギリス領マラヤにおけるアヘン問題　大久保翔平
【コラム】十八世紀以前のアジアにおけるアヘン　大久保翔平
フランス領インドシナのアヘン　関本紀子
【コラム】イギリス領インドとアヘン　杉本浄
Ⅱ　日本植民地・占領地のアヘン政策
植民地台湾のアヘンと国際アヘン問題　崔学松
植民地朝鮮におけるアヘン政策　権寧俊
関東州及び満洲国のアヘン政策　朴敬玉
蒙疆政権のアヘン　堀井弘一郎
【コラム】「満蒙」、「蒙疆」とはどこか？　堀井弘一郎
【コラム】東亜同文書院生の大旅行誌―一〇〇年前の学生フィールドワーク　関本紀子
裁かれた日本のアヘン・麻薬政策　小林元裕
Ⅲ　現代の薬物問題
現代日本の薬物問題　真殿仁美
【コラム】多様な視点が求められる日本の薬物防止教育　真殿仁美
中華人民共和国の薬物問題―国際社会における薬物を取り巻く動きが変化するなかで　真殿仁美
【コラム】ネットワーク化する中国の薬物犯罪組織―対岸の火事ではない　真殿仁美
【コラム】韓国芸能界の大麻問題　権寧俊
【コラム】ベトナムの薬物汚染事情　関本紀子
現アフガニスタンのアヘン問題　内田知行
なぜ自然保護区は麻薬取引を助長するのか―中米コスタリカの事例から　武田淳
あとがき　内田知行

259 書物のなかの近世国家―東アジア「一統志」の時代

小二田章・高井康典行・吉野正史　編

序言―「一統志」の「時代」を語るために　小二田章
1　一統志以前
李吉甫の描く「一統」―『元和郡県図志』とその疆域　竹内洋介
宋朝総志編纂考―総志から方志へ　須江隆
2　大元一統志
元代における遼金代東北地域に対する地理認識の地域差―『大元一統志』『遼史』『金史』『大元混一方輿勝覧』の地理記述の比較から　高井康典行
中国史上の「大一統」と『大元大一統志』　櫻井智美
『大元一統志』における路に関する記載について―『大元一統志』輯本の理解のために　吉野正史
【コラム】宋元時代の道教と地誌―茅山の事例を中心に　酒井規史
3　大明一統志
明代景泰―天順期の政局と一統志　高橋亨
『大明一統志』人物伝とは―『遼東志』との関係をめぐって　荷見守義
『大明一統志』に関するいくつかの問題について　巴兆祥（訳：小二田章）
【コラム】元・明一統志の非中華世界へのまなざし　向正樹
4　大清一統志
明清期個人編全国志初探―大明から大清への「一統志」の道　小二田章
北辺からみる『大清一統志』　柳澤明
【コラム】ヨーロッパに伝えられた中国の地理情報―『皇輿全覧図』の製作と宣教師の記録　澤美香
5　東アジアの一統志

262 資料論がひらく軍記・合戦図の世界 —理文融合型資料論と史学・文学の交差

井上泰至　編

序文　井上泰至

Ⅰ　理文融合型資料論の実践

コディコロジー（文理融合型綜合典籍学）の実践（基調講演）　石塚晴通

◎コメント　佐々木孝浩

『聚楽行幸記』の写本学　竹内洪介

◎コメント　佐々木孝浩・堀新

豊臣秀吉冊封関連史料に紙質から迫る—三通の明国兵部箚付原本の検討　須田牧子

◎コメント　佐々木孝浩・堀新

計量テキスト分析を用いた戦国軍記の分類　山本洋

◎コメント　湯浅佳子・入口敦志

デジタル技術による合戦図屏風の再生—「大坂冬の陣図屏風　模本」のデジタル想定復元について　薄田大輔

◎コメント　湯浅佳子・入口敦志・黒田智

草双紙における上紙摺の意義　佐藤悟

近世彩色絵画資料における色材の分析　日比谷孟俊・大和あすか

Ⅱ　史学と文学研究の交差—一七世紀の軍記と関連資料への視座

山内首藤氏の「討死」と『平治物語』『平治物語絵巻』『平治合戦図屏風』　川合康

天正十六年『聚楽行幸記』の成立について　遠藤珠紀

古活字版『帝鑑図説』再考—『帝鑑図説』は本当に〈秀頼版〉か　高木浩明

甫庵『信長記』とその周辺—『太平記秘伝理尽鈔』との関わり　湯浅佳子

『慶長治乱記』にみる関ケ原合戦軍記の展開　林晃弘

Ⅲ　兵学と有職学—一九世紀の軍記と関連資料の展開

田安宗武の武家故実研究—『軍器摘要抄』をめぐって　高松亮太

旧海軍兵学校蔵鷲見文庫『兵家系図』をめぐって　井上泰至

261 古典は遺産か？ —日本文学におけるテクスト遺産の利用と再創造

Edoardo GERLINI・河野貴美子　編

序言　Edoardo GERLINI

［緒論］なぜ「テクスト遺産」か　Edoardo GERLINI

Ⅰ　所有性

書物およびテクストの所有性における奥書の役割について　佐々木孝浩

テクスト、パラテクスト、秘儀伝受—テクストを所有するとはどのような行為なのか？　海野圭介

光格天皇と本居宣長—御所伝受と出版メディアをめぐって　盛田帝子

【コラム】テクストの蒐集、収蔵、継承と「遺産化」のこと—王羲之の書を例として　河野貴美子

Ⅱ　作者性

物語における「作者」の発生　兵藤裕己

近世中期における「テクスト遺産」と「作者」　飯倉洋一

【コラム】「作者」はいつ成立するか—日本上代の事例から　高松寿夫

Ⅲ　真正性

『枕草子』におけるテクストの真正性　陣野英則

古典的公共圏の春—西円の源氏注釈をめぐって　前田雅之

近世日本における『蒙求』の音声化—漢字音と連続性　山本嘉孝

【コラム】仏教経典テクストの真正性と享受者—古典文学テクストとのつながり　阿部龍一

【特別寄稿】テクスト遺産としての古筆手鑑　Edward KAMENS

Ⅳ　テクスト遺産の広がり

明石における龍宮イメージの形成—テクスト遺産としての『源氏物語』と『平家物語』をつなぐ夢　荒木浩

【コラム】テクスト遺産としてのモニュメント—平時子の例　Roberta STRIPPOLI

【コラム】テクスト遺産「運動」への期待—文化政策の視点から　佐野真由子

アジア遊学既刊紹介

264 都市からひもとく西アジア―歴史・社会・文化

守川知子　編

まえがき―『都市からひもとく西アジア』に寄せて　守川知子
I　都市をつくる―建設・形成と発展
ムスリムがはじめて建設した都市バスラ―軍営都市から経済と学術の都市へ　亀谷学
「二つの春の母」モスルの一二・一三世紀―ザンギー朝下の建設と破壊　柳谷あゆみ
スルタンとシャーの新たなギャンジャ　塩野﨑信也
【コラム・港市①】港市マスカトとポルトガル人―絵図に見る一六―一七世紀の植民都市　大矢純
II　都市に生きる―人びとと都市社会
アレッポが「シーア派の街」であった頃　谷口淳一
ティムール朝期のヘラートにおける聖者たち　杉山雅樹
境界上の都市アインターブ―「良き泉」の町　中町信孝
【コラム・港市②】船乗りたちが集う町アデン　栗山保之
III　都市を活かす―政治的・経済的機能
フランク人支配下の都市エルサレム―観光産業都市への発展　櫻井康人
山城から平城へ―近世クルディスタンにおける都市機能の変容　山口昭彦
スンナ派学の牙城ブハラ　木村暁
【コラム・港市③】「民族の交差点」ハイファ―近代東地中海の国際港湾都市　田中雅人
IV　大都市を彩る―三都物語
イスファハーンは世界の半分？　守川知子
ナポレオン地図から読み解くカイロ―マイノリティに注目して　深見奈緒子
ノスタルジックな近代―一九世紀イスタンブルの都市空間と都市行政　川本智史

263 室町前期の文化・社会・宗教―『三国伝記』を読みとく

小助川元太・橋本正俊　編

I　『三国伝記』から見る室町前期
『三国伝記』に見る室町前期の唐招提寺縁起　橋本正俊
夢窓派の応永期　川本慎自
【コラム】足利直冬の上洛・没落と石塔・桃井・山名・斯波―『三国伝記』が描いたもの・描かなかったもの　谷口雄太
【コラム】六角満高の近江国支配　新谷和之
II　『三国伝記』の宗教的環境
『三国伝記』生成の前夜―琵琶湖東の宗教的環境の一端〈倍山と常陸・出羽・濃尾〉牧野和夫
『三国伝記』巻第十二「仏舎利勝利事」と『釈尊御舎利儀記』　高橋悠介
『三国伝記』における「霊地」考　柏原康人
【コラム】室町殿の外出と寺院　細川武稔
III　『三国伝記』という「作品」を読みなおす
“三国伝記”という編述　竹村信治
『三国伝記』と禅律僧―「行」を志向する説話集　小林直樹
三国伝記と韓朋賦―変文と説話㈢　黒田彰
【コラム】連環する中世　鈴木元
【コラム】馬鳴・龍樹をめぐる因縁とその諸相―『三国伝記』巻一第七を端緒として　本井牧子
IV　『三国伝記』とその周辺
『三国伝記』における韓湘説話の主題　三田明弘
『壒嚢鈔』と『三国伝記』―斑足王説話の比較を中心に　小助川元太
素材としての説話―『三国伝記』と『沙石集』　加美甲多
【コラム】『三国伝記』が伝える室町期の三国志受容　田中尚子
【コラム】室町時代における『太平記』の享受―『応仁記』を中心に　小秋元段